本辑出版得到"四川大学一流学科区域历史与边疆学学科群"资助

南方民族考古

第十七辑

四川大学博物馆
四川大学考古学系　编
成都文物考古研究院

科学出版社
北京

内 容 简 介

本辑刊发考古简报4篇，公布了重庆市云阳县丝栗包遗址、阿坝藏族羌族自治州理县古尔沟摩崖造像、重庆市江津区石佛寺遗址和昭通市盐津县豆沙关悬棺的考古新资料；收录论文10篇，分别对探方方法在中国田野考古的采纳与演变、东南亚大陆的"T"字形环、四川盆地出土的战国提链铜壶、川南唐宋摩崖造像的选址、白鹤梁等石刻所见的宋代四川移民、泸县宋墓石刻、重庆市江津文物管理所藏宋代石刻、人骨稳定同位素分析、斯里兰卡古代自然风冶铁以及七部营军、四部斯儿与五部飞军等问题进行了探讨。同时刊发"2017年中国考古学会人类骨骼考古专业委员会年会"纪要1篇。

本书可供考古学、民族学、宗教学和艺术史等领域的研究者阅读、参考。

图书在版编目（CIP）数据

南方民族考古. 第十七辑／四川大学博物馆，四川大学考古学系，成都文物考古研究院编.—北京：科学出版社，2018.12
　ISBN 978-7-03-060032-5

　Ⅰ.①南…　Ⅱ.①四…②四…③成…　Ⅲ.①民族考古学–中国–文集②民族考古学–东南亚–文集　Ⅳ.①K874.04-53②K883.304.4-53

　中国版本图书馆CIP数据核字（2018）第282884号

责任编辑：柴丽丽　胡文俊／责任校对：王晓茜
责任印制：肖　兴／封面设计：美光设计

科 学 出 版 社 出版

北京东黄城根北街16号
邮政编码：100717
http://www.sciencep.com

中国科学院印刷厂 印刷
科学出版社发行　各地新华书店经销

*

2018年12月第 一 版　　开本：787×1092　1/16
2018年12月第一次印刷　　印张：21 1/2　插页：12
字数：490 000

定价：158.00元
（如有印装质量问题，我社负责调换）

Southern Ethnology and Archaeology

Volume XVII

Edited by

Sichuan University Museum

Department of Archaeology, Sichuan University

Chengdu Institute of Archaeology

Science Press

Beijing

《南方民族考古》编辑委员会

目　　录

CONTENTS

重庆市云阳县丝栗包遗址南朝唐宋遗存发掘简报

四川大学历史文化学院考古学系
四川大学考古学国家级实验教学示范中心
重庆市文物局
云阳县文物管理所

摘要：丝栗包遗址位于重庆云阳新县城西南长江北岸的小台地上。该遗址虽然规模小，但是包含从新石器时代至明清等多个时期的文化堆积，其中Ⅱ区第6—10层和Ⅰ区第5层为南朝唐宋时期遗存，在此揭露出该时期的房址、灰坑、墓葬等遗迹，并出土了大量的陶器、瓷器和少量的铜器、铁器、石制品等。在第9层的唐代地层以及该层下的F4、F5和H1、H27等大型灰坑中出土了大量盆、瓮、罐、盏等陶器，并出土了不少制陶工具，在唐代早期前后，这里可能存在一处陶器作坊。

关键词：丝栗包遗址　南朝　唐宋　陶器作坊

丝栗包遗址位于云阳新县城城区西南侧，在三峡库区建设前属重庆市云阳县双江镇群益村八组和十四组。地理坐标为东经108°42′15″、北纬30°55′16″，海拔134—150米（图一）。

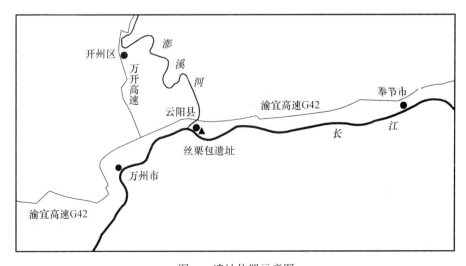

图一　遗址位置示意图

遗址位于长江北岸边的一处小台地上，当地乡民称之为余家河坝。遗址南面长江，北靠陡峭山崖。由于库区二期水位上涨，发掘前台地仅存一小块缓坡地带，其东西长约100、南北宽约40米，略呈一个南宽北窄的半圆形（图版一，1）。台地的北面是高数十米的山崖和陡峭斜坡，东西两面是较陡的斜坡和小岗。台地为北高南低的缓斜坡，一条小沟将其分为东西两部分。西部为Ⅰ区，面积较小。东部为Ⅱ区，面积较大，由于近代民居的修建，Ⅱ区的东部已被改造为北高南低的两级阶梯状平地，高差约2米（图二）。

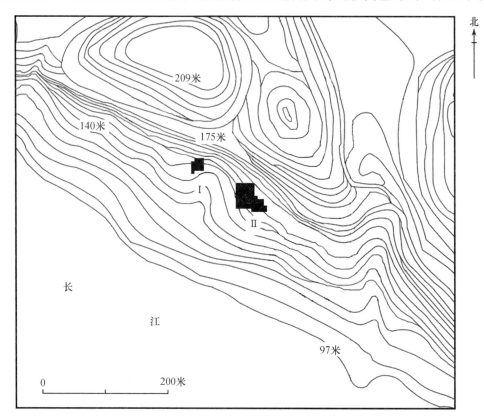

图二　遗址地形与发掘区分布示意图

2003年9月，四川大学历史文化学院考古学系在调查时发现该遗址。2003年10月至2004年1月、2004年3—6月，四川大学历史文化学院考古系等单位先后对该遗址进行了两次发掘。布方面积为2000平方米，部分隔梁未发掘。遗址的堆积厚薄不一，存在多个时期的文化遗存，本报告仅介绍南朝唐宋时期遗存。

一、地层堆积

（一）Ⅰ区

位于遗址西部。地势较低且平缓，西北高，东南低，高差约3米。现存面积很小，东西长约30、南北宽约20米。共布5米×5米探方16个（编号T01—T016），实际发掘面积301平方米（图三）。

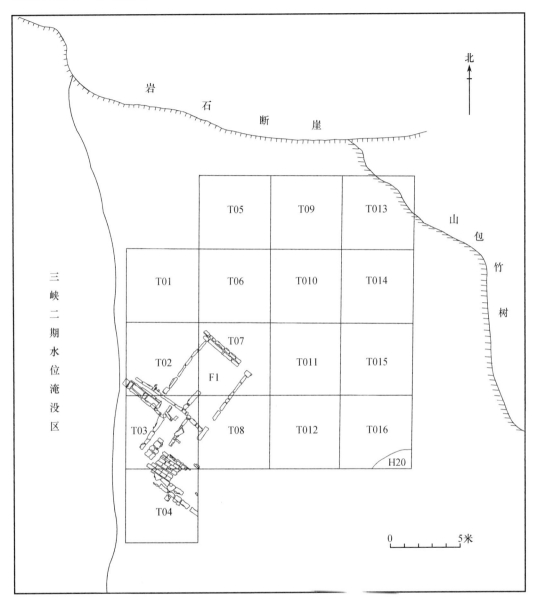

图三　Ⅰ区探方与遗迹分布图

由于地形和平整土地，现存文化层堆积厚薄不一。以T02—T04东壁地层堆积为例说明如下（图四）。

第1层：黑褐色耕土，厚0—11厘米。分布于北部。土质疏松，颗粒大，内含砖瓦片、木炭屑、红烧土、植物根茎等。为现代层。

第3B层：黄色淤沙，厚11.5—54厘米。分布于整个探方。土质疏松，较纯净，无包含物和遗物出土。为清代地层。有一砂石坑开口于该层下。

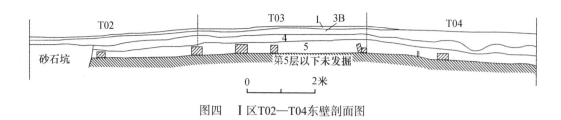

图四 Ⅰ区T02—T04东壁剖面图

第4层：浅灰色土，厚6.5—27厘米。分布于整个探方。土质较硬，结构紧密，黏性较大，内含较多木炭粒、少量红烧土块，出土青花瓷片等。为明清时期地层。H20开口于该层下。F1开口于该层下。

第5层：黄色砂泥，厚17.5—37.5厘米。土质坚硬，出土残瓷器等。为宋代地层。

因库区水位迅速上涨，仅清理到第5层，其下情况不详。

（二）Ⅱ区

位于遗址东部。地势较陡，东北高、西南低，高差近10米。布设5米×5米和10米×10米两类探方（编号T1—T27、T29—T32、T37—T40、T45—T47、T51—T55），发掘面积为1600平方米，部分探方隔梁未发掘（图五）。

该区文化层堆积厚薄不一，最薄约1米，最厚5.7米，可分为17层，年代从新石器时代晚期至近现代，其中第6—10层为南朝唐宋时期文化层。已发现的这一时段遗存主要分布在该发掘区偏东部和偏北部地势略高处，西南部发掘到唐代堆积时，由于库区水位上涨，发掘区开始渗水，发掘被迫停止。现以T18东壁为例介绍Ⅱ区北部地层堆积（图六；图版一，2）。

第1层：黄褐色黏土，厚10—36厘米。分布于整个探方。土质疏松。为现代层。

第2层：分布于整个探方。为现代填土层，可细分为二亚层。

第2A层：黑褐色黏土，厚0—35厘米。分布于整个探方大部，略由西向东倾斜。含大量现代垃圾，是三峡库区移民前当地乡民的建筑活动面。为现代层。

第2B层：黄褐色黏土，厚32—82厘米。分布于整个探方。含大量鹅卵石与瓦砾，为20世纪60年代平整土地时铺垫的地基。为现代层。

第3层：洪水形成的淤沙。分布于整个探方。为清代地层。可细分为二亚层。

第3A层：紫褐色黏土，厚16—38厘米。土质较紧密，无包含物。

第3B层：黄褐色沙土，厚12—38厘米。土质疏松，出土少量青花瓷片。

第4层：洪水形成的淤泥。出土"同治通宝"钱，为清代地层。可细分为三亚层。

第4A层：灰褐色黏土，厚8—23厘米。分布于探方东南部。土质较紧密，出土少量青花瓷片。

第4B层：红褐色黏土，厚0—22厘米。分布于探方东南部。土质较紧密，无包

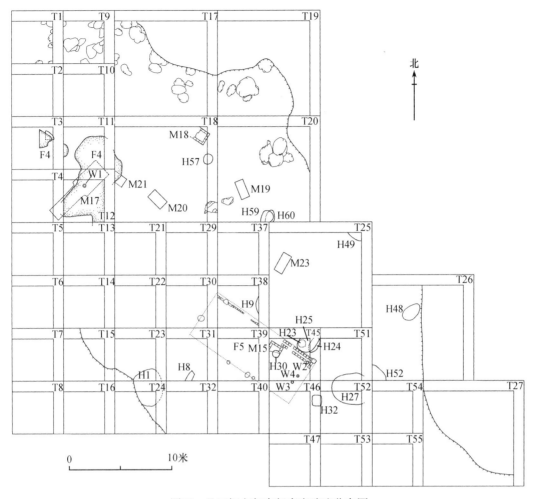

图五　Ⅱ区探方与南朝唐宋遗迹分布图

含物。

第4C层：灰褐色沙土，厚6—32厘米。分布于整个探方。土质疏松，出土大量青花瓷片及瓦片。

第5层：黑褐色黏土，厚6—21厘米。分布于探方东部。出土零星青花瓷片、黑瓷片等。为明清时期地层。

第6层：褐色黏土，厚0—25厘米。分布于探方南部。基本无包含物。为宋代地层。M15开口于该层下。

第7层：红褐色泛黄黏土，厚14—34厘米。分布于探方东部。土质较紧密，出土少量黑釉瓷片、泥质灰陶片及少量绳纹瓦。瓷片可辨器形有盏等，陶片可辨器形有盆、瓮、罐、钵等。为宋代地层。M18开口于该层下。

第8层：黄褐色黏土，厚0—45厘米。分布于整个探方。土质疏松，出土大量灰陶片及瓦片、瓷片。瓷片可辨器形有壶、罐、钵、盂等，陶片可辨器形有盆、瓮、罐、

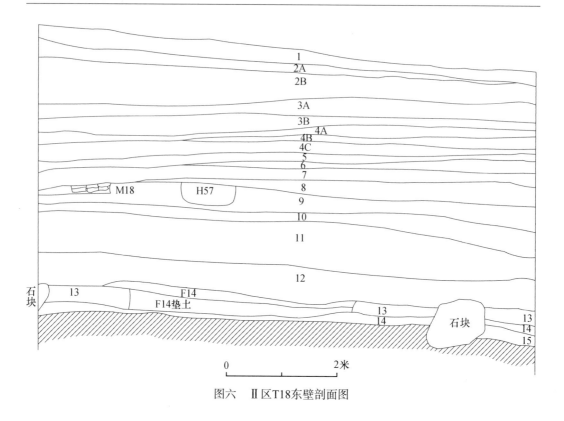

图六　Ⅱ区T18东壁剖面图

钵、碗等。为唐代地层。H9、H57、H59、M19—M21、M23开口于该层下。

第9层：黑褐色黏沙土，厚20—50厘米。分布于整个探方。土质疏松，出土大量泥质灰陶片、青瓷片和瓦片。瓷片可辨器形有四系罐、盘口罐（壶）、钵、盂、碗等，陶片可辨器形有盆、钵、罐、瓮、坛等。为唐代地层。F4、F5、H1、H8、H23、H27、H48、H49、H52、H60、W1—W4开口于该层下。

第10层：灰褐色黏土，厚14—50厘米。分布于整个探方。土质较紧密，出土紧密排列的瓦砾。瓦以板瓦为主，有零星筒瓦；以灰色为主，有零星红瓦；外饰中绳纹，内饰布纹。为南朝时期地层。H24、H25、H30、H32、M17开口于该层下。

第11层：黄褐色含沙黏土，厚35—90厘米。分布于整个探方。土质较紧密，含大量料姜石粒，出土陶片、砖块及瓦片。陶器以泥质灰陶为主，泥质褐陶次之，另有少量夹砂灰陶，可辨器形有甑、瓮、罐、盆、钵、豆等。为汉代地层。

第12层：灰黄色洪水淤积沙土，厚40—65厘米。分布于整个探方。土质疏松，无包含物。为汉代地层。F14开口于该层下。

第13层：黄褐色黏土，厚16—40厘米。分布于整个探方。出土大量陶片，有泥质灰褐陶、泥质红陶、夹砂褐陶和夹砂红陶等，可辨器形有灯形器、高颈罐、小平底罐、器盖、鬶等。为商代地层。

第14层：灰褐色黏土，厚3—25厘米。分布于整个探方。出土大量陶片，有夹砂褐陶、夹砂红陶、泥质灰黑陶、泥质红陶，另有少量磨光褐陶，可辨器形有灯形器、高颈罐、器盖、三足器、缸等。为夏商时期地层。

第15层：灰褐色黏土，厚0—25厘米。分布于探方东南角。土质较紧密，含零星红烧土粒，出土少量陶片。陶片以夹砂灰褐陶为主，有零星磨光黑皮陶。为新石器时代地层。

第15层以下即为生土。

二、遗　迹

遗迹有房址3座，灰坑16个，墓葬11座，其中瓮棺葬4座。主要集中在Ⅱ区，其中第10层下的遗迹有灰坑4个（H24、H25、H30、H32）、墓葬1座（M17），第9层下的遗迹有灰坑8个（H1、H8、H23、H27、H48、H49、H52、H60）、房址2处（F4、F5）、瓮棺葬4座（W1—W4），第6—8层下的遗迹有灰坑3个（H9、H57、H59）、墓葬6座（M15、M18—M21、M23）（图五）。此外，在Ⅰ区第4层下的遗迹有灰坑1个（H20）、房址1处（F1）（图三）。

（一）房址

3座。根据结构和建筑材料的差异，分为二型。

A型　2座（F4、F5）。未见分间，活动面主要铺垫黄土。

F4　位于Ⅱ区T3、T4、T11、T12、T13和T18内。开口于第9层下，距地表2.8米。其柱洞打破第10层，还有部分直接叠压在M17上，并将M17的墓砖铺垫于活动面上。现存面积约25平方米，平面现呈不规则形，主要有活动面、柱洞等，不见建筑隔墙、门、门道等设施。活动面主要为一种本地不见的纯黄土铺垫，厚0.2—0.4米，土质纯净，结构紧密，应为长期踩踏形成，原是否经过夯筑不详。部分活动面用砖、石平铺。铺地砖厚5—7厘米，从纹饰观察为南朝风格。黄土中夹杂许多泥质灰陶片、莲花纹瓦当、青瓷片等。在活动面西北部（T3内）黄土下还铺垫有一块很大的扇形石板，厚0.14米。在垫土下面还发现两个柱洞，D1直径1、深0.27米，D2直径0.81、深0.31米，均口大底小，内有黑色填土，底部铺有密集的砾石以及陶片、瓦片等。不排除扇形石板和这两个柱洞都是年代更早的建筑的可能。在活动面下还有1座瓮棺葬（W1）。建筑南部发现一处火塘，为椭圆形浅坑，最长0.75、最宽0.4米，其烧结面厚8—10厘米，内有大量红烧土块、炭屑。建筑活动面上出土大量遗物，可辨器形有盆、罐、钵、甑、坛、盏、垫等陶器，碗、盏、罐等青瓷器，以及板瓦、筒瓦和瓦当残件、动物遗骨等（图七；图版二，1）。

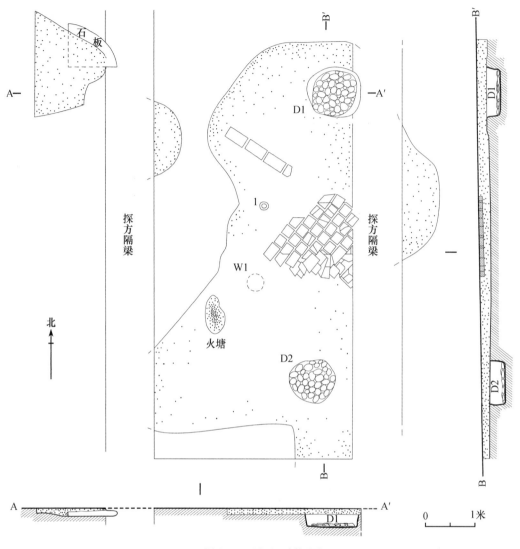

图七　F4平面、剖视图

1. 陶浅腹盘

　　F5　位于Ⅱ区T30、T31、T38—T40、T45、T46内。开口于第9层下，距地表约3.35米。复原后平面可能为狭长方形，西北—东南向长约11.7、东北—西南向宽约4.8米，整个建筑面积约56平方米。建筑北部有一排用砖和石板砌的墙基或残存墙垣，长度与建筑的长度基本相同，最高处现存三层砌砖。其他三面未见砖墙，只是在东北角尚可见到砖墙已经开始转角。在建筑的西部和南部分别发现一个和三个柱洞，其中西部柱洞（D1）直径0.65、深0.29米，口大底小，底部铺有一块厚4厘米的石板。东北角有一块石板，可能为柱础石。在建筑内的东部保留有大面积的活动面，为一种本地不见的纯黄土铺垫而成，厚0.2—0.35米，结构紧密，应为长期踩踏所致，也不排除在铺垫时经过夯筑。在东部活动面下发现3座婴儿瓮棺葬。从已揭露部分观察，F5的范围内未见门、门道和隔墙等，因此不排除这可能是一座半开放或开放式的大型建筑。建筑活动面上发现大量盆、罐、瓮、盏、垫、网坠等陶器，青瓷片和瓦等残件，另有个别早期石器（图八）。

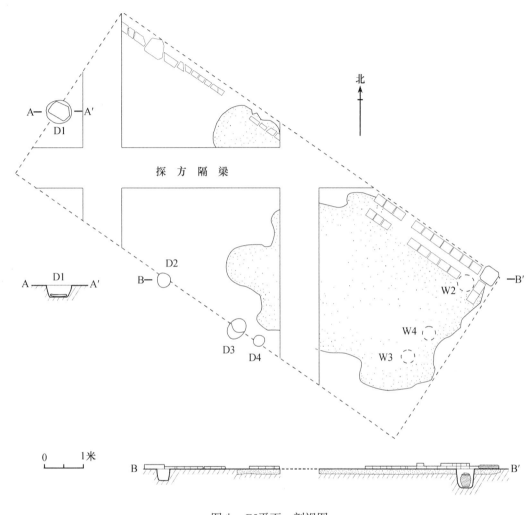

图八　F5平面、剖视图

B型　1处（F1）。条石墙基，为多间式的一组建筑。位于Ⅰ区T02—T04、T07、T08内。开口于第5层下，距地表约1.1米。残存一整间房屋和另外半间房屋，以及用砖铺成的活动面等遗迹。建筑的门道在西南部，残长1.9、宽1.3米。门道为青砖铺成的地面，共有六列，宽1.3米（图九）。砖均为长方形，从纹饰风格观察，似为汉晋时期的墓砖（图一〇）。东面的房间保存较完整，平面呈长方形，长4.8、宽3.4米。西北面的房间残长2.6、残宽3.8米。墙基均用较大块的条石砌成，宽0.25—0.6、高0.12—0.4米。房屋内堆积为黑灰色沙性土，较疏松。出土遗物可辨器形有盆、罐、瓮、网坠等陶器，碗、盏、坛、盆、虎子、罐、缸等瓷器，另有铁锄、石砚、铜钱等。

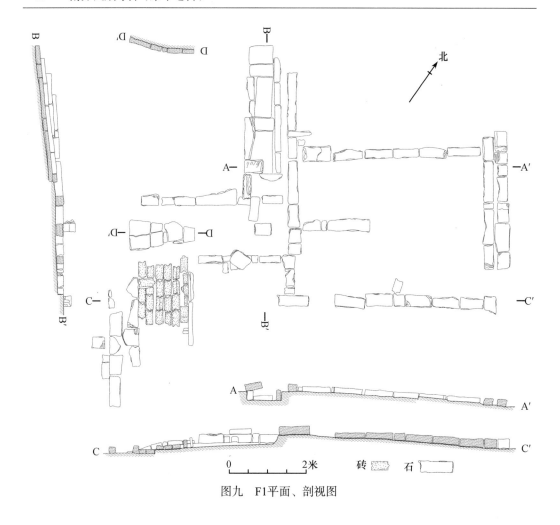

图九　F1平面、剖视图

（二）灰坑

16个。因有的灰坑大部压在隔梁下，看得出形制的仅12个。根据坑口平面形制的差异，分为五型。

A型　3个（H25、H30、H57）。平面为圆形。根据坑壁和底部形制的差异，分为二亚型。

Aa型　2个（H25、H30）。坑壁基本垂直或斜直，平底。

H30　坑壁基本垂直，口底同大。位于Ⅱ区T45西部。开口于第10层下，打破第11层。坑口距地表2.1米。口径0.76、深0.4—0.46米。坑内堆积为黑褐色土，土质疏松。出土遗物很少，主要为釜等陶器和碗等瓷器，另有少量的瓦片、石片和红烧土块（图一一）。

Ab型　1个（H57）。

H57　弧形壁，坑底呈锅底状。位于Ⅱ区T18东北部。开口于第8层下，打破第9层。坑口距地表2.48米。口径0.86、深0.62米。坑底、坑壁未见明显加工痕迹。坑内堆

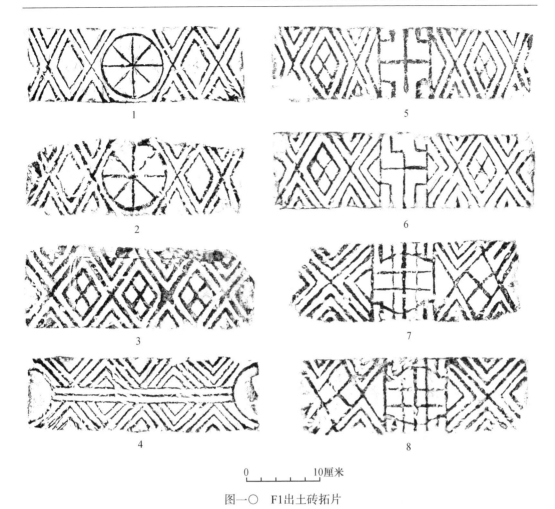

图一〇　F1出土砖拓片

1、2.车轮菱形纹　3."田"字菱形纹　4.双半圆菱形纹　5.博局菱形纹　6.不规则博局菱形纹　7、8.变形博局菱形纹

积为黑褐色土，含大量腐殖质和红烧土粒，土质疏松。出土遗物有盆、罐、瓮、缸、钵等陶器和板瓦、筒瓦残片（图一二）。

　　B型　2个（H23、H24）。平面为椭圆形，坑壁基本垂直或略微内收，平底。

　　H24　位于Ⅱ区T45东北角隔梁。开口于第10层下，打破第11层。坑口距地表2.05米。坑壁略倾斜，底部略小，口长径1.35、短径0.71米，底长径1.24、短径0.63米，深0.3米。坑内堆积为灰褐色土，土质较疏松，夹杂木炭粒、红烧土粒。出土遗物主要有陶器和瓦的残片，另有石块、石片等器物。陶器可辨器形有罐、盆等。瓦基本都是内外饰绳纹的灰色板瓦（图一三）。

　　C型　1个（H32）。

　　H32　平面为圆角方形。位于Ⅱ区T46东北部，局部近入T52。开口于第10层下，打破第11、12层。坑口距地表1.62米。平面基本呈圆角方形，坑壁倾斜，口大底小。口长0.85、宽0.76米，底长0.74、宽0.71米，深0.53米。坑内堆积为黄色黏土，较为紧密。

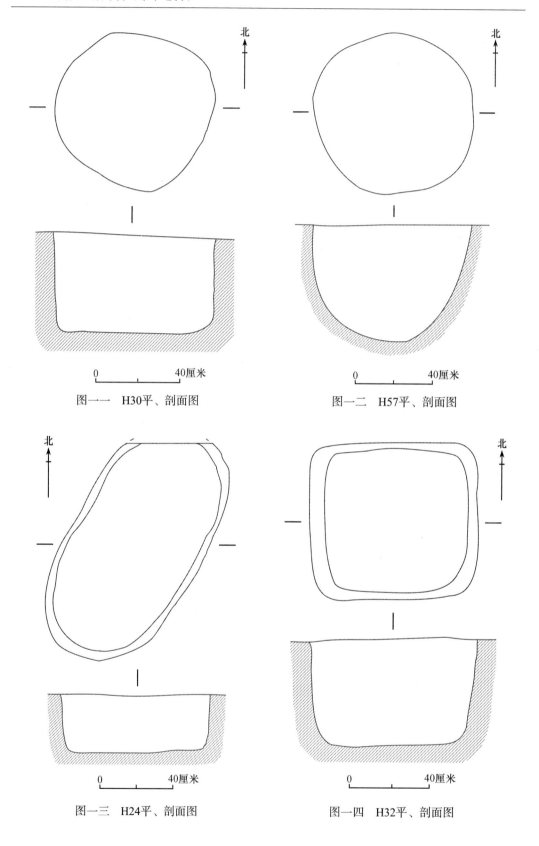

图一一　H30平、剖面图

图一二　H57平、剖面图

图一三　H24平、剖面图

图一四　H32平、剖面图

出土遗物有泥质灰陶片和筒瓦、板瓦残片（图一四）。

D型　1个（H8）。

H8　平面为不规则长方形。位于Ⅱ区T31南部。开口于第9层下，直接打破第11层。坑口距地表0.5—0.6米。坑壁略向内倾斜，口大底小。已清理部分坑口最长1.2、最宽0.56米，坑底最长1.11、最宽0.48米，深0.5米。坑内堆积为灰褐色泥土，土质松软。出土遗物数量不多，主要为罐、瓮等陶器（图一五）。

E型　5个（H1、H27、H48、H59、H60）。平面为不规则椭圆形，底为不规则圜底。根据大小规模，分为二亚型。

Ea型　2个（H1、H27）。大型。可能为利用自然凹坑再略加修整而成。

H1　位于Ⅱ区T23、T24内。开口于第9层下，打破第13—15层。坑口距地表0.55—0.85米。面积很大，西部已因库区水位上升被冲毁一部分。最长3.86、残宽2.74、深0.64米。坑内堆积为灰褐色土，土质疏松。出土遗物有大量的泥质灰陶器，可辨器形有盆、罐、瓮、甑等；另有很少量的青瓷器，可辨器形有碗等；此外，有个别石锛等残石器（图一六）。

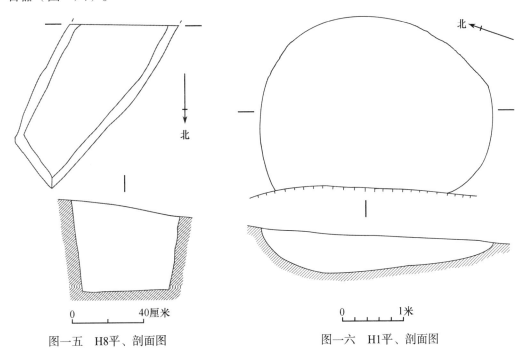

图一五　H8平、剖面图　　　　　图一六　H1平、剖面图

Eb型　3个（H48、H59、H60）。小型。可能是利用自然凹坑倾倒废弃物。

H48　位于Ⅱ区T26偏北部。开口于第9层下，打破第10层。坑口距地表1.9米。平面略呈椭圆形，坑底为不规则圜底。最长2.4、最宽1.56、深0.25米。坑内堆积为黑褐色土，土质疏松，含大量腐殖质，有零星木炭屑。出土遗物有青瓷罐、碗等，另有绳纹残瓦、泥质灰陶片和一枚铜五铢钱（图一七）。

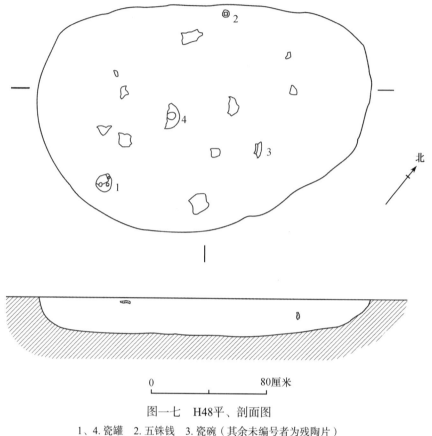

图一七　H48平、剖面图

1、4. 瓷罐　2. 五铢钱　3. 瓷碗（其余未编号者为残陶片）

（三）墓葬

11座。可分为土坑墓、砖室墓和瓮棺葬。

1. 土坑墓

3座（M19、M20、M23）。均为长方形竖穴，无墓道。

M23　位于Ⅱ区T25西北部。开口于第8层下，打破第9层。墓口距地表2.3米。方向30°。墓口长1.8、宽1.02米，底长1.75—1.78、宽0.97米，深0.22—0.26米。填土为黑褐色黏土，较为疏松。坑底发现零星板灰痕迹，推测下葬时使用木棺作为葬具。墓内有一具人骨，葬式为俯身直肢，头向北偏东，面部朝下。出土随葬品为2件青瓷器，其中瓷四系壶位于墓主头部西侧，瓷碗位于头部东侧（图一八）。

M19　位于Ⅱ区T20西南部。开口于第8层下，打破第9层。墓口距地表2.1米。方向150°。墓室平面呈圆角长方形，整个墓葬头端略高于脚端。长1.52、宽0.48、深0.53—0.61米。填土为黄褐色黏土，含大量红烧土粒，土质较疏松。墓底有木棺板灰痕，原应有木棺作为葬具。墓内有一具人骨，保存较好，葬式为仰身直肢，面朝西，双手压于髋骨下。据人骨特征推测，墓主为男性，年龄在25—40岁。出土3件随葬品，其中墓主

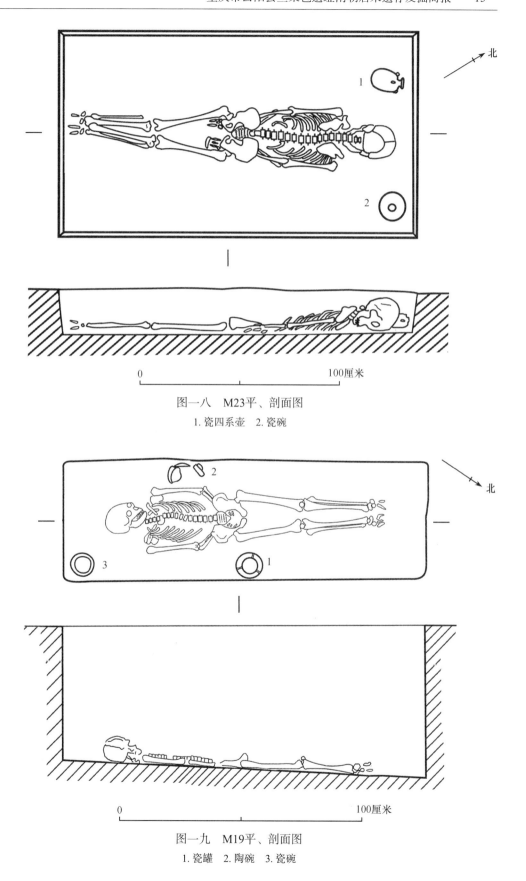

图一八　M23平、剖面图
1. 瓷四系壶　2. 瓷碗

图一九　M19平、剖面图
1. 瓷罐　2. 陶碗　3. 瓷碗

腰右侧一件青瓷罐，左臂侧一件陶碗，头顶右上部有一件青瓷碗，在碗内发现有若干鸡骨（图一九；图版三，1）。

M20 位于Ⅱ区T18南部。开口于第8层下，打破第9层。墓口距地表3.6米。方向120°。墓坑口大底小。墓口长1.52、宽0.56米，底长1.4、宽0.46米，深0.37—0.39米。填土为以黄褐色为主的五花黏土。不见葬具痕迹。发现一具人骨，似为男性，根据牙齿和骨骼特征分析，墓主年龄在25—40岁。葬式为仰身直肢，面朝上，双手置于盆骨两侧。左上肢骨与左股骨都有明显的锯断痕迹（图版三，3），双腿踝骨以下全无。出土随葬品有青瓷盂2件，青瓷碗和铜发笄各1件，另有一堆禽类遗骨。除铜发笄置于头顶之外，其余随葬品都呈一排摆放在墓主头顶前方的墓壁处，其中在瓷盂、碗内都有禽类遗骨，应是入葬时所盛的肉类食物（图二〇；图版三，2）。

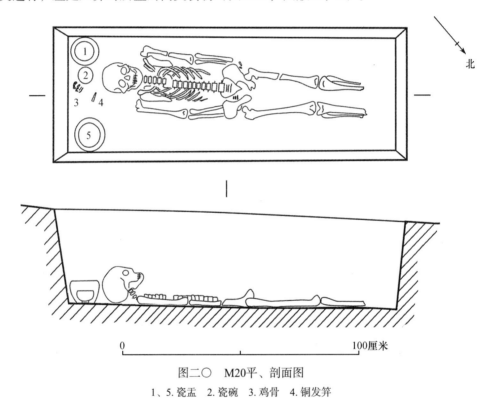

图二〇 M20平、剖面图

1、5.瓷盂 2.瓷碗 3.鸡骨 4.铜发笄

2. 砖室墓

共4座。均有不同程度的破坏，墓室顶部均已不存，墓壁也仅存下半部。墓室平面形制均为长方形。出土随葬品数量均较少。从发掘情况看，其建造方式是先在地面向下挖掘一个竖穴土坑，再在坑内用砖建墓，其上加筑封土。墓砖均为长方形砖，上多有纹饰。墓内均未发现葬具，原有无不详。人骨保存差，具体信息不详。根据墓室数量的多少，分为二型。

A型　3座（M15、M18、M21）。单室墓。

M18　位于Ⅱ区T18东北角。开口于第7层下，打破第8、9层。现存开口距地表3.4米。方向127°。墓葬大部分已被破坏，据现存部分推测，原墓葬平面应为长方形。墓坑残长0.81、宽1.22、深0.46米。砖室内残长0.51、宽0.91、残高0.21米。墙砖错缝顺砌，最高处残存8层，地砖平铺顺砌。砖室内靠南侧有一排水沟。墓砖花纹皆朝向墓室内，墙砖之间似乎有白灰填缝。墓砖均为长方形青砖，长36—37.5、宽16—18.5、厚4.6—6.3厘米左右，一侧模印阳文的图案，包括菱形纹、云气纹、对称卷草纹三种图案，均为汉晋南朝时期的旧砖。墓内填灰褐色含沙黏土，有大量腐殖质，土质疏松，土中含大量砖瓦碎片。该墓可能为二次利用。残存部分墓室的正中有一堆人骨，应为二次葬。据头骨等判断，墓主年龄在6岁以下。墓主手腕尺骨上套有1件银镯，墓室底部的四角各有1枚铁帐钩，此外未见其他随葬品（图二一、图二二；图版四，1）。

B型　1座（M17）。

M17　双室墓。位于Ⅱ区T4、T11和T12。开口于第10层下，打破第11层。墓口距地表2.8—3米。方向225°。此为一座"凸"字形带斜坡墓道的前后双室券顶墓。整个

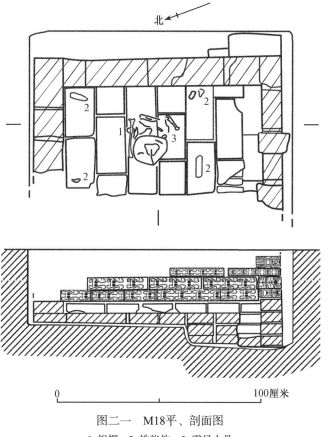

图二一　M18平、剖面图

1. 银镯　2. 铁帐钩　3. 零星人骨

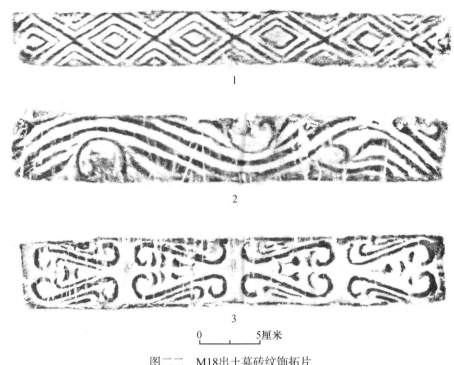

图二二　M18出土墓砖纹饰拓片

1.菱形纹　2.云气纹　3.对称卷草纹

墓葬上部都被后期地层破坏。墓全长7.5、最宽2.12、深0—1.41米。墓内填土为黑褐色黏沙土。墓道平面呈长方形，长2.87、宽1.4、深0—1.22米。封门为"一"字形墙，墓砖顺砌，现存11层。甬道为顺长方形，长1.43、宽0.88、残高0.74米。前室平面呈横长方形，长1.65、宽0.44、残高0.7米。后室平面呈顺长方形，长2.5、宽1.65、残高0.95米。前后室仅以地面的高低相区别。墓室内的地砖"丁""顺"相间斜向平铺。墓砖长36—37、宽17—18、厚5—6厘米，一侧均有模制阳文图案，种类多样，有变形卷云纹、云气纹、对称卷草纹、莲花缠枝卷草纹、菱形纹、博局菱形纹、莲花"回"字纹等。在后室发现一具人骨，其葬式大体可辨为仰身直肢。出土随葬品有青瓷碗1件、陶席纹深腹盆2件，放置在后室的后壁和西侧壁，此外在后室近后壁处还堆放有大量板瓦。甬道北侧还有一堆人骨，似为二次葬，应是后期墓葬被扰乱后葬入。甬道和前室至底部均被扰乱，在扰土中出土夏商时期的陶器和汉六朝唐代的陶器、瓷器、瓦等残片（图二三、图二四；图版二，2、3）。

3. 瓮棺墓

4座（W1—W4）。形制大小相当，平面形制均呈近圆形。墓坑内填土均为黄色五花土。均以陶瓮为葬具，内存一具婴幼儿骨骼，保存状况较差。无随葬品。

W2　位于Ⅱ区T45的东部。开口于F5活动面下，打破第10层。坑口距地表2.8、

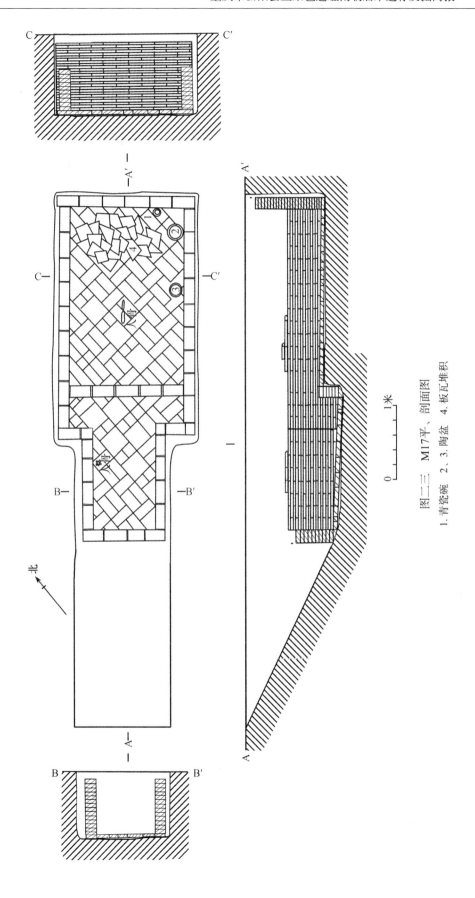

图二三　M17平、剖面图

1. 青瓷碗　2、3. 陶盆　4. 板瓦堆积

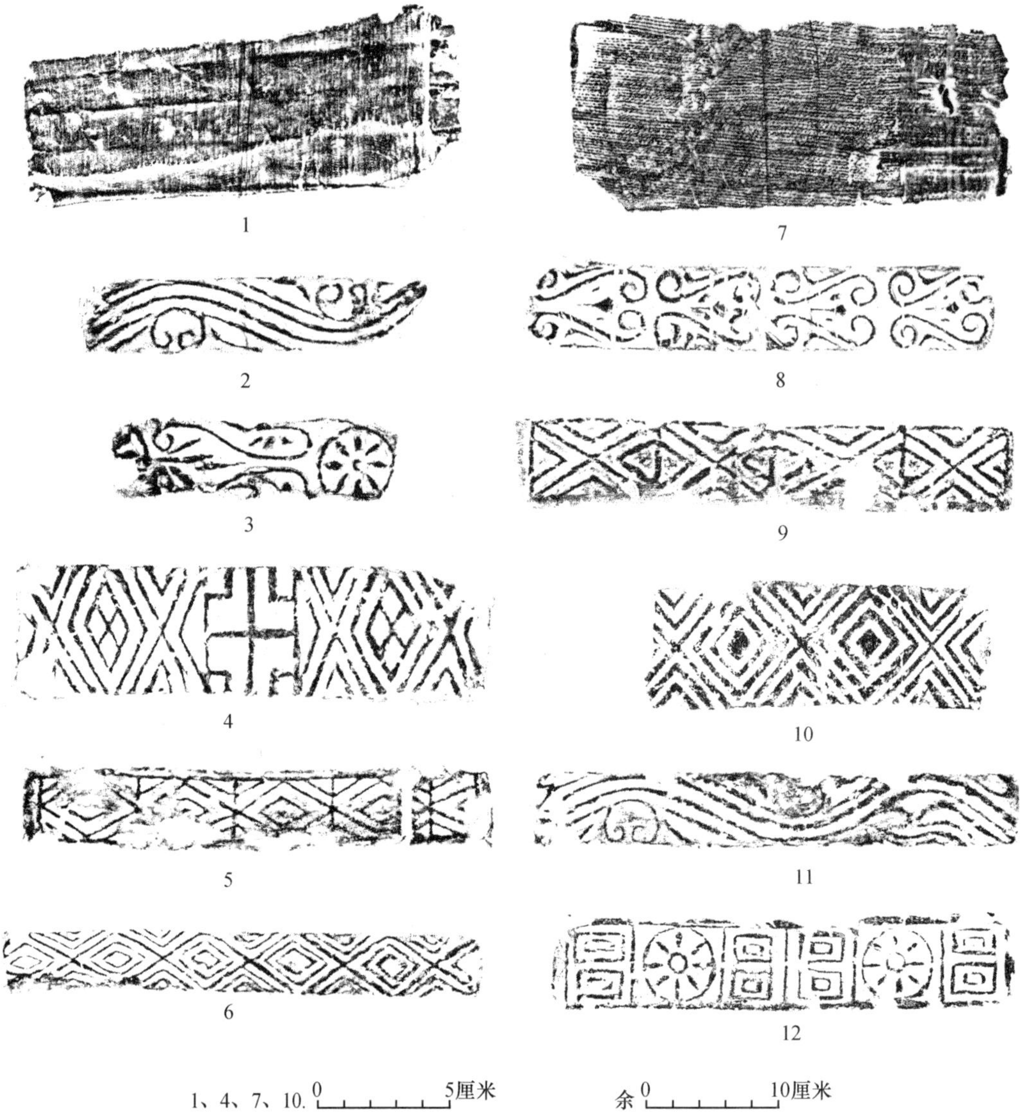
1
7
2
8
3
9
4
10
5
11
6
12
1、4、7、10. 0 5厘米
余 0 10厘米

图二四 M17出土板瓦与墓砖纹饰拓片

1. 板瓦内面 2、11. 云气纹墓砖 3. 莲花缠枝卷草纹墓砖 4. 博局菱形纹墓砖 5、6、9、10. 菱形纹墓砖 7. 板瓦背面 8. 对称卷草纹墓砖 12. 莲花“回”字纹墓砖

口径0.41—0.42、底径0.25、深0.41米。陶瓮口部盖有一块大陶片（图二五，1；图版四，2）。

W3 位于Ⅱ区T45、T46内。开口于F5的活动面下，打破第10层。坑口距地表2.8、口径0.39—0.41、底径0.22、深0.28米（图二五，2；图版四，3）。

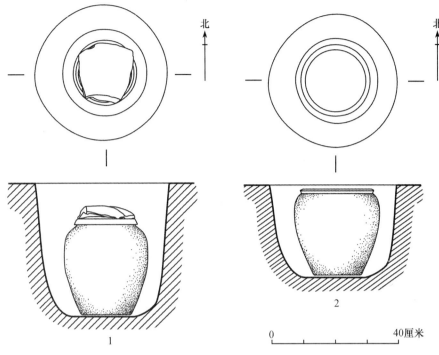

图二五　W2、W3平、剖面图
1. W2　2. W3

三、遗　物

陶器数量最多，瓷器次之，另有少量铜器、铁器、石制品、银器，还有砖、瓦等。

（一）陶器

绝大多数为泥质灰陶，另有极少量的泥质红陶、泥质褐陶和夹砂红陶。器类有盆、罐、瓮、碗、盏、钵、坛、甑、釜、器盖、盒、纺轮、垫、灯、双耳器、网坠、方形器等。陶器多为素面，装饰很少，纹饰种类主要为划纹、弦纹、附加堆纹、绳纹和席纹等，多饰于盆、罐、瓮、甑等物的唇部、沿部和腹部，也有个别器物通体饰绳纹或席纹。制作方法主要是轮制和泥条盘筑，某些小型器物为手捏而成。

浅腹盆　54件。根据口沿和唇部差异，分为二型。

A型　23件。折沿，方唇或方圆唇。根据口部差异，分为三亚型。

Aa型　7件。敞口。根据腹部形态变化，分为二式。

Ⅰ式：2件。弧腹。M17：6，泥质灰陶。方圆唇，下部残。口径43.2、残高6.6厘米（图二六，2）。T12⑨：4，泥质黑衣褐陶。方唇，平底。口径24.5、底径11、高9.8厘米（图二六，13）。

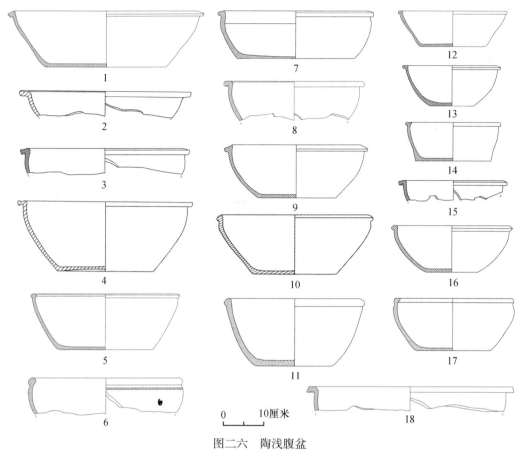

图二六　陶浅腹盆

1、12. Aa型Ⅱ式（F4：2、F4：1）　2、13. Aa型Ⅰ式（M17：6、T12⑨：4）　3. Ac型Ⅰ式（T11⑩：20）
4. Ab型Ⅰ式（M17：5）　5、11. Ba型（T51⑨：1、C：120）　6、17. Bc型（T51⑨：19、C：98）
7、8. Ab型Ⅲ式（H27：24、F4：20）　9. Ac型Ⅲ式（T23⑧：1）　10、16. Bb型（C：93、T23⑧：3）
14. Ac型Ⅱ式（T23⑧：2）　15、18. Ab型Ⅱ式（F4：25、F4：22）

Ⅱ式：5件。腹部较斜直。方唇，平底。F4：1，泥质灰陶，胎内为黄褐色。口径27.2、底径16、高8.8厘米（图二六，12）。F4：2，泥质灰陶，略偏黄。口径49.2、底径31.2、高13.6厘米（图二六，1）。

Ab型　8件。直口。均为泥质灰陶。根据腹部形态变化，分为三式。

Ⅰ式：1件。弧腹。M17：5，方唇，平底稍内凹。制作粗糙，不规则。口径44.8、底径25.2、高17.2厘米（图二六，4）。

Ⅱ式：4件。腹略直。方唇，下部残。F4：25，器沿及外表抹白彩。口径27.2、残高5.1厘米（图二六，15）。F4：22，口径50.6、残高5.6厘米（图二六，18）。

Ⅲ式：3件。鼓腹。器内、外均抹白彩。H27：24，方唇，平底。口径38.8、底径29、高11.7厘米（图二六，7；图版六，5）。F4：20，方圆唇，下部残。口径35.2、残高9.5厘米（图二六，8）。

Ac型　8件。敛口。均为泥质灰陶。根据腹部形态变化，分为三式。

Ⅰ式：1件。弧腹。T11⑩：20，方唇，下部残。口径43.2、残高6.5厘米（图二六，3）。

Ⅱ式：6件。腹略直。T23⑧：2，方圆唇，平底。口沿上有三道凹弦纹。口径24、底径19.2、高9.6厘米（图二六，14）。

Ⅲ式：1件。鼓腹。T23⑧：1，方唇，平底。口径35.6、底径20、高12.8厘米（图二六，9）。

B型　31件。无沿，厚唇。根据口部差异，分为三亚型。

Ba型　4件。敞口。均为泥质灰陶。腹略鼓，平底。C：120，圆唇。口径35.2、底径19.2、高16.6厘米（图二六，11）。T51⑨：1，器内抹白彩，局部已脱落。沿中部凸出，方唇。口径37.6、底径24.2、高13.5厘米（图二六，5）。

Bb型　13件。直口。均为泥质灰陶。平底。T23⑧：3，尖圆唇，腹略鼓。口径30.4、底径12.8、高11.6厘米（图二六，16）。C：93，口沿下内凹，方圆唇，腹向下斜收。口径40、底径21.6、高14.6厘米（图二六，10）。

Bc型　14件。敛口。腹略鼓。T51⑨：19，泥质灰陶，胎内为红色。方圆唇，沿下稍内凹，下部残。沿下有两道细划纹，腹部有一处留有手压布纹图案，推测为无意留下的痕迹。口径39.2、残高8.4厘米（图二六，6）。C：98，泥质灰陶，胎内为红褐色。方唇，平底。口径30、底径19.2、高12.8厘米（图二六，17）。

深腹盆　32件。根据口沿和唇部差异，分为三型。

A型　21件。折沿，方唇。根据口部差异，分为二亚型。

Aa型　8件。直口。根据腹部形态变化，分为三式。

Ⅰ式：2件。腹部向下斜收。T12⑩：8，泥质黑皮陶，器内、外均抹白彩。口沿下内凹，下部残。沿上饰两道凹弦纹，腹部饰两道凹弦纹。口径28.8、残高7.2厘米（图二七，12）。

Ⅱ式：5件。腹部向下缓收。T31⑧：3，泥质灰陶。平底。腹部有一些压印纹。略变形。口径40.8、底径20、高19.2厘米（图二七，7）。

Ⅲ式：1件。腹部略直。T22⑥：3，泥质灰陶，器内、外均抹白彩，局部脱落。沿稍下凹，下部残。口沿下饰绳纹。口径38.3、残高8.9厘米（图二七，8）。

Ab型　13件。敛口。根据敛口的程度变化，分为二式。

Ⅰ式：2件。口微敛。T11⑩：18，泥质灰陶。口沿下内凹，腹部向下内收，下部残。腹上部饰一道抹划纹，下部有几道斜划纹。口径28.4、残高9.6厘米（图二七，13）。

Ⅱ式：11件。口甚敛。腹部向下内收，下部均残。F5：2，泥质黑皮陶。口径

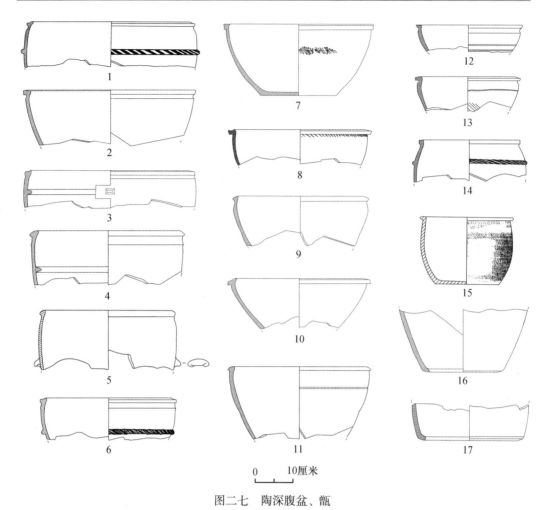

图二七　陶深腹盆、甑

1、5.Bb型深腹盆（H1∶30、C∶37）　2、10.Ab型Ⅱ式深腹盆（H27∶23、F5∶2）　3、4.甑（T51⑨∶21、
C∶33）　6、9、11.Ba型深腹盆（C∶29、T51⑨∶6、H1∶26）　7.Aa型Ⅱ式深腹盆（T31⑧∶3）
8.Aa型Ⅲ式深腹盆（T22⑥∶3）　12.Aa型Ⅰ式深腹盆（T12⑩∶8）　13.Ab型Ⅰ式深腹盆（T11⑩∶18）
14.Bc型深腹盆（F4∶29）　15.C型深腹盆（M17∶3）　16、17.甑底（C∶31、T51⑨∶24）

38.7、残高13.2厘米（图二七，10）。H27∶23，泥质灰陶，器内、外均抹白彩，大部分已脱落。口沿下内凹。口径46.4、残高14.6厘米（图二七，2）。

B型　10件。敛口，双唇。根据腹部差异，分为三亚型。

Ba型　6件。腹部向下斜收。均为泥质灰陶。下部均残。H1∶26，双唇均尖。腹上部有一道凹弦纹。口径38.6、残高18.6厘米（图二七，11）。T51⑨∶6，双唇均尖，口沿下内凹。口径36.4、残高12.8厘米（图二七，9）。C∶29，双唇略圆。腹部有一道附加堆纹。口径34、残高11厘米（图二七，6）。

Bb型　2件。腹部较直。均为泥质灰陶。下部均残。H1∶30，双唇均圆。沿下稍内凹，腹部有一道附加堆纹。口径45.4、残高12.4厘米（图二七，1）。C∶37，双唇略尖。腹部有器錾。口径37、残高16厘米（图二七，5）。

Bc型　2件。腹部较鼓。F4：29，泥质灰陶。方唇，下部残。腹上部饰附加堆纹。口径27.2、残高11.3厘米（图二七，14）。

C型　1件。直口，圆唇。M17：3，泥质灰陶。折沿，弧腹，平底，整体似桶形。外壁饰拍印席纹。口径25.6、底径17.6、高18.4厘米（图二七，15）。

甑　10件。均为泥质灰陶。T51⑨：21，敛口，内外尖圆唇，腹略直，内腹部有一圈放甑箅的凸棱，下部残。口径46、残高9.7厘米（图二七，3）。C：33，敛口，外方唇内尖唇，腹略直，内腹部有一圈放甑箅的凸棱。下部残。口径42、残高14.4厘米（图二七，4）。T51⑨：24，上部残，下腹较直，底部中空以放甑箅。底径23.2、残高8厘米（图二七，17）。C：31，上部残，下腹斜收，底部中空以放甑箅。底径18.4、残高16.4厘米（图二七，16）。

瓮　43件。根据口沿差异，分为五型。

A型　22件。折沿。根据唇部差异，分为三亚型。

Aa型　4件。方唇。下部均残。T12⑨：8，泥质灰陶，沿部抹白彩。敛口，束颈，溜肩。口径28.4、残高7.2厘米（图二八，2）。

Ab型　6件。圆唇。下部均残。F5：4，泥质灰陶，器内、外均抹白彩，局部脱落。敛口，直颈，溜肩。沿部饰三道凹弦纹。口径21.6、残高6.4厘米（图二八，10）。

Ac型　12件。双唇，溜肩。均为泥质灰陶。下部均残。H27：29，器内、外均抹白彩。敛口。口径28、残高12厘米（图二八，4）。T13⑨：2，器内、外均抹白彩，局部已脱落。直口，颈稍束。口径30.8、残高10厘米（图二八，3）。

B型　4件。厚沿。根据沿部形制差异，分为二亚型。

Ba型　2件。沿直立，方唇。均为泥质灰陶。敛口，溜肩，深腹，平底。W2：1，腹略鼓。口径16.8、最大径24.2、底径16、高27.8厘米（图二八，9；图版七，1）。W1：1，腹缓收。口径16.2、最大径22.8、底径16、高27.6厘米（图二八，13）。

Bb型　2件。沿斜向，尖唇。均为泥质灰陶。敛口，溜肩，深腹向下内收，平底。W3：1，口径21.8、最大径26、底径14.6、高25.6厘米（图二八，12；图版七，2）。W4：1，口径18.8、最大径25.2、底径14.2、高27.4厘米（图二八，8；图版七，3）。

C型　9件。无沿，内外双唇。根据唇部差异，分为二亚型。

Ca型　6件。外方唇内尖唇。均为泥质灰陶。敛口，下部残。T12⑨：7，沿部抹白彩。圆肩。口径29.2、残高8.4厘米（图二八，5）。H27：11，束颈，溜肩。沿部饰两道凹弦纹。口径29.8、残高8.8厘米（图二八，6）。

Cb型　3件。内外均尖唇。T51⑨：17，泥质灰陶，器内、外均抹白彩，局部脱落。敛口，溜肩，下部残。口径23.6、残高8.4厘米（图二八，7）。

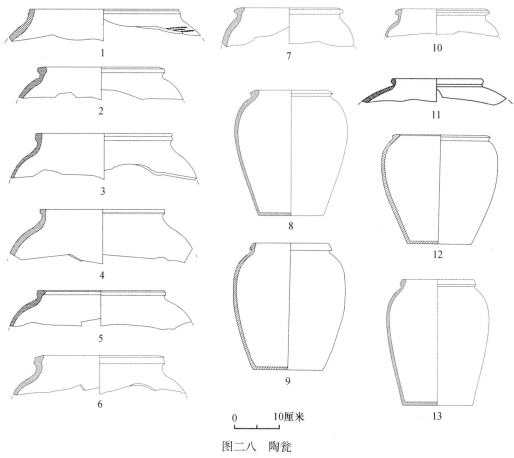

图二八　陶瓮

1. D型（H1∶10）　2. Aa型（T12⑨∶8）　3、4. Ac型（T13⑨∶2、H27∶29）　5、6. Ca型（T12⑨∶7、
H27∶11）　7. Cb型（T51⑨∶17）　8、12. Bb型（W4∶1、W3∶1）　9、13. Ba型（W2∶1、W1∶1）
10. Ab型（F5∶4）　11. E型（T11⑩∶21）

　　D型　7件。无沿，方唇。H1∶10，泥质灰陶。敛口，溜肩，下部残。局部饰横向
中粗绳纹。口径33.8、残高6.8厘米（图二八，1）。

　　E型　1件。卷沿，圆唇。T11⑩∶21，泥质黄褐陶。敛口，广肩，下部残。口径
20.6、残高5.6厘米（图二八，11）。

　　罐　26件。根据口沿差异，分为五型。

　　A型　8件。敛口，折沿。根据唇部差异，分为三亚型。

　　Aa型　2件。方唇。T51⑨∶16，泥质灰陶，器内、外均抹白彩，脱落严重。短斜
领，溜肩，下部残。口径21.4、残高5.7厘米（图二九，10）。

　　Ab型　3件。双唇。H27∶13，泥质灰陶。颈稍束，溜肩，下部残。口径22.4、残
高5.6厘米（图二九，11）。

　　Ac型　3件。尖唇。H27∶12，泥质灰陶，胎内红色。束颈，耸肩，下部残。口径
20、残高6.2厘米（图二九，12）。

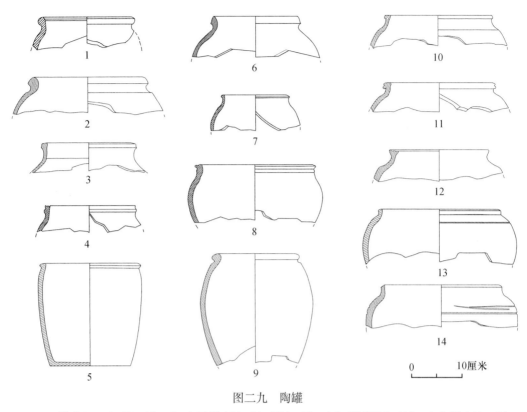

图二九　陶罐

1、9. Ba型（H1：19、F5：3）　2、6. Bb型（F4：21、H23：5）　3. Da型（H27：18）　4. Cc型（F4：13）
5. E型（F4：6）　7、8. Db型（T23⑨：1、T15⑨：5）　10. Aa型（T51⑨：16）　11. Ab型（H27：13）
12. Ac型（H27：12）　13. Ca型（C：60）　14. Cb型（T51⑨：14）

　　B型　8件。敞口，卷沿。根据唇部差异，分为二亚型。

　　Ba型　4件。圆唇，束颈。H1：19，泥质黑皮红陶。腹部以下残。口径18.8、残高6厘米（图二九，1）。F5：3，泥质灰陶。弧腹，下腹残。口径17.2、残高22厘米（图二九，9）。

　　Bb型　4件。方唇，溜肩。均为泥质灰陶。H23：5，颈部抹白彩，大部分已脱落。束颈。腹部以下残。口径17.6、残高8.1厘米（图二九，6）。F4：21，器内、外均抹白彩，脱落严重。颔部内凹。腹部以下残。口径23.6、残高7.2厘米（图二九，2）。

　　C型　4件。直口，无沿。根据唇部差异，分为三亚型。

　　Ca型　2件。圆唇。C：60，泥质灰褐陶。圆肩，鼓腹，下腹残。肩部饰一道细弦纹。口径24.4、残高10.6厘米（图二九，13）。

　　Cb型　1件。方唇。T51⑨：14，泥质灰皮红褐陶。圆肩，下腹残。肩部饰三道凹弦纹。口径23.4、残高7.6厘米（图二九，14）。

　　Cc型　1件。双唇。F4：13，泥质深灰陶。直领，溜肩，下部残。唇上饰两道划弦纹。口径18.1、残高5.2厘米（图二九，4）。

D型 4件。直口，折沿。根据唇部差异，分为二亚型。

Da型 1件。方唇。H27∶18，泥质灰陶，器内、外均抹白彩，局部脱落。颈稍束，颈部以下残。口径18.8、残高5.6厘米（图二九，3）。

Db型 3件。尖唇。T23⑨∶1，泥质灰皮红褐陶。颈稍束，腹略鼓，下腹残。口径13.6、残高7厘米（图二九，7）。T15⑨∶5，泥质黑皮灰陶。鼓腹，底部残。颈部有一道凸棱。口径23.6、残高10.7厘米（图二九，8）。

E型 2件。大口，折沿。F4∶6，泥质灰褐陶。敛口，方圆唇，腹略鼓，平底。口径19.6、最大径20.4、底径16、高19.6厘米（图二九，5）。

坛 10件。根据肩部差异，分为二型。

A型 6件。圆肩。敛口。根据沿部差异，分为二亚型。

Aa型 4件。沿微卷。均为泥质灰陶。H27∶5，方唇，下腹残。口径20.8、最大径26、残高8厘米（图三〇，1）。T15⑨∶6，器外抹白彩。方圆唇，下腹向内急收，底部残。口径15.2、最大径20.5、残高8.4厘米（图三〇，2）。

Ab型 2件。无沿。T51⑨∶23，泥质灰陶，器内、外均抹白彩，脱落严重。方唇，下部残。口径18.3、最大径28.2、残高7.2厘米（图三〇，6）。

B型 4件。溜肩。敛口。根据唇部差异，分为二亚型。

Ba型 3件。双唇。泥质灰陶。T23⑨∶4，底部残。腹部向内紧收。口径32、最

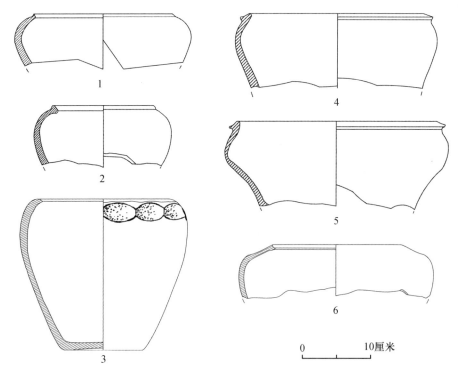

图三〇 陶坛

1、2. Aa型（H27∶5、T15⑨∶6） 3. Bb型（C∶56） 4、5. Ba型（H1∶14、T23⑨∶4） 6. Ab型（T51⑨∶23）

大径32.8、残高12.8厘米（图三〇，5）。H1：14，敛口，下部残。口径28、最大径29.4、残高10.6厘米（图三〇，4）。

Bb型 1件。单唇略方。C：56，泥质灰陶。腹略鼓，底部稍内凹。口沿上有一道凹弦纹，口部有刀削痕迹，肩部有近椭圆形的拍打图案。口径19.4、最大径24.4、底径12.2、高21.6厘米（图三〇，3）。

钵 6件。根据口部形制差异，分为二型。

A型 4件。敞口。根据沿部差异，分为三亚型。

Aa型 1件。无沿。T51⑨：25，泥质灰陶。圆唇，浅弧腹，平底内凹。口径18.4、底径12.8、高4.3厘米（图三一，1）。

Ab型 1件。折沿。F4：5，黑衣泥质灰陶。方唇，弧腹，平底。口沿下和近底部器壁上有制作时留下的拍印痕迹。口径19.2、底径10.4、高6厘米（图三一，3）。

Ac型 2件。卷沿。均为泥质灰陶。C：27，圆唇，弧腹，假圈足。口径17.6、底径6.7、高6.5厘米（图三一，6）。H27：2，尖圆唇，腹略鼓，下部残。口径21.8、残高4.4厘米（图三一，5）。

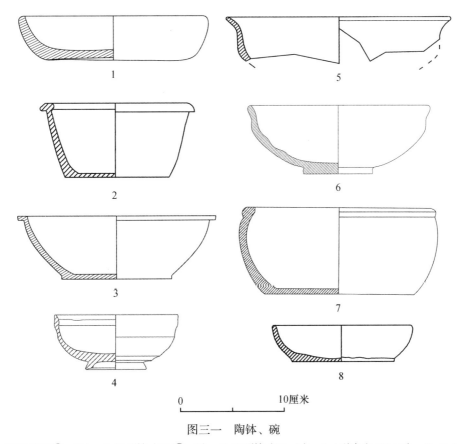

图三一 陶钵、碗

1. Aa型钵（T51⑨：25） 2. Bb型钵（T11⑨：9） 3. Ab型钵（F4：5） 4. A型碗（M19：2） 5、6. Ac型钵
（H27：2、C：27） 7. Ba型钵（T21⑨：5） 8. B型碗（T11⑩：22）

B型　2件。敛口，平底。根据腹部差异，分为二亚型。

Ba型　1件。鼓腹。T21⑨：5，泥质黑衣褐陶。方圆唇。口径18.8、底径14.4、高8厘米（图三一，7）。

Bb型　1件。斜腹内收。T11⑨：9，泥质黑衣陶。折沿，圆唇。口径15、底径10、高7.4厘米（图三一，2）。

碗　2件。根据底部差异，分为二型。

A型　1件。圈足。M19：2，泥质陶，外壁上部为灰褐色，下部为黄褐色。敞口，尖圆唇，弧腹。口径12、圈足径5.9、高5.2厘米（图三一，4）。

B型　1件。假圈足。T11⑩：22，粗泥灰褐陶。敞口，圆唇，弧腹，平底。口径14、底径10.1、残高3.4厘米（图三一，8）。

盏　22件。根据底部形制差异，分为三型。

A型　10件。平底。根据腹部形制和底部大小差异，分为二亚型。

Aa型　4件。浅腹，底部较小。敞口，圆唇，弧腹。T15⑨：2，泥质黑衣灰黄陶。手捏制。口径10、底径4.4、高2.8厘米（图三二，1）。F4：23，泥质灰陶，器内、外均抹白彩，大部分已脱落。口径6.4、底径2.1、高2.4厘米（图三二，4）。

Ab型　6件。腹部略深，底部较大。敞口，弧腹。手捏制。F5：5，泥质黑皮灰陶。尖唇。口径8.6、底径5.2、高3.8厘米（图三二，7）。C：44，泥质灰陶。圆唇。底部有交叉的划纹。口径5.9、底径3、高2.5厘米（图三二，9）。

B型　11件。圜底。根据腹部深浅差异，分为二式。

Ⅰ式：6件。浅腹。敞口，弧腹。手捏制。T18⑨：17，泥质灰褐陶。圆唇。留有

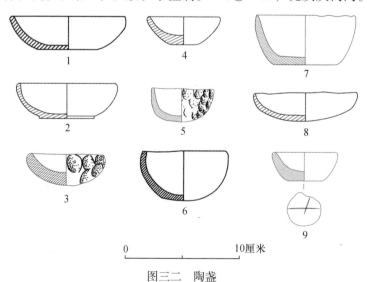

图三二　陶盏

1、4.Aa型（T15⑨：2、F4：23）　2.C型（F4：10）　3、8.B型Ⅰ式（T18⑨：17、T24⑧：2）　5、6.B型Ⅱ式（T21⑦：7、T39⑧：3）　7、9.Ab型（F5：5、C：44）

手指窝痕迹。口径7、高2.8厘米（图三二，3）。T24⑧：2，黑衣泥质褐陶。尖圆唇。口径8.8、高2.4厘米（图三二，8）。

Ⅱ式：5件。腹部略深。弧腹。手捏制。T39⑧：3，黑衣泥质褐陶。敛口，方圆唇。口径6、高2.8厘米（图三二，6）。T21⑦：7，夹砂黑褐陶。敞口，圆唇。器身几乎布满手指窝痕迹。口径5.6、高3厘米（图三二，5）。

C型　1件。假圈足。F4：10，泥质黑衣灰黄陶。敛口，圆唇，弧腹。口径8.8、底径4.8、高3.1厘米（图三二，2）。

灯　2件。T11⑩：32，夹砂灰陶。圈足径23、残高3.7厘米（图三三，5）。

釜　1件。H30：2，夹砂红褐陶。敞口，方圆唇，束颈，鼓腹，圜底。沿部有拍印斜向绳纹，腹部饰竖向粗绳纹。口径27.2、颈径（最小径）20.4、腹径25.2、高20.4厘米（图三三，1；图版六，6）。

器盖　1件。C：35，泥质灰陶。塔形盖纽，盖口残缺。残径26.4、盖纽径4.6、盖纽高5、残高14.4厘米（图三三，3）。

器底　7件。根据器形大小，分为二型。

A型　6件。器形大。根据下腹壁倾斜度差异，分为三亚型。

Aa型　2件。下腹向内急收。H1：28，泥质灰陶。平底，底外部有黏接、刀修痕迹。底径15.6、残高8.2厘米（图三三，2）。

Ab型　2件。下腹斜壁内收。T19⑨：1，泥质黑皮灰陶。平底。底径16.4、残高14.2厘米（图三三，4）。

Ac型　2件。下腹壁近直立。H8：3，泥质灰陶。平底略内凹。底径30、残高11.4厘米（图三三，8）。

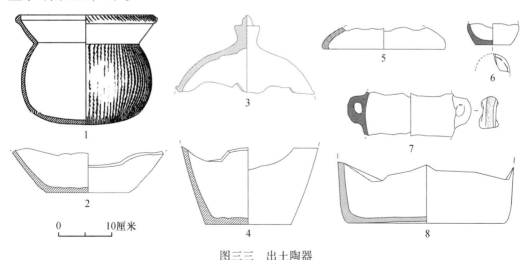

图三三　出土陶器

1. 釜（H30：2）　2. Aa型器底（H1：28）　3. 器盖（C：35）　4. Ab型器底（T19⑨：1）　5. 灯（T11⑩：32）
6. B型器底（T11⑩：29）　7. 双耳器（T11⑩：15）　8. Ac型器底（H8：3）

B型　1件。器形小。T11⑩：29，泥质红陶。鼓腹，平底。器底外有抹划纹。底径6.4、残高3.8厘米（图三三，6）。

双耳器　1件。T11⑩：15，泥质灰黄皮红陶。最大径18、残高7.6厘米（图三三，7）。

垫　6件。根据垫孔形制差异，分为二型。

A型　3件。圆孔。F4：3，泥质灰陶。垫面略残。垫径10.2、最小径3.4、高7.2厘米（图三四，1）。T18⑨：16，泥质灰陶。垫径8、最小径3.8、高7.4厘米（图三四，2；图版七，4）。

B型　3件。方孔。T39⑧：2，泥质灰黄陶。垫径6.6、最小径3.4、高6.4厘米（图三四，4）。F4：8，泥质灰黄陶。垫径9.2、最小径3、高7厘米（图三四，3）。

纺轮　3件。算珠形，台面中心小孔对穿。T52⑨：25，泥质红褐陶。器身略鼓。轮面径2.4、最大径3.25、孔径0.8—1.4、厚2.2厘米（图三五，7）。T52⑨：26，泥质灰褐陶。器身略鼓。轮面径2.19、最大径3.33、孔径1.1—1.4、厚2.35厘米（图三五，4）。T46⑨：5，泥质灰褐陶。器身较直，戳刺箭头形图案。轮面径3.32、最大径3.6、孔径0.6—0.8、厚1.65厘米（图三五，6）。

网坠　4件。中间粗，两头较细，穿孔。根据器身形制，分为二型。

A型　2件。器身粗壮。T3⑨：8，泥质灰陶。长7.2、孔径0.4、最大径3.4厘米（图三五，1）。F5：7，泥质灰褐陶。孔两端近口部逐渐变粗，中部最细。长3.9、孔径0.5、最大径1.7厘米（图三五，8）。

B型　2件。器身细长。F5：8，泥质灰褐陶。长6、孔径0.6、最大径1.8厘米（图

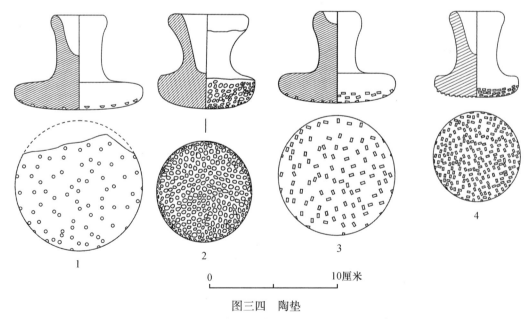

图三四　陶垫

1、2.A型（F4：3、T18⑨：16）　3、4.B型（F4：8、T39⑧：2）

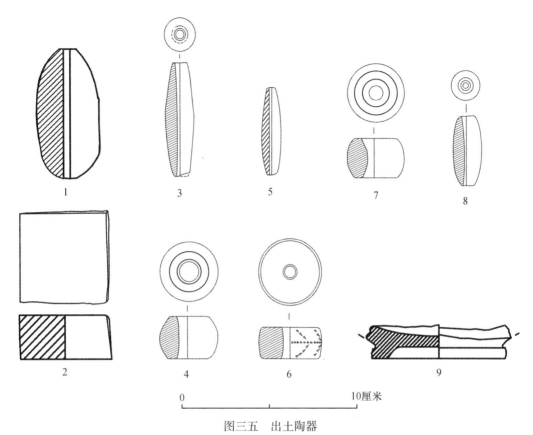

图三五 出土陶器

1、8.A型网坠（T3⑨：8、F5：7） 2.方形器（T23⑨：7） 3、5.B型网坠（F5：8、T3⑨：9）
4、6、7.纺轮（T52⑨：26、T46⑨：5、T52⑨：25） 9.盒（T11⑩：27）

三五，3）。T3⑨：9，泥质灰红陶。长5、孔径0.2、最大径1.2厘米（图三五，5）。

　　方形器 1件。T23⑨：7，泥质黄褐陶。长5.2、宽5、厚2.4厘米（图三五，2）。

　　盒 1件。T11⑩：27，泥质灰陶。仅存矮圈足。圈足径7.4、残高1.7厘米
（图三五，9）。

（二）瓷器

　　基本都是青瓷，有极少量黑瓷和白瓷。器类较多，主要有碗、盏、罐、钵、盂、
壶、杯、盆、坛、虎子、器盖、纺轮等。

　　碗 21件。根据底部大小差异，分为三型。

　　A型 8件。假圈足，小底。根据腹部深浅差异，分为二亚型。

　　Aa型 4件。深腹。根据底部形态变化，分为二式。

　　Ⅰ式：2件。饼形足。M17：1，肉色胎，淡青釉。敛口，方唇，弧腹。口径14.4、
底径5.6、高6.9厘米（图三六，1）。T14⑨：1，淡褐色胎，黄釉，现已脱落殆尽。直
口，方唇，弧腹。口径12.4、底径4.6、高6.8厘米（图三六，7）。

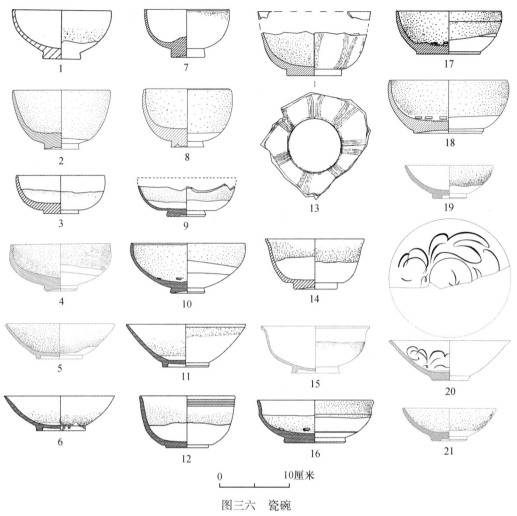

图三六　瓷碗

1、7. Aa型Ⅰ式（M17：1、T14⑨：1）　2、8. Aa型Ⅱ式（H1：10、M20：2）　3、4、10. Ab型Ⅰ式
（T11⑨：13、M23：2、T20⑦：1）　5、6、11、20. Ca型Ⅰ式（F1：16、T29⑦：2、T29⑦：1、F1：2）
9. Ab型Ⅱ式（T30⑨：4）　12—14. Ba型（T22⑥：2、H8：1、T23⑧：5）　15. Cb型（T31⑧：1）　16. Bb型Ⅱ式
（T18⑧：5）　17、18. Bb型Ⅰ式（H48：3、M19：3）　19、21. Ca型Ⅱ式（T52⑥：2、T52⑥：1）

　　Ⅱ式：2件。饼形足，足底面刻划一周凹槽。灰胎。M20：2，绿褐釉，器下端露
胎。敛口，方唇，弧腹。口径12.6、底径4.8、高8.1厘米（图三六，8；图版五，3）。
H1：10，绿灰釉，器下端露胎。敞口，尖唇，弧腹。底表面有一道划弦纹。口径
14.4、底径5、高8.3厘米（图三六，2）。

　　Ab型　4件。浅腹。根据底部形态变化，分为二式。

　　Ⅰ式：3件。饼形足。T11⑨：13，土红胎，施化妆土，淡土黄色釉。敞口，方
唇，弧腹。口径12.8、底径4.8、高5.4厘米（图三六，3）。M23：2，灰胎，器物涂乳
白色化妆土，器外下端露胎，上为青灰色，下为灰色。敞口，圆唇，弧腹。口径14.7、
底径4.9、高6.5厘米（图三六，4；图版五，4）。T20⑦：1，红褐胎，施白色化妆土，

器外下端露胎，上为灰褐色，下为红褐色。敛口，方唇，弧腹。圈足处有刀削痕迹，器内底一周有5处小支点。口径15.9、底径4.9、高6.8厘米（图三六，10）。

Ⅱ式：1件。玉璧形足。T30⑨：4，灰白胎，青黄绿釉，内外均施半釉。弧腹，上部残。底径5.2、残高4.4厘米（图三六，9）。

B型　6件。假圈足，大底。根据腹部深浅差异，分为二亚型。

Ba型　3件。深腹。H8：1，瓷胎不明，青绿釉，内外均施满釉。敞口，尖唇，弧腹，可复原。外壁刻划莲花纹。口径16、底径7.8、复原高9厘米（图三六，13）。T22⑥：2，淡褐紫胎，深青黄釉，器内外下部均露胎。敞口，圆唇，弧腹。口径13.6、底径6、高7厘米（图三六，12）。T23⑧：5，淡紫胎，深青黄釉。敞口，圆唇，弧腹，假圈足内凹。口径14.4、底径6.4、高7.1厘米（图三六，14）。

Bb型　3件。浅腹，大假圈足。根据腹部形态变化，分为二式。

Ⅰ式：2件。弧腹。H48：3，灰胎，青釉，器外下端露胎。敞口，唇微尖。器内底一周有14处小支点，器身有两道凸弦纹。口径14.6、底径8.8、高6厘米（图三六，17）。M19：3，灰胎，绿褐釉，器外表下端露胎。敛口，圆唇。器内底一周有15处长方形小支点，器底饰两道刻划弦纹。口径17.2、底径10.2、高7.8厘米（图三六，18；图版五，2）。

Ⅱ式：1件。折腹。T18⑧：5，红褐胎，器外下端露胎，器内上部涂灰白色化妆土，下部涂青绿釉。敞口，圆唇。内底一周有5处小支点，腹下部有两道划纹。口径16.4、底径8.5、高5.8厘米（图三六，16；图版五，1）。

C型　7件。圈足。根据腹部深浅差异，分为二亚型。

Ca型　6件。浅腹，斜壁。根据腹壁与圈足形态变化，分为二式。

Ⅰ式：4件。腹壁较直，圈足窄。敞口。T29⑦：1，肉色胎，器外壁近口沿部与器内壁下部施黑褐釉。尖圆唇。口径16.8、圈足径6.4、高5.8厘米（图三六，11）。T29⑦：2，肉色胎，器内、外壁下部均施黑釉。尖唇。口径16.2、圈足径7.2、高4.6厘米（图三六，6）。F1：2，灰白色胎。圆唇。器内壁刻划花卉图案。口径17.6、圈足径5.4、高5.9厘米（图三六，20）。F1：16，乳白色胎，黄褐色釉，内壁施满釉，外壁大半挂釉。圆唇。口径15.9、圈足径6.8、高5厘米（图三六，5）。

Ⅱ式：2件。腹壁略弧，圈足宽。敞口，圆唇。T52⑥：1，灰胎，器外下端无釉，其余均施青偏黄釉。腹下部有一道细弦纹，足底有刀削痕迹。口径13.5、圈足径5.3、高4.6厘米（图三六，21；图版五，5）。T52⑥：2，灰白胎，器外上部施青釉。口径12.7、圈足径5.2、高4.7厘米（图三六，19）。

Cb型　1件。深腹。T31⑧：1，紫胎，施乳白色化妆土，内施青黄釉，多已脱落。敞口，圆唇，弧腹，圈足。口径15.6、圈足径6.8、高6.4厘米（图三六，15）。

盏　8件。根据底部形制差异，分为三型。

A型　4件。假圈足。根据假圈足的大小，分为二亚型。

Aa型　2件。假圈足大。根据器壁的弧度变化，分为二式。

Ⅰ式：1件。外弧壁。H30：1，灰胎，施青绿釉，器外下端露胎。敞口，尖圆唇。口部下有一道凹弦纹。口径7.6、底径4、高4.1厘米（图三七，1）。

Ⅱ式：1件。壁较直。T3⑥：32，釉、胎不明。敞口，尖唇。口径10.1、底径5.2、高5.2厘米（图三七，2）。

Ab型　2件。假圈足小。根据口沿变化，分为二式。

Ⅰ式：1件。敞口。T29⑦：3，灰白胎，酱褐釉，有窑变现象，内挂满釉。尖唇，弧腹。口径11.6、底径4.9、高6厘米（图三七，8）。

Ⅱ式：1件。口沿外撇。T9⑥：1，夹砂灰褐胎，酱釉，器外下端露胎。敞口，尖圆唇。口径11.7、底径3.9、高5.1厘米（图三七，5）。

B型　2件。圈足。敞口，圆唇，弧腹。F1：29，浅灰白胎，内外满施青釉，无光，土红色碗边。口沿下饰一道凹弦纹。口径10、圈足径4、高5厘米（图三七，6）。F1：14，淡紫色胎，灰白釉，仅外壁口沿部分为深褐釉。口径10.4、圈足径5.2、高4.4厘米（图三七，3）。

C型　2件。平底，厚沿。T29⑦：4，乳白胎，内满挂酱黄釉。敞口，厚方唇，斜腹。口径11.2、底径4.4、高2.6厘米（图三七，7）。T13⑦：7，紫胎，褐釉，内满釉，口沿外满釉。敞口，厚方唇，斜腹。口径11.4、底径3、高3.6厘米（图三七，4）。

罐　4件。根据领部形制差异，分为二型。

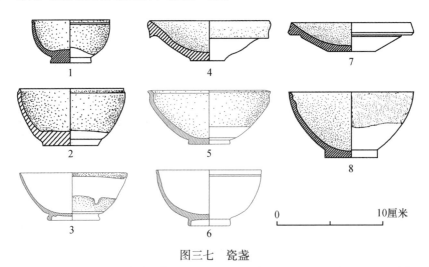

图三七　瓷盏

1. Aa型Ⅰ式（H30：1）　2. Aa型Ⅱ式（T3⑥：32）　3、6. B型（F1：14、F1：29）　4、7. C型（T13⑦：7、T29⑦：4）　5. Ab型Ⅱ式（T9⑥：1）　8. Ab型Ⅰ式（T29⑦：3）

A型　1件。高领。T11⑨：10，紫胎，土黄釉，施化妆土。溜肩。颈部饰满棱纹，肩上有双系。残高10.4厘米（图三八，2）。

B型　3件。矮领。直口。根据肩部系的变化，分为二式。

Ⅰ式：2件。横系。灰胎，青绿釉。H48：4，敞口，尖圆唇，圆肩，下部残。肩部有四个横桥形系，系处有一道凹弦纹，系部以下器身刻划莲花瓣图案。口径8.8、残高7.4厘米（图三八，6）。H48：1，器外下端露胎，器内口部涂釉。直口，方唇，圆肩，腹部向下内收，平底。肩部有三个横系。口径8.4、腹径12、底径7、高10.4厘米（图三八，4；图版六，1）。

Ⅱ式：1件。竖系。M19：1，红褐色胎，通体施奶油色化妆土。敞口，尖圆唇，

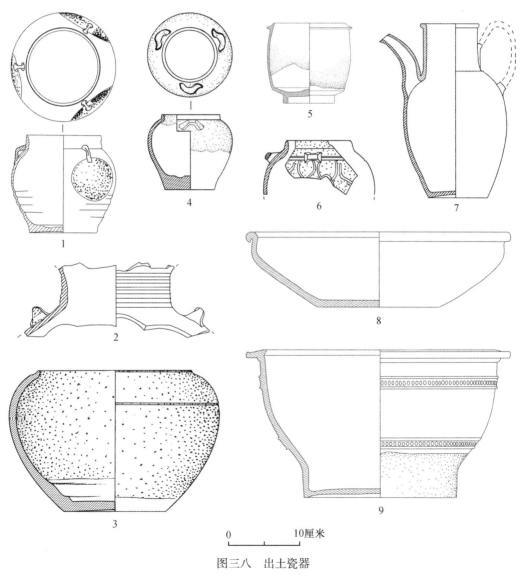

0　　　　　　10厘米

图三八　出土瓷器

1. B型Ⅱ式罐（M19：1）　2. A型罐（T11⑨：10）　3. A型坛（T4⑧：3）　4、6. B型Ⅰ式罐（H48：1、H48：4）　5. B型坛（F1：13）　7. 执壶（T014⑤：1）　8. A型盆（F1：1）　9. B型盆（M15：1）

鼓腹，平底稍内凹。肩部有三个竖系，每系下均有一椭圆形图案，且上灰釉。器身下部饰五道瓦棱纹。口径10.8、腹径15.2、底径10、高13.2厘米（图三八，1；图版六，2）。

坛　2件。根据造型差异，分为二型。

A型　1件。T4⑧：3，红褐胎，器内、外均涂黄釉，下端均露胎。敛口，尖圆唇，圆肩，腹略鼓，平底稍内凹。肩部有一道凹弦纹。口径20.8、底径13.6、高20.4厘米（图三八，3）。

B型　1件。F1：13，乳白色胎，黑褐釉，外壁几乎满釉，仅近足部无釉，内壁中上部挂釉。敛口，宽沿，尖圆唇，弧腹近足部内折，圈足。口径10、腹径11.6、圈足径7.2、高11厘米（图三八，5；图版六，3）。

盆　2件。根据沿部和腹部差异，分为二型。

A型　1件。卷沿，浅腹。F1：1，土红胎，内施黄釉。敛口，圆唇，平底。口径37.6、底径17.2、高10厘米（图三八，8）。

B型　1件。折沿，深腹。M15：1，紫红胎，器表下部施褐釉。敛口，平沿，双唇，外方唇，内唇部向上凸起，底内凹。器身上有两道带有戳印纹的附加堆纹。口径37.6、底径21.6、高20.2厘米（图三八，9；图版六，4）。

执壶　1件。T014⑤：1，紫蓝胎，无釉。敞口，平沿，圆唇，高直领，腹略鼓，底内凹，把手残缺。口径8.2、腹径14.2、底径8.4、高23.5厘米（图三八，7）。

四系壶　1件。M23：1，上为灰胎，下为红胎，绿黄釉，釉层脱落严重。束颈，鼓腹，假圈足内凹，上部残。腹径10.8、底径5.1、残高12.6厘米（图三九，11）。

钵　3件。根据底部差异，分为二型。

A型　2件。平底内凹，弧腹。T20⑦：4，深褐与红褐胎，涂奶油色化妆土，器外下端露胎，上为深褐色，下为红褐色。敛口，方圆唇。口径17、底径4.5、高4.3厘米（图三九，2）。T15⑨：4，淡紫胎，暗褐釉。直口，尖圆唇。内有4个支钉痕，外底有5个支钉痕。口径16.6、底径8.8、高5.8厘米（图三九，1）。

B型　1件。假圈足。T31⑩：2，灰白胎，淡青色釉。敞口，尖唇，弧腹。口径22.4、底径8.4、高8厘米（图三九，6）。

盂　2件。灰胎。敛口，方唇，鼓腹。根据底部差异，分为二型。

A型　1件。平底内凹。M20：5，青黄釉，器下部露胎。近口部有三道凹弦纹，腹下部一道凹弦纹；腹部饰刻划莲花纹图案。口径17.2、腹径19.1、底径5.5、高12.5厘米（图三九，3）。

B型　1件。圜底稍内凹。M20：1，青灰釉，近底部露胎。近口部及近底部各有两道凹弦纹，腹下部有三道划纹。口径16.4、腹径19.5、高11厘米（图三九，8；图版

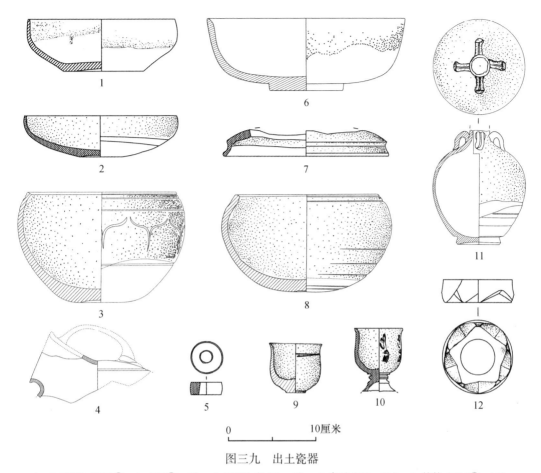

图三九 出土瓷器

1、2.A型钵（T15⑨：4、T20⑦：4） 3.A型盂（M20：5） 4.虎子（F1：17） 5.纺轮（T18⑧：12）
6.B型钵（T31⑩：2） 7.器盖（T18⑧：6） 8.B型盂（M20：1） 9.B型杯（T9⑨：2）
10.A型杯（T18⑧：11） 11.四系壶（M23：1） 12.支垫（T3⑥：33）

五，6）。

杯 2件。灰胎。敞口，深腹。根据底部差异，分为二型。

A型 1件。圈足。T18⑧：11，器内、外施青绿釉，足部露胎。尖圆唇，足部下端
残缺。器身有八组刻划图案。口径5.4、残高7厘米（图三九，10）。

B型 1件。小平底。T9⑨：2，器内、外施青绿釉。尖唇。腹上端饰一道弦纹和一
道划纹，二者相交。口径6.2、底径2.2、高5.7厘米（图三九，9）。

纺轮 1件。T18⑧：12，灰胎，无釉。算珠形，台面中心小孔对穿，周边略鼓。
轮面径3.4、最大径3.6、孔径1.28—1.52、厚1.4厘米（图三九，5）。

器盖 1件。T18⑧：6，灰胎，器内、外施黄褐釉，局部露胎。敞口，上部残。盖
径19.2、残高2.7厘米（图三九，7）。

虎子 1件。F1：17，浅灰色胎，青绿釉。口径6.6、残长14、残高5.8厘米（图
三九，4）。

支垫 1件。T3⑥：33，灰褐胎，无釉。直径8.2、高2.5厘米（图三九，12）。

（三）铜器

仅有发笄。另有钱币。

发笄 1件。M20：4，锈蚀严重，已残。残长约8厘米。

铜钱 3枚。

五铢 1枚。H48：2，质量较差，体轻薄。钱文隶书，"五"字清晰，字体较瘦，两竖笔相交稍有弧度，整个字体上部略大于下部；"铢"字"金"字旁较清晰，上部的三角较明显，"朱"字模糊，几乎仅见左下一撇。直径约2.5、穿宽1、郭厚约0.09厘米（图四〇，3）。

开元通宝 2枚。质量较好，体较轻薄，钱文隶书，钱背无纹。F1：30，字迹较清晰，笔画较浑厚饱满，"开"字"井"部稍靠上；"元"字第一笔较短，第二笔左挑；"通"字稍微模糊，"之"部三笔不连，为三撇；"宝"字"贝"部内两横短而居中。直径约2.2、穿宽0.7、郭厚约0.08厘米（图四〇，2）。H27：4，"开"字"井"部较清晰，"门"部较模糊；"元"字清晰，第二笔无明显左挑；"通"字不太清晰，尤其是"之"部模糊较甚；"宝"字较模糊，"贝"部内两横较短。直径约2.35、穿宽0.7、郭厚约0.09厘米（图四〇，1）。

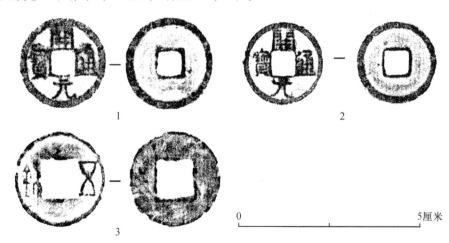

图四〇 铜钱拓片

1、2.开元通宝（H27：4、F1：30） 3.五铢（H48：2）

（四）铁器

锄 2件。F1：11，完整。宽弧刃，锄身窄，顶端銎部厚，椭圆形孔。通长22、刃部宽9.2、最窄2.2厘米，装柄孔长径3.6、短径2.2厘米，顶厚2.7厘米（图四一，1）。T3⑨：10，完整。平刃，銎部略窄。通长10.2、刃宽5.7、銎部宽4.1厘米（图四一，2）。

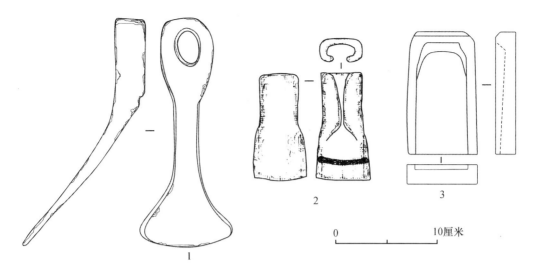

图四一　铁锄、石砚

1、2.铁锄（F1∶11、T3⑨∶10）　3.石砚（F1∶15）

帐钩　1套4件。M18∶2，锈蚀严重。长10—12厘米。

（五）石制品

砚　1件。F1∶15，平面呈"风"字形。长12、宽7、厚2厘米（图四一，3）。

（六）银器

镯　1件。M18∶1，圆环形，近接头处用粗银丝缠绕，接头为环套和倒钩相扣。直径5.5、横剖面直径约0.6厘米（图四二；图版七，5）。

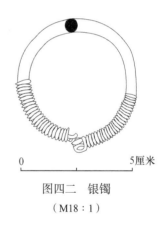

图四二　银镯
（M18∶1）

（七）砖瓦

砖　数量较多。主要都是将汉六朝时期的旧砖作为铺地砖使用。砖的形制有两种。扇形子母榫砖，宽侧长34—40、窄侧长29.5—36、宽16—20、厚10厘米。长方形子母榫砖，长30、宽17、厚10厘米。砖的纹饰有车轮菱形纹、博局菱形纹、不规则博局菱形纹、变形博局菱形纹、双半圆菱形纹、"田"字菱形纹等。

板瓦　数量很多。在房址、灰坑和地层中都有出土。除极少量的泥质红褐陶外，均为泥质灰陶。纹饰装饰可分为内外均粗绳纹、外粗绳纹内素面、外粗绳纹内粗布纹、外素面内布纹、外细绳纹内细布纹、内外双面均素面等。

筒瓦　数量较少。纹饰装饰可分为外素面内粗布纹、外素面内细布纹、内外均粗绳纹、外粗绳纹内粗布纹、内外均为素面等。

瓦当　7件。均为泥质灰陶。纹饰以莲花纹为主。根据莲花的造型差异，分为二型。

A型　1件。仅为莲花。T24⑩：1，直径约11.5厘米（图四三，4）。

B型　6件。莲花连珠纹，其中内圈和外圈为连珠纹，中圈为莲瓣。F4：7，无外郭。直径13厘米（图四三，1）。F4：9，外郭窄。直径13.9厘米（图四三，2）。T20⑦：5，外郭窄。直径约12.8厘米（图四三，3；图版七，6）。

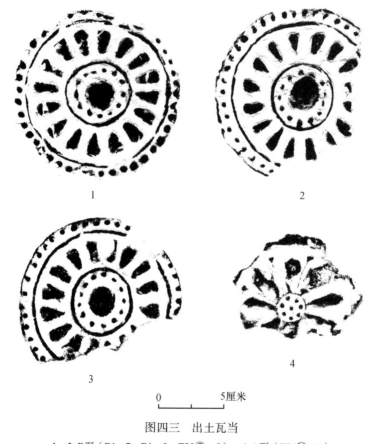

图四三　出土瓦当
1—3. B型（F4：7、F4：9、T20⑦：5）　4. A型（T24⑩：1）

四、结　语

（一）各时期文化遗存年代推测

1. 南朝时期遗存

这一时期遗存主要有Ⅱ区第10层和第10层下的H24、H25、H30、H32、M17，第9层下的H48等。这一时期的瓷器均为青瓷，器物造型的特点是碗、盏、钵类主要为平底和饼形足，另有少量的玉璧形足。这些都显示出南朝瓷器的特点。本期出土瓷器中有浅浮雕莲瓣纹的四系罐。莲瓣纹饰的做法早期是刻划式，以后逐渐发展成浅浮雕式。重庆云阳李家坝遗址南朝F1[1]，湖南资兴南朝宋、齐440号墓[2]，湖北武昌南齐永明三年（485年）墓[3]，福建闽侯南屿南朝中期墓[4]，贵州平坝马场南朝墓[5]，河北景县北齐封氏墓[6]、平山北齐崔昂墓[7]，山西祁县白圭北齐韩裔墓[8]，河南安阳北齐范粹墓[9]、濮阳北齐李云墓[10]所出的莲花纹瓷器，都为浅浮雕式莲花纹。Bb型Ⅰ式瓷碗与成都天府广场遗址出土的两晋时期外地窑口的A型和B型Ⅰ式、Ⅱ式瓷碗的造型基本相同，都为大底，浅腹斜直壁或弧壁，后者的年代约为东晋后期至南朝[11]。Aa型Ⅰ式瓷碗与成都天府广场遗址出土的外地窑口B型Ⅲ式、Ⅳ式瓷碗的造型基本相同，两者均腹略深，饼足，后者年代主要在南朝后期[12]。Aa型Ⅰ式瓷盏与成都天府广场遗址出土的外地窑口A型Ⅰ、Ⅱ式瓷盏，以及福建闽侯南屿墓出土瓷盅的造型相似，两者均为敞口，深腹圆弧壁，假圈足，后二者年代分别为南朝后期至隋代[13]、南朝中期[14]。综合以上，可以判定这一时期遗存的年代为南朝时期，但是部分器物的年代也许可早到东晋时期。

2. 唐代遗存

这一时期遗存主要有Ⅱ区第8、9层，以及第9层下的遗迹F4、F5、H1、H8、H23、H27、H52、H60、W1—W4，第8层下遗迹M19～M21、M23、H57等。这一时期出土的瓷器大体可分为两组，第一组与南朝时期的瓷器大体相同，如Aa型瓷碗与成都天府广场遗址出土的外地窑口B型Ⅲ式、Ⅳ式瓷碗的造型基本相同，两者均为腹略深，饼足

[1] 四川大学历史文化学院考古系、云阳县文物管理所：《云阳李家坝遗址发掘报告》，重庆市文物局、重庆市移民局编：《重庆库区考古报告集（1997卷）》，北京：科学出版社，2001年，第209—243页。

[2] 湖南省博物馆：《湖南资兴晋南朝墓》，《考古学报》1984年第3期。

[3] 湖北省博物馆：《武汉地区四座南朝纪年墓》，《考古》1965年第4期。

[4] 福建省博物馆：《福建闽侯南屿南朝墓》，《考古》1980年第1期。

[5] 贵州省博物馆考古组：《贵州平坝马场东晋南朝墓发掘简报》，《考古》1973年第6期。

[6] 张季：《河北景县封氏墓群调查记》，《考古通讯》1957年第3期。

[7] 河北省博物馆、河北省文物管理处：《河北平山北齐崔昂墓调查报告》，《文物》1973年第11期。

[8] 陶正刚：《山西祁县白圭北齐韩裔墓》，《文物》1975年第4期。

[9] 河南省博物馆：《河南安阳北齐范粹墓发掘简报》，《文物》1972年第1期。

[10] 周到：《河南濮阳北齐李云墓出土的瓷器和墓志》，《考古》1964年第9期。

[11] 成都文物考古研究所：《成都天府广场东北侧古遗址发掘报告》，北京：文物出版社，2016年，第126—127、140—141页。

[12] 成都文物考古研究所：《成都天府广场东北侧古遗址发掘报告》，第127—129、141、142页。

[13] 成都文物考古研究所：《成都天府广场东北侧古遗址发掘报告》，第122—141页。

[14] 福建省博物馆：《福建闽侯南屿南朝墓》，《考古》1980年第1期。

或有的足底面刻划一周凹槽，后者年代主要在南朝后期[1]。Bb型Ⅰ式碗等都与南朝时期的同类型器物基本相同。第二组瓷器常见于唐代，例如，Ab型Ⅰ式碗与四川三台牌坊垭崖墓出土Ⅱ式瓷碗、成都天府广场东北侧遗址唐宋文化遗存青羊宫窑A型Ⅱ式瓷碗十分相似，后二者的年代大体都在隋代至唐代早期[2]。Ba型碗与成都天府广场东北侧遗址唐宋文化遗存邛窑A型Ⅰ式圆口碗相似，后者年代约为唐代早期[3]。A型坛、B型杯与成都天府广场东北侧遗址唐宋文化遗存青羊宫窑B型钵、B型杯造型相似，后者的年代约为唐代早期[4]。综合以上，可以判定这一时期遗存的年代为唐代，但是部分器物的年代可以早到南朝。

3. 两宋时期遗存

这一时期遗存主要有Ⅱ区第6、7层，以及第7层下的M18，Ⅰ区第4层下的F1。Ca型碗与重庆涂山窑A型、D型素口大碗形制接近[5]。Ca型Ⅱ式碗与重庆涂山窑Aa型、Ab型素口小碗造型相似[6]。Ab型Ⅰ式、Ⅱ式盏与涂山窑Ca型、A型Ⅱ式盏的形制相似[7]。C型盏与重庆小湾窑址出土的B型碟形灯造型相似[8]。B型坛与重庆涂山窑Bb型樽形钵的造型相似[9]。重庆涂山窑系各个窑场的年代都为宋代[10]。综合上述，可以判定这一时期遗存的年代大体为两宋时期，其中Ⅱ区第7层的年代约为北宋时期，上限可能到五代，Ⅱ区第6层和Ⅰ区第5层的年代约为南宋时期。

（二）遗址性质与特点

1. 遗址性质

根据已发现的这一时期遗存的性质观察，这应是一处居住聚落，在发掘区内发现了人类居住生活时使用的废弃物，以及较简易的建筑、灰坑和墓葬等遗迹。根据遗址所处的地理环境推测，该聚落内居民居住的永久性建筑等可能分布在发掘区以南更低矮的临江台地上，由于库区江水上涨，其已被冲毁、淹没。

---

[1] 成都文物考古研究所：《成都天府广场东北侧古遗址发掘报告》，第127—129、141、142页。

[2] 钟治：《三台县牌坊垭唐代崖墓清理简报》，《四川文物》2002年第2期；成都文物考古研究所：《成都天府广场东北侧古遗址发掘报告》，第169、236、237页。

[3] 成都文物考古研究所：《成都天府广场东北侧古遗址发掘报告》，第177、236、237页。

[4] 成都文物考古研究所：《成都天府广场东北侧古遗址发掘报告》，第172、173、174、236、237页。

[5] 重庆市文物考古所：《重庆涂山窑》，北京：科学出版社，2006年，第39—42页。

[6] 重庆市文物考古所：《重庆涂山窑》，第44—46页。

[7] 重庆市文物考古所：《重庆涂山窑》，第48—50页。

[8] 重庆市文物考古所：《重庆涂山窑》，第280—283页。

[9] 重庆市文物考古所：《重庆涂山窑》，第79、80页。

[10] 重庆市文物考古所：《重庆涂山窑》，第395—398页。

遗址中出土遗物以陶、瓷器等日常生活用具为主，铜器和铁器等金属器很少。瓷器的数量虽然较多，但种类简单，主要有碗、盏、罐、钵、盂、壶、杯、盆、坛、虎子、器盖、纺轮等，不见唾壶、托盘、炉、砚台等器类。瓷器中不见制作精美的瓷器，也未装饰精美的纹饰、图案、彩绘等，未发现做工稍微考究的花口瓷器。由此看来，居住在这里的都是普通人群，其生活也比较简单。该遗址可以反映出南朝唐宋时期居住在三峡库区范围内普通人群的生活状态。

2. 制陶作坊遗迹

大约在唐代早期前后，这里可能存在着陶器作坊，在第9层下发现两处开放式的棚式建筑遗迹，在建筑周围出土大量残陶器，尤其以在H1和H27两个大型灰坑内出土为多，种类主要就是陶盆、瓮、罐、盏等，还出土了不少陶垫等制陶工具和烧流的残陶器。

后记：遗址的发掘领队为罗二虎。先后参加发掘工作的有罗二虎、王林、冷文娜、伍秋鹏、黄广民、金鹏功、赵振江、程红坤、湛红雁、常怀颖、陈果、王运甫、张麦平、孟晓玲、祁自立、陈昀等。参加后期整理工作的有罗二虎、王林、冷文娜、伍秋鹏、常怀颖、陈果、王运甫、高金玉、潘绍池、宋丹、白丽群等。绘图为张麦平、罗二虎、高金玉、王运甫。摄影为罗二虎、王林、常怀颖。

执笔：罗二虎　宋　丹　白丽群

Preliminary Report of Excavations of Southern Dynasties, Tang and Song Dynasties Remains at the Silibao Site, Yunyang, Chongqing

Department of Archaeology, Sichuan University

National Demonstration Center for Experimental Education of Sichuan University

Chongqing Municipal Bureau of Cultural Relics

Yunyang County Cultural Relics Management Office

Abstract: Silibao site is located on the small platform on the northern bank of the Yangtze River on the southwest of the new county capital of Yunyang, Chongqing. Although the site is small, it has cultural layers from the Neolithic all the way to the Ming and Qing Dynasties. Among them, Layers 6-10 in Area II and Layer 5 in Area I date to the Southern

Dynasties, Tang and Song Dynasties, and they contain house remains, trash pits, graves and other kinds of features, large amounts of ceramics, porcelain, as well as a small amount of bronze, iron, and stone objects. In Layer 9, which is a Tang Dynasty layer, and below there are features F4, F5, H1, H27, and other large houses and pits, associated with a large number of ceramic basins, jars, pots, bowls, and other vessels, as well as a small amount of pottery tools. The authors are thus suggesting that there may have been a pottery workshop here during the early Tang Dynasty.

Keywords: The Silibao Site, Southern Dynasties, Tang and Song Dynasties, Pottery Workshop

（责任编辑：于孟洲）

阿坝藏族羌族自治州理县古尔沟摩崖造像调查简报

阿坝藏族羌族自治州文物管理所

理县文化体育广播影视新闻出版局

成都武侯祠博物馆

摘要： 2014年，阿坝藏族羌族自治州理县古尔沟镇古尔沟村发现两处摩崖造像，其中一号摩崖造像共9龛，分布于一不规则四棱锥形的天然岩石之上，年代判断为唐宋时期。该处造像有明显的汉地风格，特别值得注意的是一号摩崖造像2、5、7、9号龛的台座下均有方柱形束腰，这种形式的束腰不见于周边地区同时代造像，可能属于地方独特的造像因素，是杂谷脑河流域最早的一处摩崖造像，为研究唐宋时期岷江上游的佛教传播、造像艺术和文化交流提供了重要资料。

关键词： 古尔沟　摩崖造像　唐宋　佛教文化传播

一、基 本 情 况

2014年春节期间，阿坝藏族羌族自治州（以下简称阿坝州）理县古尔沟镇古尔沟村村民在开展民俗活动时在古尔沟组背后山坡的密林中发现了一处石刻佛像。阿坝州文物管理所、理县文化体育广播影视新闻出版局、理县文物管理所闻讯后，于3月14日赶赴发现地点进行了初步调查。工作人员通过仔细的实地调查和勘测，确认此地有两处摩崖造像。

古尔沟摩崖造像位于四川省阿坝州理县古尔沟镇古尔沟村古尔沟组，地处岷江支流杂谷脑河东岸，古尔沟镇距离理县县城30千米。一号摩崖造像地处杂谷脑河东岸，木城沟南侧的二级台地山坡处；二号摩崖造像位于杂谷脑河东岸，木城沟北侧的崖壁上，两处摩崖造像相距约1.5千米（图一）。古尔沟镇东约20千米为朴头山隋唐石刻题记[1]，东约55千米为隋唐古镇薛城和筹边楼[2]。兹将两处摩崖造像的调查情况介绍如下。

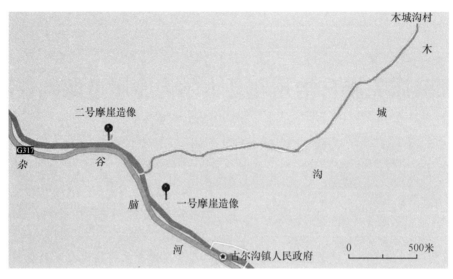

图一 摩崖造像地理位置示意图

二、摩崖造像介绍

　　一号摩崖造像位于台地山脚密林处，当地人谓之"查摩"（地名，藏语音译）的地方，凿刻于一座不规则四棱锥形的天然岩石之上。地理坐标为东经102°58′27″、北纬31°30′15″，海拔2287米。岩石凸出地面约3.5米，造像部分高1.9、宽1米。岩石中间有纵向的自然裂缝（图二）。凿刻者因石制宜，在正面、右侧面、背面共刻有造型不同、数量不等、大小不一的9龛佛像。逆时针自上而下、自左而右编号为1—9号龛，其中正面为1—6号龛，右侧面为7—8号龛，背面为9号龛（图三）。

图二 一号摩崖造像

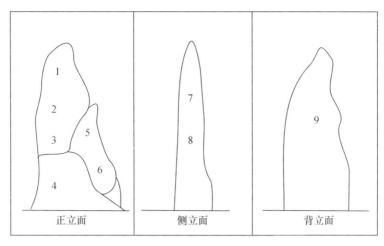

图三　一号摩崖造像佛龛立面分布图

1号龛，位于岩石正立面左上方，下为2号龛。单层尖拱形龛，是一号摩崖造像中最小的，局部风化。佛龛顶部深窄，底部浅宽，龛高24、宽16厘米。龛内造一尊坐像。头有高髻，无背光，脸形方圆，面部风化严重。似着通肩袈裟，双手合十于胸前，结跏趺坐于莲台。像高14、头高6、宽4、座高6厘米（图四，1）。

2号龛，位于岩石正立面中左上方，上为1号龛，下为3号龛。单层尖拱形龛，龛左侧下部裂损。龛高50、宽25厘米。龛内造一尊坐像。头有高肉髻，无背光，脸形方圆，面部风化严重。颈部较短。着通肩袈裟，衣纹较深。双手叠于腹前，左手在上似持物。结跏趺坐于台座上，台座下有方柱形束腰支撑，束腰直接立于龛底。像高30、头高12、宽7、座高8厘米（图四，2）。

| 1 | 2 | 3 |

图四　一号摩崖造像

1.1号龛　2.2号龛　3.3号龛

3号龛，位于岩石正立面中部左侧，上为2号龛，下为4号龛。单层尖拱形龛。龛内造像一身。龛窟及造像残损严重，造像现已不可识。龛高27、宽20厘米（图四，3）。

4号龛，位于岩石正立面左下方，上为3号龛。单层尖拱形龛，龛高30、宽20厘米。龛内造一尊坐像。造像风化严重，无背光，可见脸形较圆。身着袒右肩袈裟，右手似侧举于体侧，左手姿势不明。左脚残，双脚似结跏趺坐于方形台座上，台座直接立于龛底。佛像高20、头高5、宽5、座高6厘米（图五，1）。

5号龛，位于岩石正立面中部靠右，右为3号龛，下为6号龛。单层尖拱形龛，龛上部收窄明显。龛高48、宽30厘米。龛内造坐像一尊。肉髻凸起，无背光，脸部浑圆，鼻残，短颈。身着袒右袈裟，双手叠于腹前，右手在上似持物。结跏趺坐于覆帷幔仰莲座上，仰莲座下有方柱形束腰，束腰直接立于龛底。佛像高18、头高12、宽7、座高8厘米（图五，2）。

6号龛，位于岩石正立面右下方，上为5号龛，右为4号龛。单层尖拱形龛，龛下部开凿不规则。龛高29、宽22厘米。龛内造坐像一尊。肉髻凸起，无背光，脸部浑圆，细部风化不清，短颈。身着通肩袈裟，双手叠于腹前。结跏趺坐于台座上，台座形制不明显。像高20、头高8、宽5、座高8厘米（图五，3）。

7号龛，位于岩石右侧立面上部，下为8号龛。单层尖拱形龛，龛上部收窄明显。龛高40、宽28厘米。龛内造坐像一尊，风化严重。肉髻凸起，无背光，脸部浑圆，鼻残，短颈。身着袒右袈裟，双手合十于胸前。结跏趺坐于覆帷幔仰莲座上，仰莲座下有方柱形束腰，束腰直接立于龛底。佛像高30、头高12、宽8、座高7厘米（图六，1）。

8号龛，位于岩石右侧立面下部，上为7号龛。单层尖拱形龛，龛上部收窄明显，龛右下部残损严重。龛高40、宽28厘米。龛内造坐像一尊。肉髻凸起，无背光，脸部浑圆，鼻残，短颈。身着袒右袈裟，双手叠于腹前。结跏趺坐于方形台座上，台座直

| 1 | 2 | 3 |

图五 一号摩崖造像

1.4号龛 2.5号龛 3.6号龛

1   2   3

图六 一号摩崖石刻
1.7号龛 2.8号龛 3.9号龛

接立于龛底。像高30、头高9、宽6、座高5厘米（图六，2）。

　　9号龛，位于岩石北立面中上部，其他部位无造像，似直接造像于立石面，未开龛，是一号摩崖造像中最大的一龛。凿面高57、宽28厘米。造像残损脱落严重，无背光，现仅可见身着通肩袈裟，双手叠于腹前。结跏趺坐于方形台座上，座下有方柱形束腰，束腰直接立于龛底。像高25、头高12、宽8、座高10厘米（图六，3）。

　　二号摩崖造像凿刻于杂谷脑河东岸的天然崖壁上，距地面高4—5米，崖下即为连接成都平原和川西北高原的茶马古道之西山大道。二号摩崖造像因伫立在崖壁之上，且其下方灌木丛生，暂时无法近距离调查。通过在对岸的远距离观察发现，该处摩崖造像只有1龛造像。方形龛，龛内横向并排刻有三尊佛像，细部不详，且造像东侧10余米的岩壁上有"石鼓"（当地人的称谓）图案（图七）。由于此地年久荒芜，灌木丛生，具体情况有待于进一步实地勘测。

图七 二号摩崖造像

三、初步认识

2000年岷江流域上游考古调查资料显示，一号摩崖石刻所在台地及对岸台地均存在秦汉时期的古文化遗址，说明本地早在秦汉时期就已有人类居住和生活。历史文献的记载证明此地在唐宋时期属西山八国之地，同时也是当时唐蕃对峙时相互争夺的战略要地。"古尔沟"在藏语中是"牛头"或者"藏族开始的地方"，也可以引申为"藏汉边界的意思"。

古尔沟的两处摩崖造像之上及附近并没有纪年和铭刻，与岷江上游流域的茂县点将台唐贞观四年（630年）摩崖造像[1]、黑水县徐古晚唐时期摩崖造像[2]、汶川县佛堂坝摩崖造像[3]相比而言，造像规模较小，内容简单、风格古朴、雕刻略显粗糙。根据一号摩崖造像的9龛佛像来看，龛形均为单层尖拱形龛[4]，佛像内容以单尊造像为主，人物形象体态丰盈，风格更近唐代早期的汉式造像，时代上当与广元石窟的第一、二期相同[5]。特别值得注意的是，一号摩崖造像第2、5、7、9号龛的台坐下均有方柱形束腰，这种形式的束腰不见于周边地区的同时代造像之中，可能是小规模造像活动对于束腰进行的改造和缩减，也可能属于地方独特的造像风格。

古尔沟摩崖造像地处西山大道腹地，不仅是古代物资、商贸的流通的节点，也是不同政权军事对峙争夺的军事要地。然而，不论是互通有无，还是对峙冲突，都有力地促进了内地与高原的文化交流。此外，早在南北朝时期，岷江上游茶马古道就已经成为佛教文化传播和交流的重要通道，在当时岷江上游已经存在着兴盛的佛教信仰和文化[6]。古尔沟摩崖造像正是这种文化传播和交流的产物。毫无疑问，随着中央政权开始占领并且管辖此地，汉地佛教才会逐步地传入。唐宋时期的地方官员多有供养佛像的习惯，因此我们认为这些造像应是当地官员聘请内地的工匠前来镌刻的，当属一种小规模的造像活动，同时也侧面反映出当时的中央政权在此设立了一定级别的管理机构。

古尔沟摩崖造像，是杂谷脑河流域首次发现的汉式造像，也是岷江上游为数不多的几处摩崖造像之一，其中一号摩崖造像体现了一种具有地方文化因素的造像风格。

————————

[1] 四川省文物考古研究院、四川省茂县博物馆：《四川茂县点将台唐代佛教摩崖造像调查简报》，《文物》2006年第2期。

[2] 阿坝藏族羌族自治州文物管理所：《阿坝文物览胜》，成都：四川民族出版社，2002年，第161页。

[3] 阿坝藏族羌族自治州文物管理所：《阿坝文物览胜》，第85页。

[4] 雷玉华：《巴中石窟研究》，北京：民族出版社，2011年。

[5] 姚崇新：《广元唐代石窟造像分期研究》，《考古学报》2007年第4期。

[6] 雷玉华、李裕群、罗进勇：《四川汶川出土的南朝佛教石造像》，《文物》2007年第6期。

它为研究汉传佛教在杂谷脑河流域的传播提供了极为珍贵的基础资料，对于岷江上游唐宋时期佛教传播、佛教造像艺术、西南丝路上的宗教文化交流等方面的研究均具有重要的学术价值，有待进一步深入探讨。

附记：本文得到四川大学历史文化学院考古系2011级研究生谭登峰的帮助，特此致谢。

调查人员：陈学志　范永刚　蔡　青　李　俊
　　　　　邓小川　韩龙香　银福忠等
摄影、制图：陈学志　银福忠　李　俊
执笔：李　俊　银福忠　付　祺

Preliminary Survey Report of the Bas-reliefs on Precipices in Gu'ergou, Lixian County, Aba Prefecture

Cultural Relic Administration of Aba Tibetan and Qiang Autonomous Prefecture

Bureau of Cultures, Sports, Broadcast, Film, Journalism, and Publishing in Lixian County

Chengdu Wu Hou Shrine Museum

Abstract: During 2014, two locations of bas-reliefs on precipices were discovered in Gu'ergou Village of Gu'ergou Town, Lixian County, Aba Prefecture. The No.1 location includes 9 niches, which were excavated on an irregular pyramid-shape natural rock. They can be preliminarily dated to the Tang-Song period. The statues in this location were clearly Han-style. It should be emphasized that the girdling of the pedestals in No. 2, 5, 7 and 9 niches were made to cylindrical, which were different from the contemporaneous statues in adjacent areas. It is possible that this type of girdling was a local element of Buddhist statues in this region. As the earliest bas-relief on precipices in Zagu'nao River valleys, the discovery of the No.1 location provides important data to study the introduction of Buddhism, art of Buddhist statues and cultural interaction in the Upper Min River regions.

Keywords: Gu'ergou, Bas-reliefs on precipices, Tang-Song period, Introduction of Buddhism

（责任编辑：董华锋）

重庆市江津区石佛寺遗址2016年度考古调查和试掘简报

重庆市文化遗产研究院

江津区文物管理所

摘要：2016年10—12月，重庆市文化遗产研究院联合江津区文物管理所对石佛寺遗址开展了考古调查和试掘工作，发现建筑基址、摩崖造像、摩崖题刻、古墓葬等各类遗迹，出土和采集石、陶、瓷、铜等各类文物标本130余件。该遗址为一座宋至明清时期的寺庙遗址，遗址格局按照功能不同主要可分为寺庙建筑基址区、石上建筑遗迹区、摩崖造像区以及墓葬区等，特别是遗址内发现的修建于天然巨石上的建筑基址独具特色，在中国古代佛寺中较为罕见。本次调查和试掘工作基本弄清了石佛寺遗址的保存状况、分布范围、建筑格局、时代沿革等内容，为今后进一步开展石佛寺遗址的考古发掘、保护及展示利用工作奠定了坚实的基础。

关键词：江津　寺庙遗址　石上建筑　天然巨石　宋代至明清时期

一、遗址概况

江津区位于重庆西南部，地处四川盆地东南边缘。其东邻重庆巴南区、綦江区，南靠贵州习水县，西依重庆永川区、四川合江县，北接重庆璧山区。长江横贯东西，呈"几"字形绕江津主城而过。地形南高北低，以丘陵、低山地貌为主。石佛寺遗址位于江津区圣泉街道办事处中渡村2社，地处长江北岸一处"U"形山谷内，南距长江约700米，与江津主城隔长江相望。中心地理坐标为东经106°16′17.44″、北纬29°18′10.01″，海拔344—377米。其主要遗存分布于由遗址两外侧山脊、高家坪寨前断崖及长江所组成的相对封闭的山谷内，面积约3万平方米。遗址所在的山谷内分布着很多巨大的砂岩石块，它们多呈椭圆形或较圆滑的不规则体，这些巨石系岩层破裂成小块后经"球状风化"所形成，即先从棱角风化剥蚀，逐渐成为较圆滑的外表，遗址内的许多遗迹就是利用这些天然巨石修建而成的（图版八，1）。

　　1994年3月，江津区文物管理所清理了该遗址中的1座被盗墓葬，出土青瓷碗1件。2015年8月，江津区文物管理所在该遗址采集了4件石造像头部。为配合江津区滨江新城的规划建设，2016年10月，重庆市文化遗产研究院联合江津区文物管理所开展石佛寺遗址及其周边区域的考古调查，调查范围约1平方千米。11—12月，重庆市文化遗产研究院对该遗址试掘250平方米，采用探沟和探方相结合的发掘方式，发掘编号为"2016JDS"，布探沟6条，分别编号为TG1—TG6，因受地形限制，探沟规格视具体情况各不相同，面积共计125平方米；探方2个，分别编号为T1、T2，探方规格分别为5米×5米和10米×10米（图一；图版八，2）。调查和试掘发现的遗迹种类主要有建筑遗迹、摩崖造像及其附属建筑遗迹、摩崖题刻、古墓葬等，出土各类文物标本60余件，采集各类文物标本70余件。现将本次调查和试掘的情况简报如下。

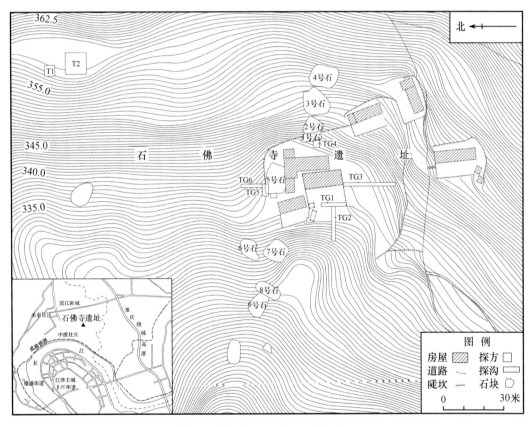

图一　遗址位置及探方（沟）分布图

二、主 要 遗 迹

（一）寺庙建筑基址

　　现暴露出一组寺庙建筑基址，暴露部分由正殿、院落、配殿、前殿等部分组成（图二；图版九，1）。

图二　寺庙建筑基址俯拍照

1. 正殿

其上方被现代房屋叠压，该房屋系在原正殿台基上修建而成，台基前部用打制规整的条石垒砌包边，其中部有石踏跺。正殿台基暴露部分长约36、宽约12、高约0.74米。

TG4位于正殿东南部，紧邻1号石的南部。该探沟清理出正殿的部分建筑基址。该基址开口于第2层（现代层）下，打破基岩。发现石墙、铺石地面、石槽、石柱、石柱础、石基座、石造像等。石墙用打制规整的条石垒砌，现存三层，该墙可能为正殿台基后部包边的陡板石，暴露部分长3.15、宽0.4、高0.45米；石墙西部有铺石板的地面，用规格不等的长条形石板铺成。地面东侧有一与石墙相平行的长方形石槽，长2、宽0.5、高0.3米。石槽南部接一块条石，北部紧邻一圆形石柱，直径0.3、高0.95米。探沟的西北部出露半个石柱础，暴露部分呈半圆形。直径0.75、高0.5米。铺石地面的西部、西南部各暴露一件多边形石基座，均部分出露。另有一尊石观音造像倾倒于西南部的石基座旁（图三）。

2. 院落

位于正殿前部。由规格不一的长方形石板平铺而成，其东、北、南三面留有排水沟。通长19.6、宽7.3米。

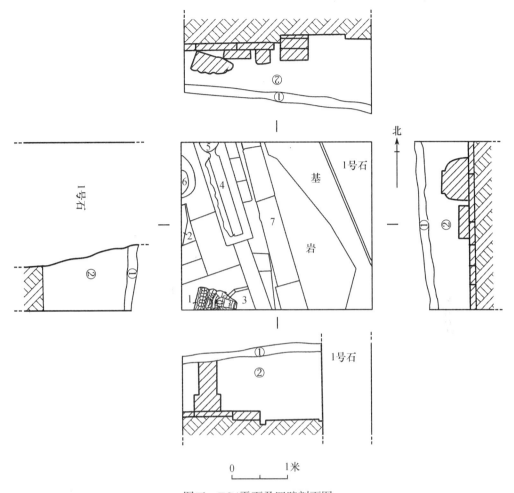

图三　TG4平面及四壁剖面图

1.石观音造像　2、3.石基座　4.石槽　5.石柱　6.石柱础　7.台基包边石墙

3. 配殿

位于正殿的西南侧。现暴露出部分台基，其前部由打制规整的石块包边，面向院落一面的台基中部有石踏跺。暴露部分宽7.5、高0.74米。

TG3位于配殿中部，该探沟清理出相互叠压的上、下两层建筑基址（图四）。

上层建筑基址开口于第2层（现代层）下，打破第3层。清理出石墙、排水沟、石墙基。发现南北两条石墙，应为配殿台基的包边石墙，均用打制规整的条石垒砌，北墙由顶部的阶条石和下部的陡板石组成，南墙仅残存陡板石，两墙间距6米。北墙暴露部分长1.92、宽0.35、高0.45米；南墙暴露部分长1.85、宽0.35、高0.25米。在两墙间的南部还残存两道石墙基，相交可形成直角，暴露部分长1.05—1.85、宽0.25—0.35、高0.15—0.2米。南包边石墙外侧有一条排水沟，其南壁亦用石块垒砌，暴露部分长1.85、宽0.3、深0.25—0.35米。

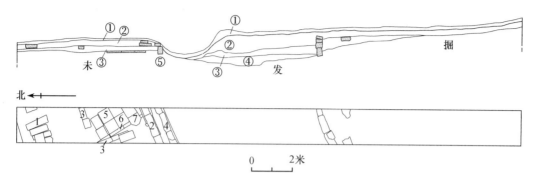

图四　TG3平面及西壁剖面图

1、2. 上层建筑石墙　3. 上层建筑石墙基　4. 上层建筑排水沟壁　5. 下层建筑石地面　6. 下层建筑石墙基
7. 下层建筑石柱础

下层建筑基址开口于第3层下，被上层建筑叠压。清理出铺石地面、石墙基、石柱础等。铺石地面在上层建筑的两道墙基之内，用近方形的石板通缝平铺，石板长0.6、宽0.58、厚0.1米。地面西侧有条石拼接的石墙基，墙基间有圭形石柱础相连，墙基长2.6、宽0.15、高0.15米，石柱础长0.5、宽0.55米。

此外，在TG3的南部还发现一道石墙，开口于第2层下，打破基岩。用规格不一的条石垒砌，长1.8、宽0.35、高1.05米。

4. 前殿及其他附属建筑

院落前方原存一前殿，民国时期被拆毁后逐渐湮没于地下。我们在该区域的前部布两条相交的探沟TG1、TG2。

TG1发现上、中、下层相互叠压的三期建筑基址（图五、图六）。

上层建筑基址位于TG1中部，开口于第3层下，叠压于中层建筑上。清理出石柱础、石墙基等。石柱础的下部为方形，边长0.7米；中部呈八边形，边长为0.23米；顶部为圆形，直径为0.65米；顶中部有方形凹槽。石柱础通高0.35米。石柱础南部正中接一条南北向的石墙基，该墙基与一条东西向墙基呈"丁"字形相交，每条墙基均由两层条石叠砌，南北向石墙基暴露部分长1.4、宽0.25米，东西向石墙基暴露部分长1.6、宽0.2米。东西向墙基的南侧另有一道东西向的石墙基，中部用方形石柱础相连，墙基长1.6、宽0.15—0.3米，柱础边长0.5米。

中层建筑基址开口于第5层下，打破第6层。发现石墙基、铺石地面等。清理出两道东西向石墙基，其中北侧墙基暴露部分长2.65、宽0.3米，南侧墙基暴露部分长1.6、宽0.15—0.2米。北侧墙基延伸至TG2中，与TG2中的一条南北向的石墙基相交成直角。北侧墙基以北有铺石地面，用规格不等的长条形石板平铺。

下层建筑基址开口于第6层下。由于中层建筑基址铺石地面的西北部已破坏无存，

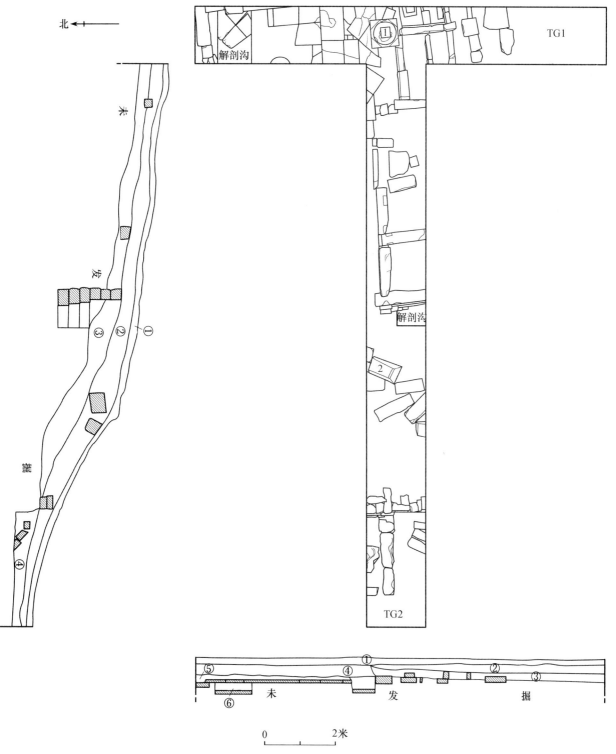

图五　TG1平面、东壁剖面图和TG2平面、南壁剖面图

1. 石柱础　2. 石香炉

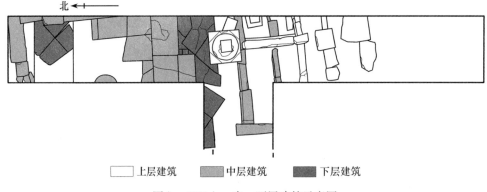

北 ←

□ 上层建筑   ▨ 中层建筑   ■ 下层建筑

图六　TG1上、中、下层建筑示意图

我们在该区域的北部向下解剖，发现其下还有一层铺石地面，用较小的近方形石板通缝平铺。

TG2中还发现一些其他附属建筑基址（图五），该探沟东部暴露出一座台基式建筑的北部，台基的北部和西部有打制规整的条石垒砌的包边石墙，中部有一块南北向的大条石，台基暴露部分长5.5、宽1.45、高1.8米。探沟西部有两道呈"丁"字相交的石墙，墙体用不规则的石块垒砌，南北向石墙暴露部分长1.7、宽0.2—0.75米，东西向石墙暴露部分长2.25、宽0.3米。

（二）石上建筑遗迹

寺庙建筑基址背后有4块裸露的天然巨石，顺山势呈东西向一字排列，由西向东依次编号为1—4号石（图七；图版九，2）。石块均经人工加工，发现平台、踏跺、地宫、柱洞、排水沟槽、摩崖题刻等遗迹。下面分别对1—4号石进行介绍。

1号石平面呈长方形，2号石压于其后部上方。石块长约7.7、宽3、高3.1米。其顶部较平整，顶面上有柱洞、沟槽遗迹；其西壁雕凿平整，上有三幅摩崖题刻，其中最右侧一幅仅开凿边框，未刊刻文字（图八）。

2号石（小地名：铜塔墩）平面略呈三角形，顶面较平，周边较斜陡。石块长约8.4、宽7、高5.6米（图九）。顶面上凿有平台，其南北两侧有壁，壁面较直，平台长6.2、宽5.7、高0.25—0.36米。平台中部凿有菱形槽，边长0.5、深0.15米，其上有圆形碾盘遗迹。平台西北连接五级踏道，其中第5阶上有3个圆形柱洞，踏道宽2.45—2.87、高2.19米。平台北侧还有一些沟槽和柱洞遗迹。另外，在石西壁的左下方有一幅长方形摩崖题刻。

3号石平面呈不规则形，顶面较斜弧，周边较斜陡，石块长约10.6、宽10.3、高5.8米（图一〇）。其西侧凿有上、下两段踏跺，下段踏跺共17阶，其中15、16两阶踏跺中间有一个长方形槽，将这两阶踏跺打破，并形成左右两个小踏跺，下段踏跺通长

图七 2—4号石俯拍照

6.2、宽1.3—1.85米。上下两段踏跺中间有一个长方形平台，其中部有两个竖长方形的浅槽，平台长1.4、宽1米。上段踏跺共2级，通长1.2、宽1.9—2.3米。上段踏跺的上方连接一个平台，长3.2、宽1.6米，其东北、东南两角各有一个柱洞和方形凹槽。两段踏跺之间有一条东北—西南走向的沟槽，其右侧有一条长条形沟槽，左侧有一些小柱洞。在石东北部有4个柱洞，可连成一个方形建筑，其中央排列一行南北走向的5个小柱洞。

4号石（小地名：禅房）平面呈梯形，顶面较斜弧，四面较斜陡。石块最长处约9.9、宽9.3、高7.2米（图一一）。该石中部开凿有地宫，由甬道、宫门和宫室及石函、天窗等附属设施组成。甬道呈长条形，长4、宽0.66、高0.7—2.91米。甬道的前方有长方形平台，长7.08、宽0.75—1米。平台正中有连接甬道的两级踏跺，踏跺左右两侧各有一个长条形凹槽。甬道前段的两旁各凿有一个长方形平台，左侧平台上有两个方形

图八　1号石

图九　2号石

凹槽，左侧平台长2.55、宽1.47米，右侧平台长2.6、宽1.53米。宫门呈拱门状，为宫室入口，连接甬道和宫室，宫门宽0.46、高2.1、进深0.28米。宫室平面呈长方形，弧形顶，长2.9、宽2.2、高2.15米；其顶部正中开有长方形天窗，天窗长1.7、宽1、高0.62—1.2米；宫室后部开凿有长方形石函，长2.56、宽0.8、高0.9米。在甬道两侧壁、地宫门及天窗两侧多有比较规则的凹槽和孔眼遗迹。在大石顶面上，天窗周围分布着柱洞和凹槽遗迹；甬道和平台周围亦分布着排列规则的柱洞，部分柱洞附带一条小沟槽；甬道里侧两旁各有一条沟槽。

图一〇　3号石

图一一　4号石

除此之外，在寺庙建筑基址西部散布的几块天然巨石上也发现了人工遗迹，包括柱洞、沟槽、踏跺、碾盘等。

（三）摩崖造像及其附属建筑遗迹

摩崖造像分布于5号石上，该石为正殿北部的一块东西走向的天然砂岩石块（图一二），平面为长条形，顶部较圆弧，长15.2、宽8.7、高6.2米。石顶部有柱洞遗迹，石面上还开凿有一些排水沟槽。大石周身雕刻多层罗汉群像，暴露部分有四五层。四面均开有造像龛，共8龛（该部分材料另文刊布），其中北侧1龛、西侧1龛、南侧5龛、东侧1龛，编号为K1—K8，造像题材有千手观音、泗州大圣、水月观音、九龙浴太子、药师如来、日光菩萨、月光菩萨等（图一三）。

我们在紧贴5号石的西北角布设了TG5、TG6，发现了石踏跺、铺石地面等龛前建筑。石踏跺位于TG5的西北部，开口于第5层下，用长方形石板垒砌，暴露出5阶，暴露部分通长1.7、宽0.15—1.2米。石踏跺东部发现了铺石地面，由长短不一的长条形石板平铺而成。TG6的南部发现了用石板拼接的长条形遗迹，暴露部分通长3.7米，由于暴露面积较小，性质不明（图一四）。

图一二　5号石全景

图一三　部分摩崖造像（西—东）

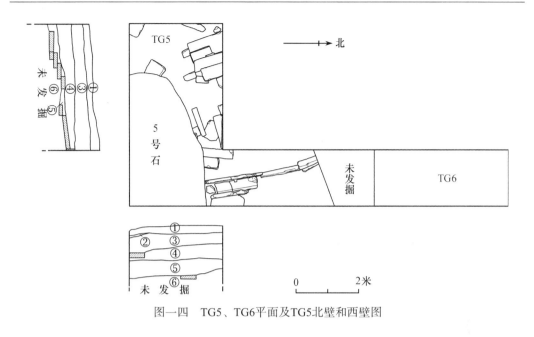

图一四　TG5、TG6平面及TG5北壁和西壁图

（四）摩崖题刻

1. 1号石摩崖题刻

1号石摩崖题刻分布于该石西壁上，左、中、右各有1幅，其中右侧一幅仅开凿边框，未刻文字。

左侧题刻边框呈长方形，顶部两侧抹角，宽0.76、高1.06米。其上题刻为"大明国四川重庆府巴县龟停乡□坝里女□铭崇君奉/佛□因信士霍朝闰信女杨□大等□词伏而□征□三/才末品生居中田永□□□□□三□□一□□/天地之盖载荷/日月□□临现住虎安棠□□□□□子成五月一目/指□□□□□/本□石佛寺□□/大坊有□□善来茂□/明□林□记□□氏之□□/□□之□□以祈家世□□□□孙荣□诗题/积德信士□朝□杨□□□成□□□□□/□□大……/□□□□□明……吉/皇明癸卯年十二月吉旦题"（图一五）。

中间题刻边框为横长方形，长3、高0.8、进深0.02米。其上左侧草书题刻为"游石佛寺四绝/辞却纷嚣便是/仙更从何处学/谈玄山中半日从/容坐绝胜人间五/百年/鸟语如簧迓远/宾山花如锦弄芳/春回来小憩石白上清绝恍疑/身外身/平生踪迹系名关/晚适幽怀是好山/老衲高隐孤爱/客百壶清酒了/无悭/晚年性只好闲/游上至云山天/际头云自无心/山自静落花随/水漫东流"，其后落款为楷书，内容为"皇明嘉靖庚子岁仲春下浣/赐进士河南按察司副使几川杨彝书"。其右侧又有楷书题刻，内容为"劳峛江城第一关好春无处不/青山百年衣钵知谁似三乘宗/风教不悭/朝随骢马渡江游攀磴扪萝到/岭头好句临风谩裁剪野花细/逐酒杯流　僧会太初隆寅拜和"（图一六）。

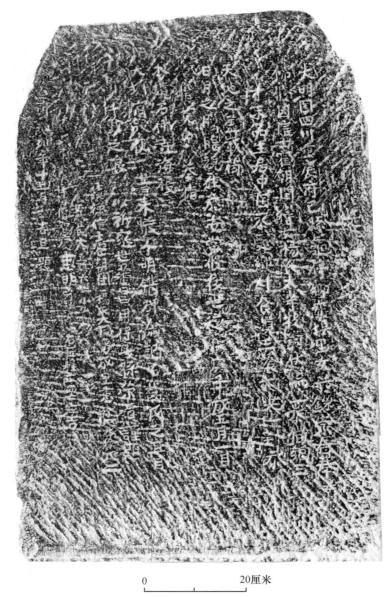

图一五　1号石西壁左侧摩崖题刻拓片

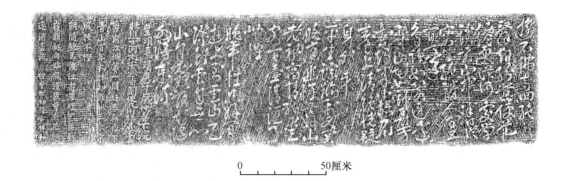

图一六　1号石西壁中部摩崖题刻拓片

2. 2号石摩崖题刻

2号石摩崖题刻位于该石西壁的左下方，边框为长方形，宽2.6、高1.7、进深0.1—0.18米（图一七）。其顶部篆书"江津县重修石佛禅寺"，正文题刻为"……英入相……商/英罢相菴随以弗志嘉之初有僧悟果□□□修建而梵刹始命盘石周/遭镌如来诸佛之像寺因改名石佛元时从其业者日众故寺以骎盛逐为/西蜀第一禅林元末夏主明昇窃据重庆寺寻毁于兵火而诸佛菩萨皆/委弃剥落扵榛棘草莽之间几世矣今僧会道胜一田禅师者时卓锡于县/之大云禅寺作大福田为大夫说法□日因回其处恻然叹曰吾佛以慈悲/愿力开济三途诱掖群迷厥功懋矣本颠□如此不为兴复吾从之责也乃/发广大愿矢欲祈之师戒律端整仪观风度俨然有西来意而太尹临川袁/候暨县诸大夫首为募缘布施十方檀那亦谨然景从于是始建斋堂法室/为栖禅之所为钟楼以警晨昏为正殿以尊事诸佛□山门周垣植松竹花/菓以赡供养不三四年栋宇岿然金碧辉耀奇葩异卉阴翳成林百年荒原/之地一旦复新视昔若无废坠者师之功可谓勤且劳矣夫佛氏以善化善/固不可无而其所传扵世者则唯像教而已使继其后者不为之庄严门？/岂不遂至扵泯泯也况兹寺□江阳一邑之秀而又得一田师者以作兴广/大其道场岂地不自盛因人而盛者欤亦山川清淑之气聚而合合而□散/而复合者欤抑亦为佛者有以阴翊之欤是未可知也工完师来请记其本□/因不辞而记之诗曰/招提高耸与天邻夕梵晨钟远近闻出洞龙翻千嶂雨上楼僧踏一梯云/嶷岩古记何年刻深院名香尽日焚安得投间居此地比林猿鹤想同群/右翰林江渊题/石径盘盘草欲迷肩舆跻蹬晓来迟百年废寺重兴日一代华簮胜会时/接竹已通云际水剗苔还识道傍碑人莫禅经营苦自昔名山好住持/右直隶宁国府知府前江津县知县临川袁旭题/大明正统元年丙辰岁……石佛寺住持道胜一田立/……"。

3. 5号石摩崖题刻

5号石的摩崖造像旁共发现6幅题刻。

K2左壁题刻为"符阳处士寒清绍兴壬申夏初镌题"（图一八）。

K3龛口右柱上题刻为"天禧四年七月二十八日修□佛足/弟子岁君憘……"（图一九）。

K3后壁阴线刻有一碑，碑身为长方形，覆莲叶形顶，莲花底座。宽0.22、高0.44米。碑上题刻为"重庆府……/佛……一家等□谨施家财/命工于本境石佛寺全金重装/观音圣像一堂人天瞻仰永光福地所集功德仰祝/□证永固佛日长明雨顺风调民安物阜伏愿若僧/若俗人人进道无魔是女是男各各修行有分现居/尘世佛力维持他日寿终慈光接引因修此世果/证当来世世生生常亲佛会门庭昌盛寿命遐/长万缘吉庆者/□明永乐五年岁次丁亥二月初五日庚寅上浣记/石匠李"（图二〇）。

图一七　2号石摩崖题刻拓片

0 ⊢——————⊣ 50厘米

K3龛楣中央题刻为"座现莲花"，其左侧题刻为"……同治/癸酉蒲/月吉旦"，其右侧题刻已漫漶不清（图二一）。

K4的右下方有一幅题刻，被K4打破。该题刻呈长方形，其上题刻为"……司……功同寿张氏六娘子洎/……舍钱就古龛/……石灯轮一座永光圣祚乞愿一/……无灾公私有庆时以元祐元年岁/……初一日命僧修斋表庆讫永镇/……了……勾当小师僧清宝作头何延福"（图二二）。

K5龛口左柱题刻为"永乐四年八月十三日好记"（图二三）。

4. 水洞摩崖题刻

该题刻位于4号石东南约150米处山林中的一块大石上。题刻边框呈长方形，长1.3、宽0.8米。其上题刻为"此一段地据舍□内于乾道二年/得淳八二郎施与开山僧光庵/□令栽植松竹物菜……/……/……/年□/□所有地上松木□被斫伐今来再行/栽植许水陆斋百供为誓不许僧俗/及一切人斫伐亦不许人于中弹射飞鸟/捕捉走兽立作放生园上为/君主祝无疆万寿亦与施者作永远福/田若违此誓世世生生永坠恶道伏请/龙天鉴知谨誓乙酉岁刊/……每□五文此地上一千栽松径□/本……折□松救若□□□一起/□□□今立誓后向上一草一木皆不可取"（图二四）。

0   10厘米

图一八　5号石K2左壁题刻拓片

（五）古墓葬

共发现4座墓葬，清理了3座。

M1—M3位于T1中，呈西北—东南走向排列，其中M3仅暴露出圆形石墓塔基，未做进一步清理。三墓东北侧有竖立的石板和平铺的石板组成的长条状遗迹，可能为墓园建筑遗迹，其周围还散落有较多墓塔构件（图二五）。

M1　竖穴土圹石室墓，其西南部已遭破坏，残存部分平面呈梯形，由甬道和墓室组成，墓圹残长1.6~2.2、宽1.35、深1.96米，方向为238°。甬道西部被破坏，其北壁有一块较高的长条形石板，相对的一侧已遭破坏，底部铺有两块长方形石板，甬道残

0   10厘米

图一九　5号石K3龛口右柱题刻拓片

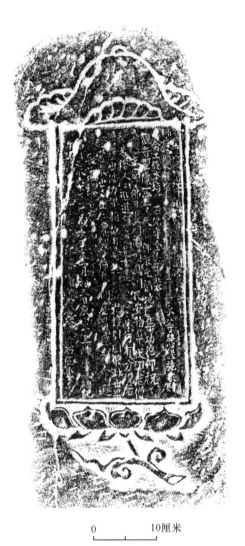

0   10厘米

图二〇　5号石K3后壁题刻拓片

0   30厘米

图二一　5号石K3龛楣题刻拓片

0　　　　　　10厘米　　　　　　　　　　　　0　　　　　　10厘米

图二二　5号石K4右下方题刻拓片　　　　　　图二三　5号石K5龛口左柱题刻拓片

长0.9、宽0.7、残高1.6米。墓室呈长方形，北、东、南壁分别由一块竖立的长方形石板构成，底部平铺一块长方形石板。墓室长0.56、宽0.84、残高1.36米。未发现葬具和随葬品。此外，在甬道左侧清理出一段管道，由两个扣合的筒瓦拼成，可能用于排水（图二六）。

　　M2　紧邻M1，为竖穴土圹石室墓，由墓门、甬道和墓室组成，墓圹长2.6、宽2.1、残深1.54米，方向为238°。墓门由5块长方形石板叠垒而成，墓门宽1.27、高1.95米。甬道位于墓门的东侧，平面呈长方形，北、南两壁各竖立一块长条形石板，甬道底部铺有一块不规则石板，甬道长0.5、宽0.7—0.8、高1.8米。墓室平面呈八边形，直径1.3、残高1.4米。除西侧与甬道相接处无石板外，其余7面墓壁各用一块长条形石板垒砌而成，墓室顶部残存部分藻井，藻井东部残存上下叠压的两块石头，其垒砌于左中右后壁的顶部，藻井南部残存一块长条形石块，垒砌于左后壁和左前壁上，藻井边

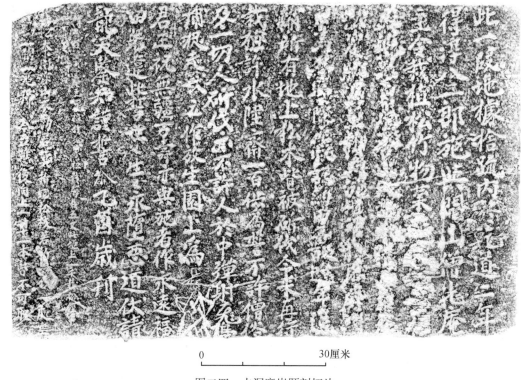

0   30厘米

图二四　水洞摩崖题刻拓片

图二五　T1墓葬分布情况（西北—东南）

长0.92、残高0.24米。墓室底部铺有一块不规则石板（图二七）。未发现葬具，墓底未发现随葬品，填土中出土3件器物，有陶罐、陶灯台、铜纺锤形器等。

墓室壁的每块石板上均雕刻图案或文字，墓室中后壁雕刻牌位（图二八，1），其

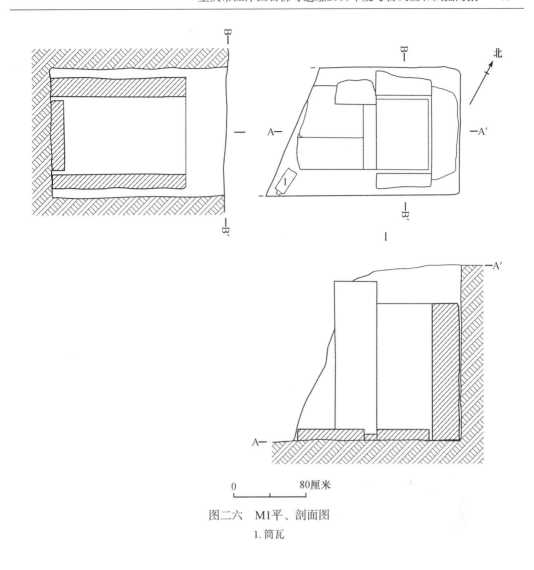

图二六　M1平、剖面图
1. 筒瓦

中部题刻为"示寂僧□胜公一天和尚舍利宝塔"，牌位底部雕刻仰莲，仰莲下方由须弥座承托，须弥座下雕刻帷帐，帷帐中部题刻"禅床"，其下方由几案承托。左右两后壁各有一尊线刻佛像，为阿弥陀佛接引像，形制相同，均为高肉髻，面相丰圆；着双领下垂式袈裟，内着僧祇支；右手下垂，施接引印，左臂屈曲于腹前，左手捻母、食、中三指；双脚各踏一朵莲花，莲花下方由方形须弥座承托（图二八，2、3）。右侧壁题刻为"常得无量乐"（图二八，4），左侧壁题刻为"我已入涅槃"（图二八，5）。两前壁各雕刻一扇隔扇，隔扇由槅心、绦环板和裙板组成，槅心上均刻有一个花瓶，内插花卉（图二八，6、7）。

　　M4　位于T2中，为竖穴土圹双石室墓。两墓室均用长方形石块垒砌而成，左右墓室基本对称，中部共用一壁。由墓道、墓门、墓室、棺床、藻井、壁龛、后龛等组成。墓向为223°。墓圹长5.2、宽3.9—5.6、深0.95—1.4米（图二九；图版一〇，2）。

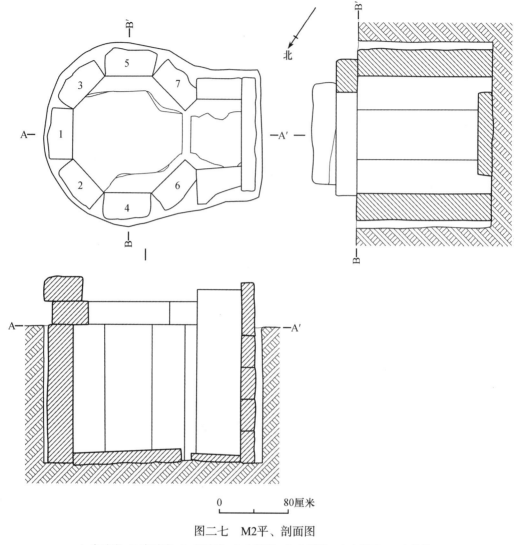

图二七　M2平、剖面图

1. 中后壁　2. 右后壁　3. 左后壁　4. 右侧壁　5. 左侧壁　6. 右前壁　7. 左前壁

　　墓道位于墓门前部，通长2.5、宽5.6、深0.95—1.4米。两侧用规格不一的条石垒砌成"八"字形挡墙，墓道中部用两层条石垒砌成隔墙，用以分隔左右墓室；墓道前壁亦用条石垒砌，均向前倾倒；底部为生土，较平坦。

　　墓门由门槛、门柱、门楣和封门组成，通宽3.4、高1.94米。两墓室两侧各竖立一门柱，中部共用一根门柱；门楣各用一块条石扣压于门柱上；两墓门前各用两块条石平铺成门槛；两侧封门均立于门槛石上，每侧封门各用两块竖置石板封堵，其中左墓门用一块条石斜撑于封门中缝的中部，另有一块条石斜顶于左侧封门板的左上方，该石已断裂。右墓门的门缝中部亦用一块条石斜撑（图版一〇，1）。

　　两墓室形制结构基本一致，均为长方形，由两侧壁龛、后龛、藻井、棺床等组成。左侧墓室长2.96、宽1.14—1.52、高0.88—1.48米，右侧墓室长2.94、宽1.08—1.6、

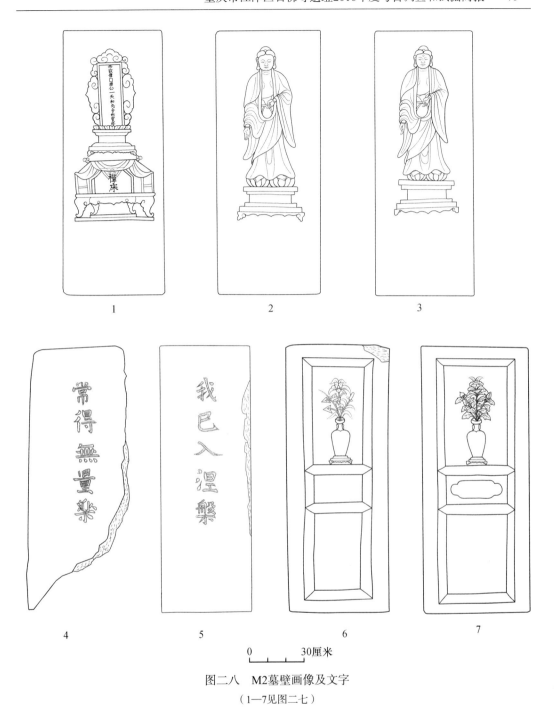

图二八　M2墓壁画像及文字

（1—7见图二七）

残高0.9—1.3米。

　　壁龛均由龛基、龛壁和龛楣等石构件组成，龛基为一块横置条石，其上竖置三块石板构成龛壁，中部石板向外凸出形成双重龛，龛壁上均用减地浅浮雕的技法雕刻草书文字或图案，其外均有方形边框。龛楣横压于龛壁顶部，其上承接藻井顶，右墓室的龛楣已倒塌。右墓室右龛两侧分别刻有"清""闲"，中部龛壁上装饰有牡丹花

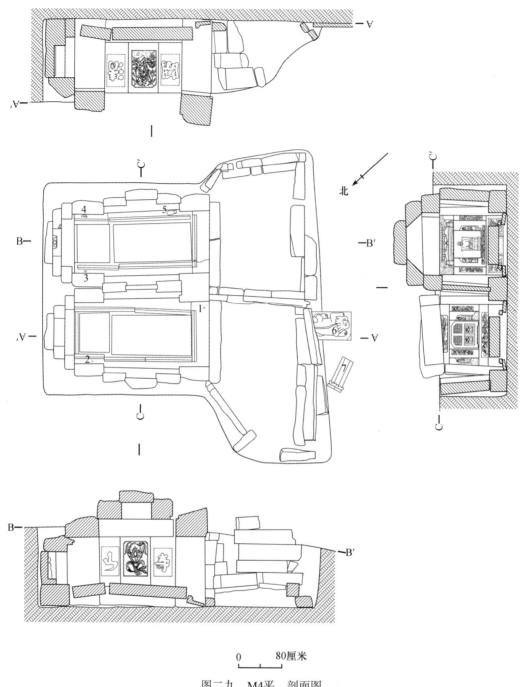

图二九　M4平、剖面图

1—3.铜钱　4.瓷盏　5.石狮　6.石兽　7.石墓碑

（图三〇，2）；左龛两侧分别刻有"安""乐"，中部龛壁装饰有花卉纹（图三〇，
1）。左墓室右龛两侧刻有"福""海"，中部龛壁上装饰有鹿和花卉纹（图三一，
1）；左龛两侧雕刻"寿""山"，中部龛壁上装饰有花卉纹（图三一，2）。左墓室壁
龛的第一重龛宽1.44、高0.9、进深0.12米，第二重龛宽0.56、高0.9、进深0.22米。右墓

1

2

0　　　　　　10厘米

图三〇　M4右墓室壁龛雕刻
1.左龛　2.右龛

室壁龛的第一重龛宽1.42、高0.94、进深0.1米，第二重龛宽0.54、高0.94、进深0.18米。

后龛均由龛基、第一重龛、第二重龛、龛楣等组成。龛基为一整块长方形石块，其上承载两重龛，龛基正面有两个长方形框，框内装饰有花卉图案。右墓室第一重龛两侧立柱竖置于龛基上，其立面装饰有缠枝花草图案。第二重龛放置于一台基上，台

1

2

0   10厘米

图三一　M4左墓室壁龛雕刻

1.右龛　2.左龛

墓正面装饰有缠枝花草，其上两侧竖置立柱，立柱侧棱上各雕刻侍者形象，头挽髻，外着交领长袍，内着长裤，双手交叉于腹前。龛壁上装饰有双扇格子门，顶部为梯形，格眼雕刻成柿蒂纹样，腰华板上装饰有菱形纹，障水板上装饰有如意头形图案。龛楣扣压于两重龛的立柱上，其正面装饰有花卉图案。右墓室后龛的第一重龛宽1.12、高0.8、进深0.18米；第二重龛宽0.84、高0.54、进深0.2米（图三二）。左墓室第一重龛两侧原立八角形内柱两根，柱子已断裂，两柱间上部用阑额相连，在阑额正中之上安置补间铺作栌斗一朵，阑额下施雀替，柱头上均安置栌斗，栌斗上均安置一斗三升斗拱。斗拱之上为斜坡状屋顶，顶面上饰瓦垄。第二重龛立柱的侧棱上各雕刻侍者形象，均着圆领长袍，右侧侍者头似裹巾，左侧侍者头梳单髻。龛壁正中雕刻墓主人像，墓主人端坐于交椅上，身着圆领长袍，头部裹巾。左墓室后龛的第一重龛宽0.96、高0.6、进深0.2米；第二重龛宽0.5、高0.48、进深0.16米（图三三）。

右侧藻井已损毁，现仅存左侧藻井，位于墓室顶部，平面近方形，保存较完好，由四块石条逐层内收叠砌而成，顶部覆盖一块方形石板，藻井边长1.14、高0.59米。

棺床位于墓室底部，均由两块长方形石板平铺拼砌而成，长2.12、宽0.7、高0.2米。棺床外侧保留有排水槽，宽0.06—0.12、深0.27米。

0   10厘米

图三二　M4右墓室后龛雕刻

0　　　10厘米

图三三　M4左墓室后龛雕刻

　　该墓遭盗扰严重，葬式、葬具不明，填土中见少量锈蚀的铁钉，推测原有木棺。左墓室前部墓门处发现一个头骨，保存较差，性别、年龄无法判断。出土器物有石狮、铜钱、瓷盏等。另外，在墓道右侧的前方发现石兽和石墓碑各1件。

三、采集和试掘出土的遗物

　　调查中采集和试掘中出土的遗物种类主要有石造像、石构件、石碑、陶建筑构件、瓷生活用具等，下面对部分遗物进行介绍。

（一）建筑基址区采集和试掘出土器物

1. 石造像

（1）佛教造像

坐像 10件。头部均缺失，部分残缺较严重。根据体量和坐姿的不同，分为三型。

A型 4件。较小，头部均缺失，结跏趺坐。根据手势的不同，分为二亚型。

Aa型 2件。施禅定印。着交领右衽袈裟，袈裟右摆一角搭于左肩圆环形衣钩上。TG5③：2，宽32—56、残高60、厚22—32.8厘米（图三四，1）。采：6，宽16—54、残高58、厚12—29.2厘米（图三四，2；图版一一，3）。

Ab型 2件。双手隐于袖中。着交领右衽袈裟。采：8，袈裟右摆一角搭于左肩圆环形衣钩上，左肩背后有一圆环，其上挂一袋。宽42—56、残高62、厚20—44厘米（图三四，3；图版一一，4）。TG5③：1，宽37.6—46、残高54、厚20—44厘米（图三四，4）。

B型 5件。较大，结跏趺坐。根据手势的不同，分为三亚型。

Ba型 2件。施禅定印。均仅残存下部，宽衣袖自然下垂，袈裟下摆呈圆弧形。采：4，出露左脚，脚底朝上。宽112—114、残高54、厚27.6—69.6厘米（图三五，1）。采：5，脚未露出。宽99—108、残高48、厚40—90厘米（图三五，2）。

Bb型 1件。施降魔印。采：3，仅残存下部，宽衣袖自然下垂，袈裟下摆呈圆弧形。右手拇、食两指相捻，手心朝外置于腿上；左手拇指微张，四指并拢置于右脚上。宽84—99.6、残高49.8、厚20—39.6厘米（图三五，3）。

Bc型 2件。右臂或左臂屈曲向上。均仅残存肩部以下，着双领下垂式袈裟，宽衣袖自然下垂。饰璎珞。采：1，右臂屈曲向上，右手已残，左手放于腿部，左手已残，腿部已残。宽69—90、残高84、厚30—51厘米（图三五，4）。采：2，左臂屈曲向上，左手无存；右手五指并拢横置于腿上，手心朝上。宽72—90、残高96、厚25.2—60厘米（图三五，5；图版一一，2）。

C型 1件。结跏趺坐，有底座。TG4②：2，菩萨像，头部缺失，着双领下垂式袈裟，颈饰璎珞，下着裙。双手捧净瓶于腹前，结跏趺坐于仰覆莲台上。表面附有红褐色颜料，部分残存金粉。宽22—38、残高65、厚14—28厘米（图三五，6；图版一二，1）。

头部残件 2件。采：45，佛像头部，高肉髻，螺发，眉心有白毫，眼低垂向下，大耳。宽16—38、残高54、厚18.2—37.6厘米（图三六，1；图版一一，1）。采：46，菩萨头部，冠已残，眉心有白毫，弯眉细目，嘴角上翘，大耳。宽13—25.6、残高

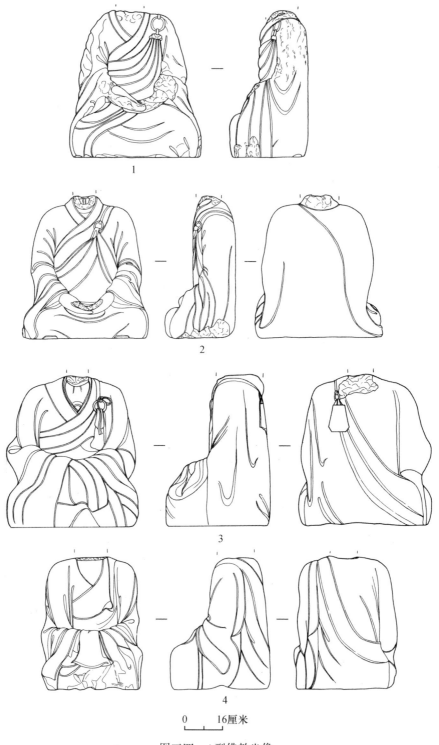

0　　16厘米

图三四　A型佛教坐像

1、2.Aa型（TG5③:2、采:6）　3、4.Ab型（采:8、TG5③:1）

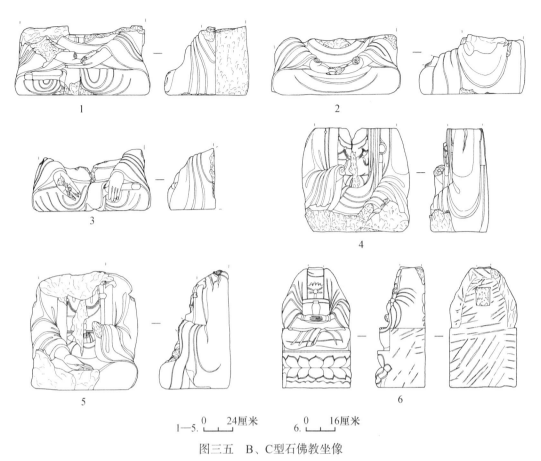

1—5.　0 ——— 24厘米　　　6.　0 ——— 16厘米

图三五　B、C型石佛教坐像

1、2.Ba型（采∶4、采∶5）　3.Bb型（采∶3）　4、5.Bc型（采∶1、采∶2）　6.C型（TG4②∶2）

44.8、厚14—28厘米（图三六，3）。

肩部残件　2件。着双领下垂式袈裟，颈部有三道纹。采∶9，宽90、残高38.4、厚36厘米（图三六，4）。采∶10，宽54—90、残高37.8、厚37.2厘米（图三六，5）。

（2）其他类造像

坐像　1件。采∶15，端坐于长方形台座上，头部缺失，颔下有三绺胡须，颈部带锁形项圈，内着圆领长袍，外着对襟裪了，双于交于胸前，手中所捧物已残，两腿间有宽带由胸部垂下。宽24—52、残高86、厚24厘米（图三七，1；图版一二，2）。

立像　2件。采∶13，头部缺失，身着圆领长袍，领两边垂有幞头的软脚，宽袖，腰系带，带于腰前系结，左手捧腰带左侧，右手托举条状物，脚穿靴，站立于方形台座上。宽28—34、残高86、厚28.2厘米（图三七，2；图版一二，3）。采∶14，头部缺失，身着圆领长袍，宽袖，腰系带，左手捧腰带左侧，右手托长条形笏板，脚穿靴，站立于方形台座上。宽30—36、残高86.4、厚28.8厘米（图三七，3；图版一二，4）。

肩部残件　1件。TG4②∶1，颔下有一绺胡须，内着交领右衽式衣服，外着对襟衣服，胸前打绳结。宽42、残高29.2厘米（图三六，2）。

1、2. ⊢0━━━16厘米   3. ⊢0━━━8厘米   4、5. ⊢0━━━24厘米

图三六　石造像头部、肩部残件

1、3.头部残件（采：45、采：46）　　2、4、5.肩部残件（TG4②：1、采：9、采：10）

2. 石构件

基座残件　2件。根据形状的不同，分为二型。

A型　1件。圆形。采：20，部分缺失，台面边缘饰一周覆莲瓣纹，台面一端竖排题刻"前乙"，台面中部有一圆形穿孔，内壁布满凿痕。圆台外周残存有四个竹节状凸棱，每两个凸棱间有一个"十"字形边框，框内饰有花卉纹样。基座下部饰一周卷云纹。基座顶部直径34、底部直径64、高20厘米（图三八；图版一三，3）。

B型　1件。残存部分呈曲尺形。采：17，顶面较平整，布满凿痕。侧面上下凸

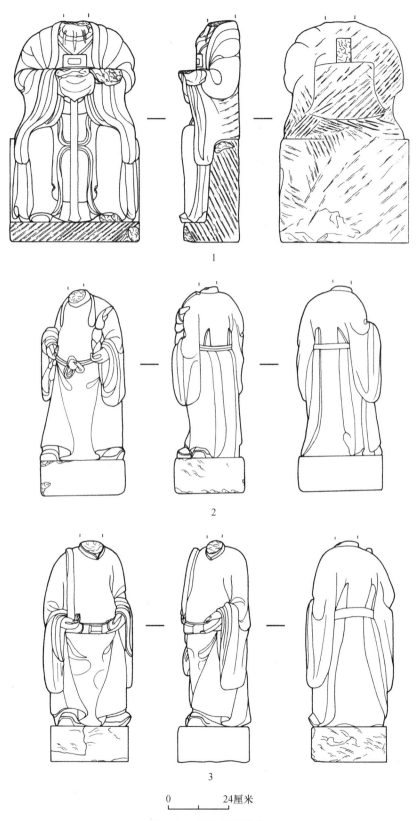

图三七　其他类石造像

1.坐像（采：15）　2、3.立像（采：13、采：14）

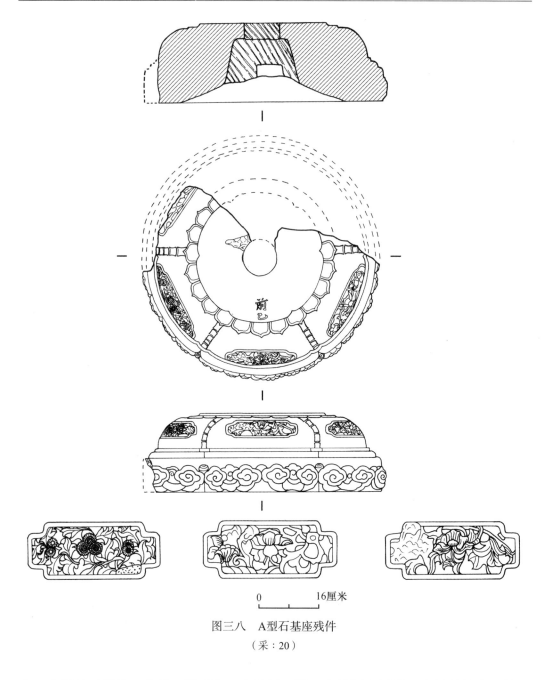

图三八　A型石基座残件

（采：20）

出，中部呈亚腰状，曲尺一侧面有三个转折，第一个转折上浮雕一头回首的象；第二个转折上浮雕一杵，杵两端雕刻成仰覆莲扣合状；第三个转折上浮雕人像，头部已残，作侧身前倾、单膝下跪状，腆肚，下着裙，腰系带，脚着靴。残长67.2、残宽72、高18.6厘米（图三九，1）。

　　幢体残件　1件。采：12，八棱柱，顶部和底部各有一个圆形榫口，正中题刻有"佛顶尊胜陀罗尼幢"，其余面均雕刻有文字，因风化严重，字迹模糊不清。边长14、高107厘米（图三九，2；图版一三，1）。

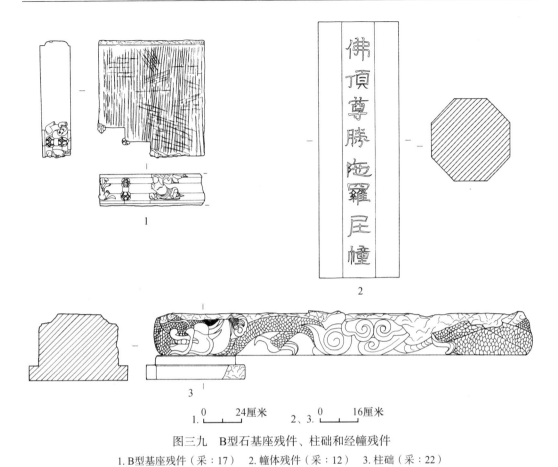

1. B型基座残件（采：17）　　2. 幢体残件（采：12）　　3. 柱础（采：22）

图三九　B型石基座残件、柱础和经幢残件

柱础　1件。采：22，顶部收窄，顶面近方形，打制粗糙，中部雕刻蟠龙环抱一周，龙口露獠牙，吻上有两长须，龙身刻满鳞甲，中段穿梭于云气间，前后各露出一足，足有四爪。底部为上窄下宽的双层方形基座。宽42、残高27厘米（图三九，3）。

3. 石碑

2块。TG5③：1，碑呈长方形，宽0.4、高0.98、厚0.14米。其顶部正中题刻为"永垂万古"，正文题刻为"尝闻积善之家必有余庆感应篇已重言之小有石佛/南海人慈悲代远年埋庙宇倾颓风雨飘摇神像改观/焚香者莫不搔首而增感□等触目惊心邀积全人募/善众善等不惜囊金更新神像爰是勒石以旌是序/袁秀一出四千温华出二千/刘玉□石艮彩余鸣高各□千文/郑阳鲁镐徐荣赖廷荣陈甫荣以上各出□□千文/江世和穆正才张天和陈明诗赖发清各出□五百文/秦用周温让范良位杨宗正白仕铨各出□五百文/李凤荣张尔臣李兆祥僧住持僧白各三百文/乾隆五十七年仲夏月中浣"（图四〇，1）。采：11，仅残存上部，碑呈长方形，顶部两角抹角。宽83、高42、厚15厘米。其顶部正中题刻为"重修石佛寺碑"。正文题刻为"材殿宇告……/炼石补天……/显于齐秦……/咏他山石……/云佛即是……/亦佛即是……/问答数语……/为唐运□……/孙□……/梁泽□……/陈继□……/何吉□……/余弘□……/王家□……/赵在□……/何昌□……/刘治□……/秦□……/白玉□……/秦照……/朱□……/江维□……/辜登□……/张美……/杨……/刘彩……/杨……"（图四〇，2）。

4. 陶建筑构件

兽面纹瓦当　4件。根据口部特征的不同，分为二型。

A型　3件。咧嘴，外露两颗獠牙。兽面外绕须髯，尖耳，鼻翼下勾。采：67，泥质灰陶。"山"字形眉，卵圆形眼。直径10.9、厚2厘米（图四一，1）。采：68，红陶胎，绿釉。"山"字形眉，圆眼。直径12、厚3.5厘米（图四一，2；图版一三，6）。采：71，灰陶胎，绿釉。弯眉，眼角上挑。直径10.1、厚2.2厘米（图四一，3）。

B型　1件。咧嘴，露出上排牙齿。采：63，泥质灰陶。兽面外绕须髯，口衔两绺弯曲的胡须。残宽8.3、厚1.6厘米（图四一，4）。

滴水残件　1件。采：69，红陶胎，绿釉。滴水面上部微弧，下部呈波浪状，滴水面外周有边框，框内正面模印花卉纹。残宽8.9、残高5.3厘米（图四一，5；图版一三，5）。

鸱吻残件　5件。采：45，泥质灰陶。身饰鳞片，下部有"U"形条带。残宽24、

0　　　　　　　30厘米

图四〇　石碑刻拓片

1. TG5③：1　2. 采：11

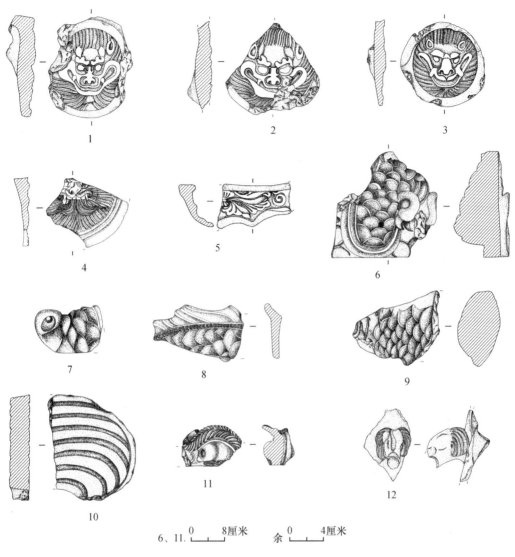

图四一　陶建筑构件

1—3.A型兽面纹瓦当（采：67、采：68、采：71）　4.B型兽面纹瓦当（采：63）　5.滴水残件（采：69）
6—10.鸱吻残件（采：45、采：47、TG5⑤：4、采：70、TG1⑤：1）　11.鸱吻眼睛残件（采：48）
12.羊头残片（TG1⑤：3）

高25厘米（图四一，6）。采：47，泥质灰陶。卷尾，尾饰鳞片。残宽8.1、高5.6厘米（图四一，7）。TG5⑤：4，泥质灰陶。身饰鳞片，中部有脊。残宽10.8厘米（图四一，8）。采：70，泥质灰陶。身饰鳞片。残宽10.5、高8.9厘米（图四一，9）。TG1⑤：1，泥质灰陶。顶部呈弧形，身饰多道弧线。残宽9.9、高11.5厘米（图四一，10）。

鸱吻眼睛残件　1件。采：48，泥质灰陶。圆形眼球，粗条形眉，弧线形眉毛。残长14.6、残高9.8厘米（图四一，11）。

羊头残片　1件。TG1⑤：3，红陶胎，外施绿釉。一羊头贴塑其上，尖头，双角。残宽7.7、残高8.5厘米（图四一，12）。

5. 瓷生活用具

盏　2件。TG3④：3，灰白胎，褐釉，外壁施釉不及底。侈口，弧腹，饼足。口径10.6、底径3.4、高5厘米（图四二，1）。采：78，灰胎，酱釉，外壁施釉不及底。侈口，弧腹，饼足。口径10.8、底径3.4、高5厘米（图四二，2）。

碗　3件。TG3④：2，灰白胎，青白釉，外壁釉下用蓝釉绘制纹饰。口沿外壁装饰一周弦纹，腹外壁有草叶纹。敞口，弧腹，圈足。口径13、足径5.8、高5.6厘米（图四二，4）。TG3④：4，灰白胎，青白釉，内外壁釉下用蓝釉绘制纹饰。内壁饰有缠枝草叶纹，外壁饰有草叶和葵花。敞口，弧腹，圈足。口径9.8、足径4.6、高4.6厘米

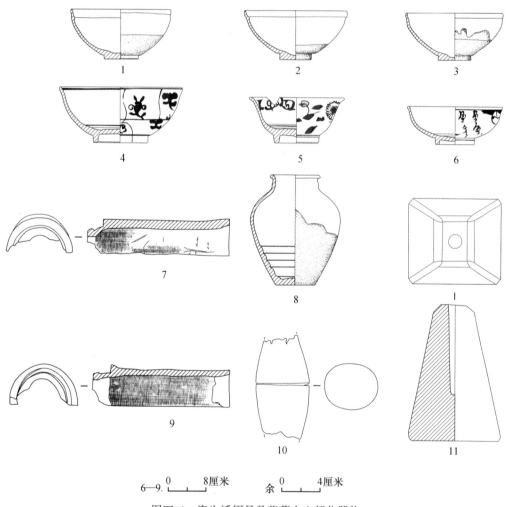

图四二　瓷生活用具及墓葬出土部分器物

1—3. 瓷盏（TG3④：3、采：78、M4：4）　4—6. 瓷碗（TG3④：2、TG3④：4、TG5⑤：2）

7、9. 陶瓦（M1：01、M1：02）　8. 缸胎瓷罐（M2：03）　10. 铜纺锤形物（M2：01）　11. 陶灯台（M2：02）

（图四二，5）。TG5⑤：2，灰白胎，青白釉，外壁釉下用蓝釉绘制纹饰。口沿外壁装饰一周弦纹，腹外壁有两行草书文字。敞口，弧腹，圈足。口径20、足径8、高7.6厘米（图四二，6）。

（二）墓葬出土器物

1. M1

2件。

陶筒瓦　2件。泥质灰陶。半弧形，瓦体尾端内收成榫状，外表素面，内壁饰布纹。M1：01，长30、宽14、高7厘米（图四二，7）。M1：02，长29.2、宽7.2、高8.2厘米（图四二，9）。

2. M2

3件。

缸胎瓷罐　1件。M2：03，夹粗砂泥质灰胎，上部施酱黄釉。侈口，直颈，圆肩，斜腹，平底。口径10.4、底径8、高22厘米（图四二，8）。

陶灯台　1件。M2：02，泥质灰陶。整体呈四棱锥体，顶面较平，顶中部有一圆孔深入器身下部。顶长4、宽2.6厘米，底长9.6、宽8.6厘米，高13.8厘米（图四二，11）。

铜纺锤形器　1件。M2：01，两头已残，鼓腹，腹中部有一道凹弦纹，中空。残高8.4厘米（图四二，10）。

3. M4

10件。

瓷盏　1件。M4：4，灰胎，酱釉，外壁施釉不及底。侈口，弧腹，饼足。口径10.2、底径3.4、高4.8厘米（图四二，3）。

石狮　2件。M4：5，狮子蹲伏于长方形台座上，头向左侧扭转，双目圆睁，咧嘴露出上排牙齿，吻下有胡须，额上及头部两侧有卷毛，腿外侧刻画卷毛，短尾卷于背后部。背中部有八棱形榫槽。长27、宽15.2、高18.4厘米（图四三，1）。M4：01，狮子蹲坐于长方形台座上，前足直立，后足屈曲，头向右侧扭转，双目圆睁，嘴部已残，咧嘴露出上排牙齿，颈部挂铃铛，额上及头部两侧有卷毛，短尾卷于背后部。背中部有八棱形榫槽。长27、宽19、高17.3厘米（图四三，2）。根据顶部的八棱形榫槽判断，这两件石狮应当为M4左墓室后龛第一重龛两侧立柱的柱础石。

石兽　1件。M4：6，兽俯卧于长方形台座上，头向左侧扭转，双目圆睁，阔嘴，

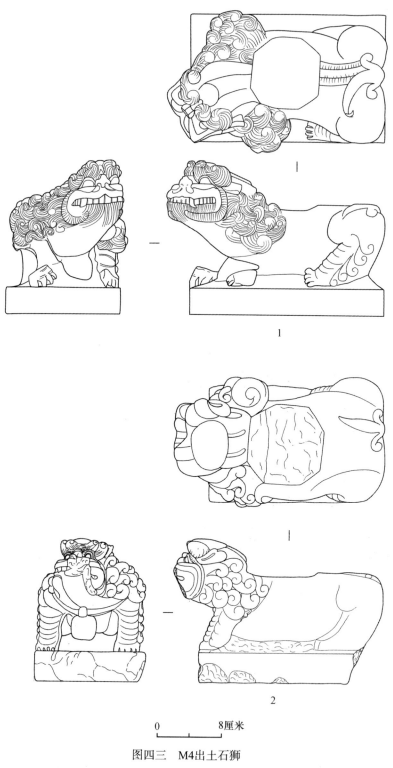

0   8厘米

图四三　M4出土石狮
1. M4：5　2. M4：01

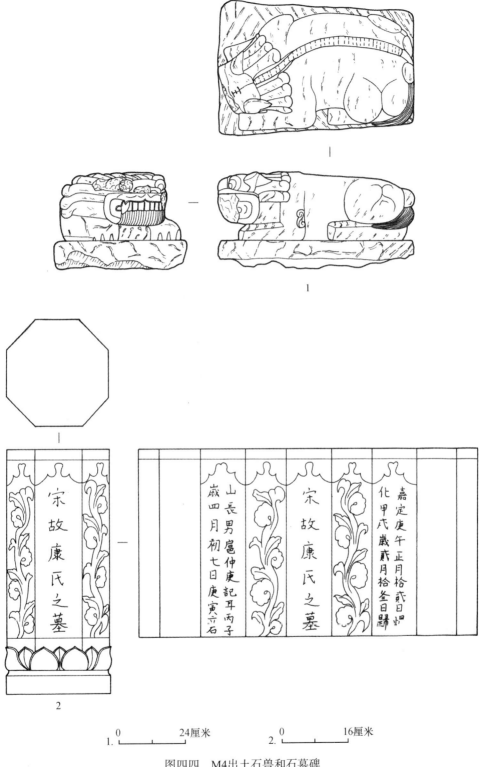

图四四　M4出土石兽和石墓碑
1. 石兽（M4：6）　2. 石墓碑（M4：7）

咧嘴露出上排牙齿，吻下有胡须，头顶及脸两侧有长条状鬃毛，鬃毛尾部卷曲，头顶中部阴刻有"王"字，尾巴贴于左后足旁，背部有弯曲的长条形凹槽。长72.6、宽39—48、高34.8厘米（图四四，1；图版一三，4）。

石墓碑　1件。M4：7，基座为方形，上部雕刻仰莲瓣。碑身为八棱柱体，正中阴刻"宋故康氏之墓"，左右两侧有线刻缠枝纹，其外左右两侧分别阴刻"嘉定庚午正月十二日□/化甲戌岁二月十三日归"与"山长男扈仲庚记耳丙子/岁四月初七日庚寅立石"。边长12、直径25.6、通高58厘米（图四四，2；图版一三，2）。

铜钱币　5枚。均为方孔圆钱，钱的边缘有外郭，穿孔中均插有铁制物，穿孔周围均已锈蚀，钱文难辨，部分钱币可见有"崇"字。经X射线透射后，显示钱文为楷书"崇宁通宝"。直径3.4、穿径1.1、厚0.25厘米（图四五）。

图四五　M4出土崇宁通宝钱（M4：2）
1.照片　2.X射线投射图

四、结　语

石佛寺遗址是一处佛寺遗存要素齐全、时代沿革清晰、建筑布局独具特色的佛教遗址，该遗址的发掘为研究宋至明清时期川渝地区的佛教史、美术史、建筑史、社会史等提供了珍贵的实物资料。结合文献材料和考古发现，我们有如下认识。

（一）遗址的空间格局

石佛寺遗址主要可分为寺庙建筑基址区、石上建筑遗迹区、摩崖造像区及墓葬区等，从空间格局上来看，该佛寺特别注重对地理环境的适应、再造和运用，利用周围山脉、长江、断崖组成一个相对独立封闭的空间，形成以1—4号天然巨石的纵向排列为中轴线，依山势层层升高的布局结构，并将自然山势与天然巨石有机组合到寺庙建筑中，如在2号石上发现了踏道、柱洞等遗迹，显示寺庙正殿可能通过木构的廊道等建筑形式与石上建筑相连，特别是4号石内开凿的地宫及宫顶天窗具备塔刹地宫的特点，该石及其上原有的木构建筑可能具有舍利塔的性质。这也是一种独特的寺庙建筑格局，在中国寺庙遗址中是不多见的。整个寺庙规划理念上也体现出宗教建筑、宗教活动与自然环境的巧妙融合。

石佛寺遗址背后的山顶地势平坦、面积较大，其上筑有高家坪寨，从该寨上可俯瞰整个江津城，战略地位十分重要（图版一四）。该寨的始建年代不详，清咸丰年间曾进行补修，"高家坪寨在县城之北，与巴县连界，原有旧址，咸丰年间经本地绅粮募众补修"[1]，我们在调查中也发现了清代的寨墙、寨门等遗迹。另外，在寨内还发现一处道教摩崖造像。石佛寺遗址旁有一条碥路，可直通高家坪寨的寨门，寺庙与山寨之间的关系也是今后值得关注的问题。

（二）遗址的年代

遗址5号石上发现3处宋代的纪年题刻，包括天禧四年（宋真宗年号，1020年）、元祐元年（宋哲宗年号，1086年）、绍兴壬申（宋高宗年号，1152年），其中以天禧四年最早，该石上以摩崖造像为主要内容，说明至晚在北宋天禧年间，该石上已经开凿了造像。石上还发现明代永乐四年（1406年）、永乐五年（1407年）的年号，根据题刻内容可知，在永乐五年有信徒对观音圣像进行装金，直至清代同治年间该石上仍有题刻现象。

寺庙的建筑基址区因试掘面积有限，各层出土器物较少，各探沟之间的地层也缺乏关联性，难以对各文化层的时代做出准确判断，特别是TG1中发现的三个相互叠压的建筑基址也缺乏明确的时代特征，这都有待今后进一步的考古发掘。遗址上采集和出土的陶兽面纹瓦当与北宋永定陵上宫出土的C型V式瓦当[2]较为相似，证明在宋代遗址上已经存在地面建筑。

关于石上建筑遗迹的年代，虽然在其周围调查中未发现具有明显时代特征的遗迹或遗物，但从寺庙营建规划的角度来考虑，寺庙的设计者一定是在选址之初就考虑到这些奇石在整个寺庙格局中的位置和功能，换言之，就是因为这些天然巨石的奇巧，设计者才将寺庙选址到这个区域，根据这一规划上的逻辑关系，我们推测其上建筑形成的时代应该不会晚于宋代。

根据M4前发现的墓碑记载，其年代为南宋嘉定年间，该墓与重庆地区常见的宋墓结构和形制区别不大，但墓葬内未发现与佛教有明显关系的器物或图像，因此从墓葬所反映的内容来看，暂不能判断墓主人与寺庙之间的关系。关于M1、M2的性质，根据

［1］ （清）王煌修，袁方城等撰：《光绪江津县志》卷五《堡寨》，《中国地方志集成·重庆府县志辑》编辑委员会：《中国地方志集成·重庆府县志辑》，成都：巴蜀书社，2016年，第505页。

［2］ 河南省文物考古研究所编：《北宋皇陵》，郑州：中州古籍出版社，1997年，第207页。

墓葬形制及墓内题刻判断，它们应当为僧人塔墓的地宫。由于墓内未发现具有典型时代特征的器物，且目前僧人墓葬亦缺乏可资对比的材料，因此对于这两座墓葬时代的判断缺乏足够的证据，但M2内雕刻的"隔扇"形象与重庆地区明墓中发现的同类图案相似，如潼南崇龛梁家嘴墓群的M3[1]及合川李家坝遗址中发现的M1[2]中都出现过相类似的隔扇图案，因此我们初步推测该墓年代可能为明代。另外，调查中还发现墓葬区内散落有较多墓塔构件，这里原应当存在一定数量的僧人塔墓。

（三）遗址的兴废

根据遗址内发现摩崖题刻、碑刻及文献的记载可知，石佛寺可能始建于北宋，宋徽宗朝宰相张商英可能与该寺有一定渊源，《江津县重修石佛禅寺》摩崖题刻上有"……英入相……商英罢相……"等字样，清代《光绪江津县志》中也记载该寺为张商英所修建[3]。南宋乾道年间，石佛寺的寺产扩张到背后山林，并在此建立放生园。元代石佛寺香火日盛，信徒众多，享有"西蜀第一禅林"的盛誉。元末，占据重庆的割据政权大夏国皇帝明昇在位时石佛寺毁于战乱。明代的僧人道胜—田禅师重修了寺院，建有正殿、斋堂、法室、钟楼、山门等建筑，石佛寺逐渐恢复往日的繁盛。明代工部尚书、江津县人江渊曾为该寺题诗，并将其位列"江津八景"之一[4]。清代中期又屡次修缮、更新佛像，终至清末民初该寺逐遭毁圮。

项目负责人：邹后曦

调查与试掘人员：牛英彬　许文英　许高民　张廷良

绘图：朱雪莲　张雅兰

拓片：李双厚

执笔：牛英彬　邹后曦　邵星积　张亮　张廷良

[1] 重庆市文物考古所、潼南县文物管理所：《潼南县崇龛梁家嘴墓群考古发掘简报》，重庆市文物考古所、重庆文化遗产保护中心：《重庆公路考古报告集》，北京：科学出版社，2010年，第228页。

[2] 重庆市文化遗产研究院、合川区文物管理所：《合川区李家坝遗址发掘简报》，重庆文化遗产保护中心、重庆市文化遗产研究院：《嘉陵江下游考古报告集》，北京：科学出版社，2015年，第533页。

[3] （清）王煌修，袁方城等撰：《光绪江津县志》卷二《地舆志》，《中国地方志集成·重庆府县志辑》编辑委员会：《中国地方志集成·重庆府县志辑》，第469页。

[4] （清）王煌修，袁方城等撰：《光绪江津县志》卷十二《艺文》，《中国地方志集成·重庆府县志辑》编辑委员会：《中国地方志集成·重庆府县志辑》，第654页。

Preliminary Report on a Survey and Test Excavations Conducted at the Shifo Temple Site, Jiangjin District, Chongqing

Chongqing Municipal Cultural Heritage Research Institute

Cultural Relics Management Office of Jiangjin District, Chongqing

Abstract: From October to December 2016, the Chongqing Municipal Cultural Heritage Research Institute and Cultural Relics Management Office of Jiangjin District Institute carried out an archaeological survey and test excavations at the Shifo Temple Site, discovering architectural foundations, rock sculptures, and ancient tombs. More than 130 cultural relics have been retrieved through excavation and surface collection including stone, pottery, porcelain, and bronze items. The site is a temple site in use from the Song to the Qing period. The site structure can be divided into an area with temple buildings, an area with other stone structures, one reserved for rock sculptures, and a cemetery. Particularly remarkable are the structures build of large natural boulders, a type of construction that is rare in Chinese Buddhist temple context. This survey and trial excavation project has clarified the preservation status, extent of the site, architectural pattern, and date of the Shifo Temple Site, laying a solid foundation for its further archaeological excavation, conservation, display, and future use.

Keywords: Jiangjin, Temple Site, Stone Structures, Natural Boulders, Song to Qing Period

（责任编辑：董华锋）

昭通市盐津县豆沙关悬棺葬调查简报

昭通市文物管理所

云南大学云南省地理研究所

云南省文物考古研究所

摘要：豆沙关悬棺是中国悬棺葬习俗研究中的一个重要遗址，是研究云南众多悬棺与四川南部悬棺关系的纽带。豆沙关遗址保存着大量基本上未被扰动的悬棺。本文首次报告包括年代测定、绘图、照相、摄像记录和保存状况的调查结果。10号棺内部发现的刻画绘画，是云南悬棺葬的首次发现。

关键词：豆沙关　悬棺　盐津　昭通　明代

一、前　　言

豆沙关悬棺位于云南省昭通市盐津县豆沙镇，距县城20.5千米，地理坐标为东经104°07′20″、北纬28°01′50″。悬棺地点处于石门村关河南岸绝壁半腰一个近30°倾斜的岩石裂隙中，距关河河床垂直高度约50米。豆沙关历史上是云南与外界沟通的重要关口。关河北岸，秦开"五尺道"、汉修南夷道、隋造阁道、唐开石门道。现213国道、内昆铁路和渝昆高速公路都从此通过（图一）。

2015年，昭通市文物管理所组织探险队对豆沙关悬棺葬遗址进行了首次近距离调查，以了解悬棺保存现状、获取悬棺葬年代样品和拍摄相关影像资料，为进一步对其进行保护提供基础数据。

二、悬棺描述

悬棺放置在一个由岩石顺节理发育形成的30°倾斜的天然大型岩石裂隙中，没有人为加工痕迹。缝隙空间在平面上中间宽、两头窄，最宽的地方有4—5米，可摆放多具棺木，下端较窄，需要搭支撑架才能安放棺木。缝隙高度自下而上逐渐降低，最低处约2米，最高处有3—4米（图二）。顶部岩石上有密集的小孔和淤泥填充痕迹，说明该缝隙系由冲蚀、溶蚀而成，后期经历河床堆积填塞后再掏空，脱离关河河水后，顶部岩石经过凝结水凝结溶蚀改造。缝隙底部分布较厚的关河卵石钙质胶结层，卵石直径1—2厘米，磨圆度比较均匀，没有发现大的砾石。整个缝隙环境比较干燥，在底部和棺木顶部都沉积有较厚的风积尘土。

遗址点共有11具棺木，棺木依缝隙地势摆放。其中1具棺木被顶部崩落石块砸坏掩埋，余下10具棺木的棺盖被人撬开过。除三四具棺盖还搭在棺木上外，其余棺盖都被掀翻一侧或者失踪。在悬棺遗址裂缝左侧尚有一洞窟，据说洞内存放有两三具棺木，具体情况未知。

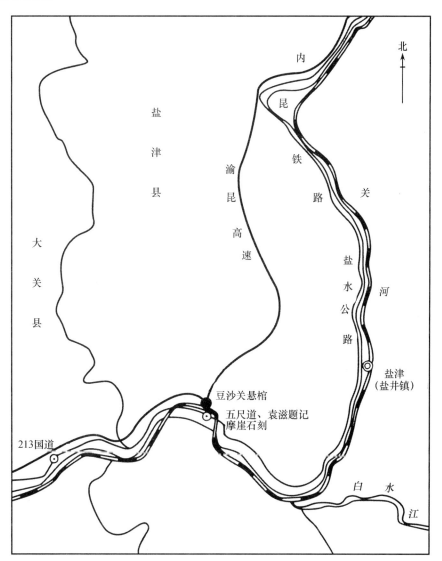

图一　豆沙关悬棺地理位置示意图

1号棺位于裂缝最下端，安放在支撑架上。棺木走向146°。棺外长205、内长179厘米。棺头外高42、宽44厘米，内高27、宽33厘米。棺尾外高29、宽33厘米，内高21、

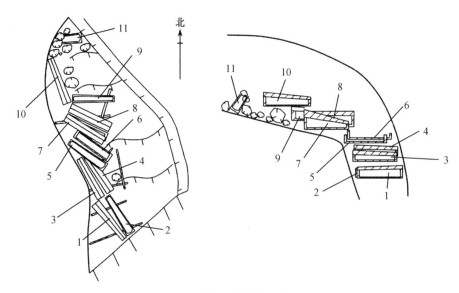

图二　豆沙关悬棺分布示意图

宽27厘米（图三）。棺木上已无棺盖，内有人头骨和其他骸骨。棺体上端无扣槽，用铁钉固定棺盖。棺体残余数个铁钉。

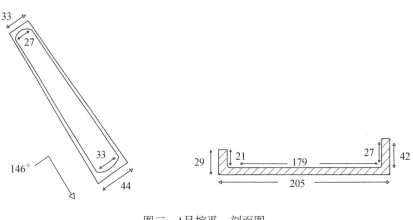

图三　1号棺平、剖面图
（单位：厘米）

2号棺位于裂缝下端，紧邻1号棺，安放在支撑架上。棺木走向320°。棺外长214厘米。棺头外高41、宽43厘米。棺尾外高36、宽26厘米（图四）。棺体上有棺盖，但棺盖已被移动过。棺盖外形略似三角形，俗称"人"字形。棺盖头高17、宽43厘米，尾高13、宽26厘米。从棺盖移动后出现的缝隙可观测到内部有人头骨和其他骸骨。棺体上端有扣槽，与棺盖通过扣槽固定，然后再用铁钉加固。

3号棺位于遗址点裂缝最里端，安放在支撑架上。因外面有棺体和棺盖阻挡，在不触碰悬棺文物的前提下无法进行正常测量，因此，在考察中3号棺没有取得测量参数。

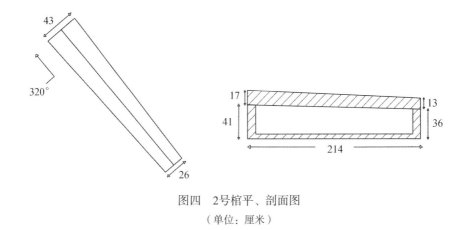

图四　2号棺平、剖面图

（单位：厘米）

4号棺位于3号棺与2号棺之间。棺木走向150°。棺外长207厘米。棺头外高32、宽38厘米。棺尾外高28、宽27厘米，内高21、宽22.7厘米（图五）。棺体上有棺盖，但棺盖已被移开，可见内部。棺盖外形略似三角形，因有其他棺盖叠压，未测尺寸数据。棺中有部分骸骨，但无头骨。棺上有扣槽，与棺盖通过扣槽固定，然后再用铁钉加固。棺体由于动物啃咬，外侧有明显的孔洞。

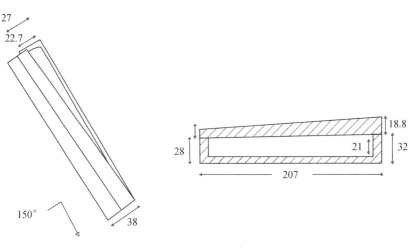

图五　4号棺平、剖面图

（单位：厘米）

5号棺木走向125°。由于靠近遗址点裂缝最里端，无法测得棺木相关几何参数。棺盖已被移走，棺内可见部分骸骨，但无人头骨。棺体上端无扣槽，可断定是通过铁钉固定棺盖的。

6号棺木走向125°。棺外长197、内长176厘米。棺头内高31、宽31.4厘米，外宽42厘米（图六）。棺木上已无棺盖。尽管棺木靠近外部，但由于几块掀翻的棺木盖板堆放在外侧，一些棺木的参数观测不到。棺内已不见人头骨和其他骸骨，有5—6厘米厚的碎石块和枯枝。棺中有半个木制盘状物残余，其上有两孔，应该为装饰物或生活用品。棺木上端有棺盖扣槽。

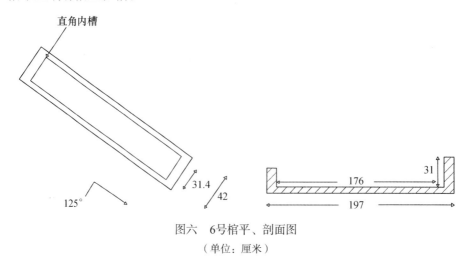

图六　6号棺平、剖面图

（单位：厘米）

7号棺木走向115°。棺外长210厘米。棺头外高50、宽38.6厘米（图七）。棺盖已被移动，呈半开状，可见棺内具体情形。由于前后被棺木包围，且被几块掀翻的棺木盖板阻挡，棺木的部分参数观测不到。棺内可见其他骸骨，但无人头骨。棺木上端无扣槽，是用铁钉固定棺盖。

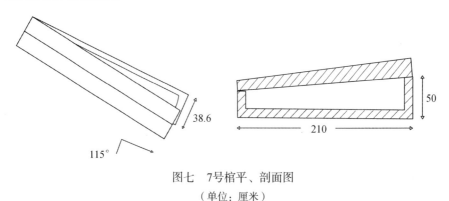

图七　7号棺平、剖面图

（单位：厘米）

8号棺木走向115°。棺外长208厘米。棺头外高53、宽43厘米。棺尾外高24厘米，因地势原因，宽度没有测量（图八）。有棺盖，略似三角形，头部高35.2、尾部高9.4厘米。棺盖被人为打开过，从移动留下的缝隙可见棺内有人头骨和其他骸骨。棺盖用扣槽与棺体固定。

9号棺木走向270°，棺头朝里，棺尾向外。棺外长196、内长176厘米。棺头外高32.5、宽39厘米，内高17.7、宽21.3厘米。棺尾外高27.6、宽26.4厘米，内高24.3、宽18.2厘米（图九）。棺盖已不在，可以详细观察其内部情形。该棺最大的特点是在放置头骨的位置保留了一个木枕，高5—10厘米。棺内保存部分骸骨，但无人头骨。棺木上

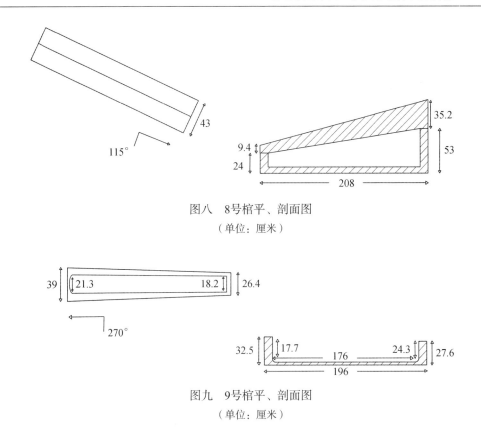

图八　8号棺平、剖面图
（单位：厘米）

图九　9号棺平、剖面图
（单位：厘米）

端有扣槽，用来固定棺盖，两侧未见铁钉残余痕迹。

10号棺木走向150°。棺外长220、内长200厘米。棺头外高43厘米。棺尾外高29.5厘米（图一〇）。有棺盖，但已被打开过。棺盖头高20、尾高10.5厘米。棺与盖之间留有一条宽8—9厘米的缝隙，可在一定程度观察到内部情况。棺内有人头骨和其他骸骨。棺木无扣槽，用铁钉固定棺盖，棺木两侧残留铁钉。由于棺盖已打开，有动物或人扰动过骸骨。在照相机和录像机辅助下，于棺内拍摄到刻画图案。图案由刀雕刻而成，线条连续、流畅、简洁（图一一）。刻画图案中下部长年受阳光照射，刻痕已变浅，而上部刻画因棺盖板遮盖，直接影响到刻画的整体视觉效果。此外，因只拍摄到棺木的一侧，无法确定另外一侧是否也存在图案。

11号棺位于悬崖裂缝的外缘，由于顶部落石，棺体已被坠石打翻击坏，并被碎石淹没。但是从木头的形状、大小和挖槽仍可识别其为一具棺木。

残存的11具棺木和棺盖都系剖整木挖空中部而成，尺寸大小不一。豆沙关悬棺的木质为杉木，包括棺体、棺盖和支撑桩。棺盖略似三角形。棺盖固定方法有两种，一是扣槽方式，棺体与棺盖上有阴阳相对的扣槽，二者相扣固定棺与盖，防止滑动；二是用马蹄形铁钉固定，铁钉形状似马蹄形，两端分别钉入棺体和棺盖进行固定。该遗址有5具悬棺采用马蹄形铁钉、5具采用扣槽方式固定棺体与棺盖。

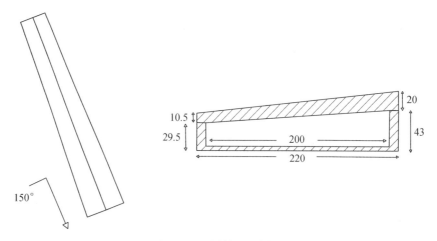

图一〇　10号棺平、剖面图
（单位：厘米）

图一一　10号棺内刻画图案
（图片经视角几何校正）

三、讨　论

　　从棺内残存情况看，悬棺的随葬品极少，仅在6号棺中发现半个木制盘状物，其上有两个孔，应该属于装饰物或生活用品，但该棺中无骨骼，有5—6厘米厚的碎石和枯树枝混杂层。3、4号棺侧壁有动物啃咬出的孔洞。10号棺的刻画图案值得关注。从刻画图案线条判断，图案内容应该反映了悬棺主人当时的生活场景与居住环境。刻画下方为悬崖陡壁，上方为村寨，可能反映了悬棺主人劳作、祭祀等活动场景和居住环境。

　　图案的中上部可以解译为一个村寨，刻画了悬棺主人的居住生活环境与习俗。图案中部为村落，左侧一个男人在狩猎，左下端有人在耕作。左侧狩猎图案或许存在另外一种解释，即该男子是巫师，他在做法，一只脚在船上，别一只脚在岸上，代表着脚踏两界，是个通灵的人。但从整个图案看，解译为狩猎更为贴切，即悬棺的主人主要依靠耕作与狩猎为生。

村寨上部似有兽形和跳舞图案，推测应该是悬棺主人族群祭祀场所。图中有黑色圆形物，类似四川珙县麻塘坝悬棺岩画中出现的铜鼓。左右两侧刻画风格有微小差异，相比左侧的细腻，右侧要粗犷一些。两种刻画风格转换点在整个刻画图案的中部，以一个类似阿拉伯数字"5"的图案为界。几乎所有的线条都由单线条完成，唯有"5"状图案和与其连接的带状物使用双线，说明此符号的重要性。双刻线也间接地说明此画是人为创作的。

刻画风格的改变存在以下几种可能：①左右两侧分别代表不同的世界，即仙界和人间；②可能是反映现实地形与环境的变化；③原本两侧具有同样的刻画风格，因右侧图案受到更多阳光照射，一些细节因风化变浅并逐步消失，造成两侧明显的视角差异；④该刻画可能由两个人完成。从棺盖掀开缝隙宽度、走向和阳光照射情况判断，第三种情况最有可能。

"5"字形图案的每一画都由双线雕刻组成，可看出绝不会是无意而为的。那么，"5"字形图案代表了什么意义呢？会是阿拉伯数字"5"吗？众所周知，阿拉伯数字由古代印度人发明，后传到阿拉伯，12世纪初欧洲正式采用。尽管印度数字早在8世纪初就传到中国，但没有流行开来。直到20世纪初，近代数学兴起，阿拉伯数字在中国才被广泛地使用。因此，刻画中"5"字形图案代表阿拉伯数字5的可能性几乎没有。"5"字形图案周边刻有疑似汉字的图案，但字迹已不清晰，"5"字形图案是否为文字的一部分，目前尚未可知。

豆沙关悬棺葬遗址从民国时期开始就受到关注。张铭琛主编的《大关县志》载："在民国十二年共有三、四十具，陈铎令一阮者攀藤坠岩掀下三具，中有骨骼一具送昭通中学，一具逐波去，余此一具存豆沙小学校，因用以抵门，下端陷入淤泥中，上端露天沐雨，恐其致朽，固教员徐家祥、李兴恒度之长约五尺五，头宽一尺三寸，徐尾稍上有寸厚之盖相称，系剖整木四分之一挖空中部，酷似人家猪槽，木纹尤显……"[1]民国二十五年《昭通县志稿》载："豆沙关，距昭通340里。豆沙关（大关县属），河流迅急，峭壁铁立，上高天而下深渊，岩疆也。岩际有棺累累，路人且睨且指，传为僰古迹……乙丑冬，姜思敏君招饮于省立第二中学校，因参观陈列品，遂及古棺。中贮残骸零星不全，三头颅颇壮大，手足骨亦粗大。棺剖木而空其中，长

[1] 张铭琛：《大关县志》，《昭通旧志汇编》编辑委员会：《昭通旧志汇编》，昆明：云南人民出版社，2006年，第1412页。

亦尺有奇，宽尺有二寸，相其纹理，为杉木四分之一，不漆不髹。"[1]

豆沙关悬棺在中国悬棺葬研究中具有重要的地位和作用。首先，川南以及周边的云南和贵州相邻的县是我国悬棺葬遗址分布的最西边，也是悬棺葬在中国最后消失的地区[2]。其次，云南昭通市悬棺葬制分布区仅限于盐津县、威信县和永善县三县，共9个地点。其中仅威信县长安乡瓦石悬棺和豆沙关悬棺葬2个遗址尚有棺木残存，其余地点都仅残余悬棺支撑木桩或者桩孔洞[3]。依据威信县长安乡瓦石棺木岩悬棺遗址考古发掘成果，棺木岩悬棺年代为距今776±100年，为唐代[4]。与悬棺集中分布的四川宜宾市珙县麻塘坝一带的悬棺存在明显的年代差，后者为明万历年间，距今400多年。采集的豆沙关1号棺木木头样本，经美国BETA ANALYTIC ^{14}C年代测定实验室做加速 ^{14}C年代测定，结果为距今660±30年，即元末明初。由此看出，豆沙关悬棺葬遗址是研究云南众多悬棺遗址与四川南部悬棺遗址之间联系的纽带，对研究悬棺主人迁徙、习俗和消亡具有重要的意义。

通过对豆沙关悬棺葬遗址的初步考察与分析，可得到以下初步结论。

10号棺内发现的刻画图案，是国际上首次在悬棺内发现的刻画图案，具有重要的研究价值。刻画内容反映了悬棺主人的生活环境、生活习惯和祭祀活动。初步对比，棺中所画悬崖应该与豆沙关悬崖对应，画中一些重要的信息仅从此次考察所得的有限照片尚无法完全确定。首先，棺木放置在遗址点裂缝上端最平整、"风水"最好的地方，遮风避雨，视野好，而且位置是最安全的；其次，从棺木尺寸大小看，10号棺外长220厘米，是全部棺木中最长的；最后，也是最重要的，棺木中有刻画图案。该棺已被盗开过，棺内是否曾存在表示其地位的随葬品已不得而知，但可初步推断10号棺木的主人或是族长，或者是地位很高的巫师。

豆沙关悬棺棺体和棺盖都系整木挖空而成，从外形看，棺盖都略似三角形，即"人"字形棺盖，与四川珙县麻塘坝悬棺三角形棺盖相似。同时存在两种固定棺盖方式，即比较原始的扣槽法和马蹄形铁钉固定法。二者相互混杂堆放，说明当时两种固定棺盖方式都很流行。

豆沙关悬棺属于一次葬。

从悬棺葬遗址的年代推断，云南悬棺葬主人族群在唐宋时期比较弱小，在元明时

[1] 卢金锡：《昭通县志稿》，《昭通旧志汇编》编辑委员会：《昭通旧志汇编》，第459页。

[2] 刘宏、孙德辉：《云南悬棺葬地理分布及其现状初步调查》，《云南地理环境研究》1996年第2期。

[3] 刘宏、刘旭、吉学平等：《云南省威信县长安乡瓦石棺木岩悬棺考古发掘》，《云南地理环境研究》2001年第2期。

[4] 云南省文物考古所、云南省地理研究所、威信县文物管理所：《威信长安乡瓦石棺木岩悬棺墓发掘报告》，《云南文物》2001年第1期。

期得到发展，并逐步控制了川南、黔西北和滇东北一带大片区域。明朝实施的"改土归流"政策，引发悬棺主人首领的不满，他们组织和发动的叛乱遭到了明朝的重兵围剿受到重创，致使一部分人向南迁徙到中越边境一带，甚至可能到达越南、泰国、马来西亚等东南亚国家；另一部分人则可能隐姓埋名，改风换俗，融入当地其他民族之中。

悬棺葬葬俗的族属是学术界长期争论的话题。云南威信人骨形态学的初步研究表明，悬棺民族属于蒙古人种的南亚类型，结合民族学资料分析，很可能属于百越族群中古代民族的一支[1]，这一结论有待运用正在进行中的古DNA等其他科技手段研究证实。

执笔：余腾松　刘宏　吉学平

Preliminary Report on the Hanging Coffin Site of Doushaguan, Yanjin, Zhaotong, Yunnan Province

Zhaotong Municipal Institute of Cultural Relics

Geography Institute of Yunnan Province, Yunnan University

Yunnan Provincial Institute of Cultural Relics and Archaeology

Abstract: Doushaguan hanging coffin site is an important site for the study of hanging coffin funerary customs in China, and it provides evidence for connections between hanging coffin traditions in Yunnan and southern Sichuan. The Doushaguan site has a large number of well-preserved and largely undisturbed hanging coffins yet to be investigated and recoded in a scientific manner. Here, we report the results of a preliminary survey, including dates, drawings, photo and video recordings, and an assessment of the state of preservation. In coffin number 10, we observed engraved images, the first time that such engravings have been found on hanging tombs in Yunnan. This project was organized and executed by the Zhaotong Municipal Institute of Cultural Relics.

Keywords: Doushaguan, Hanging Coffins, Yanjin, Zhaotong, Ming Dynasty

（责任编辑：杜战伟）

---

[1]　Ji Xueping, Nakayama Mitsuko, Han Kangxin, et al., Unique biological affinity of the hanging coffin people in ancient China based on craniometry of two skulls from Yunnan province, *Anthropological Science*, Vol.113(2005), pp. 259-271.

探方方法在中国田野考古的采纳与演变

陈　玮[*]

摘要：本文从历史原因与本土化过程两方面来探讨主要的考古发掘方法——探方方法在中国的主导地位之形成。通过访问、个案研究与借鉴路径依赖理论，探索惠勒—肯恩方法的网格系统如何传入中国，在过去半个世纪中成为几近唯一和正统的发掘方法，并进入一个不易变化的"锁定"局面。

关键词：探方方法　网格系统　惠勒—肯恩方法　田野方法

一、导　　言

（一）研究声明

1. 中国田野工作中的现象

"你们把我们带回五十年代！"[1]想象假如英国考古学家看见中国考古学发掘尚在使用探方，他们或许会发出这样的惊叹。这是由于惠勒—肯恩方法（Wheeler-Kenyon method）早在20世纪60年代已逐渐从英国的考古工地消失了。这种表达方式或许会冒犯中国的考古学同行，但也的确带出了一个有趣的问题，那就是自20世纪50年代以来，在中国无论要发掘什么性质的遗址（作坊、墓地或居住地等；史前或历史时期的），不管处在哪种地理环境（海岸沙堤或黄土高原等），大都统一地采用探方式发掘方法，究竟原因何在？

20世纪50年代以来，不计其数的遗址，如著名的商代妇好墓[2]和秦兵马俑[3]等，个别墓葬封土除外，大多采用探方发掘法。另外，全国各地（除了新疆和香港有时采

---

　　* 作者：陈玮，独立学者（wai. chan. kathy@gmail.com）。

　　[1]　李浪林：《英国考古的政策、管理和操作》，《华夏考古》2002年第1期。

　　[2]　中国科学院考古研究所：《殷墟妇好墓》，北京：文物出版社，1980年，第2页。

　　[3]　陕西省考古研究所、始皇陵秦俑坑考古发掘队：《秦始皇陵兵马俑坑一号坑发掘报告（1974—1984）》，北京：文物出版社，1988年。

用其他方法发掘[1]）的发掘工作也普遍采纳探方发掘法，就连东南沿海土质松散的沙堤遗址也包括在内。甚至，2009年重新修订的《田野考古工作规程》，再次将探方发掘法奉为中国唯一的、正规的考古发掘方法。

2. 中国探方发掘方法研究的真空

目前，研究者尚未深入研究过这一被中国广泛采用的发掘方法。在过去半个世纪，对于探方方法的论述流于教条和实用主义：探方方法被奉为田野发掘的正规方法，为一代代的教科书[2]用以训练考古学生；田野规程[3]亦以此方法规范全国各地的发掘工作；个别专家学者[4]曾试图改进这种发掘法。然而，对于是什么历史因素导致今日中国大多数考古发掘只采用探方方法，则没有相关的探讨；探方方法在中国的发展变化也缺乏综述概括；对于探方方法效用的仔细评估与反省，以及对其他替代发掘方法的可行性探讨，也基本不存在；更不要说与世界交流中国的田野发掘以及收集第一手资料的经验。

3. 研究目的和方法

中国田野发掘技术的长远发展决定第一手考古资料的准确性，有鉴于此，本文的目标是要审视中国田野考古中使用的探方方法。具体而言，本文有以下两项研究目标。

（1）探讨什么原因导致中国今天的田野工作倾向单一使用探方发掘法；

（2）评估探方发掘的方法设计在中国田野的使用过程中产生了哪些演变。

为达致上述研究目标，此项研究采用以下研究方法：①路径倚赖理论；②对实例的研究；③对考古学者的访问。

---

[1]　新疆的大部分地区沙土干燥松散，难以保留隔梁，兼发掘多以清理已暴露在地表的遗迹为主；香港有外籍考古学家或曾在欧美受训的华人考古学家参与当地考古，故而偶有采用开放式发掘法（open-area excavation）配以单元系统（single context system）来处理地层。

[2]　参见夏鼐：《田野考古方法》，中国科学院考古研究所编：《考古学基础》，北京：科学出版社，1959年；吉林大学：《工农考古基础知识》，北京：文物出版社，1978年；石兴邦：《田野考古方法》，中国科学院考古研究所编：《考古工作手册》，北京：科学出版社，1982年；北京市文物研究所：《田野考古入门》，北京：北京燕山出版社，1994年。

[3]　参见国家文物局：《田野考古工作规程》（试行），北京：文物出版社，1984年；国家文物局：《有关修订〈田野考古工作规程〉（试行）的说明》，未出版文件，2007年；国家文物局：《田野考古工作规程》，北京：文物出版社，2009年。

[4]　参见石兴邦：《略谈新石器时代晚期居住遗址的发掘》，《考古》1956年第5期；张云鹏：《由湖北石家河遗址发掘方法的主要错误谈苏联先进经验》，《考古》1957年第2期；徐殿魁：《开方的小经验》，《考古》1958年第5期；赵德祥：《介绍两种田野考古中探方平剖面图的测绘方法》，《考古》1990年第6期；陈官涛等：《田野考古编号记录中的几个问题》，《江汉考古》2002年第2期。

（二）研究的重要性

田野工作是考古学作为一项专业学科的基石[1]；但是，发掘方法的选择和田野工作的质量才是决定中、高程理论诠释准确性的关键。网格系统发掘法（the grid system method）至今仍然是一些国家（见下文）的主要考古发掘方法；探方方法是网格系统在中国发展出来的分支。在不同国家，网格系统的形式和继续使用的原因可能不尽相同。本文将以探方方法在中国的经验作为将来与其他国家田野工作经验进一步交流的参考，并希望为考古政策提供参考基础。此外，中国作为幅员辽阔、历史悠久的国家，是世界考古资源的重要构成之一，其考古实践和知识的产生方式值得深入研究。

（三）研究范围

曾经或仍然在使用网格系统发掘的国家包括英国、印度、巴基斯坦、巴勒斯坦[2]、美国[3]、苏联[4]、日本[5]和中国等。本文将集中研究中国的情况。本文研究重点在中华人民共和国时期（1949—2009年），但一些讨论也会上溯至民国时期（主要是1926—1948年），涉及早于探方方法被采用前就已存在于中国的发掘方法。作为发掘方法的网格系统是由许多概念和方法所构成的，其中包括考古地层学和测量学等。但是，本文仅仅讨论探方设计、探方内部测量以及发掘步骤等。

（四）网格系统释义

"网格系统"（grid system method）指各种利用一组或多组方格网在发掘区内划分发掘单元（平面形状多为方格状）的发掘方法（详见本文第二部分）。"惠勒—肯恩方法"（Wheeler-Kenyon method），又称"方箱发掘"（box-excavation），属于网格系统之下的一个分型，虽然许多学者都认为是英国考古学家莫蒂墨·惠勒（Mortimer Wheeler）发明了网格系统发掘法，但事实上早在"惠勒—肯恩方法"之前，利用方格网编号系统进行发掘的方法就已经零星地存在了（详见本文第二部分）。而中国采用

---

[1] Gavin Lucas, *Critical Approaches to Fieldwork: Concepts and Historical Archaeological Practice*, London and New York: Routledge, 2001, p.3.

[2] 参见H. J. Franken and C.A. Franken-Battershill, *A Primer of Old Testament Archaeology*, Leiden: E.J. Brill, 1963.

[3] 参见P. C. Hammond, *Archaeological Techniques for Amateurs*, Princeton, New Jersey, Toronto, New York, and London: D. Van Nostrand Company, INC, 1963.

[4] 参见M. Joukowsky, *A Complete Manual of Field Archaeology: Tools and Techniques for Field Work for Archaeologists*, Englewood Cliffs, NJ: Prentice-Hall, 1980.

[5] 参见陈官涛等：《田野考古编号记录中的几个问题》，《江汉考古》2002年第2期。

的"探方方法"[1]则是从"惠勒—肯恩方法"衍生出来的子型。为免太多术语造成混淆，本文将在中国1949年以后使用的网格系统发掘法以目前中国约定俗成的称谓"探方方法"冠之。

另外，本文中提及的"探方方法"具有两层意思。在第四部分中，它指的是长时期在"自我加强机制"下形成、作为中国田野考古规范的制度模式。而在第五部分中，指的则是该发掘方法本身。

（五）本文结构

本文由六部分构成。在第二部分中，将会回顾在世界考古学范围的网格系统，从而为后续部分讨论探方方法在中国的情况提供理解基础。第三部分将解释研究方法，如用以组织相关历史事件的方法，以及收集研究数据方法等。第四部分将讨论中国考古学家在20世纪50年代如何采纳网格系统，以及造成现今"锁定"（lock-in）局面的原因；运用路径依赖理论中的"自我加强机制"作为分析工具。第五部分将会利用路径依赖理论中"反应序列"的概念，以图文并茂的形式展示探方方法随时间推移在中国发生的本土化演变。第六部分为全文总结。

二、文献回顾

今天在中国所使用的探方方法最初是从西方国家，具体而言，是由英国引入的。因此，若要研究其在中国的应用情况，则应该放眼中外，追溯历史。

（一）对网格系统发掘法的两种看法

中外学者对网格系统的研究分为两大类：第一类将网格系统视为一种过时的发掘方法；而第二类则非常支持这种方法，仿佛它是唯一正统的发掘方法。

1. 批判惠勒—肯恩方法的取向

持有第一种看法的主要是今天英国或是以英语为母语的考古学家。在许多研究田野技术发展的文献中，对网格系统的论述大多只用了三五行文字轻轻带过。哈里斯（Harris）在谈及惠勒—肯恩方法时，仅仅简单介绍它在田野中的外形特征，以及引

---

[1] 中国采用的"探方"一词在英语文献中找不到完全对应的术语。意思最接近的为惠勒—肯恩方法中的square，即"方"的意思，但这个"方"不带有探试的意思，惠勒—肯恩方法主要用于正式发掘。另一个带有探测意义的接近词是test pit，即探坑，常见于民国至1949年之前的中文考古文献。探坑用于探勘地下考古潜质、地层及年代，形状通常为长方形，但一般比探沟（trial trench）来得短。惠勒—肯恩方法引入中国后，很有可能因承继"探坑"一词的"探"字，将方格形发掘单元称为"探方"。而事实上，大规模的发掘布方并没有"探查、试探"的意思。

述惠勒自己对此方法优胜性的看法，即具有一个"划定的监督区"[1]。罗斯甘姆斯（Roskams）侧重谈到惠勒—肯恩方法之中对在遗址工作人员的严格管理就像是"领导一次军事行动"[2]，但他却没有进一步讨论此方法。巴克（Barker）着重惠勒—肯恩方法的竖向发掘和记录[3]。虽然这些学者在谈到惠勒—肯恩方法时，各自的侧重有所不同，但一致的是他们均没有深入探讨这个发掘方法的意图。这种对一代重要发掘方法的轻描淡写正是由于英国在20世纪60年代后已逐步摈弃惠勒—肯恩方法，以开放式发掘（open-area excavation）取而代之[4]。

较深入的讨论也主要是针对惠勒—肯恩方法的缺失。比德尔（Biddle）、科楚比亚（Kjølbye）及巴克都认为，隔梁妨碍对发掘区的整体认识，尤其是在发掘具有复杂建筑结构遗址的时候[5]。巴克批评探方的规格（通常为10英尺见方，折约3米见方）在都市考古发掘里简直是弹丸之地，无法工作[6]。比德尔与科楚比亚进一步批评该方法在扩大发掘面积时不允许灵活地采用其他形制的发掘坑；并且，事先制订的网格不一定与地下遗迹形成正剖面，探方壁上显现的遗迹剖面往往是变形的斜切面[7]。卢卡斯（Lucas）则指出惠勒—肯恩方法保留了隔梁不发掘，会造成两个相邻探方时常存在地层不衔接的情况[8]。

有见及此，这些学者倾向于将网格系统放置在英国田野技术的线性发展过程之中。这意味着网格系统仅仅是发生在过去的小插曲。如果我们只局限考虑英国的田野考古学发展过程，这也无可厚非。然而，直至今日，世界上还有许多国家仍在沿用这种发掘法。

2. 支持网格系统的取向

持第二种观点的代表是莫蒂墨·惠勒和他曾经的追随者们，以及今天尚在使用网格系统的考古工作者们。惠勒正式发表"方箱发掘"是在他的文章Technical section: Further notes on digging and recording（1948年）里。在*Archaeology from the Earth*（1954年）中，他进一步完善此方法，加以人事分工和后期整理方法方面的讨论。他的学生

[1] E. Harris, *Principles of Archaeological Stratigraphy*, London, San Diego, New York, Boston, Sydney, Tokyo, Toronto: Academic Press, 2nd edition, 1989, p.18.

[2] S. Roskams, *Excavation*, New York: Cambridge University Press, 2001, p.13.

[3] P. Barker, *Techniques of Archaeological Excavation*, New York: Universe Books, 1977, p.15.

[4] P. Barker, *Techniques of Archaeological Excavation*, p.15.

[5] 参见M. Biddle and B. Kjølbye, Metres, areas, and robbing, *World archaeology*, Vol.1:2(1969), pp.208-219; P. Barker, *Techniques of Archaeological Excavation*.

[6] P. Barker, *Techniques of Archaeological Excavation*, p.15.

[7] 参见M. Biddle and B. Kjølbye, Metres, areas, and robbing, *World archaeology*, Vol.1:2(1969), pp.208-219.

[8] Gavin Lucas, *Critical Approaches to Fieldwork: Concepts and Historical Archaeological Practice*, p.39.

和追随者们，如凯瑟琳·肯恩（Kathleen Kenyon）[1]、夏鼐[2]以及其他许多国籍的人，包括英国、印度、巴基斯坦、美国等，将此方法改善并散布到全世界。

许多国家的田野技术参考书目和规程指引等详细列出网格方法的应用程序，依然反映出对惠勒—肯恩方法的正面支持。在中国[3]以及苏联[4]，网格方法长期被视为唯一科学的发掘方法，故而对它的缺点一直没有进行深入的探讨。特别是在中国，过去的50多年研究者的精力都放在缓慢地改良探方方法上（详见第五部分的讨论）。尽管如此，对田野发掘技术的研究在中国考古学中似乎仍然处于边缘化的位置，对发掘方法发展和演变方面的研究更是几乎空白。

（二）惠勒—肯恩方法与网格系统

网格系统的概念在目前的研究中尚未获得完整、清晰的表达。事实上，网格系统并不等于惠勒—肯恩方法。然而，许多前人的研究倾向于将网格系统的发明设计全面归功于惠勒和肯恩。哈里斯在描述惠勒—肯恩方法时，称它为"惠勒的网格系统"[5]。克雷明（Cremin）写道"惠勒设计出网格系统"，"这个方法进一步被肯恩所改良"[6]。在同书一幅称作"Checkerboard Inspection"的图的图解文字中，克雷明更是显露出这种看法：在发掘区拉方格线网的方法，是受惠勒—肯恩方法所启发而来的。

根据文献显示，在惠勒—肯恩方法以外至少还存在着三种网格系统。第一种是李济方法，首次运用于1926年的西阴村发掘，及后在1932—1937年的周口店发掘中使用[7]（详见第四部分）。第二种是方格线网方法，见用于1934年的苏联发掘[8]。第三种为哈蒙德（Hammond）与尤寇斯基（Joukowsky）所提到的棋盘模式[9]（图

[1]　参见K. M. Kenyon, *Beginning in Archaeology*, London: Phoenix House Limited, 1952.

[2]　参见夏鼐：《田野考古方法》，中国科学院考古研究所编：《考古学基础》。

[3]　参见夏鼐：《田野考古方法》，中国科学院考古研究所编：《考古学基础》；吉林大学：《工农考古基础知识》；石兴邦：《田野考古方法》，中国科学院考古研究所编：《考古工作手册》；北京市文物研究所：《田野考古入门》；于广海：《田野考古学》，济南：山东大学出版社，1995年；冯恩学：《田野考古学》，长春：吉林大学出版社，2003年。

[4]　参见M. Joukowsky, *A Complete Manual of Field Archaeology: Tools and Techniques for Field Work for Archaeologists*.

[5]　E. Harris, *Principles of Archaeological Stratigraphy*, 2nd edition, p.18.

[6]　A Cremin, *The World Encyclopedia of Archaeology: The World's Most Significant Sites and Cultural Treasures*, Australia: Global Book Publishing, 2007, p.21.

[7]　何锟宇：《浅述中国旧石器考古发掘方法的演进》，《南方文物》2008年第1期。

[8]　参见A. Л. Mongaĭt, *Archaeology in the U.S.S.R.*, Moscow: Foreign Language Publishing House,1959; T. C. 帕谢克著，石陶译：《特黎波里居址的田野考查方法》，《考古》1956年第3期。

[9]　P. C. Hammond, *Archaeological Techniques for Amateurs*, p.31, 48; M. Joukowsky, *A Complete Manual of Field Archaeology: Tools and Techniques for Field Work for Archaeologists*, p.143.

一），此法见用于美国和苏联。这些发掘方法都设计成网格系统。显然，这些方法的某些特点在1935年惠勒—肯恩方法的首次使用之前就已经出现了。目前，东西方学者对这些方法之间的联系尚未有考虑。另外，对这些已知的方法之外是否还有其他的网格系统子型也没有相关的探讨。

（三）研究缺环

从上述讨论可以看出，网格系统在一些国家已经弃用，而在另一些国家则依然十分流行。其次，这种发掘方法可能有着多个起源，或者说，其出现反映着20世纪早期借用数学图形来系统地规划发掘区的思考模式。另外，网格系统在不同国家的发展呈现千秋百态，不尽相同。纵然如此，世界各地的学者尚未对同一课题进行对话交流。

这个课题中的许多领域尚未被触及。首先，网格系统在英国和欧洲以外的国家依然流行的原因未获讨论。再者，对该方法在世界各地的地方性发展与演变的研究也相当稀少。网格系统的各个子型之间的差别与成效亦尚未有人做过比较分析。本文希望通过对网格系统在中国使用的分析，为未来的研究提供一时一地的参考。

三、研究方法

本文尝试探讨以下两个目标：①中国考古学者长期统一地采用探方方法的原因；②各时期探方方法的演变。

（一）对历史事件及前期文献研究材料的选取

前期文献研究发现，没有一项研究曾对中国田野技术做出历史性或发展性的综述。将与探方方法相关的所有历史事件与材料都罗列出来是不合理也不可能的。所以本文以路径依赖理论为工具，来说明、选择并组织那些能使探方方法出现今天的使用情况的最重要的历史事件。

为探索第一项研究目标，本文采用了路径依赖理论中的"自我加强序列"（self-reinforcing sequence）。该序列所描述的"初始条件"（initial conditions）引领笔者探索民国时期的田野技术。此时期的发掘报告[1]为探索打开窗口。作为诸多发掘方法中的一种，探方方法主要是由夏鼐传入中国的（事实上，吴金鼎和曾昭燏也同样向惠勒学习了惠勒—肯恩方法；但是，吴金鼎在1949年之前便过世，而曾昭燏当时的影响

---

[1]　参见李济：《西阴村史前的遗迹》，《李济文集》，上海：上海人民出版社，2006年；傅斯年等：《城子崖：山东历城县龙山镇之黑陶文化遗址》，南京：历史语言研究所，1934年；石璋如：《小屯》，台北："中央研究院"历史语言研究所，1959年；高去寻：《侯家庄》，台北："中央研究院"历史语言研究所，1976年。

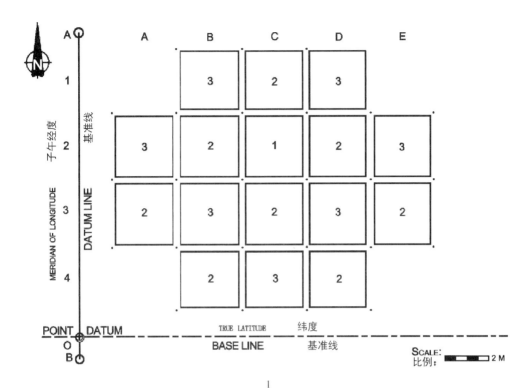

1

2

图一　网格系统中的棋盘模式

1.棋盘模式的网格系统平面图（探方中的数字代表发展顺序）　2.棋盘模式的网格系统发掘

（采自M. Joukowsky, *A Complete Manual of Field Archaeology: Tools and Techniques for Field Work for Archaeologists*,

p.143,封面）

力并不像夏鼐那样大[1]。因此，笔者专门收集夏鼐的生平[2]和他关于田野方法的文章[3]，由这些文章可以看到夏鼐对惠勒在发掘方法上的继承。"自我加强序列"中的"关键时刻"（critical juncture）带领笔者注意导致探方方法被选用的意外因素。因此，笔者又去探寻探方方法开始被广泛选用之时，中国考古学界的事件与政治事件之间的关联。《文物考古工作三十年：1949—1979》附录中记载的有年份可考的考古事件[4]为考古学界中曾经发生的考古活动提供参考，同时，此书与著名的《考古》杂志一起，反映出20世纪50年代浓烈的政治意识形态氛围对考古学界的影响。最后，"自我加强序列"中的"自我加强"（self-reinforcement）阶段牵引笔者收集与田野政策[5]、考古工作者的大量培训[6]以及学术标准的建立[7]相关的材料。

为达到第二项研究目标，本文运用了路径依赖理论中的"反应序列"（reactive sequences）。由随机承继（causal inheritance）与修改（modification）所支撑起来的反应序列，帮助笔者将注意力集中在探方方法在承继前后体现出的差异之上。发掘报

---

[1]　参见T. Wang and P. Ucko, Early archaeological fieldwork practice and syllabuses in China and England, in Peter Ucko ed., *From Concepts of the Past to Practical Strategies*, London: Saffron, 2007, pp.45-76.

[2]　参见Chang K. C., Xia Nai (1910-1985), *American Anthropologist*, Vol. 88(1986), pp.442-444; Tong E. Z, Thirty years of Chinese archaeology (1949-1979), in Philip L. Kohl and Clare Fawcett eds., *Nationalism, Politics and the Practice of Archaeology*, Cambridge & New York: Cambridge University Press, 1995, pp.177-197；王仲殊：《夏鼐先生传略》，夏鼐：《夏鼐文集》，北京：社会科学文献出版社，2000年；T. Wang and P. Ucko, Early archaeological fieldwork practice and syllabuses in China and England, in Peter Ucko ed., *From Concepts of the Past to Practical Strategies*, pp.45-76；徐玲：《留学生与中国考古学》，天津：南开大学出版社，2009年。

[3]　参见夏鼐：《田野考古方法》，中国科学院考古研究所编：《考古学基础》。

[4]　《文物》编辑委员会：《文物考古工作三十年：1949—1979》，北京：文物出版社，1979年，第402—413页。

[5]　参见国家文物局：《田野考古工作规程》（试行）；国家文物局：《有关修订〈田野考古工作规程〉（试行）的说明》；国家文物局：《田野考古工作规程》。

[6]　参见《文物》编辑委员会：《文物考古工作三十年：1949—1979》。

[7]　参见夏鼐：《田野考古方法》，中国科学院考古研究所编：《考古学基础》；吉林大学：《工农考古基础知识》；石兴邦：《田野考古方法》，中国科学院考古研究所编：《考古工作手册》；北京市文物研究所：《田野考古入门》；于广海：《田野考古学》；冯恩学：《田野考古学》。

告[1]、田野操作指引[2]以及讨论发掘方法的期刊文章[3]，都为研究探方方法不同时期的变化提供了丰富的材料。

（二）实例

笔者参加了西北大学于2008年5月1日至8月2日主持的枣树沟脑发掘。该发掘体现了中国目前比较高水平的学院式探方方法操作。是以本文将其选为代表中国近年田野发掘采用方法的一个实例，作为中华人民共和国成立以来探方方法发展出来的一个近期结果。

（三）访问

通过前期文献研究，笔者认识到1954年的半坡发掘和1952—1955年的"黄埔四期"考古培训班对探方方法在全中国的推广或许起了关键的作用。关于这两个考古事件的简单描述虽可见于某些篇章，然而，对于探方方法的详细运用的细节则没有任何记载。为了进一步了解探方方法在中国的早期运用，笔者有幸访问杨建芳教授，于2009年6月8日作了一次口述史访问（但基于杨教授不愿刊登该次访问内容，本文只引用一些与本文相关的事实性材料）。

杨建芳教授为1953年的考古培训班学员，亦参加过1954年的半坡发掘，半坡发掘是中国首次大规模运用探方方法的考古发掘。其后，杨教授还多次参与田野工作，在他移居香港之前，曾在四川大学考古学系任教。他亲身参与过中国早期探方方法的培训与运用，是不可多得的访问对象。是次访问令笔者了解了中国早期探方方法的使用，并通过杨教授，间接了解了夏鼐当时对此发掘法的看法。

四、中国考古对探方发掘法的采纳

探方方法作为中国长达半个世纪以来近乎唯一的发掘策略，被运用到全国各个地

---

[1]　参见中国科学院考古研究所：《辉县发掘报告》，北京：科学出版社，1956年；中国科学院考古研究所：《洛阳烧沟汉墓》，北京：科学出版社，1959年；中国科学院考古研究所：《西安半坡：原始氏族公社聚落遗址》，北京：文物出版社，1963年。

[2]　参见夏鼐：《田野考古方法》，中国科学院考古研究所编：《考古学基础》；吉林大学：《工农考古基础知识》；石兴邦：《田野考古方法》，中国科学院考古研究所编：《考古工作手册》；北京市文物研究所：《田野考古入门》；于广海：《田野考古学》；冯恩学：《田野考古学》。

[3]　参见石兴邦：《略谈新石器时代晚期居住遗址的发掘》，《考古》1956年第5期；张云鹏：《由湖北石家河遗址发掘方法的主要错误谈苏联先进经验》，《考古》1957年第2期；徐殿魁：《开方的小经验》，《考古》1958年第5期；赵德祥：《介绍两种田野考古中探方平剖面图的测绘方法》，《考古》1990年第6期；陈官涛等：《田野考古编号记录中的几个问题》，《江汉考古》2002年第2期。

区。有鉴于探方方法的长期应用和广泛普及，无可否认，目前它在中国属于一项处于主导地位的发掘策略。在这一部分中，作者将从路径依赖理论的角度，来探讨上述现象背后的原因。

（一）作为制度模式的探方法

探方方法不仅仅是一种用来发掘的方法，它还代表了烙印在中国田野考古政策上的一项制度模式。经济学家道格拉斯·诺斯（Douglass North）将制度生动地描述为"一个社会的游戏规则"[1]。任何游戏皆有该游戏的设计师与玩家；在中国田野考古规范的这盘"游戏"中，国家文物局是"游戏"的设计师。而玩家则是任职于国家研究机构的田野考古工作者，这些研究机构包括：北京的中国社会科学院考古研究所，各省市级的文物考古研究所，以及十所大学的考古系。国家文物局曾在很长的一段时期内，掌握着田野工作的批核及授权，为田野工作提供资金及规管全国各地的考古操作。尽管田野工作的批核权在20世纪90年代开始，已从中央转移到各省级文物考古研究所[2]，并且，考古工作资金除了中央政府外还出现了其他的替代来源[3]，但是国家文物局依然保留规范田野考古操作的权力。

国家文物局分别在1984年及2009年出版了两版《田野考古工作规程》。1984年的试行版要求，在一般情况下，发掘须以探方或探沟的方法进行；这一点为2009年的修订版所继承。然而，由于探沟方法在大规模的正式发掘中很少使用，因此，两版规程主要对探方方法的运用方式提供较为详细的指引。对于墓葬的发掘，1984年版特别分一个章节进行规定，要求按墓葬结构与建造材料的不同类型来选择发掘方法。但是，在2009年版中，这个章节也可能是由于在实践中使用率低而被删除了。结果，探方方法看似成了中国唯一的发掘方法。在申请发掘项目时，研究机构因此会选择国家文物局这个"游戏设计师"在规程中所建议的方法，以确保申请获得批核。如果申请者提出不同的发掘策略，有可能面对的会是漫长的专家审批，而结果尚未可知。

自1984年《田野考古工作规程》（试行版）颁布以来已过了二十余载；如今，2009版的颁布，昭示着探方方法在将来会继续作为主流的发掘方法，即使世界上存在着其他发掘方法。这种现象的成因，可以归结于错综复杂的历史事件。要理解中国为

[1] D. North, *Institutions, Institutional Change and Economic Performance*, Cambridge: Cambridge University Press, 1990, p.3.

[2] L. V. Falkenhausen（罗泰）, The regionalist paradigm in Chinese archaeology, in Philip L. Kohl and Clare Fawcett eds., *Nationalism, Politics and the Practice of Archaeology*, pp.198-217.

[3] L. V. Falkenhausen（罗泰）, The regionalist paradigm in Chinese archaeology, in Philip L. Kohl and Clare Fawcett eds., *Nationalism, Politics and the Practice of Archaeology*, p.201; 国家文物局：《有关修订〈田野考古工作规程〉（试行）的说明》。

何长时间固守单一的发掘方法，路径依赖理论或许能提供一个新的角度。

（二）路径依赖理论

路径依赖理论是用来解释不同学科中关于制度变革（institutional change）的重要分析方法，这些学科包括经济学、历史学、社会学、法律及政治学。经济学家首先引起广大学者对路径依赖现象的注意，但路径依赖的概念最初却是由数学中的混沌理论（Chaos theory）[1]与物理学中的惯性原理（Inertia）所启发的。经济学家保罗·大卫（Paul David）注意到，当两种牌子的打字机——QWERTY与Dvorak——还在激烈竞争的时候，QWERTY打字键盘上的字母排列，实际上是远不如Dvorak键盘有效率。出于意想不到的小事件，QWERTY打字机居然比Dvorak打字机更广为市场采纳。随着对QWERTY打字机的投资增加，其价格也下降了，因而更多的人采用它[2]。QWERTY键盘因而逐步占领了市场，结果发展到今天，我们所使用的计算机大多数都是沿用QWERTY键盘。尽管存在其他更有效的选择，人们依然继续使用效率较低的键盘字母排列方式。为了要解释技术采纳（technological adoption）与复制（reproduction）的过程，经济学家布瑞恩·亚瑟（Brian Arthur）阐述了自我强化机制的重要性[3]。稍后，经济学家道格拉斯·诺斯发展出路径依赖理论[4]，来解释经济史中的制度变革。由于诺斯的研究为许多历史类研究注入了具有启发性的理解，路径依赖理论广泛地为社会史学所接纳，并为社会史学所拓展，加入了反应序列的概念[5]。路径依赖理论已被应用到不同的学科，现在已是一项较为完善的分析模式。

路径依赖描述某种制度，在它最初被采纳时存在的决定性因素都消失以后，并且该制度在某个时刻开始不再有正面效果之后，依旧保持不变，经济学家称这种现象为"锁定"[6]。在造成路径依赖的诸多因素之中，历史社会学家詹姆士·马奥尼（James Mahoney）引领人们注意触发事件的随机性特征，这就是，理论上而言造成路径依赖的历史事件是不可预测的[7]。他批评休厄尔（Sewell）对"锁定"现象成因的

---

[1]　S. J. Liebowitz and Stephen E. Margolis, Path dependence, lock-in, and history, *The Journals of Law, Economics & Organisation*, Vol. 11:1(1995), pp.205-226.

[2]　参见 P. David, Clio and economics of QWERTY , *The American Economic Review*, Vol. 75:2(1985), pp.332-337.

[3]　参见B. Arthur, Competing technologies, increasing returns, and lock-in by historical events, *The Economic Journal*, Vol. 99:394, 1989, pp.116-131.

[4]　参见D. North, *Institutions, Institutional Change and Economic Performance*.

[5]　J. Mahoney, Path dependence in historical sociology, *Theory and Society*, Vol.29:4(2000), pp.507-548.

[6]　S. J. Liebowitz and Stephen E. Margolis, Path dependence, lock-in, and history, *The Journals of Law, Economics & Organisation*, Vol.11:1(1995), pp.205-226.

[7]　J. Mahoney, Path dependence in historical sociology, *Theory and Society*, Vol.29:4(2000), pp.507-548.

界定，因为休厄尔认为，过去发生的事情可能影响今天的结果[1]。诚然，如果抉择背后的原因可以解释，那么这就是一个基于理性对比替代选择后得出的决定。如果人们在作决定的时候都是理性的这个假设成立，这就意味着效率更高的Dvorak键盘早就该被采纳，而且每一次一项更有效率的技术出现，它就应该取代旧的技术，那么，"锁定"现象应该不可能会发生。然而事实却非如此，并且，这也不能解释为什么某些制度模式保持不变。因此，在这一部分中，笔者将集中探讨造成探方方法受持久采纳的随机性成因。

路径依赖理论描述两种序列，即自我加强序列与反应序列[2]。自我加强序列解释一项制度模式的采纳过程与它是如何被强化的。斯廷奇库姆（Stinchcombe）的理论模型注重一个路径依赖现象的起始与复制过程[3]，在此基础之上，马奥尼以图文方式（图二）展示了该序列的三个理论阶段。"初始条件"指的是一个时间阶段，在这个时间中存在诸多选项可供选择，并且将被选中的那个选项，其选中原因在当时情况下不能被预测或解释。"关键时刻"指的是随机性的历史事件触发某个特定模式被选定的时刻。"自我加强"指的是被选中的模式的体制化与复制的过程。与时间1和时间2不同的是，时间3中的自我加强过程却是可以预测的。因而，这也显示出为何关键时刻的紧要：一旦选取某个选择，想要再重新回到较早的情态中，去选另一个选择，就变得越来越困难[4]。可以预见，事态的发展将导致"锁定"的局面。运用这个序列，则可以帮助解释中国考古田野方法路径依赖现象的形成，并预测发展结果。

反应序列解释承继（inheritance）的特性以及在构成路径依赖的整体事件链之中，某个特定事件对前一事件的反应。初始的随机事件导致整体事件链发生，因此它比起事件链后期发生的事件更具决定性[5]（详见第五部分）。这套序列可帮助分析第五部分所描述的探方方法在中国的演变。

以下将运用自我加强序列来解释探方方法开初是如何被采纳，并被视作中国唯一正规的发掘方法。

[1] W. H. Jr. Sewell, Three temporalities: toward an eventful sociology, in Terrence J. McDonal, ed., *The Historic Turn in the Human Sciences*, Ann Arbor: University of Michigan Press, 1996, pp.245-280.

[2] J. Mahoney, Path dependence in historical sociology, *Theory and Society*, Vol.29:4(2000), pp.507-548.

[3] 参见 A. L. Stinchcombe, *Constructing Social Theories*, New York: Harcourt, Brace & World, 1968.

[4] M. Levi, A model, a method, and a map: Rational choice in comparative and historical analysis, in Mark Irving Lichbach and Alan S. Zuckerman eds., *Comparative Politics: Rationality, Culture, and Structure*, Cambridge: Cambridge University Press, 1997, pp.19-41; J. Mahoney, Path dependence in historical sociology, *Theory and Society*, Vol.29:4(2000), pp.507-548.

[5] J. Mahoney, Path dependence in historical sociology, *Theory and Society*, Vol.29:4(2000), pp.507-548.

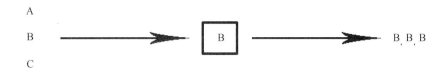

时间1
（初始条件）
存在多个可供选择的选项
（A、B、C）。理论不能预
测或解释将被选取的选项。

时间2
（关键时刻）
选项B在过程的最初期，备
受青睐，打败其他选项。这
是一个随机事件。

时间3+
（自我加强）
选项B取得初期优势，并被
长期稳定地复制繁衍。

图二　自我加强序列中的随机性选择示意图

［采自J. Mahoney, Path dependence in historical sociology, *Theory and Society*, Vol.29:4(2000), p. 514］

（三）分析

1. 探方法引入中国

中国现代意义的考古学出现在20世纪的最初两个十年，继一连串的外国（多数为欧洲的）探险者与考古学家的寻宝活动和考古调查发生，中国当时对古器物感兴趣的年轻一代学人精英，受五四运动改革传统及日益高涨的民族情感等时代思绪的影响，开始留洋海外，学习西方的现代考古学。民国政府也以奖励金的形式鼓励海外留学[1]；故而许多中国学生在20世纪20—30年代纷纷越洋留学[2]。夏鼐便是其中的一员，他是将探方方法引入中国的关键人物。

在运用路径依赖理论作分析时，一个事件之所以能被定为随机事件，乃基于此事件不能用任何科学或社会学理论解释或预测。中国考古学家对网格系统的认识过程可分为两个阶段，每个阶段的事件都富有随机性的特征。

第一阶段要数夏鼐如何得以受训于以网格系统编排的发掘，从而认识到这项方法。夏鼐接触到这项方法，却是因为一连串的巧合。第一个巧合是将夏鼐带到英国而非美国的机遇。1934年，24岁的夏鼐获得了Boxer Indemnity Scholarship赴美国学习考古[3]。他需要面对的是学院与导师的选择。当时的两位资深考古学家李济和梁思永，皆曾留学美国，回国后任职于"中央研究院"历史语言研究所（简称史语所）。两位给予夏鼐不同的建议[4]。李济建议他到哈佛大学跟随罗兰·狄克逊（Roland Dixon）。

［1］　徐玲：《留学生与中国考古学》，第65页。

［2］　徐玲：《留学生与中国考古学》，第65页。

［3］　Chang K. C., Xia Nai (1910-1985), *American Anthropologist*, Vol. 88(1986), pp.442-444；王仲殊：《夏鼐先生传略》，夏鼐：《夏鼐文集》，第Ⅰ页。

［4］　徐玲：《留学生与中国考古学》，第84页。

不幸的是，狄克逊在夏鼐作出决定前就去世了[1]。这件不幸的事情令夏鼐唯有采纳梁思永的建议，即留学英国[2]。第二个巧合则是弗林德斯·皮特里（Flinders Petrie）的退休。在夏鼐询问过留学英国的一些中国学生后，他了解到伦敦大学的埃及考古研究乃当时英国考古学研究的前沿[3]，而皮特里正是此领域的专家。于是他决定跟随皮特里学习埃及考古。然而，当夏鼐在1935年抵达英国之际，皮特里刚好退休了[4]。第三个巧合则是莫蒂墨·惠勒接任皮特里的教职，并在伦敦大学负责教授田野考古[5]。夏鼐于是开始跟随惠勒，并参加了1935年的少女城堡（Maiden Castle）的发掘训练[6]，也是这一年，惠勒修缮了网格系统并第一次运用到这场发掘上。以上三项连环巧合令夏鼐得以熟悉惠勒的考古方法。

第二阶段则是以夏鼐所受训练为基础，将惠勒的方法散播到全中国。而这个阶段之所以出现，又是夏鼐的另一项个人决定所奠定的。1946—1949年，国民党在内战中不断败北，最后逃到台湾，也带走了当时中国一整代的考古学家，包括李济、董作宾、石璋如、高去寻等[7]。夏鼐如果跟大队伍的话，也应和他的史语所同人一起离开大陆，然而他决定留下。如果夏鼐也出走大陆，今天中国的田野发掘策略或许截然不同。留在大陆的决定令他最后在1950年被聘为中国科学院考古研究所的副所长。加上另一位副所长、受美国训练、富有殷墟发掘经验的梁思永当时疾病缠身，不久便亡故。夏鼐成为训练新一代考古工作者的总负责人。

2. 可供选取的替代发掘方法

在夏鼐将网格系统介绍到中国之前，民国时期的考古学家就已经致力于探讨并改良发掘技术。国民政府行政架构中不同阶层的研究单位主持过多场有组织的田野工作。史语所是当中最为有影响力的机构。它主持过1928—1948年全国的历史、文字学

[1] Chang K. C., Xia Nai (1910-1985), *American Anthropologist*, Vol. 88(1986), pp.442-444; T. Wang and P. Ucko, Early archaeological fieldwork practice and syllabuses in China and England, in Peter Ucko ed., *From Concepts of the Past to Practical Strategies*, p.58; 徐玲：《留学生与中国考古学》，第84页。

[2] 徐玲：《留学生与中国考古学》，第84页。

[3] 徐玲：《留学生与中国考古学》，第84页。

[4] 王仲殊：《夏鼐先生传略》，夏鼐：《夏鼐文集》，第Ⅰ页；T. Wang and P. Ucko, Early archaeological fieldwork practice and syllabuses in China and England, in Peter Ucko ed., *From Concepts of the Past to Practical Strategies*, p.62.

[5] 王仲殊：《夏鼐先生传略》，夏鼐：《夏鼐文集》，第Ⅰ页。

[6] 王仲殊：《夏鼐先生传略》，夏鼐：《夏鼐文集》，第Ⅰ页；参见T. Wang and P. Ucko, Early archaeological fieldwork practice and syllabuses in China and England, in Peter Ucko ed., *From Concepts of the Past to Practical Strategies*.

[7] 王仲殊：《夏鼐先生传略》，夏鼐：《夏鼐文集》，第Ⅱ页。

以及考古研究[1]。海外受训的数名考古学家，如李济、梁思永、吴金鼎、夏鼐等，以及一众本土训练出来的优秀学者，都曾任职该机构。有关旧石器时代及史前时期的田野工作，则是由另一机构——国家地质调查局的学者主持[2]。这些由精英组成的研究机构，在中国考古的"婴儿"时期，共同建立了田野工作的规范与传统，并为后来的考古学家们提供了两项发掘方法策略选择。

（1）李济方法

李济在获得哈佛大学人类学博士学位后，回到中国并主持了1926年第一场由中国学者主导的山西西阴村发掘。他在袁复礼绘制的、经过测量的地形图上，定出一个参考点"0"，并划出8个2米见方的方格，方格四边分别面向东南西北四个正方向（图三）。他以数字所标示的顺序依次发掘这些方格，借此，他能够将每个被发掘方格的考古地层剖面保留在未发掘的相邻方格的壁面上。譬如，如果1号方格中的地层被发掘，则留有与2、5号方格相邻的东、北壁剖面和与西、南两个方向未发掘地带形成的西、南壁剖面。每个方格角落位置都设有用木橛表示的基准点，用以进行三维坐标测量，即以西—东向为X轴，南—北向为Y轴，以Z代表从地表往下测量的深度。方格式的发掘蓝图设计以及三维坐标测量系统在这次先行发掘之后成为田野工作的传统。

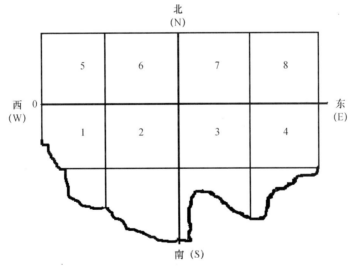

图三　1926年西阴村发掘中运用的李济方法[3]
（发掘坑编号：1—8；测量原点：0）

受到李济方法的启发，研究旧石器人类遗存和化石的学者将此方法运用到1932—1937年进行的周口店发掘中[4]。虽然李济方法骤眼看来很像惠勒—肯恩方法，然而

［1］　徐玲：《留学生与中国考古学》，第103—118页。
［2］　徐玲：《留学生与中国考古学》，第103—118页。
［3］　李济：《西阴村史前的遗迹》，《李济文集》，第171页。
［4］　何锟宇：《浅述中国旧石器考古发掘方法的演进》，《南方文物》2008年第1期。

李济方法却不像惠勒—肯恩方法那样在探方之间保留隔梁，并且它也不采用地层发掘法，而是采用水平深度发掘法。虽然如此，李济方法代表了中国学者探索发掘策略的尝试。更重要的是，李济方法的提出与运用，为中国考古提供了一项为实践检验过的替代方法。

（2）探沟方法

另一项在1928—1948年见用于田野的大型发掘方法是探沟法。在当时现代考古学发展比较领先的许多西方国家，探沟法是比较流行的发掘策略。即使是今天的英国，长探沟依然是合约考古中评估地下考古潜质时的主要方法[1]。在中国，探沟法经由归国留学生和与西方考古学家的接触传入。其在田野发掘上的主导地位主要由史语所组织的15次殷墟发掘的反复实践所巩固。在操作层面上，探沟铺排由纵横交错的探沟组合而成，探沟多为1米×10米规格[2]。它的测量系统则继承李济的三维坐标系统。梁思永将考古学的地层概念引入中国，并于1931年首次成功地运用到安阳后冈的发掘里[3]。另外，探沟的布局铺排在此时期发展得越来越严密。从1937年殷墟小屯发掘的探沟分布图（图四）可以看到，该发掘采用了有系统的布沟规划来揭开掩埋的遗迹。发掘区域被划分出来，探沟之间也有着平均的间距。在此探沟分布图中可见横、纵向探沟相互配合以确定遗迹。纵向的探沟内一旦发现重要遗迹，可加以横向的探沟追溯遗迹边界。已发掘区域在记录完毕后可移除探沟之间的隔梁，从而揭示遗迹的全貌。至此时，使用探沟法的大规模发掘已经显示出中国田野发掘策略向区域发掘（area excavation，或大面积发掘）发展的倾向。在史语所考古学家的反复努力下，探沟方法早在探方方法被采纳之前，就已经成为中国发掘技术的传统。

截至20世纪50年代，中国考古的田野发掘策略至少存在三项选择：李济方法、探沟方法及探方方法。事实上，在1952—1955年的考古训练班中，夏鼐也曾教授过处理不同性质的遗址与遗迹的其他方法，如：以四分法（the quadrant method）来处理封土堆或圆/圈形遗迹[4]。出于不同的目的或千差万别的情况，每种发掘方法既可以单独运用，也可与其他方法合并使用。仅仅使用单一的发掘方法来处理所有的遗址、遗迹，是不必要也不科学的。

---

[1]　英国的考古政策PPG16与English Heritage的指引文件MAP 2，针对地上考古（terrestrial archaeology）而言，规定英国涉及动土的工程项目发展前，须对地下考古潜力做出评估。评估的方法包括对研究区域做各种手段的田野调查，并对大约5%的研究区域面积实施探沟抽样发掘。

[2]　参见李济等：《安阳发掘报告·第一期》，北平：中央研究院历史语言研究所，1929年；李济等：《安阳发掘报告·第二期》，北平：中央研究院历史语言研究所，1930年；李济等：《安阳发掘报告·第四期》，北平：中央研究院历史语言研究所，1933年。

[3]　夏鼐：《梁思永先生略传》，梁思永：《梁思永考古论文集》，北京：科学出版社，1959年，第vi页。

[4]　参见夏鼐：《田野考古方法》，中国科学院考古研究所编：《考古学基础》。

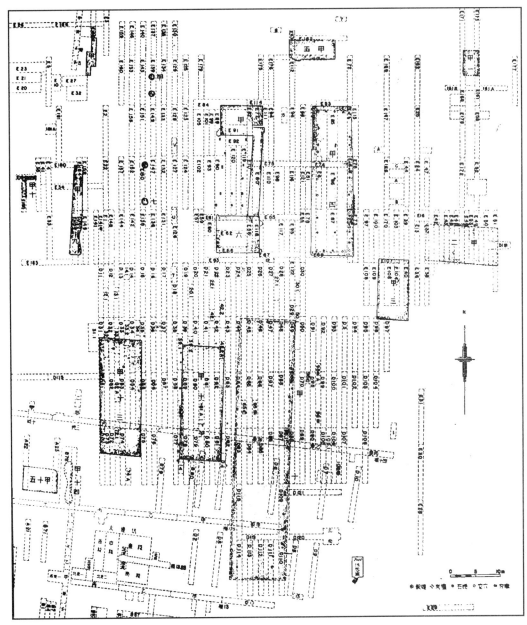

图四　1937年殷墟小屯发掘D、E区探沟分布图
（采自石璋如：《小屯》，第27页）

3. 关键时刻

探方方法在诸多替代选择中脱颖而出的时刻，即路径依赖理论中的"关键时刻"，发生在20世纪50年代。地下考古资源一方面由于工程影响受到破坏；另一方面又因为受过训练的一代考古人员几乎全员到了台湾，考古发掘在人才匮乏的情况下质量堪忧，因此当时迫切地需要培训新一代考古人员以应付众多的基建工程。四期（每

期历时三个月）的考古训练班在1952—1955年应运而生，以满足这一需求。300多名学员从各个省市的博物馆、大学中被挑选出来，参加这些短期的集训班[1]。而在每一期的训练班中，田野实习仅占了一个月的时间[2]（同时见于杨建芳个人访问）。由于每期的时间太短，夏鼐和他的同袍只能在课堂讲授他从英国学到的探方方法，而在田野实习时，依然采用探沟方法进行发掘（杨建芳个人访问）。

中华人民共和国成立初期考古训练班的田野实习依旧使用探沟方法，反映出民国时期考古学家确立之田野发掘传统的巩固地位。同时，这项传统也符合中华人民共和国初期的国情需要。20世纪50年代以前，中国考古的规模依然处于发展中的婴儿期，受制于专家奇缺、经验不足以及技术匮乏。民国时期考古工作获得的资源无法支持大规模的调查计划，工作主要集中在屈指可数的少数地点，譬如殷墟。全国其他广大的地域事实上并没有被探索过。就20世纪50年代初期考古工作经验累计而言，考古工作者对许多的遗迹现象、地层形态等的辨认还存在困难；为了不大规模地破坏地下考古遗迹，揭露面积窄的探沟被认为是更安全的发掘方法（杨建芳个人访问）。这种想法应该曾经深深地影响过夏鼐。根据杨建芳教授的回忆，夏鼐在培训班时主要主张采用探沟法进行发掘。杨教授的说法为夏鼐在此时期主持的各场发掘所印证，这些发掘包括1950—1952年河南辉县琉璃阁、褚丘等遗迹[3]。再者，采用探沟发掘比大面积揭露式的发掘节省经费，更贴合财政紧张的国情。民国时期考古工作经费短缺，日本侵华后甚至工作停顿。1937年之前的多场发掘的经费有时甚至来自美国，如李济西阴村发掘[4]，殷墟第二、第三期发掘[5]，资金都来自费利尔博物馆（Frere Gallery）。考虑到上述各点，探沟方法实际上就田野考古学科发展与20世纪50年代国情而言，都存在明显优势。

采纳探方方法的决定性因素不取决于夏鼐的伦敦训练，而取决于苏联对中国的影响，在全国范围内采纳探方方法进行考古发掘。

由于探沟方法曾一度在资本主义国家流行，并为1917年之前的沙俄时期的考古学界所采用，苏联时期的考古学家因而将之视为"寻宝式的、落后的、资本主义"的发掘方法。当时，由于中国考古学界一方面接触到苏联派往中国的专家，另一方面接触到刊登于1955—1960年《考古》杂志上的文章，大多数刚刚训练出来的年轻考古工作者，都受到苏联考古对发掘方法政治标签化的影响。在期刊文章中出现如下批评：

---

[1]　Chang K.C., Chinese Archaeology since 1949, *Journal of Asian Studies*, Vol. XXXVI:4(1977), pp.623-46.

[2]　夏鼐：《中国考古学的现状》，《夏鼐文集》，第43页。

[3]　参见中国科学院考古研究所：《辉县发掘报告》。

[4]　参见李济：《西阴村史前的遗迹》，《李济文集》。

[5]　李济等：《安阳发掘报告·第四期》，第730页。

"资产阶级发掘方法，企图在较大的面积上用少数的探沟来研究遗址的文化全部，这是万万不可能的。"[1]

其时的苏联考古学家已经废弃了探沟发掘，而采纳了区域发掘（或大面积发掘）[2]。帕谢克（Passek）的文章《特黎波里居址的田野考查方法》被翻译成中文，刊登在《考古》杂志上。帕谢克在文中提到，位于乌克兰的特黎波里居住遗址的几场发掘，自1934年起，开始采纳一种新的方法——区域式发掘法。这种方法也采用网格模式：在发掘面积内拉出一组方格线网，线网内每个方格单元为2米见方，发掘在每个线网方格内进行[3]。文章没有提及任何关于隔梁的描述。由于这种方法是在1934年就被采用的，比惠勒—肯恩方法的发明早了一年，它应该不同于夏鼐学到并教授给他的学生们的方法。虽然如此，当时中国考古学界对于"新"和"更好"等概念的趋之若鹜，触发了中国田野考古正统发掘方法的改变。

在苏联各方面对中国的强势影响下，半坡遗址的考古发掘展开了。这场发掘如果不是中国第一场采用探方方法的发掘，也算得上是导致探方方法大规模运用于中国田野考古的最具影响力的发掘。1953年，陕西省西安市半坡村发现一个保留完好的史前遗址[4]。1954年秋天，夏鼐的年轻同事石兴邦指导一百多名考古学生在该遗址展开发掘[5]。半坡发掘据称是参考了苏联20世纪30年代特黎波里聚落遗址发掘的经验，而采用了探方方法进行发掘[6]。这次发掘取得了巨大的成功，发现并向世人展示出一个保存完好的史前聚落。更重要的是，这次发掘所采用的方法受到了中国科学院考古研究所领导的广泛赞许。石兴邦在对著名的四期考古训练班的回顾文章中，自豪地写道：

"夏鼐所长、裴文中主任等北京的主要领导人都来了。大家先参观发掘现场（主要是半坡遗址）……大家说发掘的方法好，大面积揭露的方法发掘遗址好，探方的方法比探沟的好，都说这是学习苏联先进经验的成功。"[7]

探方方法所受到的赞誉与普遍接受可以视作亚瑟在路径依赖理论中所描述的"正面回馈"（positive feedback）[8]。探方方法在"新""先进"与"学习苏联"等红字标题的标榜下取得高度认同，因而，在1954年秋天开始流行起来。从这个时刻开始，

[1] 张云鹏：《由湖北石家河遗址发掘方法的主要错误谈苏联先进经验》，《考古》1957年第2期。

[2] A. Л. Mongaǐt著，华平译：《苏联考古学"绪言"》（第一章），《考古》1956年第5期；A. Л. Mongaǐt, *Archaeology in the U.S.S.R.*, p.34.

[3] T. C. 帕谢克著，石陶译：《特黎波里居址的田野考查方法》，《考古》1956年第3期。

[4] 中国科学院考古研究所：《西安半坡：原始氏族公社聚落遗址》，第5页。

[5] 中国科学院考古研究所：《西安半坡：原始氏族公社聚落遗址》，第8页。

[6] 石兴邦：《考古工作人员训练班片断》，《中国文化遗产》2005年第3期。

[7] 石兴邦：《考古工作人员训练班片断》，《中国文化遗产》2005年第3期。

[8] B. Arthur, Positive feedbacks in the economy, *Scientific American*, Vol. 262:2(1990), pp. 92-99.

探方方法开始胜出其他的发掘方法，成为中华人民共和国成立后广泛采纳的正统发掘标准。

4. 自我加强机制

一旦探方方法成为专业标准，"自我加强"机制是一个可以预测的后果。这个过程可以从几个方面观察到，包括：长时期的专业化过程、人员训练与地位的法规巩固。

专业化过程一词在此意指建立探方发掘方法实际操作方面之模范准则的过程。中华人民共和国成立初期急于通过20世纪50年代的四期培训班，经三个月的速成，将大量没有考古学基础概念的学生培训成投入前线大规模基建的考古工作人员。由此造成的结果是，中华人民共和国成立初期绝大多数采用探方方法发掘的工作，皆因基础薄弱和经验匮乏而乏善可陈。探方规格千差万别、地层控制能力低下皆可见一斑。张云鹏曾批评道，许多发掘者采用大面积的探方，如4米×4米、5米×5米、6米×6米、5米×10米，甚至是10米×10米，因而造成地层证据的缺失和文物出土地层的混乱[1]。

有专家学者因而提倡建立学术的、专业的标准，以防止对考古造成破坏。中国科学院考古研究所的专家们将四期考古训练班的笔记加以整理并于1959年出版了一本参考指引——《考古学基础》。书中收录夏鼐（1959年）的《田野考古方法》一文为中华人民共和国成立至20世纪80年代的考古工作者提供了重要指引。探方方法的初期采用存在条件不足与意识形态标签的特点，而且操作水平参差不齐。因而，后来出现其他的指引性文献，进一步提供指导，这些书包括石兴邦（1982年）的《考古工作手册》、于广海（1995年）的《田野考古学》以及冯恩学（2003年）的《田野考古学》。除了指引书籍，期刊也扮演了一个重要角色。《考古》上刊登的关于统一探方方法的文章，交流经验［如徐殿魁（1958年）的《开方的小经验》］，提供指导［如石兴邦（1956年）的《略谈新石器时代晚期居住遗址的发掘》］，以及批评粗略的工作［如张云鹏（1957年）的《由湖北石家河遗址发掘方法的主要错误谈苏联先进经验》］。从这些不同时期发表的指引文献可以看到，作为主要发掘策略的探方方法经历了一个不断前习，并对之略为修改的过程。

探方方法能成为主导地位的发掘方法，也和大量以这个方法培训出来的考古工作者对之广泛运用有关。我们回到"游戏"的比喻上来，从另外一个层面上看，探方方法有它自己的使用规则。一种游戏需要有玩家，玩家越多，游戏越流行。北京大学率先在1952年设立专业的考古课程[2]。另外七所大学也在1973年成立考古系[3]。探方

［1］　张云鹏：《由湖北石家河遗址发掘方法的主要错误谈苏联先进经验》，《考古》1957年第2期。
［2］　《文物》编辑委员会：《文物考古工作三十年：1949—1979》，第403页。
［3］　《文物》编辑委员会：《文物考古工作三十年：1949—1979》，第410页。

方法作为模范发掘方法在课堂与实习中被教授给学生。随着时间推移，探方方法遂变成了一项正统的发掘方法，并建立起以此法受训的数代考古学家们为之共同坚持的专业标准。

再加上本文开初提到的《田野考古工作规程》，探方方法成为中国田野实践的范例或常规。就算今天可能有些年轻的考古工作者会提出疑问："为什么只用探方？"也很难改变这项传统，除非情况发生变化。

五、网格系统的本土化过程

网格系统作为一种发掘方法，是由测量、数学、考古地层学、记录方法以及人员管理和其他诸多方面支撑起来的。若要展现它的发展全貌，就必须覆盖上述各个方面的发展情况；然而，本文篇幅有限，未能一一包含。因此，笔者将尝试从另一个视角，探讨一下网格系统在中国的各期演变是如何由对"惠勒—肯恩方法"的第一次修改所触发。重点将会放在探方格设计、测量方法与发掘规划的承继与修改之上。路径依赖理论中的"反应序列"将用以分析该方法的本土化过程。作为中国近年的一次发掘，枣树沟脑遗址发掘所体现出来的发掘方法，将被视作网格系统本土化的一个近期结果。

（一）反应序列

反应序列是发展出来描述构成路径依赖现象整体事件链反应过程的机制[1]。基于马奥尼的讨论，反应序列可以总结为四个阶段。

（1）初始（initial）：在这个阶段中有着导致路径依赖现象的若干初始事件。这些事件可能以两条或多条的不同的事件链的形式存在，而每条事件链有着它们自己的发展轨迹。

（2）链接点（conjuncture）：这指的是初始阶段中的若干条独立发展的事件链随机地交接在一起，并导致一条路径依赖发展轨迹的发生。

（3）反应过程（reaction process）：在这个因果关系的过程中，事件链上的每个事件对它之前的那个事件做出承继与反应，并触发它之后的那个事件。

（4）结果（outcome）：这指的是反应过程造成的结果。

（二）运用

笔者将使用上述四个阶段以提出一个时间顺序，来帮助理解网格系统在引入中国

---

[1]　J. Mahoney, Path dependence in historical sociology, *Theory and Society*, Vol.29: 4(2000), pp. 507-548.

后是如何被逐步修改，并形成今天的格局的。这里借用了马奥尼的图表方法，来展示反应序列在中国网格系统发展上的作用（图五）。

图五显示出初始阶段两串独立的事件链。事件A至C标志着网格系统输入中国，可以视作与中华人民共和国成立初期发掘方法发展相关的事件。另一串从I至J的事件链显示的是有着自己发展轨迹的一连串政治事件。这两串事件链已在前文描述过了，这里无须复述。

事件M则是半坡发掘发生的时刻，也是反应序列里的链接点，两串事件链在此随机交汇起来。虽然探方方法是首次被大规模地运用在半坡发掘之上，它在苏联对中国的强烈影响之下已产生变形。从事件M到Q，事件的发展形成一条因果关系链，第一次的变形引发第二件事件，第二件事件又引发第三件，最终走向事件Q，即2008年枣树沟脑发掘所用的方法。由事件M这个链接点到事件Q的这段事件链是本文此部分关心的重点（英文字母M至Q加缀在下列副标题之后，以对应图五中所示事件）。

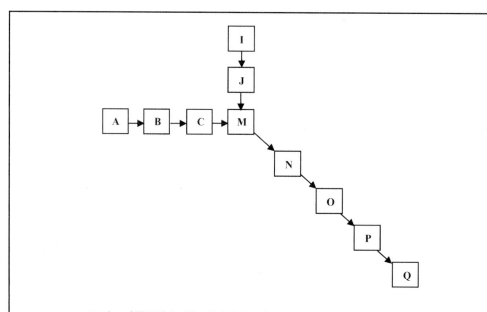

A 1935年，惠勒设计出网格系统并首次于少女城堡发掘上使用
B 1941年，夏鼐回国，带回网格系统概念知识
C 1952—1955年，中国考古工作者经短期考古训练班接触到网格系统

I 1949年，中华人民共和国成立
J 1949—1959年，中国向苏联学习

M 1954年，首次大规模采用探方方法并对英国传入的网格系统作出变形
N 对探方设计的修改（1958年之前）
O 探方格中测量方法的改变（1978年之前）
P 坐标系统的运用（1994年之前）
Q 2008年，案例枣树沟脑发掘所用的方法

图五　中国探方方法的发展

（三）网格系统之本土化过程

1. 链接点：1954年半坡变形（M）

1954年是中国田野工作技术发展史的一个里程碑。在这一年，探方方法首次在西安半坡村的发掘中大规模运用。从该次发掘起，探方方法在中国日益流行，并奠定其在今日中国田野工作中之独特地位。石兴邦从夏鼐处了解到探方方法，并参考了乌克兰特黎波里居住遗址发掘报告[1]，将探方方法运用到半坡发掘。

我们可以比较石兴邦与惠勒—肯恩的探方设计，以观察石兴邦对此做出哪些修改。根据惠勒在他的著述Technical section: Further notes on digging and recording（1948年）以及*Archaeology from the Earth*（1954年）中的描述，以及肯恩的*Beginning in Archaeology*（1952年）一书，我们可以将惠勒—肯恩方法的探方设计复原如图六，1。由石兴邦所修改过的探方设计，可见于他借半坡发掘经验以介绍探方方法的文章——《略谈新石器时代晚期居住遗址的发掘》（1956年）。

石兴邦的探方设计在测量方法与隔梁的存在等方面承继了惠勒—肯恩方法。在惠勒的设计中，木橛起到三维测量参考点的作用[2]。欲测量一发现物，可用铅锤在其上进行垂直定位，并用皮尺垂悬于上，以备测量深度。并且，从距离发现物最近的两根已经测量的木橛处分别引出两条水平测量皮尺（木橛上的铁钉就是用作套住皮尺的0刻度端），以测量水平距离[3]（图六，1）。探方四角的木橛被钉成斜向，探方编号写在每支木橛向着同一探方的一面上[4]（图六，1）。从石兴邦的图示之中，我们可以看到他承继了惠勒—肯恩方法中的探方内部测量的方法与木橛的设置。另外，石兴邦还在发掘进行时保留隔梁，作为地层参考[5]；惠勒—肯恩方法与其他以方格来设计的发掘方法（比如说李济方法和苏联的方格网方法等）的最大区别就在于隔梁的存在。

石兴邦和其同袍对惠勒—肯恩方法至少做出过五项调整。第一项调整是将英制度量单位转换成中国当时已然惯用的国际公制度量系统metric system，或称米制。20世纪60年代以前的英国考古学家采用的长度单位为英尺[6]。惠勒建议最小的方格规格应

---

［1］ 石兴邦：《考古工作人员训练班片断》，《中国文化遗产》2005年第3期。

［2］ M. Wheeler, Technical section: Further notes on digging and recording, *Ancient Inida*, No.4(1948), pp.311-321; M. Wheeler, *Archaeology from the Earth*, Harmondsworth, England: Penguin, 1954, p.89.

［3］ K. M. Kenyon, *Beginning in Archaeology*, pp.116-117.

［4］ M. Wheeler, Technical section: Further notes on digging and recording, *Ancient Inida*, No.4(1948), pp.311-321; M. Wheeler, *Archaeology from the Earth*, p.84.

［5］ 石兴邦：《略谈新石器时代晚期居住遗址的发掘》，《考古》1956年第5期。

［6］ M. Biddle and B. Kjølbye, Metres, areas, and robbing, *World archaeology*, Vol.1:2(1969), pp.208-219.

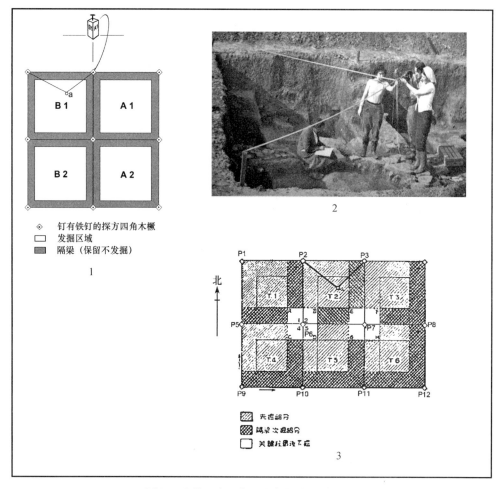

图六　惠勒—肯恩与石兴邦探方设计比较
1. 笔者绘制　2. 惠勒—肯恩方法[1]　3. 石兴邦探方[2]

为10英尺×10英尺[3]（10英尺=3.048米）。对于一个10英尺见方的方格，隔梁的宽度须有2英尺（0.6069米）；而对于一个20或30英尺见方的方格，则须3英尺（0.9114米）才合适[4]。中国的考古学家早在李济1926年的发掘时就已经采用米制。很明显，将1英尺换算成米制不会获得一个整数。半坡发掘中采用之不同规格的探方，包括4米×4米（4米=13.124英尺）、6米×6米（6米=19.686英尺）、4米×6米等[5]，与惠勒建议的大小还是比较接近的。然而，单位换算的主要结果是隔梁的宽度比从前宽了，并且从此确定下来，成为标准。一个4米见方的探方配以一道2英尺宽的隔梁，在实践中非

［1］　K. M. Kenyon, *Beginning in Archaeology*, plate10.

［2］　石兴邦：《略谈新石器时代晚期居住遗址的发掘》，《考古》1956年第5期。

［3］　M. Wheeler, Technical section: Further notes on digging and recording, *Ancient Inida*, No.4(1948), pp.311-321.

［4］　M. Wheeler, *Archaeology from the Earth*, p.83.

［5］　石兴邦：《略谈新石器时代晚期居住遗址的发掘》，《考古》1956年第5期。

常不方便计算。取而代之，1米宽的隔梁被用于所有规格的探方[1]。石兴邦1954年发掘之后不久，1米宽的隔梁成为绝大多数发掘的标准。

第二项是隔梁位置的调整。如图六，2所示，惠勒—肯恩方法的设计中，发掘区域位于方格正中，隔梁包围四周，令相邻探方的隔梁双倍加宽，以便发掘区内的行走、运土等。石兴邦的设计则将1米隔梁规划到每个探方的东、南边界。而主要发掘区则从探方的正中向西北整体推移（图六，3）。

第三项调整是隔梁的发掘。在大多数惠勒、肯恩主持发掘的发掘报告中可以看到，隔梁均保留不发掘。英国考古学家一直遵循这项传统到20世纪60年代，当觉察隔梁阻碍理解市区遗址时，才逐渐做出变革[2]。而中国考古学家在1954年第一次大规模采纳探方发掘法时，就已经在苏联的影响之下对这项传统做出改变：苏联考古学家倾向于全面揭露居住遗址。出于中华人民共和国成立初期普遍相信苏联的方法是更为先进的，以期接近苏联的"高水平"，半坡的探方隔梁被发掘了。因此，半坡发掘采用的方法，其实是结合了惠勒—肯恩方法与苏联的大面积开放式发掘。

第四项调整是因应隔梁的发掘做出的反应，即是关键柱的出现。出于全面移除隔梁会产生地层混淆的风险，石兴邦提出将隔梁交接处保留至发掘的最后[3]（图六，3）。这样新的元素被称为"关键柱"是因为在隔梁主要部分被发掘后，它看上去像一支方形柱子，并且它为检查地层关系提供了一个关键[4]。类似做法可见于皮·里弗斯（Pitt Rivers）在Wor Barrow遗址发掘时，用以为提供发现物出土位置参考而保留的直立土柱[5]。皮·里弗斯采用的土柱可能是关键柱的概念来源，但将关键柱用于探方式发掘可能最先在中国出现。半坡以后的中国发掘大多沿用这个做法。

第五项调整是探方的编号。惠勒以英文字母A至Z由东至西，配以阿拉伯数字由北至南，来命名一组发掘方格（图六，1）[6]。而石兴邦和其同袍则以字母T（探方之拼音首字母）配以阿拉伯数字，由西至东顺自命名探方。

由上可见，今日中国使用的探方方法乃从惠勒—肯恩方法中衍生出来的，而不是全盘照搬。惠勒—肯恩方法被采纳并为适应本土传统习惯而做出了变形。由于中华人民共和国成立之前大陆培养的考古人员绝大多数到了台湾，已建立之田野技术规范的

---

[1]　石兴邦：《略谈新石器时代晚期居住遗址的发掘》，《考古》1956年第5期。

[2]　M. Biddle and B. Kjølbye, Metres, areas, and robbing, *World archaeology*, Vol.1:2(1969), pp.208-219.

[3]　石兴邦：《略谈新石器时代晚期居住遗址的发掘》，《考古》1956年第5期。

[4]　石兴邦：《略谈新石器时代晚期居住遗址的发掘》，《考古》1956年第5期。

[5]　A. H. L. F. Pitt Rivers, *Excavations in Cranborne Chase*, privately printed, 1898, p.64, plate255; Gavin Lucas, *Critical Approaches to Fieldwork: Concepts and Historical Archaeological practice.* p.20, pic.1.

[6]　M. Wheeler, Technical section: Further notes on digging and recording, *Ancient Inida*, No.4(1948), pp.311-321.

承继出现真空。加上半坡发掘又取得正面反响，半坡的田野技术遂成为中国考古实践的新规范。虽然如此，出于初期运用的不完美，更多的后续修改随之而来。

2. 洛阳队采用的新探方设计：1958年以前出现（N）

从1954年起，半坡取得的成功激发更多的国内考古人员采用探方发掘。然而，半坡发掘并不是促使探方方法广为采用的唯一源头。作为惠勒的学生，夏鼐自己倾向使用原本的惠勒方法。证据可以在徐殿魁写的一篇刊登在《考古》杂志上的小文（1958年）——《开方的小经验》中看到。徐殿魁以绘图形式展示出实际操作中开方的两种方法：第一种为夏鼐所主持的黄河水坝项目中采用的探方设计（图七，1）。如图七，1所示，该设计依然将0.5米的隔梁保留在探方的四边。徐殿魁认为这个方法在操作上非常不方便，理由有二：①要在一个大的方格内将一个小的方格定位在中央会导致更多的工作；②两组相邻探方之间的一道隔梁需要按探方归属分别发掘[1]。因此，他建议采用洛阳工作站考古队采用的另一方案，即如图七，2所示。

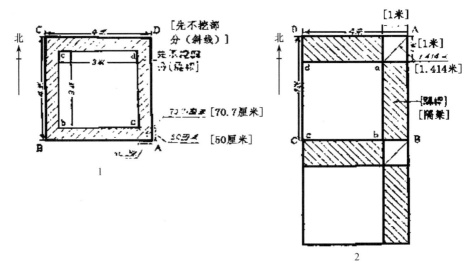

图七　徐殿魁文章中的两种探方设计
1. 黄河水坝工程考古项目采纳的探方设计　2. 洛阳队采纳的探方设计
（采自徐殿魁：《开方的小经验》，《考古》1958年第5期）

注：原图文字模糊，[　]中文字标示原字。

洛阳队采纳的方案承继了半坡的设计，并且他们也对所承继的方法做出了改良。从徐殿魁提供的图示（图七，2），我们可以看到承继半坡而来的1米隔梁、关键柱以及偏向一边的主体发掘区等的标准。然而，石兴邦的关键柱设计并不十分有系统，在使用时难免造成不便。以图六，3所示举例，T1、T2、T4及T5之间的2米见方关键柱

---

[1]　徐殿魁：《开方的小经验》，《考古》1958年第5期。

（由A、B、C和D四部分组成）。D部分的关键柱占据了T5方的主体发掘区；这意味着隔梁加宽后主体发掘面积将进一步缩减，并且也提升了实际操作的难度。洛阳队的解决办法是重新安置隔梁的位置同时也缩窄关键柱的大小（图七，2）。石兴邦设计中的南隔梁被搬到探方北边上。北隔梁和东隔梁的连接处因而形成一个缩窄了的1米关键柱（图七，2）。自此，一个可以大量复制而不会产生不整齐关键柱的基本探方设计建立起来了。

由于这个方法是徐殿魁在当时国内很具影响力《考古》杂志上推荐的，因此此法在其时广为人知。有趣的是，《考古》杂志的编辑并不同意这项新设计。他在徐文结尾处加上脚注，指出使用这个方法会令木橛容易在发掘期间被踢移原位，并因此导致测量失准，而这种情况在发掘中确实时常发生。《考古》杂志当时的总编辑正是夏鼐，这段脚注不管是谁加上的，都反映了他的观点。纵然如此，这项新改良设计超出夏鼐本人的掌控，变得十分流行起来。很快地，这个设计又引发单个探方中测量方法的改变。

3. 测量方法的改变：1978年以前已经发生（O）

"文化大革命"之后不久，出版了《工农考古基础知识》一书，旨在训练由工人和农民组成的考古队伍。在这本参考指引中的一幅线图（图八）展现出从洛阳考古队处承继来的探方设计。然而，从书的字里行间可以观察到几处改变。首先，探方的规格现在被标准化为5米。在此之前，即使是在一个发掘内，也会有不同规格的探方，比如半坡。在1956年京山屈家岭这个极端的个案中，更是在"向苏联学习"的氛围影响下，采用了2米×2米探方（图九）[1]；考古人员仅能在容膝大小的空间内工作。直至20世纪70年代，5米探方成了获广泛接受的规范，而10米探方也开始获得采用[2]。

另外一项改变则是每个探方的测量基点被设在探方的西南角[3]。由于"文化大革命"期间发表停顿，我们不知道这种做法具体是什么时候开始的。但是，至少是在1978年《工农考古基础知识》发表以前就已存在。该书中已经将西南角木橛描述成"习惯上"的测量方法[4]。这个改变不难理解。在石兴邦的设计中，四个相邻的探方共享一个木橛（图六，3）；而现在这个变化了的探方设计的每个发掘单元都有四个木橛（图八）。这样一来，如果按照惠勒—肯恩方法的旧传统，就有太多的木橛需要逐个进行测量。而既然隔梁都被移到探方的东、北两边，因此可在每个探方西南角设置

[1] 但是苏联的方格线网方法不留隔梁，因而工作空间并不局促。
[2] 吉林大学：《工农考古基础知识》，第23页。
[3] 吉林大学：《工农考古基础知识》，第22、23页。
[4] 吉林大学：《工农考古基础知识》，第22页。

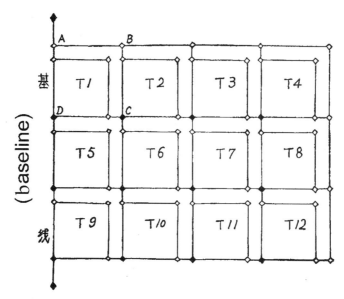

图八　《工农考古基础知识》一书中绘制的布方设计
（采自吉林大学：《工农考古基础知识》，第3页）

图九　1956年京山屈家岭发掘采用的2米×2米探方
［采自中国科学院考古研究所：《京山屈家岭》，北京：科学出版社，1965年，图版I（2）］

固定的测量基点，每方只需测量一次即可。

这个改变允许考古人员运用三维坐标系统：每个探方的南北边界可当作Y轴，而西东边界可作X轴，由基线水平下量至测量点的深度标为H。讽刺的是李济在1926年由中国人主持的第一场发掘时就已经采用三维坐标系统。传统的承继断裂了一段很长的时间后又重新被采纳。坐标系统的运用很快又伸延到探方的命名和整体发掘区的平面测量上来。

第三个改变乃是采用一条已经过水平高度测量的基线作为水平高度的参考。从图八可以看到，一条基线被设在发掘区的西面边界；而后再从这条基线水平延伸出一组方格网线。这种做法会导致测量准确度出现的问题。在石兴邦1956年的文章中，他还依然建议每根木橛的海拔都需要测量出来。而在后续的很长一段时间内，国内处在混乱中，专业标准被实践操作的过度简化而拖低。事实上，自然的地表并不是划一水平的；这就造成人工拉的水平线网容易与随地势起伏的木橛无法衔接。同时，木橛之间的线绳也容易在繁忙的发掘中被弄断。由于这本参考书中提供的操作指引并不实际可行，实践与理论之间产生了距离。在实践中，某些发掘的深度测量是以未经过水平测量的探方西南角为参考，或者直接从就近的地表向下测量得出。遗址内部和跨遗址地层关系的重建因而会出现严重误差。

4. 坐标系统在发掘区整体规划上的运用：1994年以前（P）

图一〇为1994年出版的另一本参考指引文献《田野考古入门》中的插图。从中可以看到，坐标系统从单一一个探方延伸到了发掘区的整体规划上。T1的西南角被指定为整组探方的基点。自此基点起，两条分别指向正北与正东的基线覆盖整个发掘区域。有了这个设计，每个探方的基点可以用X与Y数值标示在发掘平面图上。

这个设计的另一项修改是探方的编号。从杨建芳教授的访谈中得知，中华人民共和国成立初期的探方编号比较随意，是按照发掘的顺序来命名的。这是由于探方最早是用于探查地下哪里存在遗迹——这也是方箱发掘的单元在中国称为"探"方的缘由。一旦在某个探方发现遗迹，才在该方附近加开更多探方进行正式发掘。结果，由发掘顺序决定探方编号。由于缺乏可循逻辑，在遗址的布方图上很难查找某个特定探方。像半坡这样历时数年且受政府重视的重要发掘，在探方编号上也并不完全统一[1]：顺序大抵由西至东，但Ⅰ、Ⅴ两区采取由南而北，而Ⅱ区则由北而南地进行编号。然而，自石兴邦1956年设计的理想的布方模式（见图六，3）开始，探方的编号还是逐渐发展出暗合现代中文书写顺序的由西而东（合左至右），北而南（合上至下）的编号顺序。这点也为1978年的《工农考古基础知识》所承继（图八）。但是，到了1994年的《田野考古入门》上，编号顺序保留由西而东的传统，但改为由南而北（图一〇），尝试与坐标系统的数值递增方向暗合。T1现在成为最贴近测量基点的方。但即便是这个设计，也未能真正解决因应实际需要而临时扩方产生的编号跳跃问题，具有逻辑而方便查找的编号系统依然不存在。举个例子，如果在图一〇的T3发现重要遗

---

[1]　中国科学院考古研究所：《西安半坡：原始氏族公社聚落遗址》，图七。

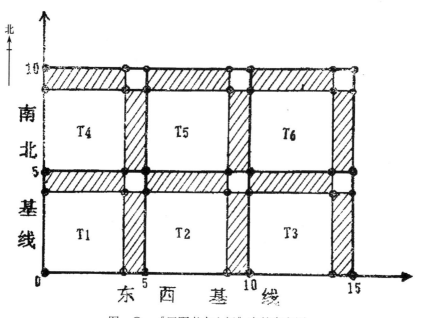

图一○　《田野考古入门》中的布方图

（采自北京市文物研究所：《田野考古入门》，第38页）

迹，须在其东面加开一方，则该方的编号与周围探方则不存在逻辑关系，如若这种情况在大型发掘中频频发生，编号系统势必混乱无章。

对于一个需要进行多期发掘的大型遗址，或者是一个同时有着数个发掘分区的遗址而言，上述的设计则需要进一步改良。这是由于该设计会使同一遗址内分布的不同发掘区都产生各自的发掘测量基点（在各个发掘区的西南角），因此造成后期换算上的不便。有鉴于此，《田野考古入门》又采用了图一一所示的布方策略，融入了坐标系统的象限概念，来解决上述问题。按照象限的划分，将探方划为四个区组，即为Ⅰ、Ⅱ、Ⅲ与Ⅳ象限区。举个例子，ⅠT0303位于Ⅰ象限区的X轴第3格与Y轴第3格上。使用这个设计，只需要采用一个测量基点，即坐标原点。同时，该系统还允许无限扩方，并且不会产生编号上的混乱[1]。事实上，早在1974年就已经出现偶尔运用坐标系统来布方的发掘，如盘龙城的长期发掘，发掘区的测量基点设在了遗址的东面[2]。

5. 2008年枣树沟脑发掘（Q）

从探方方法的发展来看，2008年枣树沟脑发掘可以看作探方方法在中国长期发展的一个近期结果，以及未来发展的一个过渡。下面我们可以从探方的设计、测量方法以及布方三方面来总结一下目前探方方法在中国的面貌。

---

[1]　北京市文物研究所：《田野考古入门》，第39页。

[2]　湖北省文物考古研究所：《盘龙城：一九六三年——一九九四年考古发掘报告》，北京：文物出版社，2001年，图5。

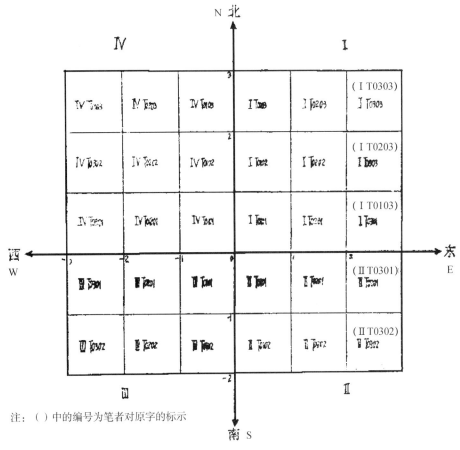

注：（ ）中的编号为笔者对原字的标示

图一一　象限中的探方布局
（采自北京文物研究所：《田野考古入门》，第39页）

（1）探方设计

2008年的枣树沟脑发掘采用5米探方20个，发掘面积累计420平方米。如图一二所示，每个单一的探方由一个4米×4米的主要发掘面积、两条1米×4米的东、北隔梁，以及一个1米×1米的关键柱组成。事实上，这种规格的探方设计早在1958年就出现并在1978年以前就统一标准化。并且，1984年具有法规指引意义的《田野考古工作规程》将之巩固。目前中国大多遗址的发掘都采用这种格式。

在实际操作层面，发掘的步骤如图一三所示，在此不敷赘述。而令人惊奇的是，这种发掘顺序也是早在半坡发掘时就已经拟定下来，后来的发展也只不过是些微的修改，并无本质上的创新。

（2）测量方法

该发掘探方内测量也是以探方西南角为准，承继了1978年以前建立的规范。遗物与遗迹的测量也是采取三维坐标，即由西而东用X值表示，由南而北用Y值，而深度由发掘区测量基点引出的统一水平线（即探方木橛之间的线）向下测量——此深度测

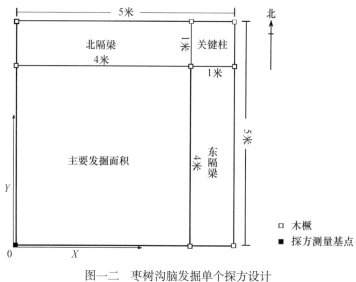

图一二　枣树沟脑发掘单个探方设计

量做法可看出是对《工农考古基础知识》规范指引中拉水平基线做法的继承。探方的木橛未获得独立的测量。木橛在惠勒—肯恩方法中的功能，不仅仅担负探方范围的界定，还标示探方编号，更重要的是扮演探方内测量基点的角色。而发展到今天，木橛在中国田野中的角色逐步简化成界定探方内不同发掘部分，即隔梁、关键柱、主体发掘部分等。

（3）遗址的布方

遗址布方和探方编号皆采用坐标系统。但是，发掘采用的布方与编号系统又比1994年的规范指引更跨出了一步。事实上，这个新的方法是由日本传来的。在陈官涛等（2002年）的《田野考古编号记录中的几个问题》一文中，他提议国内考古工作者应该注意有系统地计划跨期发掘的探方布方与编号。枣树沟脑发掘所采用的探方编号系统就与陈官涛文章中提到的方法吻合。这个新方法将原来的数学象限法中的四个象限转换成四个方向，即NE（东北）、SE（东南）、SW（西南）和NW（西北）。加上X轴与Y轴的格数，就令每个探方都具有清楚明了的命名。2008年度的枣树沟脑发掘位于发掘区总测量基点的西南区（图一四）。以图一四中的探方TW17S68为例，字母T依照传统为探方缩写，W为西向，W17则是西向第17格，S为南向，而S16就是南向第16格。如此组成的探方编号允许发掘者灵活地向各个方向无限扩方而不会产生编号系统的混乱。因为探方编号有着简单明了的内在逻辑，在布方总图上查找特定探方也变得轻而易举。

图一三　2008年枣树沟脑遗址发掘步骤

1.步骤1：发掘各个探方的主要发掘面积　2.步骤2：移除隔梁但保留关键柱
3.步骤3：移除关键柱，暴露主要文化层整体平面

　　尽管从惠勒到夏鼐，夏鼐到石兴邦，石兴邦而后其他人，探方方法经历了数代人的修改，但今日中国流行的探方发掘的主要面貌是早在半坡发掘的年代就已塑造成型。石兴邦等对惠勒—肯恩方法的修改引发了后续的一系列变化。然而，纵然有些微的修改，产生了地方性的特色，但却没有超出网格系统的范围。可以说，中国的探方方法的发展很大程度上顽固地黏附在了最初的采纳与后来的适应性修改之上。

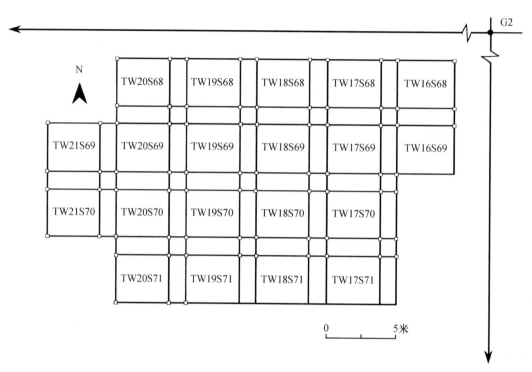

图一四 枣树沟脑发掘布方示意图

六、总 结

（一）研究发现

本文从中国考古在过去50年内一直沿用单一探方方法进行发掘这一独特现象出发，尝试解答其成因与发展过程。研究发现，导致探方方法取代早期的探沟方法，与中国田野考古技术自身发展无关，而是受国家政权的交替以及苏联学科方法的影响而形成的。而探方方法一旦被采纳，就开启了自我加强机制，大量受训于该方法的考古人员反复使用这一方法，并在实践过程中订立专业化标准，甚至政府用法规程序来规范田野操作方法，使探方方法的地位得到巩固。最后，情况步入一个"锁定"格局，致使即便存在其他更为有效的发掘方法，也无法替代探方方法这个主导性的发掘方法。研究还发现探方方法在中国发展的轨迹，可总结出三点：①惠勒—肯恩方法因应中国田野传统被做出修改，并运用到大规模的考古发掘上；②每一次对探方方法的修改都继承了前一次的修改并引发下一次的修改；③探方方法作为发掘技术，整体发展是个缓慢而渐进的过程，并且顽强地黏附在最初的修改之上。

（二）研究展望

20世纪90年代开始，地方建设项目日益增长，中央政府无法再支持各省的考古发掘；因此各省市级的考古院校、研究所需要自寻经费[1]。另外，由于缺乏经费，与西方国家相比，中国的专业考古学家的职位显得十分稀缺[2]。因此，中国的田野工作很大程度上依赖缺乏专业知识却数量庞大的工人队伍。学者对于这种情况会对考古工作造成怎样深远的影响尚未得到关注。如何管理并提高这些人员的专业知识和技能，亟须更多的研究。

本文指出中国田野考古存在利用单一发掘方法的路径依赖现象，但是，如何打破这个"锁定"局面，需要进一步的研究。目前，可以看到两个有潜力的改变局面的因素：一是出现了与西方国家的考古学家合作的大规模项目，如Helach的赤峰地区调查[3]以及Underhill的山东省调查计划[4]等。若将来继续这样的合作，可能有机会借鉴他国的田野方法。二是20世纪80年代始，中国派出过为数不少的考古学生往考古学科比较发达的国家学习。随着他们的回归，有希望看到新方法的试用与"锁定"局面的打破。因应研究课题的差异、遗址类型的特性等，而引入不同的、针对性的发掘方法，才是考古学科健康发展的契机。

鸣谢：本文是在笔者提交伦敦大学的硕士论文基础上修改而成的，论文的完成得力于诸多人士的慷慨帮助，我在此表示诚挚的感谢。我必须感谢陈洪海教授给予我加入咸阳发掘和后期整理的机会；尤其得感谢他对我在西北实习期间的教导和在生活、学习上的帮助。我非常感谢庞睿女士介绍我到西北参加实习，耐心地帮助我联系西北大学，并向国家文物局申请参加发掘。在此还必须感谢杨建芳教授的帮助，关于中华人民共和国初期田野发掘的访问占去他宝贵的研究时间。我也得感谢吕红亮博士花时间回答我的问卷访问。汪涛博士将自己关于在西方受训的中国考古学家的文章借给我参考，并指导探方方法早期运用的细节，我在此表示感谢。也要感谢Gloria Lee小姐在我英文原稿校对上提供了大量帮助。最后，需要感谢我的论文导师Sue Hamilton博士与Dominic Perring博士。如果没有他们对论文的指导，以

［1］　L. V. Falkenhausen（罗泰），The regionalist paradigm in Chinese archaeology, in Philip L. Kohl and Clare Fawcett eds., *Nationalism, Politics and the Practice of Archaeology*, p.201.

［2］　李浪林：《英国考古的政策、管理和操作》，《华夏考古》2002年第1期，第99页。

［3］　G. Helach, A settlement pattern study in northeast China: Results and potential contributions of western theory and methods to Chinese archaeology, *Antiquity*, Vol. 72:275(1998), pp.114-127.

［4］　A. Underhill, et al., Regional survey and the development of complex societies in southeastern Shandong, China, *Antiquity*, Vol. 76: 293(2002), pp. 745-755.

及当每次我遇到问题时他们的耐心、慷慨帮助，这篇论文不可能完成。

Emergence and Change of the Excavation Grid Method in Chinese Field Archaeology

Chen Wei

(Independent scholar)

Abstract: This paper discusses one of the main archaeological excavation methods in China from a historical and developmental perspective: the establishment and nature of the grid-excavation method in China. Through interviews, case studies, and the application of path dependency theory, this paper explores how over the last half century the Wheeler-Kenyon grid system has become the main and unifying excavation method throughout all of China, entering a stage of established methods that is difficult to change.

Keywords: Grid-excavation Method, Excavation Grid System, Wheeler-Kenyon Method, Fieldwork Methods

（责任编辑：吕红亮）

再论东南亚大陆的"T"字形环

摘要： "T"字形环在东南亚大陆新石器时代晚期就已出现，一直延续到铁器时代早期，是东南亚大陆史前人类最典型的佩饰之一，因其特殊的形制长期受到学者关注，且随着材料的增多，认识也不断深入。本文结合"T"字形环所属考古学文化的时代属性和出现的时间，辅之玦的伴出和原始稻作农业的传播，阐述"T"字形环是经珠江口地区传播到越南北部，再扩展到东南亚大陆的观点。

关键词： "T"字形环　东南亚大陆　青铜时代　冯原文化　岭南

一、前　言

东南亚包括中南半岛（Indo-China Peninsula）和马来群岛两大部分，中南半岛因位于中国以南而得名，包括越南、老挝、柬埔寨、缅甸、泰国五国及马来西亚西部，就是通常所说的东南亚大陆。东南亚大陆地势北高南低，多山地和高原，北部是古老高大的掸邦高原，海拔1500—2000米。众多山脉自北向南呈扇状延伸，伊洛瓦底江、萨尔温江、湄南河、湄公河、红河穿行其间，自北向南奔流入海，冲积出众多的三角洲，著名的有湄公河三角洲、伊洛瓦底江三角洲、红河三角洲和湄南河三角洲。东南亚大陆北部同中国山水相连，主要的山川河流都是从中国西南地区延伸过来的，故有"山同脉，水同源"之说。

"T"字形环[1]在东南亚大陆新石器时代晚期就已出现，一直延续到铁器时代早期，其因相对特殊的文化内涵备受学者关注，20世纪90年代初，吉开将人有专文做过论述[2]。时至今日，随着材料的不断增加，相关研究的逐步深入，对"T"字形环在

---

* 作者：张强禄，广州，广州市文物考古研究院（xjnp.99@163.com）。

［1］ "T"字形环又有"有领环""有领镯""突沿镯""凸沿镯"等不同称谓。本文统一用"'T'字形环"的称谓展开讨论，但在引述其他学者的材料时沿用原文称谓。

［2］〔日〕吉开将人著，陈德安译，石应平校：《中国与东南亚的"T"字形环》，《四川文物》1999年第2期，原载《日本东南亚考古学会会报》第12号，1992年5月；〔日〕吉开将人：《论"T"字玉环》，香港中文大学中国考古艺术研究中心编：《南中国及邻近地区古文化研究》，香港：香港中文大学出版社，1994年，第255—268页。

东南亚出现的时间、传播的路径，以及其所蕴含的文化意义都有了新的认识。笔者拟结合考古学文化的时代背景，再度考察东南亚大陆尤其是越南北部"T"字形环的来源，进而探寻新石器时代晚期到青铜时代环珠江口地区与东南亚大陆考古学文化的传播、交流和融合。

受语言障碍和所见考古资料不全面的诸多限制，笔者主要借助国内诸多学者的研究成果和引述材料，如李昆声、陈果、谢崇安、邓聪等，以及译成中文的新西兰奥塔哥大学查尔斯·海厄姆（Charles Higham）教授和宾夕法尼亚大学博物馆乔伊斯·怀特（J.C.White）女士等的著述来展开本文的讨论。正是这些前辈学者的长期耕耘和成果积累，使本文关于东南亚大陆"T"字形环来源的讨论能在更大空间范围和更多考古资料的支撑下展开。

东南亚大陆尤其是越南，考古工作开展得还是比较早的，但由于地形地貌的复杂多样，新石器时代晚期直至铁器时代早期的考古学文化面貌复杂多样，文化谱系和测年数据到目前都还不是很清晰。例如，泰国班清（Ban Chiang）遗址发掘者之一的乔伊斯·怀特说："能够为东南亚大陆史前考古学者们广泛使用的已发表、表达清晰、测年准确、以地层关系为基础的区域性陶器序列，基本不存在。"[1]查尔斯·海厄姆也有同样的感慨："至今为止，我们必须承认东南亚的编年序列仍不十分令人满意，甚至在一些方面还有令人误入歧途之虞。这源于两个问题。第一个问题使用非专门化的树木的炭来进行放射性测年。……第二个问题是所获的测年数据太少，通常是在材料出土单位还不十分明确的情况下就进行定年。"[2]正因为缺乏被学者普遍认可的考古学文化编年谱系，加之多数测年数据都是20世纪七八十年代得出的，故而造成学者对东南亚大陆诸多遗址的时代和文化属性的判断上存在偏差，甚至形成针锋相对的观点，这在班清遗址的讨论中表现得尤为突出。

年代和属性是讨论文化交流与传播的基石，先天不足的缺陷使得本文在引述东南亚大陆考古材料时也显得底气不足。虽然笔者也想尽可能地陈述客观事实，但学识水平和知识储备的不足，在遇到非此即彼的选择时，笔者也只能根据自己的认识来取舍，难免会有误判。对此的弥补方式，一方面尽量以晚近的^{14}C测年数据为参照来推断遗址年代的可靠性，另一方面针对典型遗址年代属性的不同看法也一并介绍，然后再

[1] 〔美〕乔伊斯·怀特、伊丽莎白·汉密尔顿著，陈玮译，吕红亮校：《东南亚青铜技术起源新论》，四川大学博物馆、四川大学考古学系、成都文物考古研究所编：《南方民族考古》（第七辑），北京：科学出版社，2011年，第59页。

[2] 〔新西兰〕查尔斯·海厄姆著，云南省文物考古研究所译（翻译：蒋璐、孙漪娜，译审：曹楠）：《东南亚大陆早期文化：从最初的人类到吴国王朝》，北京：文物出版社，2017年，第411页。注：此书的及时翻译和出版实谓惠泽学林，由此带来的东南亚与南中国地区考古学文化交流与互动等方面研究的推动作用将很快显现出来，于此笔者也非常感谢云南省文物考古研究所相关人员历时5年的辛劳与付出。

简单根据自己的认识给予判断。本文主要借助《中国云南与越南的青铜文明》[1]和
《东南亚大陆早期文化：从最初的人类到吴国王朝》（以下简称《东南亚大陆早期文
化》）等著述中的材料和观点，以越南和泰国与"T"字形环有关的重要考古发现为佐
证，来探讨东南亚大陆新石器时代晚期到铁器时代早期与岭南青铜文化的渊源关系。

二、越南北部和泰国的"T"字形环

越南位于中南半岛东部，北与中国广西、云南接壤，西与老挝、柬埔寨交界，地
形狭长，地势西高东低，境内四分之三为山地和高原，西北—东南走向的长山山脉长
1000多千米，纵贯南北，北边的红河和南边的湄公河是境内最重要的两大河流。红河
水系由泸江和沱江两大支流组成，泸江发源于中国云南砚山，在中国境内称为盘龙
江，沱江（又称黑水河）发源于中国云南巍山，在中国境内称为李仙江，二者均在越
南永福越池汇入红河。红河在越南老街至安沛段均在山区流淌，水流湍急，越池以下
至出海口为红河下游河段，水流平缓，形成面积约1.5万平方千米的红河三角洲，即红
河平原，到目前为止，这里还是越南北部最发达的农业区。这个区域考古工作开展得
比较早也比较多，材料也相对丰富，长期以来也一直受到关注。"红河下游和三角洲
地区不仅是东南亚最为广阔的农耕平地，而且还占据北部湾（Gulf of Bo）沿岸和云南
内陆的贸易节点。"[2]从区位优势上来看，以玉石牙璋、"T"字形环、璧、戈等为
代表的中原夏商礼制文化逐次南渐，最先到达东南亚大陆并产生深远影响的必是红河
三角洲地区。

"T"字形石环在越南出现的时间很早，被认为属新石器时代晚期的梅波（Mai
Pha）[3]文化和下龙（Ha Long）文化就发掘出土有形制已经比较规整的"T"字形
石环，有肩、有段的石斧或石锛也有一定数量，作为耳饰的扁平同心圆玉石玦同样有
发现。梅波文化和下龙文化的年代被认为是距今5000—4000年。中南部山地波来古
（Pleiku）高原的扁湖（Bien Ho）文化时代可能稍晚，也发现形制规整的宽边"T"
字形石环[4]。其后，分布于越南北部红河平原的是冯原（Phung Nguyen）文化，其时
代属性主要有两种观点：越南学者黄春征和阮玉碧在《冯原考古遗址》中认为，冯原
文化是新石器时代晚期并开始进入青铜时代初期；查尔斯·海厄姆将冯原文化归入新
石器时代，早期定为公元前2500—前2000年，晚期为公元前1679—前1514年。李昆声

---

［1］　李昆声、陈果：《中国云南与越南的青铜文明》，北京：社会科学文献出版社，2013年。

［2］　〔新西兰〕查尔斯·海厄姆著，云南省文物考古研究所译（翻译：蒋璐、孙漪娜，译审：曹楠）：
《东南亚大陆早期文化：从最初的人类到吴国王朝》，第328页。

［3］　中文文献中有时又译作"梅陂"，本文的介绍尊重所引用的中文文献译法。

［4］　李昆声、陈果：《中国云南与越南的青铜文明》，第28页，图绪-12；第31页，图绪-14。

和陈果综合分析了各方意见，并参考了几个为数不多的测年数据，认同《冯原考古遗址》中冯原文化是新石器时代晚期向青铜时代初期过渡的观点：早期属新石器时代晚期，距今4000年左右；晚期属青铜时代初期，开始于距今3400年左右[1]。

　　冯原文化时期"T"字形玉石环发现很多，红河流域的冯原遗址、仁村（Xom Ren）遗址、海防长睛（Trang Kenh）遗址、永福省义立（Nghia Lap）遗址等都可看到形式多样的"T"字形玉石环（图一）[2]。富寿省丰州县马栋丘遗址多见截面呈"T"字形和三角形的石镯，该遗址1970年和1972年的发掘，未发现任何青铜器，德国柏林考古实验室木炭样品测得的年代数据为距今4145±60年，约相当于中原地区的夏代[3]。清化省北部沿海地区的华禄（Hoa Loc）文化遗存年代相当于冯原文化晚期，

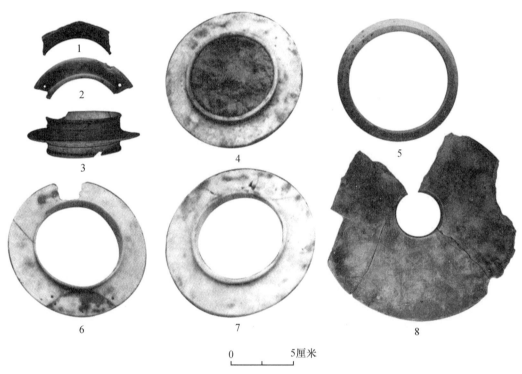

0　　　　　5厘米

图一　越南北部冯原文化"T"字形玉环和石璧
1. 义立　2、5. 长睛　3. Mai Dong　4、6、7. 仁村　8. 冯原

［1］　参见李昆声、陈果：《中国云南与越南的青铜文明》，第271—276页。

［2］　插图引自四川省文物考古研究院等：《越南义立——冯原文化遗存发掘报告》，北京：文物出版社，2016年，彩版八五，2；邓聪主编：《东亚玉器》，香港中文大学中国考古艺术研究中心，1998年，第3册，第224、226、212页，图314、319、313、303；〔越〕HAN VAN KHAN, Xom Ren, mot di tich co dac biet quan trong van hoa Phung Nguyen, 越南《考古学》杂志（Khao co hoc——Vietnam Archaeology）2007年第3期。中文文献中有时将Xom Ren译作"松仁"，本文的介绍尊重所引用的中文文献译法。

［3］　李昆声、陈果：《中国云南与越南的青铜文明》，第287页，图2—图9。

发现有"T"形石环和偏心圆石玦[1]。义立遗址2006年由四川省文物考古研究院与陕西省考古研究院会同越南国家历史博物馆联合发掘，陶器特征介于朋丘（Go Bong）遗址和仁村遗址之间，与仁村遗址的相似度更高，根据中国社会科学院考古研究所、北京大学和越南考古学院[14]C实验室的测年数据推断，距今3700—3500年，属冯原文化中期偏早阶段，义立遗址T4第5a层出有1件平面呈菱形的有领石环[2]。

目前可以明确，大量的"T"字形玉石环出现在冯原文化晚期遗存当中，这个阶段不仅发现有大量的玉石耳玦，还有体现中原地区夏商礼制的玉石牙璋和戈等也一并出现。阮金容（Nguyen Kim Dung）的论著中提到越南发现的最早玉器是距今5000—4000年新石器时代的下龙、梅波和保卓（Bau Tro）文化中的玉斧和玉锛，之后的冯原文化（距今4500—3500年）出现了珠、镯、耳环、臂环等玉饰品以及戈、牙璋、斧、锛、玉片、钻头等玉器，"从年代序列上看，玉玦出现于冯原文化早期，之后便成为越南史前人类最喜爱的装饰品之一"[3]。阮金容也认为，冯原文化是越南北部新石器时代晚期至早期青铜时代的考古学文化，横截面为"T"字形的玉环似在冯原文化中期阶段开始出现。

卢智基介绍了位于越北宁平省（Ninh Binh）的僈薄（Man Bac）遗址，距离海岸线约25千米，1999—2007年经五次发掘，1999年和2001年发掘采集样品的[14]C测年数据为距今3530±60年和距今3400±60年，相当于中国的商代。2004—2005年的第三次发掘共发现35座墓葬，其中M28为长方形竖穴土坑墓，仰身直肢葬，女性墓主人下颌骨处发现了贝壳串饰，右手肘处有1件肩石锛。M28随葬陶器中有1件陶鼓，卢智基将其与福建黄土仑遗址M17所出陶鼓比较之后认为，二者年代大体相当，约为商代晚期[4]。《东南亚大陆早期文化》也介绍了红河三角洲南部边缘的僈薄遗址发现的竖穴土坑仰身直肢葬，也见有佩戴玉手镯或串珠的现象，遗址年代在公元前1800—前1500年。同为冯原文化晚期的陇和（Lung Hoa）遗址以深土坑墓为特征，有些墓有二层台，与闽南粤东为中心的浮滨文化相似，有两个墓随葬品中有石手镯、珠饰、耳玦和

[1] 李昆声、陈果：《中国云南与越南的青铜文明》，第276—283页。1976年华禄遗址发掘中出土许多青铜碎片，从冶金成分看与冯原文化最晚阶段年代相当，参见〔新西兰〕查尔斯·海厄姆著，云南省文物考古研究所译（翻译：蒋璐、孙漪娜，译审：曹楠）：《东南亚大陆早期文化：从最初的人类到吴国王朝》，第170页。

[2] 四川省文物考古研究院等：《越南义立——冯原文化遗存发掘报告》，第151页。

[3] 〔越〕阮金容（Nguyen Kim Dung）：《越南出土的玉玦》，邓聪、吴春明主编：《东南考古研究》（第四辑），厦门：厦门大学出版社，2010年，第147页。其论著中又引述说冯原文化的年代为距今4000—3300年，前后不一致。

[4] 卢智基：《越南Man Bac陶鼓刍议》，吴春明、蓝达居、何斌主编：《百越研究》（第四辑），厦门：厦门出版社，2015年，第358—365页。

陶器[1]。这些信息都显示冯原文化中晚期的年代与浮滨文化接近，约相当于中原的商代中晚期，不会更早，而且二者之间必然存在联系，先不论这种联系是直接的还是间接的。

冯原文化仁村遗址一大一小两件牙璋首尾相向，出土于一座墓的墓坑中部，伴出的还有3件有领玉环，牙璋和有领环的出土位置似在腰部两侧手臂处（图二）[2]，这与广东增城墨依山浮滨文化时期墓地M70玉牙璋和有领环（图三）的出土位置相似[3]，也说明两者的年代应该接近，约在中原的商代中期偏早阶段。

图二　仁村遗址墓葬中牙璋和有领玉环出土情况　　图三　墨依山遗址M70牙璋和有领玉环出土情况

冯原文化之后红河流域的青铜时代中期文化是桐荳（Dong Dau）文化和杞丘（Go Mun）文化，前者年代在公元前1500—前1000年，后者起始年代为公元前1100—前1000年，结束年代为公元前700—前600年。"T"字形的石环和带四凸节的玉石耳玦都有不少发现，四凸节耳玦更是成为杞丘文化的特征性器物之一[4]。

从上述越南北部到中南山地新石器时代晚期到铁器时代早期遗存发现的"T"字形环来看，下龙文化和梅波文化目前是"T"字形石环出现最早的地区，伴出的还有石耳玦，有肩有段锛、斧等石器，表现出与两广百越族群考古学文化基本同步发展的特点。不过，前述梅波文化和下龙文化出土"T"字形玉石环的遗址和地层单位的年代是

[1]　〔新西兰〕查尔斯·海厄姆著，云南省文物考古研究所译（翻译：蒋璐、孙漪娜，译审：曹楠）：《东南亚大陆早期文化：从最初的人类到吴国王朝》，第106—110页。

[2]　插图引自〔越〕HAN VAN KHAN：Xom Ren, mot di tich co dac biet quan trong van hoa Phung Nguyen，越南《考古学》杂志（Khao co hoc——Vietnam Archaeology）2007年第3期，第27页，Ban anh7-4。

[3]　张希、朱海仁：《广东广州增城区墨依山先秦遗址》，国家文物局主编：《2017中国重要考古发现》，北京：文物出版社，2018年，第40—43页。

[4]　李昆声、陈果：《中国云南与越南的青铜文明》，第290—309页。查尔斯·海厄姆在其著作中提到，桐荳遗址和杞丘遗址目前没有可靠的放射性碳测年序列，因此两个遗址的测年数据互相矛盾且无法进行合理解释。见〔新西兰〕查尔斯·海厄姆著，云南省文物考古研究所译（翻译：蒋璐、孙漪娜，译审：曹楠）：《东南亚大陆早期文化：从最初的人类到吴国王朝》，第167页。

否能早到距今四五千年，至少目前缺乏确凿证据。作为装饰品的"T"字形玉石环出现的年代要晚于玉石玦，应该是距今4000年以后才出现的。

　　泰国位于中南半岛中南部，与柬埔寨、老挝、缅甸、马来西亚接壤，东南临泰国湾（太平洋），西南濒安达曼海（印度洋）。境内东北部是呵叻高原，中部湄南河平原是泰国主要农产地，南部是西部山脉延续形成的马来半岛，最狭处为克拉地峡。查尔斯·海厄姆在《东南亚大陆早期文化》中主要以年代序列比较清楚且考古材料相对丰富的泰国北部和东北部的班诺洼（Ban Non Wat）遗址和班清遗址，以及泰国湾附近的海岸聚落——科帕农迪（Khok Phanom Di）遗址为证，展开其对东南亚大陆新石器时代晚期到早期铁器时代历史进程的讨论。通过《东南亚大陆早期文化》，我们不仅可以了解到查尔斯·海厄姆对东南亚新石器时代和青铜时代的划分意见，更难为可贵的是书中还提供了大量遗址发掘现场的彩色照片，可以直观地理解作为手镯的"T"字形环在东南亚史前考古学文化中的使用方式[1]。

　　查尔斯·海厄姆所认同的^{14}C测年数据显示，班诺洼遗址新石器时期聚落开始于公元前17世纪，班清遗址新石器时代墓葬最早的年代为公元前16世纪，所以"尽管东南亚地区可能还有时代更早的遗址，但总的来看，新石器时代的年代为公元前两千纪"[2]。他的这个认识，尤其是对班清这个东南亚大陆最著名的史前遗址的年代推断，比班清遗址发掘者之一的乔伊斯·怀特所认可的测年数据大为推后，双方实际上是代表西方学者对东南亚大陆青铜时代肇始年代和青铜铸造技术来源的两派观点，争论的焦点体现在班清遗址的测年上。所以，对泰国这几处重要的早期遗址的介绍须从班清遗址开始。

　　班清遗址位于泰国东北部呵叻高原的乌隆地区，1974—1975年宾夕法尼亚大学博物馆与泰国艺术局曾进行过两次正式发掘，童恩正在《近二十年来东南亚地区的考古新发现及国外学者对我国南方古文明起源的研究》中有所提及，彭南林后来于《云南民族学院学报》上也有专文介绍[3]。据乔伊斯·怀特在《东南亚青铜技术起源新论》中的阐述，班清是一个墓地与居址混合的遗址，史前堆积的年代跨度至少从公元前3000年晚期延伸到公元1000年，她特别强调这里使用的所有测年数据皆已基于OxCal v.4.0.1程序所采用的intCa104校准曲线进行过校正。最早的金属证据出自班清遗址下

　　[1]　因涉及版权问题，本文未引用书中照片，仅在叙述过程中注明照片出处，方便读者查阅。

　　[2]　〔新西兰〕查尔斯·海厄姆著，云南省文物考古研究所译（翻译：蒋璐、孙潇娜，译审：曹楠）：《东南亚大陆早期文化：从最初的人类到吴国王朝》，第412页。

　　[3]　童恩正：《近二十年来东南亚地区的考古新发现及国外学者对我国南方古文明起源的研究》，《西南民族学院学报》（哲学社会科学版）1983年第3期。彭南林：《泰国班清文化》，云南省博物馆编：《云南省博物馆学术论文集》，昆明：云南人民出版社，1989年，第295—204页；原载《云南民族学院学报》（哲学社会科学版）1987年第3期。

层早期，墓葬出土陶器中稻米掺和物的AMS测年数据显示下层早期的年代在公元前2100—前1700年这一范围内。乔伊斯·怀特在2008年对相关的AMS测年数据进行了回顾，重申班清青铜技术的出现年代在公元前2000年早期[1]。

查尔斯·海厄姆虽然也认为班清遗址是呵叻高原上唯一一个经过科学断代的新石器时代遗址，但他把班清遗址的开始年代定于公元前1600—前1450年，根据早期二段的4个测年数据则将该期的年代定在公元前14—前11世纪[2]，也就是把班清遗址的年代定在公元前17世纪—前10世纪。在《东南亚青铜时代的断代：文化内涵的重要作用》中，他又表述了他的测年数据的由来和不认同乔伊斯·怀特测年数据的依据[3]。童恩正也注意到班清遗址与东南亚其他一些遗址相似，存在着地层扰乱和鉴定的标本受污染的问题[4]。

王大道主张将班清文化的含义限制在青铜文化范畴之内，他根据乔伊斯·怀特修订后的班清遗址分期表和新田荣治介绍的宾夕法尼亚大学公布的班清遗址¹⁴C测年数据，认为班清文化与云南滇文化、越南东山文化大体时代相同，是公元前1000年左右至公元前后分布在不同地域、具有自身特点的独立的青铜文化[5]。这与查尔斯·海厄姆关于"班清遗址出土的人骨与猪骨的放射性碳测年数据表明新石器时代晚期向青铜时代过渡的时间在公元前11世纪"[6]的观点是吻合的。笔者也认为，班清遗址青铜时代墓葬年代开始于公元前11—前10世纪的看法是比较客观的。也就是说，本文基本赞同查尔斯·海厄姆在《东南亚大陆早期文化》中对泰国这几处史前遗址年代的判断，包括其"从时间上看，处于新石器时代中期和晚期的东南亚，在其远在两千公里外的北方已形成了强大的青铜时代国家"[7]的看法。倒是乔伊斯·怀特关于公元前2000年的西伯利亚南部为东南亚冶金系统的源头的观点，笔者认为有一定的道理。但也正是

[1]〔美〕乔伊斯·怀特，伊丽莎白·汉密尔顿著，陈玮译，吕红亮校：《东南亚青铜技术起源新论》，四川大学博物馆、四川大学考古学系、成都文物考古研究所编：《南方民族考古》（第七辑），第62、75页。

[2]〔新西兰〕查尔斯·海厄姆著，云南省文物考古研究所译（翻译：蒋璐、孙漪娜，译审：曹楠）：《东南亚大陆早期文化：从最初的人类到吴国王朝》，第412页。

[3]〔新西兰〕查尔斯·海厄姆著，王剑雄、钟治译，吕红亮校：《东南亚青铜时代的断代：文化内涵的重要作用》，四川大学博物馆、四川大学考古学系、成都文物考古研究所编：《南方民族考古》（第六辑），北京：科学出版社，2010年，第151—162页。

[4]童恩正：《近二十年来东南亚地区的考古新发现及国外学者对我国南方古文明起源的研究》，《西南民族学院学报》（哲学社会科学版）1983年第3期。

[5]王大道：《云南青铜文化及其与越南东山文化、泰国班清文化的关系》，《考古》1990年第6期。

[6]〔新西兰〕查尔斯·海厄姆著，云南省文物考古研究所译（翻译：蒋璐、孙漪娜，译审：曹楠）：《东南亚大陆早期文化：从最初的人类到吴国王朝》，第135页。

[7]〔新西兰〕查尔斯·海厄姆著，云南省文物考古研究所译（翻译：蒋璐、孙漪娜，译审：曹楠）：《东南亚大陆早期文化：从最初的人类到吴国王朝》，第134页。"北方"指中原地区，笔者注。

基于这种认识，如果拿云贵高原最早的青铜时代遗址——剑川海门口遗址为参照[1]，更说明不了班清遗址青铜文化遗存的年代能早过公元前17世纪。

位于呵叻高原蒙河上游的班诺洼遗址和班清遗址一样，也是新石器时代向青铜时代转变的重要遗址，开始与延续时间很接近，都有随葬铜器的墓葬，叠压于新石器时代墓葬之上。班诺洼遗址上部是一个环壕围绕的大型青铜和铁器时代遗址，底部是新石器时代遗存，堆积包括贝壳、动物骨骼、人工制品和灶等，灶中木炭测年为公元前17世纪[2]。班诺洼遗址新石器时代墓地墓葬分布特点是：在主广场的西部是仰身直肢葬，东部是屈肢葬，每类均有各自特色的随葬品。测年数据表明，下葬年代在公元前15世纪左右。青铜时代的墓葬分为六期，时间为公元前11—前5世纪后半段，相当于中原商晚期到战国早期阶段。青铜时代1期（公元前1050—前1000年）第569号墓船棺中安葬一位年轻女性，左腕戴一个贝壳手镯，棺内外均葬有陶器。青铜时代2期（公元前1000—前850年）墓葬中有六个男性戴有砗磲贝壳[3]制成的手镯以及17件大理石手镯，这些物品在其他青铜时代遗址中是很罕见的，所以常见用铜线小心修补的迹象。第197号墓和第466号墓墓主人都是男性，随葬品甚为丰富，左右手腕都佩戴有领手镯。第466号墓墓主人双臂更是佩戴了数量众多的贝壳臂环（钏），男女都有佩戴贝壳耳玦的现象。青铜时代3期（公元前850—前800年）的3A期第206号墓，中年男性的墓主人双臂戴了54件马蹄螺壳臂环（钏），两腕戴了18件砗磲手镯。图片显示，左腕1件大的砗磲有领手镯和数量众多的臂环（钏），右腕1件大的砗磲有领手镯和16件相对小的砗磲有领手镯，右臂的马蹄螺壳环（钏）则明显少于左臂[4]。第3A期墓葬仍然很大，随葬品也很丰富，外来的贝壳装饰品仍然大量地被男性和女性佩戴，除了三座墓葬外，大理石手镯在其余墓葬中也发现不少。但从第3B期开始，这类装饰品不断减少。有可能是青铜手镯逐渐在替代贝壳和大理石手镯，因为青铜时代4期（公元前800—前700年）第89号墓发现疑似青铜手镯的碎片，第549号墓出土了29件完整的铸造铜釜和手镯的陶范，遗址中还发现了坩埚碎片。班清遗址也可看到青铜时代墓葬中男性墓主人左腕佩戴多件青铜手镯的例子[5]。这种佩戴方式与云南高原石寨山文化墓葬

[1] 李昆声、闵锐：《云南早期青铜时代研究》，《思想战线》2011年第4期。

[2] 〔新西兰〕查尔斯·海厄姆著，云南省文物考古研究所译（翻译：蒋璐、孙漪娜，译审：曹楠）：《东南亚大陆早期文化：从最初的人类到吴国王朝》，第113—115页。

[3] 砗磲（Tridacnidae spp.）是海洋中最大的双壳贝类，最大体长可达1米以上，重量达到300千克以上。主要分布在印度洋、太平洋海域，中国的台湾、海南、西沙群岛及其他南海岛屿也有这类动物分布。

[4] 〔新西兰〕查尔斯·海厄姆著，云南省文物考古研究所译（翻译：蒋璐、孙漪娜，译审：曹楠）：《东南亚大陆早期文化：从最初的人类到吴国王朝》，第139、142、143、145页。

[5] 〔新西兰〕查尔斯·海厄姆著，云南省文物考古研究所译（翻译：蒋璐、孙漪娜，译审：曹楠）：《东南亚大陆早期文化：从最初的人类到吴国王朝》，第157页。

中铜钏或有领环的佩戴方式很相似。

距离班清遗址西南23千米处的班纳迪（Ban Na Di）遗址，发现了青铜时代至铁器时代早期墓葬，年代可能在公元前800—前400年，出土的板岩和大理石有领手镯被认为是通过交换得到的。在1A段墓葬中，青铜制品仅见用来修补破碎的大理石手镯的金属线，随后的1B和1C段墓葬中都出现了青铜手镯（图四）[1]。泰国中部地区的农诺（Nong Nor）遗址也发现了很多的贝壳、大理石和蛇纹岩，以及青铜制成的有领手镯，直径10—14厘米，蛇纹岩手镯曾用青铜线修复，破损很严重[2]。这种明确用青铜线修补的做法在云贵高原最早见于楚雄万家坝M75出土的"T"字形玉环上[3]，万家坝M75的年代定在春秋晚期至战国早期，要比东南亚大陆所见晚很多。

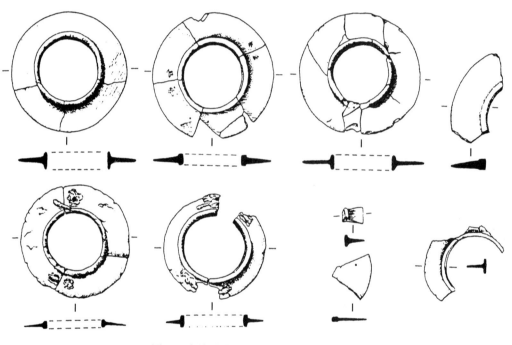

图四 班纳迪遗址出土玉石"T"字形环

科帕农迪遗址距泰国湾现海岸22千米，是一个面积约5公顷的大土丘，为一处狩猎采集遗址，年代为公元前2000—前1500年。1984—1985年的发掘区域位于土丘中心，面积为10平方米，最底层的堆积距离现今土丘地表深约7米，有11层堆积，发掘工作

[1] 〔新西兰〕查尔斯·海厄姆著，云南省文物考古研究所译（翻译：蒋璐、孙滃娜，译审：曹楠）：《东南亚大陆早期文化：从最初的人类到吴国王朝》，第160页；插图引自〔日〕吉开将人：《论"T"字玉环》，香港中文大学中国考古艺术研究中心编：《南中国及邻近地区古文化研究》，第269页，图32-5。

[2] 〔新西兰〕查尔斯·海厄姆著，云南省文物考古研究所译（翻译：蒋璐、孙滃娜，译审：曹楠）：《东南亚大陆早期文化：从最初的人类到吴国王朝》，第165页。

[3] 云南省文物工作队：《楚雄万家坝古墓群发掘报告》，《考古学报》1983年第3期。文中称"有领玉镯"。

持续了七个多月，收获颇丰。第五墓葬阶段发现了一些外来的装饰品，包括串珠、耳饰、有领手镯及璧等。照片显示，第15号墓葬女性墓主人佩戴贝壳制成的耳饰，左腕戴1件很重的贝壳手镯。第16号墓葬墓主人为一位15个月大的婴儿，墓穴较大，紧靠15号墓葬，随葬品包括数以千计的贝壳、珍珠和左腕佩戴的1件外来贝壳有领镯。查尔斯·海厄姆推断，科帕农迪居民是外来的新石器时代的耕种者，但他们在入海口定居后，发现当地的盐水环境无法种植水稻，因此成为狩猎采集者[1]。从《东南亚大陆早期文化》中披露的信息中还无法明确科帕农迪遗址第五墓葬阶段的具体年代，只能判断是公元前2000年以后，作为腕饰的有领镯都是由砗磲贝壳制成的，板岩制成的手镯出现在第2层和第3层，说明即便是功用和形式都没有发生变化，但有领镯的质地随着时代的发展而变化。科帕农迪遗址没有发现青铜器，该遗址于公元前16世纪或前15世纪被废弃，查尔斯·海厄姆由此认为青铜时代的到来应该在这个时间之后。

从泰国这几处重要的史前遗址的考古发现来看，新石器时代晚期到铁器时代早期墓葬都是以窄长方形竖穴土坑仰身直肢葬为主，与越南北部的情况相似。手腕佩戴有领镯的习俗在新石器时代晚期的科帕农迪遗址就已经出现，这种习俗在东南亚大陆一直延续到铁器时代早期。最早的有领镯是贝壳制作的，后来陆续出现大理石、板岩等石质和青铜质地的有领镯，而且呈璧形的宽边有领镯也不少，质地以砗磲贝壳为多。新石器时代晚期和青铜时代早期阶段似只见左腕佩戴单个有领镯，之后出现双腕佩戴数量不等的有领贝壳镯或石镯，而且常见双臂佩戴由众多贝壳环成串组成的臂钏，班诺洼遗址青铜时代2期第571号墓还看到双臂戴成套臂钏、仅右腕戴单个有领镯的现象[2]。这些腕饰、臂饰都出自随葬品比较丰富的墓葬中，显然墓主人或其亲属是相对富有且地位比较高的。以有领镯来说，它也是等级和身份的象征，这与云贵高原青铜时代文化中有领镯的属性特征相同，其与成串贝壳臂钏的组合佩戴方式同石寨山文化高等级墓葬中玉石或青铜有领镯和成串青铜臂钏的佩戴方式几乎一模一样，但从年代序列上看，以班诺洼遗址为代表的东南亚地区出现的时间更早，测年数据表明起码能到公元前8—前7世纪，相当于中原春秋早期。用铜线修补石质有领镯的现象在上述几个遗址中也比较常见，喜欢佩戴耳玦饰的风俗也从新石器时代贯穿到早期铁器时代。这些特征都与分布于成都平原的古蜀文明不同，从文化传统上来说两地是有区别的。而且，无论是三星堆文化还是十二桥文化中的"T"字形璧环都不是出自墓葬，而是出于与祭祀相关的器物坑或地层当中。所以，成都平原青铜时代考古遗存中的"T"字

---

[1]　〔新西兰〕查尔斯·海厄姆著，云南省文物考古研究所译（翻译：蒋璐、孙漪娜，译审：曹楠）：《东南亚大陆早期文化：从最初的人类到吴国王朝》，第84—86、91、96页。

[2]　〔新西兰〕查尔斯·海厄姆著，云南省文物考古研究所译（翻译：蒋璐、孙漪娜，译审：曹楠）：《东南亚大陆早期文化：从最初的人类到吴国王朝》，第183、191页。

形璧环属性为礼器或祭器，不是东南亚和云贵高原常见作为手镯来使用。而且古蜀文明中的"T"字形璧环出现的时间也不比越南北部早，如年代在商代早期的三星堆遗址仓包包器物坑出土的全是无领璧环，商晚期的1、2号祭祀坑所出者才是"T"字形璧环[1]。

三、"T"字形环的来源

有关东南亚尤其是越南北部"T"字形环的来源，以往学者讨论很多，主流的观点认为来自成都平原的三星堆文化。例如，《越南义立——冯原文化遗存发掘报告》中认为："冯原文化中出土的玉戈、玉璋、T字形玉环、玉璧等礼仪性用具就与三星堆遗址出土的同类器物非常相似。越南义立遗址出土的陶器虽多表现为土著文化因素，但一些玉石礼器和遗迹现象，如T字形玉环、石璧形器以及方形灰坑等则体现出与三星堆文化的某些相似性和一致性。"[2]彭长林在其越北牙璋的研究文章中也说："冯原文化中的突沿镯出现时间相比岭南要更早一些，其来源也只有三星堆文化，此后更一直向南传到泰国和马来西亚。玉石璧在冯原文化中也多见，岭南只在石峡文化中有少量发现，到石峡中文化层以后消失不见，珠三角极少发现，而三星堆文化中大量出土玉石璧，中兴乡燕家院子和真武仓包包台都发现埋藏大量大小依次递减的成组玉石璧的器物坑，它们之间也应有传承关系。"[3]

持上述观点的学者还有很多，李昆声和陈果在《中国云南与越南的青铜文明》中专门有一章节论述云南和东南亚大陆的"T"字形璧、环的源流，但并没有清晰并令人信服地回答这个问题。一方面他们似乎赞同来自成都平原的影响："在夏、商、西周时期，四川盆地地区与越南的文化交流，主要集中于统治者所使用的各种礼、乐重器，在这一时期两地文化中的玉石耳环、耳玦、牙璋、手镯等器物都有着各种密切的联系。"另一方面又说："但从时间上看，成都平原青铜时代与越南所具有相似文化因素，更多的是体现在春秋战国及其后的器物上，而成都平原在青铜时代与冯原文化所具有的相似的玉器文化因素，可能是由于受到同一文化源体——古代中国的东夷—濮越文化的分别传播。"给出的传播路线是"第二条为山东→河南→江西→广西、广东→越南、泰国"。把东南亚大陆"T"字形璧、环的出现总结为两个阶段："第一阶段，新石器时代晚期，大约为距今4000年，由于中国古越族群的迁徙，有一部分越人沿东南沿海进入越南、泰国等东南亚地区，并带去了较为原始的龙山文化时期的形

［1］　四川文物考古研究所编：《三星堆祭祀坑》，北京：文物出版社，1994年，第534、578页。

［2］　四川省文物考古研究院等：《越南义立——冯原文化遗存发掘报告》，第153页。

［3］　彭长林：《越南北部牙璋研究》，《华夏考古》2015年第1期，第68页。

制，在此后的发展中有所改进发展，但并不多见；第二阶段，战国中后期，由于受到来自云南滇文化的影响，再次盛行。"[1]

李昆声和陈果关于东南亚大陆"T"字形环源流的论述首先没有否认越南北部的玉石牙璋和"T"字形环来自成都平原的可能性，但更倾向于中原地区的"T"字形璧、环是在新石器时代晚期伊始由古越族经两广进入越南和泰国等地的，而青铜时代后期到早期铁器时代东南亚大陆"T"字形环的再度兴盛是受到云南滇文化的影响。对此，笔者想在考古学文化背景下从三个方面予以阐述，进而提出自己的看法：首先，是年代早晚的辨析，时间早晚无疑是讨论文化传播与交流的基石；其次，是遗物的出土状况，遗迹单位而非地层的原始埋藏状态是理解器物功用和属性的最佳资料，与其属性相同的伴出物是特别需要重视的；最后，也是多数学者有关注但未展开讨论的一点，就是从考古学文化的背景理解文化传播背后的推动力是什么。

目前所知，分布于越南东北沿岸及岛屿的下龙文化和红河三角洲的梅波文化是"T"字形环出现最早的地区[2]，其后年代可能略晚的富寿省马栋丘遗址和波来古高原扁湖文化也都发现形制相对规整的"T"字形环，都是石环，是否有达到玉质的尚无法得知。这些遗址的年代都被认为是新石器时代中晚期，提供的测年数据相当于中原地区的龙山时代和夏代早期。但从"T"字形环在中国大陆的出现时间和传播路径来看，上述出土"T"字形石环的遗址具体年代是否能早到4000年以前，颇存怀疑，尚需更多的测年数据和陶器类型学排比的结果来验证，无青铜器仅是其时代偏早的证据链之一。笔者认为，起源于中原豫西晋南地区的"T"字形环是在夏末商初时期到达了粤东和环珠江口地区，然后沿粤西南和桂南的陆路或海路传播到越南北部地区，"T"字形环在越南北部出现的时间不大可能早过商代[3]。长睛遗址被认为是越南北部冯原文化时期最重要的玉作坊遗址，1996年底至1997年初，越南考古学院、海防博物馆及香港中文大学中国考古艺术研究中心联合对其进行了第三次发掘，在底部第5层所揭示的玉作坊遗迹是迄今越南所确认最古老的玉作坊。北京大学第四纪年代测定实验室加速器质谱的[14]C测年数据目前还未得知，但澳洲国立大学地球科学研究所对第5层炭样本的测定数值为距今3440±60年（未校正）[4]。前面提到的义立遗址测年数

[1] 李昆声、陈果：《中国云南与越南的青铜文明》，第32、423、425页。

[2] 越南考古学院阮金容博士论文中也提到下龙、梅波和保卓（Bau Tro）文化的年代最早为距今5000—4000年，冯原文化年代距今4500—3500年。见〔越〕阮金容（Nguyen Kim Dung）：《越南出土的玉玦》，邓聪、吴春明主编：《东南考古研究》（第四辑），第147—152页。

[3] 张强禄：《从华南所见有领璧环看夏商礼制南渐》，《古代文明》（第13卷），上海：上海古籍出版社，2019年，第57—91页。

[4] 邓聪、阮金容：《越南海防长睛遗址的考古发现》，邓聪、吴春明主编：《东南考古研究》（第三辑），厦门：厦门大学出版社，2003年，第66—70页。

据为距今3700—3500年，属冯原文化中期偏早阶段。这两个遗址亦未见青铜器，时代相当于夏代晚期到商代早中期，若以"T"字形环和石戈出现的年代来看，与环珠江口和闽南粤东地区大体同步，其年代判定似更具可靠性。以这两个遗址的测年数据为参考再审视冯原文化的年代，笔者认为李昆声等的推断是相对合理的，前述查尔斯·海厄姆和卢智基对慢薄遗址的年代判断相当于中国的商代，大抵也在这个时间段。而三星堆遗址一号祭祀坑的年代约在殷墟一期，二号祭祀坑约为殷墟二期[1]，都属商代晚期，不会早过环珠江口和越南北部地区，东南亚大陆其他地区"T"字形璧、环的年代就更晚了。所以，李昆声和陈果关于"T"字形璧、环由中国东南、华南的百越族群的迁徙流带到越南、泰国等东南亚地区的看法，笔者是大致认同的，但时间早不到距今4000年。

东南亚大陆"T"字形璧、环来源还须考虑的一个因素是考古学文化的传统问题，即从考古发现的"T"字形璧、环出土状况看它的功用和使用方式，相同属性物品的伴出情况，以及与本地的考古学文化传统是否相契合，这也是笔者要关注玦（耳环）在越南和泰国等地史前遗址出土状况的原因。玉器是东亚的传统，而作为装饰品的玉玦更是其中的典型代表之一。据邓聪的研究，现今所知东亚最早的玦饰出现于距今约8000多年前中国东北的兴隆洼文化，"在相当于龙山文化的阶段，黄河及长江流域两地，玦饰并不发达，而东北辽河及珠江三角洲一带的玦饰，却比较盛行"[2]。玉玦也是中国南方地区最早的玉器之一，长江下游的河姆渡文化和马家浜文化、长江中游的大溪文化是目前已知最早出土玦的考古学文化，河姆渡文化出现玦的时间要早于马家浜文化和大溪文化[3]。杨建芳也认为南中国耳玦的源头在浙东滨海地区，向南影响到闽台、两广和东南亚地区[4]。

马家浜文化浙江安吉塔山墓地不论男女都有可能随葬玉玦，并与随葬品的数量不成正比[5]，泰国北部的班诺洼遗址也是男女都有佩戴贝壳耳玦的习俗，东南亚新石器时代佩耳玦的习俗当可追溯到环太湖地区的马家浜文化。长江下游的环太湖地区，作为耳饰的玦在崧泽文化早期之后渐渐阙如[6]；宁镇地区相当于崧泽早期的北阴阳营第二期文化墓葬当中还出有玉璜和耳玦，同时期的常州圩墩遗址也有所发现，但相当于

[1] 四川文物考古研究所编：《三星堆祭祀坑》，第432页。

[2] 邓聪：《从〈新干古玉〉谈商时期的玦饰》，《南方文物》2004年第2期。

[3] 陆建芳主编，方向明著：《中国玉器通史·新石器时代南方卷》，深圳：海天出版社，2014年，第6—8页。

[4] 杨建芳：《从玉器考察南中国史前文化传播和影响》，《东南文化》2008年第4期。

[5] 孙国平：《河姆渡文化玉器再研究——从田螺山遗址谈起》，邓聪、吴春明主编：《东南考古研究》（第四辑），第125—134页。

[6] 方向明：《崧泽文化玉器及其相关问题的研究》，《东南文化》2010年第6期。

崧泽晚期的北阴阳营第三期文化中玉石饰品已属罕见[1]。到了距今4500—4000年的环珠江口区域却又见玦饰盛行,这应该是通过粤北石峡文化传导过来的,石峡文化墓葬中出土的玉石玦也应是作为耳饰来用[2]。据邓聪的统计,环珠江口地区目前发现30多处以石英等制作环玦饰物的作坊遗址[3],他通过对江西新干大洋洲商代大墓出土玉玦的观察,认为新干扁薄形玦饰不但在环珠江口区域一度流行,在越北红河三角洲相当于商时期的冯原文化也比较常见,再结合冯原文化环玦饰玉石作坊遗址的考古发现,以及牙璋、戈、璧、管玉串饰等玉器在冯原文化中的同时涌现,他认为:"让我们很难想象越北冯原文化的玦饰与西南四川间的交流关系。冯原文化玦饰传统来源的探索,毋宁将视线转移到岭南甚或长江中游方面去考虑。"[4]

如果我们以先于"T"字形环、戈、牙璋等抵达越南北部的玦饰为参考,冯原文化的"T"字形环是经由环珠江口区域传入的推论更有说服力。就目前的考古发现来看,不论是三星堆文化还是随后的十二桥文化,夏商周时期的成都平原都没有使用耳玦的传统,东南亚大陆的耳玦习俗肯定不是来自成都平原。而与玦经常伴出的、同样作为装饰品的"T"字形环,完整者基本上也都出自墓葬,其使用方式也与成都平原古蜀文明的风格不同,遵循的是古越族的文化传统。所以,置于考古学文化的背景之下,把同样作为装饰品的玦和"T"字形环放在一起考察,认为东南亚大陆作为手镯使用"T"字形环的习俗来自环珠江口地区而非成都平原的理由要充分得多,正如学者会将成都平原的"T"字形环称为"有领环/璧/瑗"或"凸好郭璧",而不会称为"有领手镯"或"突/凸沿镯",很明显它们分别属于来源不同、功用亦不同的两套体系。

东南亚大陆的"T"字形环从两广最先抵达越南东北沿海岛屿和红河三角洲,在红河三角洲站稳脚后,向北一方面溯红河支流——锦江影响到桂西南的那坡县感驮岩遗存[5],另一方面可能沿红河干流和支流泸江进入滇南和滇东南地区;向西估计是通过沱江和马江进入了湄公河流域,进而到达泰国东北部的呵叻高原。因为不论是玉石"T"字形环还是同心圆玦或偏心圆玦,似乎在青铜时代越南东南部的同奈河流域都不

[1] 南京博物馆:《北阴阳营》,北京:文物出版社,1993年,第95—97页。

[2] 广东省文物考古研究所等:《石峡遗址——1973—1978年考古发掘报告》,北京:文物出版社,2014年,第289页。

[3] 邓聪:《环珠江口崛起——新石器时代玉石作坊》,李世源:《珠海文物集萃》,香港中文大学中国考古艺术研究中心,2000年,第14页。

[4] 邓聪:《从〈新干古玉〉谈商时期的玦饰》,《南方文物》2004年第2期,第9页。

[5] 广西壮族自治区文物工作队、那坡县博物馆:《广西那坡县感驮岩遗址发掘简报》,《考古》2003年第10期。

曾出现过[1]，说明这个时期来自岭南的百越文化并不是沿越南近海地带一路南下进入泰国湾的。

当然，仅以玉石环玦、戈、璋等器物来做文化传播路径的推理，说服力还是不够的。好在目前原始稻作农业随着人口的迁徙、文化的交流，逐波向西南方向传播的最新考古发现和研究成果为我们提供了技术和生计方面的合理解释。童恩正就曾指出："从中国长江以南至中南半岛的北部，既然古代文化相似，物产相同，则各族人民之间的直接或间接的交往，想必是存在的。栽培稻在一个地方起源以后，完全可能迅速传播开来。当然，这种传播的方式，既可能是由于民族迁徙而引起的直接技术传播，也可能是间接的'观念的'传播。"[2]水稻是东南亚史前社会晚期最重要的资源，这也是查尔斯·海厄姆在他的著作中一再强调的。民以食为天，正是这种具有战略性的生产技术和由此获得的食物保障，得以支撑和推动中国大陆早期的农业人群向岭南和东南亚的流动，并与当地的狩猎采集者融合，而那些非实用的、精神层面的、体现中原夏商礼制文化的玉石礼器才得以流传开来。

华南和西南地区稻作农业是由长江中下游地区传播而来目前已成共识，东南沿海地区的广东和福建以及台湾的稻作农业，出现的年代几乎是同时的，大约都不超过距今5000年，并在距今4500年以后开始比较普遍[3]。人工栽培稻在中国新石器时代的东南和华南越来越多被发现，也在不断充实这种推理的证据链。2018年4月，中国科学院古脊椎动物与古人类研究所吴妍披露，通过采用植硅体分析方法，在浙江省龙游县的荷花山遗址中找到了距今1万多年前野生稻存在以及逐渐被驯化的证据。这或许是继湖南道县玉蟾岩、江西万年仙人洞、浙江浦江上山等遗址发现年代超万年水稻遗存以来最具决定性的证据。引用中国考古学会植物考古专业委员会主任赵志军的话："大约到距今6000到5000年间，稻作农业最终完全取代采集狩猎，成为长江中下游地区经济的主体，从此进入农业社会阶段。"[4]往南，也是2018年，确认在福建明溪南山洞穴遗址第二期文化（距今5300—4800年）和第三期文化（距今4800—4600年）堆积中发现了大量植物遗存，以水稻和粟、黍为主，水稻是目前在武夷山东麓地区发现的最早的水稻遗存，而粟和黍两种小米是目前华南地区（包括岭南和武夷山脉以东地区）发现的最早的小米遗存。在第三期文化发现墓葬4座，保存有人骨，但无随葬品，葬式包

---

［1］ 〔越〕裴志黄（Bui Chi Hong）：《越南东南部遗址出土的饰物》，邓聪、吴春明主编：《东南考古研究》（第四辑），第153—155页。

［2］ 童恩正：《略述东南亚及中国南部农业起源的若干问题——兼谈农业考古研究方法》，《南方文明》，重庆：重庆出版社，2004年，第117页；原载《农业考古》1984年第2期。

［3］ 张弛、洪晓纯：《华南和西南地区农业出现的时间及相关问题》，《南方文物》2009年第3期。

［4］ 新华社北京4月3日电（记者屈婷、刘欣）：《科学家发现"稻作起源长江中下游"新证据》，新华社官方微信"中国聚焦"，2018年4月3日。

含俯身屈肢葬、仰身直肢葬和仰身屈肢葬[1]。南山遗址不仅提供了距今5300—4600年稻作农业和粟作农业南传的确凿证据，4座墓葬不同的葬式可能还暗示了文化多样性的存在。

　　岭南的广东，目前水稻遗存证据确凿的是南岭南麓的韶关曲江石峡遗址和珠江三角洲的广州黄埔茶岭遗址。在新石器时代晚期的石峡文化中发现了炭化稻谷。粤北的石峡文化与长江下游的良渚文化有很深的渊源，稻作农业的来源当与良渚文化密不可分。珠江三角洲地区新石器时代晚期的遗存中石峡文化的因素越来越多被发现，暗示早期稻作农业经石峡文化向南传播，在新石器时代晚期出现在珠江三角洲的可能性很大，而2018年初广州黄埔区茶岭和草甘岭新石器时代晚期遗址中人工栽培稻遗存的发现及确认恰好证明了这个推测[2]。广西比较早的稻谷遗存发现于靠近湖南的资源县晓锦新石器晚期遗址的二、三期文化层中，出土了丰富的人工栽培炭化稻谷。发掘简报推断第二期年代在距今6000—4000年，属于新石器时代中晚期；第三期年代距今4000—3000年，为新石器时代末期，最晚阶段可能已进入商周时期[3]。张弛和洪晓纯认为，晓锦第二期遗存应在龙山时代晚期以后，年代校正后大致属新石器时代的末期[4]。广西另一个比较明确发现炭化稻和炭化粟的是桂西南那坡感驮岩遗址二期后段遗存，测年数据距今3800—2800年[5]。

　　临近桂西南的云南省广南县大阴洞遗址地层和灰坑内也发现了炭化稻谷，清理的17座墓葬均为土坑墓，人骨保存较好，葬式有仰身直肢葬、屈肢葬、二次葬等。初步判断大阴洞遗址的年代为云南新石器时代晚期至青铜时代[6]。越南北部红河三角洲新石器时代晚期和青铜时代水稻遗存发现的证据也非常多，张弛和洪晓纯以及查尔斯·海厄姆等的著述都有提及，最早的年代大概在距今4000年前后。

　　《汉书·地理志》注引臣瓒曰："自交趾至会稽七八千里，百越杂处，各有种姓，不得尽云少康之后也。"[7]从江浙到闽赣，直至两广、滇东南、滇南和越南北

---

　　[1]　中国社会科学院考古研究所等：《福建明溪南山遗址》，《中国文物报》官方微信"文博中国"，2018年3月21日。

　　[2]　Xiaoyan Yang, New radiocarbon and archaeobotanical evidence reveal the timing and route of southward dispersal of rice farming in south China, *Science Bulletin*, Vol.63(2018), pp.1495-1501; 夏秀敏、张萍、吴妍：《广东珠江三角洲地区茶岭遗址的水稻遗存分析》，《第四纪研究》2019年第1期。

　　[3]　广西壮族自治区文物工作队等：《资源县晓锦新石器时代遗址发掘简报》，《考古》2004年第3期。

　　[4]　张弛、洪晓纯：《华南和西南地区农业出现的时间及相关问题》，《南方文物》2009年第3期。

　　[5]　广西壮族自治区文物工作队、那坡县博物馆：《广西那坡县感驮岩遗址发掘简报》，《考古》2003年第10期。

　　[6]　万杨：《广南大阴洞遗址发现云南目前规模最大的早期洞穴墓地》，"云南考古"官方微信，2018年3月5日。

　　[7]　《汉书》卷二十八《地理志·第八下》，北京：中华书局，1983年，第1669页。

部，都是百越杂处的地带，考古学文化上通常也把他们归为百越文化系统。北方粟作农业的南传路径目前还不是很清晰，但就原始稻作农业来说，自长江中下游一路朝西南方向的东南亚大陆的传播路径和时间节点已经是比较清晰了，如查尔斯·海厄姆所言："目前的证据表明新石器时代的水稻种植人群在公元前三千纪时进入中国南部，之后便开始向东南亚渗透。沿河流和海岸的路线都极可能被利用，并引导他们到达主要河流及其支流和河口的广阔冲积平原。这个移民时期的印记在红河三角洲表现得特别清楚，这里发现了很多新石器时代聚落，属于以冯原（Phung Nguyen）遗址命名的考古学文化，其中有一些进行了考古发掘。这个地区为第一批水稻种植者沿着海岸线的渗透提供很多机会。"[1]体质人类学的研究成果表明僙薄遗址人群与现代的老挝人和史前中国的圩墩和崧泽人群最为接近，遗址中的人口包括了来自中国南部的移民，他们与当地原有的人群接触并融合[2]。显然，物质和技术传播与交流的背后是人口的迁徙和流动，当然它也不是长距离、一次性实现的。童恩正在研究古代中国南方与印度交通问题时，根据民族学的资料说明交通运输是间接而不是直接的，商品货物以接力棒的形式经由不同的传递者辗转各地，最后到达遥远的目的地[3]。

四、余　论

本文以越南北部和泰国中、北部新石器时代至青铜时代的"T"字形环为代表，讨论"T"字形环在东南亚大陆出现的时间和大致的传播路径，想要表达的核心意思有两层：第一是想阐述笔者一贯认为的东南亚大陆的"T"字形环是经由岭南而非四川盆地传入的观点；第二是想透物见人，以此探寻史前时期岭南的百越族群在中原地区、长江中下游地区先进文化的影响下，进行波浪式的人口迁徙、技术传播以及文化交融。

相对于牙璋、戈、"T"字形环、璧等这些根源于中原地区的夏商玉石礼器，地位更高、等级礼仪象征更为突出的中原夏商青铜礼器并未在东南和岭南地区得以广泛流传。究其原因，既有技术工艺复杂制作难度高、青铜礼器体量大不便携带迁徙，甚或不实用或不方便使用等客观因素，更有底层文化相互认同与接受的主观因素。豆海锋认为："铜器对南方地区的辐射力不如玉器强，可能与铜器制造技术和用玉传统有关。"[4]他也认为存在技术和传统两方面的原因。《庄子·逍遥游》中有"宋人资章

---

［1］〔新西兰〕查尔斯·海厄姆著，云南省文物考古研究所译（翻译：蒋璐、孙漪娜，译审：曹楠）：《东南亚大陆早期文化：从最初的人类到吴国王朝》，第106页。

［2］〔新西兰〕查尔斯·海厄姆著，云南省文物考古研究所译（翻译：蒋璐、孙漪娜，译审：曹楠）：《东南亚大陆早期文化：从最初的人类到吴国王朝》，第108、109页。

［3］童恩正：《古代中国南方与印度交通的考古学研究》，《考古》1999年第4期。

［4］豆海锋：《从出土遗物看商时期南方与中原的文化互动》，《考古》2017年第4期。

甫适诸越，越人短发文身，无所用之"[1]的记载，这种有用或无用、喜好与否的价值观和传统，往往会成为非暴力手段的文化传播与交流是否顺畅的决定因素。源于长江中下游的玉石环玦装饰传统，经环珠江口地区传播到东南亚大陆，流行的时间贯穿于东南亚大陆的新石器时代晚期到铁器时代早期，与此相对应的是以大型青铜礼器为代表的中原青铜文化对上述地区的影响非常有限，虽然风格迥异但也同样发达的三星堆文化的青铜礼器也未影响到东南亚大陆，这也是笔者认为东南亚大陆的 "T" 字形环不是来自四川盆地的理由之一。

附记：本文摘要英文翻译由广州市文物考古研究院王斯宇女士完成，特此致谢。

Rediscussion on the T-Shaped Rings of the Southeast Asian Mainland

Zhang Qianglu

(Guangzhou Municipal Institute of Cultural Relics and Archaeology)

Abstract: The T-shaped rings emerged in Southeast Asia during the late Neolithic period and continued into the early Iron Age. They are one of the most typical prehistoric ornaments on the Southeast Asian mainland. Due to their special shape, they have long attracted scholarly attention and our understanding has deepened with the increasing number of finds and related research. This paper discusses the date and nature of the archaeological cultures in which T-shaped rings appear, their time of emergence, their association with jue jade rings, and their connection with the emergence of agriculture, showing how the T-shaped jade ring spread through the Pearl River into northern Vietnam and then expanded throughout the Southeast Asian mainland.

Keywords: T-shaped Ring, Southeast Asian Mainland, Bronze Age, Fengyuan Culture, Lingnan

（责任编辑：李帅）

---

[1]　安继民、高秀昌注译：《庄子·内篇》，郑州：中州古籍出版社，2006年，第4页。

四川盆地出土战国时期提链铜壶研究[*]

——从《中国青铜器全集·巴蜀卷》的提链壶谈起

于孟洲　王玉霞[**]

摘要：《中国青铜器全集·巴蜀卷》介绍的提链壶文图不符，图版说明原本介绍的是绵竹县船棺墓M1∶3这件铜壶，而图版对应的可能是羊子山M85随葬铜壶。从四川盆地出土的几件提链铜壶看，主要仿照楚地铜壶特点，但具有一定的自身特色。同时存在结合楚地和中原两地铜壶特点铸造的铜壶。提链壶作为一种"奢侈品"，为具有一定身份地位的墓主随葬使用，但并未在巴蜀统治阶层及当时的社会生活中引起较多关注，出土数量不多，最终亦未能完全形成具有巴蜀自身特色的提链铜壶特点。

关键词：四川盆地　提链壶　楚文化　中原地区　文化交流

　　20世纪末由文物出版社陆续出版的《中国青铜器全集》是迄今为止对中国青铜器资料的一次最系统的整理，全面反映了中国青铜器的发展面貌[1]，在专业研究者和业余爱好者中产生了较大影响。其中第13卷（下文简称《全集13》），即《巴蜀》卷精选巴蜀地区先秦时期青铜器160件[2]，是了解巴蜀地区先秦时期铜器整体面貌必须阅读的一本专书。在研习过程中，我们注意到，该书第95页所附提链壶图片（《全集13》图一〇六；本文图一，4）与文字介绍明显不符，为避免该疏漏使研究者产生进一步失误，我们拟对其加以说明，进而探讨四川盆地所出提链壶的相关问题。

　　据《全集13》的图版说明第28页介绍，这件提链壶于1976年出土于四川绵竹县清道乡，口径11.5、高37厘米。形制特征为：

　　　斗笠形盖，以不同的细密花纹组成四圈环带纹饰，间以绚纹和弦纹。壶

---

　　* 本文研究得到"四川大学创新火花项目库项目（项目编号：2018hhs-26）"资助，也是国家社科基金重大项目（批准号：15ZDB056）的阶段性成果。

　　** 作者：于孟洲，成都，四川大学历史文化学院（yumengzhou@scu.edu.cn）；王玉霞，成都，四川大学历史文化学院。

　　［1］ 段书安：《中国古代青铜文化的全面展示——介绍〈中国青铜器全集〉》，《中国出版》1999年第6期，第39页。

　　［2］ 《中国青铜器全集》编辑委员会编：《中国青铜器全集》（第13卷），北京：文物出版社，1994年。

身直口方唇，长颈稍敛，附一对环耳，各系五节铜链，中间以双头龙提梁相连。壶溜肩，腹呈球形，矮圈足。颈腹部各有三周蟠虺纹带，一周窃曲纹组成的三角形垂叶纹。

根据文字介绍，不难看出对应插图的这件铜壶在盖部形制（盖部纹饰仅从图版看不清晰）、器身双耳位置及其形制、颈腹纹饰、圈足高矮等方面都不相符，而且文字介绍并未提到器盖亦有双环纽通过圆环与提链相系的情况。很显然，文图并不对应。

据《四川绵竹县船棺墓》，1976年绵竹县清道公社三大队一社员发现一座船棺墓（M1），出土圆壶3件，其中M1∶3（图一，1）口径11.5、高37厘米，报道者对其形制的介绍与前述《全集13》提梁铜壶的介绍基本相同，且稍显详细，为便于比较，现移录如下：

盖呈斗笠状，子母口。壶身直口方唇，长颈，颈上部附一对竖环耳，各系有"8"字形链系5节，中间以双头龙提梁相连。溜肩，球腹，平底，矮圈足。盖上有四圈由不同的细密花纹组成的环带纹，其间以绹纹和弦纹相隔。颈、腹部各有三周蟠虺纹组成的纹带，一周以窃曲纹组成的三角形垂叶纹。链系上饰凸起的联珠纹。双头龙提梁上饰鳞纹[1]。

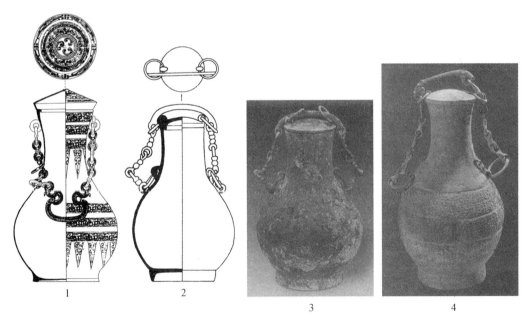

图一　四川盆地出土和《全集13》披露的提链铜壶

1.绵竹县船棺墓M1∶3　2、3.万州大坪M126∶6　4.《全集13》，图一〇六

［1］　四川省博物馆（王有鹏）：《四川绵竹县船棺墓》，《文物》1987年第10期，第22、24页。

对照线图与照片，不难看出，上述形制特征正好合于绵竹船棺墓所出提链壶M1：3，《全集13》图版说明原本介绍的提链壶应该就是绵竹县船棺墓M1：3，但用错了插图。

《全集13》第95页发表的这件提链壶（图一，4）为弧顶盖，侈口，细颈较长且微内弧，斜肩上有双铺首衔环，鼓腹较高，圈足斜侈、较直。顶部提梁为两头兽形，左右各有5节"8"字形链，下端均与双铺首所衔大圆环相连。盖顶纹饰不清，肩部隐约可见一周似为三角云纹的纹饰，其下至凹槽间的纹饰不清。腹部由四道凹槽界定为三个宽带纹，每带状纹内有八排"粟纹"规整排列。它与出土于成都北郊羊子山墓地的铜壶（B34419：收集）（图二，1）非常相似，后者口径8、高32厘米[1]，很可能就是罗二虎《秦汉时代的中国西南》一书中所引的出自成都羊子山85号墓的铜壶（图二，

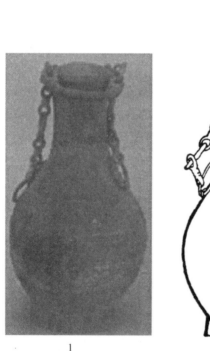

1　　　　　　　　　2

图二　成都羊子山墓地出土铜壶

1. 羊子山B34419：收集（采自李高怡《四川博物院藏羊子山出土青铜器的初步研究》，图九，5）

2. 羊子山85号墓出土（采自罗二虎《秦汉时代的中国西南》，图6-4）

---

[1] 李高怡：《四川博物院藏羊子山出土青铜器的初步研究》，四川大学硕士学位论文，2015年，第18、19页，图九，5。据李高怡介绍，该件提链壶的特征为："盖隆起，小口微敞，细长颈，耸肩，鼓腹，圈足。盖的边缘有两个对称的环与提梁套链，肩部有对称的衔环铺首，环链五节，提链与提柄相接，提柄呈横（此处的"横"可能为"璜"之误——笔者注）状，两端为龙首衔环。腹部由三周凹弦纹分成四层区域，上面三层浮雕云头纹，最下一层无纹饰。圈足上有勾连雷纹。"需要说明的是，李高怡所说的"云头纹"即本文的"粟纹"，这件铜器腹部应有四周凹弦纹，因其稍宽，本文描述为"凹槽"。

2）[1]，它们的形制非常接近。若前述推断不误，则《全集13》发表的这件提链壶照片实际出土于成都羊子山M85。从整体形制看，这件铜壶与江陵马山一号楚墓出土提链壶标本17-21（图三，4）[2]、雨台山墓地出土铜壶M480：2（图三，5）[3]较为相似，年代大致为战国中期偏晚或已至战国晚期。

图三　楚地出土提链铜壶

1. 淅川下寺M3：21　2. 随州义地岗墓地东风油库地点M3：20　3. 曾侯乙墓出土　4. 江陵马山一号楚墓标本17-21
5. 江陵雨台山墓地M480：2

　　川渝地区出土提链铜壶数量极少，除了前述绵竹县船棺墓M1：3和《全集13》披露的可能出土于羊子山M85的提链壶外，已发表资料者还有两件，其中一件亦出自绵竹县船棺墓M1（M1：6）（图四，1），底部残缺。斗笠状盖，顶有饼状捉手，近边沿处有一小铺首衔环纽，纽套"8"字形小链系2节，与提链相套。壶身侈口，短颈微内弧，颈部有四个两两相对的铺首衔环。溜肩，深弧腹。肩部附一对铺首衔环，环上各有链系4节，分别同弓形两头龙提梁两端相接。肩、腹部共饰七周环带纹。口径10、残高34厘米[4]。另外一件为万州大坪M126：6（图一，2、3），弧形盖，两侧各有一环形纽。壶身近直口，长颈微内弧，弧肩，弧腹，平底，矮圈足。颈、肩结合处附两衔环铺首，与链相接，提链顶端与弧形提梁连接，提梁两端各有一环与盖两侧环纽相连。通体素面。口径7.2、腹径17.3、底径10.5、通高28.2厘米[5]。报道者推断绵竹

　　[1]　罗二虎：《秦汉时代的中国西南》，成都：天地出版社，2000年，第10页，图6-4号器物。该书中没有介绍这件铜器的出处，但从图6所附这件铜壶的线图看，形制纹饰均与《全集13》图一〇六相似。

　　[2]　湖北省荆州地区博物馆：《江陵马山一号楚墓》，北京：文物出版社，1985年，第72、73页。

　　[3]　湖北省荆州地区博物馆：《江陵雨台山楚墓》，北京：文物出版社，1984年，第72—74页。

　　[4]　四川省博物馆（王有鹏）：《四川绵竹县船棺墓》，《文物》1987年第10期，第23、24页。

　　[5]　重庆市文物局、重庆市移民局编：《万州大坪墓地》，北京：科学出版社，2006年，第35、36页。

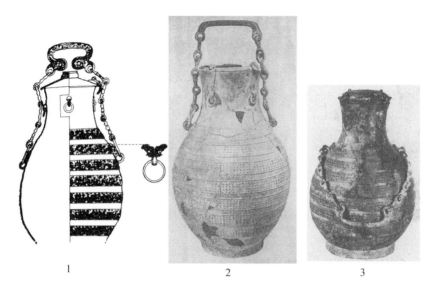

图四　四川盆地和中原地区出土提链铜壶
1.绵竹县船棺墓M1：6　2.汲县山彪镇M1：53　3.洛阳中州路M2717：88

船棺墓M1的年代为战国中期偏晚，江章华推断为战国早、中期之际[1]。该墓出土的
两件提链壶盖顶壁均较斜直，提梁两端弧曲程度较大，显示出这两件壶存在一定的相
似性，其制作年代或较为接近。但是，两件壶的差别也较大，M1：6的颈部较短，而
腹部较深；M1：3则颈部较长，腹部较浅，且外鼓程度甚于前者。特别是M1：6提链
下端接套于双肩上的铺首衔环，而M1：3的提链则连于颈部的两环耳内。M1：3的形
制与湖北随县曾侯乙墓出土的两件提链壶（C.182、C.184）[2]存在一定的相似性（图
三，3），特别是在盖部和顶部提梁的形制、提链下端连接部位、圈足较矮等特点上表
现出较多相似性。结合河南淅川下寺楚墓M3出土提链壶M3：21（图三，1）[3]、湖北
随州义地岗墓地1994东风油库地点提链壶M3：20（图三，2）[4]等形制看，春秋晚期
至战国早期楚地提链壶的提链两端均与颈部双环耳相套。但从江陵马山一号楚墓（图
三，4）、雨台山楚墓M480（图三，5）、长沙烈士公园楚墓M967（M967：1）[5]等

　　［1］　江章华：《战国时期古蜀社会的变迁——从墓葬分析入手》，《四川文物》2008年第2期，第54页。

　　［2］　湖北省博物馆：《曾侯乙墓》，北京：文物出版社，1989年，第221—223页。

　　［3］　河南省文物研究所、河南省丹江库区考古发掘队、淅川县博物馆：《淅川下寺春秋楚墓》，北京：
文物出版社，1991年，第230、232页。

　　［4］　湖北省文物考古研究所、随州市曾都区考古队、随州市博物馆：《湖北随州义地岗墓地曾国墓1994
年发掘简报》，《文物》2008年第2期，第11、13页。

　　［5］　湖南省博物馆、湖南省文物考古研究所、长沙市博物馆、长沙市文物考古研究所：《长沙楚墓》，
北京：文物出版社，2000年，第156、157、161页。

出土提链壶看，至少从战国中期晚段[1]（或稍早阶段）起，提链壶的双耳已经移至肩部，且由双环耳改为铺首衔环。从绵竹船棺墓M1：3的形制与楚地铜壶更为相似的情况看，该件铜壶年代可能处于战国早期至战国中期晚段之间。绵竹船棺墓M1：6在颈部附有四个铺首衔环，这种形制特点不见于楚地，但在三晋两周地区较为多见，如山彪镇M1（M1：53）（图四，2）[2]、洛阳中州路M2717（M2717：88）（图四，3）[3]、洛阳王城广场战国墓XM37（XM37：30）[4]、辉县赵固M1（M1：5）[5]等墓葬均有出土。而且，这几件铜壶均表现出颈部较矮、腹部较深的特点，山彪镇M1：53和洛阳中州路M2717：88在腹部均有七周纹带，这些都与绵竹船棺墓M1：6较为相似。山彪镇M1：53在整体形制上也与绵竹船棺墓M1：6较为相似，仅稍显略胖。可以推测，绵竹船棺墓M1：6在制作过程中一定吸收了中原地区提链壶的特点。但绵竹船棺墓M1：6整体较瘦，特别是提梁较短、两端明显弧曲等特点与曾侯乙墓M1出土提链壶相似，M1：6应该同时结合了楚地与三晋两周地区提链壶的特点，不排除该件器物可能是本地铸造的。依据山彪镇M1的年代[6]，绵竹船棺墓M1：6的年代可能为战国早期偏晚或已至战国中期早段。从绵竹船棺墓与新都马家公社木椁墓出土巴蜀系铜器比较中也能获得前者的年代信息。例如，绵竹船棺墓出土巴蜀系铜钺（17号）、斤（21号）分别与新都木椁墓所出大型铜钺（原简报图一九，右）、斤（简报称为斧，原简报图二三，4）较为相似（图五）[7]。但是，新都木椁墓出土大型铜钺较绵竹船棺墓17号铜钺的刃部更显圆鼓，钺身两侧收束也更甚；新都木椁墓铜斤亦较绵竹船棺墓21号铜斤刃部稍显圆弧，这都是新都木椁墓年代稍晚的标志。特别是巴蜀系铜器中的尖底盒未见于新都木椁墓，却在绵竹船棺墓中随葬（图五，4），反映出绵竹船棺墓的年代可能要稍早于前者。关于新都木椁墓的年代问题，已有多位学者进行过探讨。发掘者推断该墓年代可能是战国早、中期之际，也可能是在秦灭巴蜀（前329年）以前。李学勤从青铜器的发展序列推断，新都木椁墓的年代介于湖北随州擂鼓墩1号墓与江陵望山1号墓之间，与后者更为靠近一些，估计新都木椁墓的年代为公元前4世纪前

[1]　发掘者认为马山一号墓的年代为战国中期偏晚或晚期偏早，约公元前340年之后，至公元前278年之前。详见湖北省荆州地区博物馆：《江陵马山一号楚墓》，第94、95页。

[2]　郭宝钧：《山彪镇与琉璃阁》，北京：科学出版社，1959年，第16页，另见该书图版十七。

[3]　中国科学院考古研究所：《洛阳中州路（西工段）》，北京：科学出版社，1959年，第95页，另见该书图版六四，2号器物。

[4]　洛阳区文物工作队：《洛阳王城广场东周墓》，北京：文物出版社，2009年，第22、23、360、361页。

[5]　中国科学院考古研究所：《辉县发掘报告》，北京：科学出版社，1956年，第114、115页。

[6]　李学勤判定山彪镇M1的年代为战国前期偏晚，详见李学勤：《东周与秦代文明》，上海：上海人民出版社，2007年，第44页。

[7]　四川省博物馆、新都县文物管理所：《四川新都战国木椁墓》，《文物》1981年第6期，第9页。

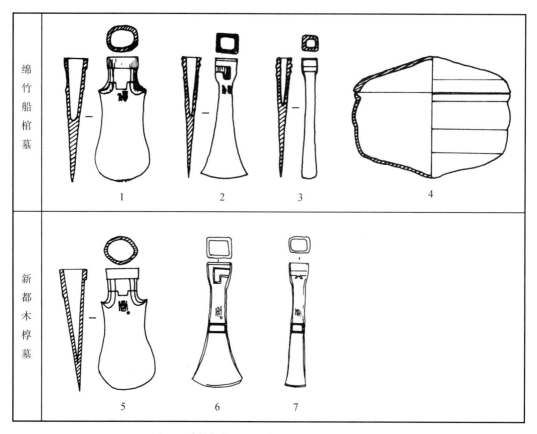

图五　绵竹船棺墓与新都木椁墓出土铜器比较

1—4.绵竹船棺墓M1：17、M1：21、M1：34、M1：9　5—7.新都木椁墓出土（原简报图一九，右；图二三，4、1）

半[1]，该年代判定意见可从。则江章华将绵竹船棺墓的年代推断为战国早、中期之际较为可信。

万州大坪M126的年代被发掘者推断为战国中期[2]，可从。该件铜壶在提梁弧曲程度、圈足高度上都介于绵竹船棺墓M1：3和《全集13》提链壶之间，特别是双铺首衔环恰位于颈、肩交界处，更是介于后两者之间，年代也应在两者之间。

现在回过头来看《全集13》发表的这件提链壶，整体形制虽与楚地铜壶相似，但楚地战国中期晚段以后的提链壶下腹多有三个铺首形鼻或铺首衔环，且圈足下部起阶，而《全集13》披露的这件壶则为斜直圈足，下腹无鼻或铺首衔环，很明显两者间体现出一定的差别。

仔细观察绵竹船棺墓M1：3、万州大坪M126：6及《全集13》提链壶这3件铜壶，它们的顶部提梁由两端弧曲较甚渐至微弧，且梁中部柄亦弧曲渐弱，壶身两耳渐由颈部偏上下移至颈、肩交界处，最后移至肩部，圈足则逐渐抬高。这样的演变规律虽与

---

[1]　李学勤：《论新都出土的蜀国青铜器》，《文物》1982年第1期，第38、39页。

[2]　重庆市文物局、重庆市移民局编：《万州大坪墓地》，第177页。

楚地铜壶有相似处，但亦存在一定的自身
特色，隐含着本地铸造的可能性。

　　裴书研统计了出土的676件商周时期
铜壶，提链壶仅有51件，占7.6%[1]。可
见该类铜壶的使用并不普遍。据裴书研的
统计，提链壶在中原和关中地区很少见
到，主要集中在山东地区，另在河北、山
西、湖北、湖南也有少量发现[2]。巴蜀
地区亦如此，提链壶的数量明显少于其他
形制的铜壶。从铜器的制作角度看，带有
提链的铜壶在制作上明显要复杂得多。新
都马家公社战国木椁墓腰坑内出土铜壶5
件，肩部有双铺首衔环耳，其中3件铜壶
尚存棕绳提梁，提梁两端系于双环耳上，
另有一棕绳短索连接盖纽与一侧环耳（图
六）[3]。很明显，这里的棕绳与铜质提

图六　新都马家公社木椁墓出土棕绳提梁壶
（《全集13》，图一〇一）

链的作用相同，但制作起来更为简单。近期，成都青白江区双元村墓地出土的铜尊缶
亦有四耳接连棕绳，且另有一棕绳连接盖顶一纽与腹部一耳者；铜匜也有腹耳连棕绳
者，这种棕绳同样起到提链的作用[4]。这些发现提示我们，包括铜壶在内的古代铜器
多有采用其他质地的提梁（链），由于保存的原因，现今所见许多有耳（錾）的铜器
较多已不见提梁（链），或许这也是提链铜壶整体数量较少的一个原因。

　　从出土铜壶的墓葬情况看，绵竹县船棺墓M1虽非科学发掘所获，但该墓出土铜器
150余件，包括鼎4、釜1、錾1、釜甑1、敦3、豆2、尖底盉5、匕5、壶4、尊缶1、勺
5、戈17、矛37、剑19、斧钺8、刀14、凿11、斤3、刮刀4、锯片5、带钩2件等。出土
铜器种类和数量之多，在历年发现的巴蜀地区战国墓葬中都是极为显眼的。江章华依
据青铜器的种类和多寡将成都地区战国墓葬划分为六类，绵竹船棺墓M1属于第2类，

　　[1]　裴书研：《中国古代青铜器整理与研究·青铜壶卷》，北京：科学出版社，2015年，第69页。

　　[2]　裴书研：《中国古代青铜器整理与研究·青铜壶卷》，第110页。

　　[3]　此处所说铜壶，仅指简报中的Ⅱ式壶，其Ⅰ式壶可归入铜尊缶，详见四川省博物馆、新都县文物管
理所：《四川新都战国木椁墓》，《文物》1981年第6期，第6—8页；新都木椁墓出土棕绳提梁壶的照片可见《中
国青铜器全集》编辑委员会编：《中国青铜器全集》（第13卷），第90页，图一〇一。

　　[4]　《青白江双元村墓地发现腰坑　各类青铜器极具价值》，中国青年网（百家号），http://baijiahao.
baidu.com/s?id=1596092733416348706&wfr=spider&for=pc，2018年7月20日访问。另在成都金沙遗址博物馆"考古
成都"展厅陈列有一件附有棕绳提梁的铜尊缶，2018年7月24日参观。

即墓主人社会地位低于新都马家公社木椁墓为代表的古蜀最高统治者或其家族成员，但亦有较高的社会地位[1]。在袁艳玲划分的四个等级巴蜀墓葬中，绵竹船棺墓亦处于第二等级[2]。可想而知，绵竹船棺墓M1的墓主人当具有较高的身份地位，该墓出土的2件提链壶（M1:3、M1:6）同时具有楚地和中原地区铜壶风格已能说明该墓主或其送葬者具有极强的高品类物品的获取能力。万州大坪M126长3.1、宽1.8米，在面积上并非该墓地规模最大者，另有几座规模大于M126的墓葬，如M56、M68、M92、M102、M136、M138等亦未见随葬提链壶，可想而知，提链壶的使用与墓葬规模大小无关。但万州大坪M126随葬器物除了提链壶外，还有陶罐及铜鍪、剑、矛、斤、刀等，在大坪墓地战国中期墓葬中也属于随葬铜器种类较多者[3]。这说明该墓主也当具有一定的社会地位。万州大坪M126随葬铜器种类和数量明显少于绵竹船棺墓，墓主人的等级也当低于后者，与此相应的是，万州大坪M126所出提链壶也明显不如绵竹船棺墓随葬者精美，而是通体素面。

综合前文分析，《全集13》介绍的图一〇六这件铜壶用错插图，图版说明对应的是绵竹县船棺墓M1:3。巴蜀地区出土的几件提链壶中，绵竹船棺墓M1:3、万州大坪M126:6的形制特征更类似于楚地铜壶，《全集13》披露的提链壶亦如此，但它们都或多或少具有一定的自身特色，不排除本地铸造的可能性。绵竹县船棺墓M1:6则结合了楚地与三晋两周地区铜壶特点，很有可能为本地铸造。在巴蜀地区，提链壶被随葬于墓主人具有一定地位身份的墓葬内，但属于古蜀最高统治者级别的新都马家公社木椁墓内及其他多座高等级墓葬均未见提链壶[4]，这说明该类铜壶并未在巴蜀统治阶层及社会生活中引起较多关注，也就未能最终完全形成巴蜀自身的提链铜壶特点。从绵竹船棺墓出土的2件提链壶和《全集13》披露的提链壶在纹饰特征上都属于明显的楚地和中原地区纹饰种类，也能看出这一特点。这类器物可归入江章华所说的"奢侈

[1] 江章华：《战国时期古蜀社会的变迁——从墓葬分析入手》，《四川文物》2008年第2期，第53页。
[2] 袁艳玲：《东周时期巴蜀青铜器使用礼制研究》，《江汉考古》2013年第3期，第106页。
[3] 大坪墓地出土战国墓葬的规模及随葬品情况，可以参见重庆市文物局、重庆市移民局编：《万州大坪墓地》，第175—177页，附表五"万州大坪墓群东周墓群登记表"。
[4] 如宣汉罗家坝M33随葬铜器131件，但不见提链壶，详见四川省文物考古研究院、达州市文物管理所、宣汉县文物管理所：《宣汉罗家坝》，北京：文物出版社，2015年，第137—171页。又如涪陵小田溪墓地，已经发掘多座随葬铜器较多的墓葬，但未见提链壶，详见四川省博物馆、重庆市博物馆、涪陵县文化馆：《四川涪陵地区小田溪战国土坑墓清理简报》，《文物》1974年第5期；四川省文物考古研究所、涪陵地区博物馆、涪陵市文物管理所：《涪陵市小田溪9号墓发掘简报》，四川省文物考古研究所编：《四川考古报告集》，北京：文物出版社，1998年，第186—196页；重庆市文物考古研究所、重庆市文物局：《涪陵小田溪墓群发掘简报》，重庆市文物局、重庆市移民局编：《重庆库区考古报告集》（2002卷），北京：科学出版社，2010年，第1339—1375页。

品"[1]范围内。

　　战国时期或稍早阶段已经进入巴蜀系铜器发展的第二个高峰阶段，也是巴蜀文化发展的高峰阶段。这除了三星堆文化以来长时期的文化积淀外，还离不开与周邻文化的多方面交流与互动。其中，对战国时期巴蜀文化区影响最大的外来文化就是楚文化，当然也有中原等其他地区文化的影响，提链铜壶就是很好的例证。

Research on Warring States Period Chain Bronze Kettles in the Sichuan Basin: Commencing from the Chain Bronze Kettle Shown in the "Ba-Shu Volume" of *The Complete Collection of Chinese Bronzes*

Yu Mengzhou　　Wang Yuxia

(College of History and Culture, Sichuan University)

Abstract: The photo of the chain bronze kettle shown in the "Ba-Shu Volume" of *The Complete Collection of Chinese Bronzes* and the description do not match. While the object is labeled at bronze kettle M1：3 from the boat burial M1 in Mianzhu County, what the image shows is probably a bronze kettle from Grave M85 at Yangzishan. The chain bronze kettles found in the Sichuan Basin largely resemble Chu vessels of the same type, but they have some local characteristics of their own. At the same time, in technical details they combine characteristics of bronze kettles from Chu and the Central Plains. Chain bronze kettles are a luxury good that appears only in the graves of individuals of a certain status, but so far they have not received much attention in research on Ba-Shu social structure and lifeways. So far, only very few examples have been found and their importance is thus difficult to assess, but they clearly have special Ba-Shu characteristics of their own.

Keywords: Sichuan Basin, Chain Kettle, Chu Culture, Central Plains, Cultural Contact

（责任编辑：杜战伟）

---

　　[1]　　江章华将成都地区战国墓葬中出土的带有中原和楚文化风格，将有较精美装饰的青铜器作为奢侈品，详见江章华：《战国时期古蜀社会的变迁——从墓葬分析入手》，《四川文物》2008年第2期，第53—55页。

七部营军、四部斯儿与五部飞军

刘 弘[*]

摘要： 七部营军、四部斯儿和五部飞军的"部"均为蜀汉建制军队单位的名称，"营军（营兵）"则是当时的一种兵种的名称。邛人组成的七部营军是一支2800人的军队，叟人组成的四部斯儿是一支1600人的军队，青羌组成的五部飞军是一支2000人的军队，三者都是蜀汉的建制常备军——营军。

关键词： 蜀汉 七部营军 四部斯儿 五部飞军 军队编制

一、蜀汉军队中的三支少数民族军队

三国是一个战云密布、金戈铁马的时代，鼎立的魏、蜀、吴三个政权都拥有自己的武装，而且都有由少数民族组成的军队，如曹魏的乌桓铁骑，孙吴的山越卒，蜀汉的賨叟等。本文主要讨论蜀汉军队中的三支由南中少数民族组成的军队——七部营军、四部斯儿和五部飞军。

七部营军与四部斯儿见于《华阳国志·蜀志》："邛之初有七部，后为七部营军，又有四部斯儿。"[1] "虽有四部斯儿及七营军，不足固守，乃置赤甲、北军二牙门及斯儿督军中坚，卫夷徼。"[2]

五部飞军则见于《华阳国志·南中志》："移南中劲卒青羌万余家于蜀，为五部，所当无前，号为飞军。"[3]

七部营军是由邛人建立的军队，邛人又称邛都、邛都夷（为方便叙述，以下均称邛人），是当时主要分布和活动在安宁河谷及其附近地区的一支土著民族。历史文献中有关邛人的记载很少，《史记·西南夷列传》载："西南夷君长以什数，夜郎最大；其西靡莫之属以什数，滇最大；自滇以北君长以什数，邛都最大，此皆魋结，耕

---

* 作者：刘弘，西昌，凉山彝族自治州博物馆（2514061896@qq.com）。

[1] （晋）常璩撰，任乃强校注：《华阳国志校补图注》，上海：上海古籍出版社，1987年，第209页。

[2] （晋）常璩撰，任乃强校注：《华阳国志校补图注》，第205页。

[3] （晋）常璩撰，刘琳校注：《华阳国志校注》，成都：巴蜀书社，1984年，第357页。

田，有邑聚。"[1]《汉书·西南夷列传》中有关邛人的内容基本上抄录《史记·西南夷列传》，《后汉书·南蛮西南夷列传》的记载增加了内容："邛都夷者……俗多游荡，而喜讴歌……豪帅放纵，难得制驭。王莽时，郡守枚根调邛人长贵（《汉书》作任贵）。以为军侯。更始二年，长贵率种人攻杀枚根，自立为邛谷王，领太守事。又降于公孙述。述败，光武封长贵为邛谷王。建武十四年，长贵遣使上三年计，天子即授越嶲太守印绶。十九年，武威将军刘尚击益州夷，路由越嶲。长贵闻之，疑尚即定南边，威法必行，己不得自放纵，即聚兵起营台，招呼诸君长。多酿毒酒，欲先以劳军，因袭击尚。尚知其谋，即分兵先据邛都，遂掩长贵诛之，徙其家属于成都。"[2]《华阳国志·蜀志》中亦有两条："临邛县，郡西南二百里，本有邛民。"[3]"邛都县，郡治，因邛邑名也。邛之初有七部，后为七部营军。"[4]此后在历史文献中再没有了邛人的信息，甚至包括专门记载蜀汉历史的《三国志·蜀书》中也没有明确提到邛人。

　　四部斯儿是由叟人组建的军队。因为各家对"四部斯儿"的注释有不同的看法，因此有必要先对四部斯儿的名称做些讨论，即到底是"四部斯儿"还是"四部斯臾（叟）"？四部斯儿首见于《华阳国志》，有两处，其一"虽有四部斯儿及七营军，不足固守"[5]；其二"邛都县……又有四部斯儿"[6]。刘琳《华阳国志校注》认为"儿"应该是"臾"，"斯儿"乃"斯臾"之误，理由是："《史记·司马相如列传》：'斯榆之君皆请为内臣'。《索隐》：'张揖云："斯俞，国也。"……《益部耆旧传》谓之'斯臾'，《华阳国志》邛都县有'四部斯臾'，一也。''斯儿'乃'斯臾'之误。"[7]任乃强《华阳国志校补图注》则认为："'四部斯儿者，白狼楼薄夷称'斯叟'，故其首邑称'斯都'。凡汉之徙、严道、旄牛、阑县、苏祁土著民皆是，率居于越嶲郡西北部，邛来山道内外。其首领称'耆帅'，其丁壮称'斯儿'，或以为斯儿是斯叟字讹者，非也。"[8]他还认为："顾观光校勘记引廖本注。并于此注云：'《史记·司马相如列传》索隐引作叟。不误。'今案（即任乃强案），是误。"[9]笔者认同任乃强的观点，《华阳国志》中的"四部斯儿"无误，非

[1]　《史记》卷一百一十六《西南夷列传》，北京：中华书局，1959年，第2991页。

[2]　《后汉书》卷八十六《南蛮西南夷列传》，北京：中华书局，1965年，第2852页。

[3]　（晋）常璩撰，任乃强校注：《华阳国志校补图注》，第157页。

[4]　（晋）常璩撰，任乃强校注：《华阳国志校补图注》，第209页。

[5]　（晋）常璩撰，任乃强校注：《华阳国志校补图注》，第209页。

[6]　（晋）常璩撰，任乃强校注：《华阳国志校补图注》，第209页。

[7]　（晋）常璩撰，刘琳校注：《华阳国志校注》，第311页。

[8]　（晋）常璩撰，任乃强校注：《华阳国志校补图注》，第209页。

[9]　（晋）常璩撰，任乃强校注：《华阳国志校补图注》，第209页。

"四部斯臾"或"四部斯叟"。

叟人即斯叟，又称叟、搜、斯等（以下均称叟人）。叟人在东汉晚期至魏晋时期是一支十分活跃的民族，分布区域也宽。文献记载，今岷江上游及雅安一带有叟人："夷人大种曰'昆'，小种曰'叟'。皆曲头木耳，环铁裹结，无大王侯，如汶山、汉嘉夷也。"[1]西昌礼州一带有叟人："后（越嶲）太守张翕，政化清平，得夷人和。在郡十七年，卒，夷人爱慕，苏祁叟二百余人，齎牛羊送丧，至翕本县安汉，起坟祭祀。"[2]

今昭觉一带也是叟人分布区，四开好谷出土的东汉灵帝光和四年（181年）石表中有转苏示有秩冯佑为安斯乡有秩的内容，观安斯乡之地名，应是叟人分布地区，同出于一地的初平二年残碑上也有"有斯叟备路障"[3]之语，诸葛亮大军南下时，叟帅"高定元（《三国志·蜀书》称高定）自旄牛、定筰、卑水多为垒守"[4]。旄牛、定筰、卑水皆为汉县，蜀汉因之，旄牛在今汉源一带，定筰在今盐源一带，卑水在今昭觉一带，说明这些地方也有叟人分布。

今滇东北也是叟人分布区，《三国志》记载，蜀汉李恢击南夷，"大破之，追奔逐北，南至槃江，东接牂牁……后军还，南夷复叛……恢身往扑讨……徙其豪帅于成都，赋出叟、濮耕牛战马金银犀革，充继军资，于时费用不乏"[5]。

云南昭通市洒鱼河畔的古墓中曾发现过"汉叟邑长"铜印，证明这一带也曾是叟人活动地区。

根据以上线索，西南地区的叟人主要分布在汉嘉郡、越嶲郡、朱提郡、牂牁郡境内。

五部飞军是由青羌组成的军队。青羌又称青衣羌，因衣青衣而得名。原来生活在西北河湟地区的羌人南迁后进入西南山地，分化出许多支系，青羌是其中的一支。青羌分布的区域有青衣江流域，青衣江的名字就因这支民族而有是称。南中也是青羌聚居之地，故有"移南中劲卒青羌万余家于蜀，为五部，所当无前，号为飞军"[6]的记载。

邛人不是一支温顺的民族，《后汉书·南蛮西南夷列传》说他们"豪帅放纵，难得制御"[7]。西汉末年越嶲太守枚根任命邛人首领任贵为军侯，军侯是军队曲一级

[1] （晋）常璩撰，刘琳校注：《华阳国志校注》，第364页。

[2] 《后汉书》卷八十六《南蛮西南夷列传》，第2853页。

[3] 凉山彝族自治州博物馆、昭觉县文物管理所：《四川凉山州昭觉县好谷乡发现的东汉石表》，《四川文物》2007年第5期。

[4] （晋）常璩撰，刘琳校注：《华阳国志校注》，第353页。

[5] 《三国志》卷四十三《蜀书·李恢传》，北京：中华书局，1959年，第1047页。

[6] （晋）常璩撰，刘琳校注：《华阳国志校注》，第357页。

[7] 《后汉书》卷八十六《南蛮西南夷列传》，第2852页。

的长官，管辖200人，仅仅属于汉朝军队中的下级军官，但任贵却敢率众人杀了顶头上司、朝廷命官枚根，自立为邛谷王，后来还发展到"聚兵起营台，招呼诸君长"[1]，欲袭击武威将军刘尚率领的汉朝大军。

叟人的特点是勇而能战，因此常被当时的各种政治势力征调，组成叟人军队，三国时期的蜀汉、曹魏，包括东汉末年益州的刘焉，都组建有叟人军队。

在展开以下研究前，有必要对四部斯儿的名称做一下讨论。蜀汉军队多冠以威猛的名称，如突将、武骑、飞军、无前、虎步、虎骑等，将叟人组成的军队称为"斯儿"，三国时的"儿"有健壮士兵的意思，如张飞对士兵暴虐，刘备曾劝他说："卿刑杀既过差，又日鞭挝健儿，而令在左右，此取祸之道也。"[2]《三国志·吴书·甘宁传》"宁虽粗猛好杀，然开爽有计略，轻财敬士，能厚养健儿，健儿亦乐为用命。"[3]

青羌则跻身蜀汉军队中精锐之列，诸葛亮《后出师表》称青羌为蜀汉军队中的精锐："自臣到汉中，中间期年耳，然丧赵云、阳群、马玉、阎芝、丁立、白寿、刘郃、邓铜等及曲长、屯将七十余人，突将、无前、賨叟、青羌、散骑、武骑一千余人。此皆数十年之内所纠合四方之精锐，非一州之所有。"[4]早在蜀汉之前，青羌就已经被军阀们组成了军队，裴松之注《三国志》引《英雄记》曰："（益州）刘焉起兵……出青羌与（贾龙）战"[5]，青羌也是武勇善战的民族。

二、"部"和"营"是蜀汉的军队编制和兵种名称

七部营军、四部斯儿和五部飞军的名称透露了这三支军队的编制和兵种，关于这点，以往论者们多有忽略，这种忽略反映在论者对其注释都很简单之上。任乃强注云："'四部斯儿'与'七部营军'，皆编组土民丁壮为郡部曲，统制于驯顺效忠之民族首领，受太守征调，不在汉军编制以内。后世称为'土兵'。"[6]

刘琳注"七部"云："邛人的七个部落。征其人为兵，每部落编为一'营'，故称'七部营军'"[7]；"'四部斯奭'即招募斯奭人组成的四部军队"[8]。

---

[1]　《后汉书》卷八十六《南蛮西南夷列传》，第2853页。

[2]　《三国志》卷三十六《蜀书·张飞传》，第944页。

[3]　《三国志》卷五十五《吴书·甘宁传》，第1294页。

[4]　《三国志》卷三十五《蜀书·诸葛亮传》，第686页。

[5]　《三国志》卷三十一《蜀书·刘焉传》，第867页。

[6]　（晋）常璩撰，任乃强校注：《华阳国志校补图注》，第209页。

[7]　（晋）常璩撰，刘琳校注：《华阳国志校注》，第312页。

[8]　（晋）常璩撰，刘琳校注：《华阳国志校注》，第311页。

对"五部飞军"的注释就更为简略，任乃强如是注："诸葛亮抽编其（青羌）精壮为'五部夷军'。"[1]刘琳注："青羌，古羌人的一种……勇敢善战，与板楯齐名。汉末以来，汉族封建政权每以其人编为劲旅……诸葛亮收编南中青羌为五部。"[2]

这类注释给人的印象是，这些由土著民族组织起来的军队是以其部落为基础的，并没有如正规军队严格的建制。笔者认为这种模糊的看法是不准确的，故拟对此问题做一点讨论。

仅从名称上看，七部营军、四部斯儿和五部飞军的民族成分是十分清楚的，他们是分别以邛、叟、青羌为基础组建的军队是没有疑问的，不再赘述。而这三支军队的性质并不明确，是临时抽调少数民族组成的军队，还是常备军队；是采取他们部落社会结构组建的军队，还是按蜀汉建制军队组建的军队，则需要做进一步的研究。

笔者认为要解决这个问题，关键是要厘清"部"和"营"这两个与当时军队编制有关的名称。

先谈"部"。引起笔者注意的是，这三支军队分别被冠以"七部""四部""五部"。因为七部营军的组成部分是邛人，而"邛之初有七部"，因此很容易"顺理成章"地将"七部"解释成邛人的七个部落。然而若做是解，则"四部"就应该是叟人的四个部落，"五部"就应该是青羌的五个部落，这显然是没有依据的。例如，文献就明确记载，五部飞军是从青羌万余家中选出来的劲卒，并非是由五个部落的青羌组成的，也没有资料能证明叟人有四个部落。因此，笔者认为这三支军队的"部"其实是蜀汉军队的编制名称。

关于蜀汉军队中的"部"，历史文献缺载，但蜀汉自认为奉汉王朝正朔，故其军队的编制基本与汉朝相同，因此可以先参考东汉时的情况来做一些推测。

1978年，青海大通县上孙家寨一一五号汉墓中出土了一批木简，部分简文中有东汉军队编制的内容[3]。李零在研究这批竹简的文章中，根据《续汉书·百官志》中"大将军营五部，部校尉一人，比二千石；军司马一人，比千石；部下有曲，曲有军侯一人，比六百石；曲下有屯，屯长一人，比二百石"[4]的内容，结合《通典》[5]和简文，将汉代军队的编制列表做了比较（表一）。

[1]（晋）常璩撰，任乃强校注：《华阳国志校补图注》，第246页。

[2]（晋）常璩撰，刘琳校注：《华阳国志校注》，第357页。

[3]青海省文物考古工作队：《青海大通县上孙家寨一一五号汉墓》，《文物》1981年第2期。

[4]（西晋）司马彪撰，刘昭注补：《续汉书》志第二十四《百官志一》，北京：中华书局，1965年，第3564页。

[5]（唐）杜佑：《通典》，北京：中华书局，1988年，第3792页。

表一　汉代军队的编制

《通典》	《续汉书·百官志》	上孙家寨竹简简文
军（3200人）	军（一）	军（4000人）
裨（1600人）		
校（800人）	营（五部）	校（2000人）
部（400人）	部（一）	部（400人）
曲（200人）	曲（一）	曲（200人）
官（100人）	屯（一）	官（100人）
队（50人）		队（50人）
火（10人）		什（10人）
列（5人）		伍（5人）
参（3人）		
比（2人）		
独（1人）		

因此"部"实为汉朝军队建制的单位，每部有士兵400人[1]，部的军事主官叫军司马，副手叫假司马、军假司马。1986年，在凉山彝族自治州昭觉县四开区的四开抵颇尺一带拾到17方铜印，印文为阴刻，有"军司马印"1枚、"军假司马"13枚、"军假候印"3枚[2]。该处有一蜀汉时期军屯遗址，推测这批印章应是蜀汉时期之物。关于抵颇尺，经过数次考古试掘，学术界基本上认定其为一处蜀汉时期的军屯遗址[3]，因此那17枚印章为蜀汉之物是有一定依据的。

军队是由士兵组成的战斗集体，必须组编为一个单位，才能最合理、最大限度地发挥士兵的战斗力，也容易指挥调动和方便计算兵力。部的基础是"伍"，"伍"是最基本的作战单位，在河南汲县山彪镇一号墓出土的一件战国水陆攻战图铜壶上可看到当时步兵作战时组成的队列，交战的双方（右方戴盔，左方戴帻）均排成前后五人的纵列，队列中的兵士持戈、剑、弓、镞、盾配合作战[4]。这反映的就是以伍为基本战斗单位作战时的情形（图一）。

次说"营军"。营军又称营士、营兵，是始于东汉的一种建制军队。关于蜀汉军队中"营军"，历史文献缺载，如前，蜀汉军队的编制也可以参考东汉时的情况来做一些推测。

[1]　李零：《青海大通县上孙家寨汉简性质小议》，《考古》1983年第6期。

[2]　毛瑞芬、邹麟：《四川昭觉县发现东汉武职官印》，《考古》1993年第8期。

[3]　梅铮铮：《昭觉蜀汉军屯遗址应为诸葛亮"军卑水"的指挥部考论》，邓海春主编：《南方丝绸之路上的民族与文化》，成都：四川人民出版社，2016年，第369—374页。

[4]　郭宝钧：《山彪镇与琉璃阁》，北京：科学出版社，1959年，第18页。

图一　河南汲县山彪镇一号墓出土战国铜壶上的水陆攻战图

（采自郭宝钧：《山彪镇与琉璃阁》，第21页，图十一）

东汉初年，因为经过长期的战争，经济凋敝，人口减少，为恢复社会安宁，发展生产，光武帝刘秀进行了裁军。《后汉书》卷一《光武帝纪》："（建武六年）是岁，初罢郡国都尉官。"[1]《后汉书》卷一《光武帝纪》："（建武七年）三月丁酉，诏曰：'今国有众军，并多精勇，宜且罢轻车、骑士、材官、楼船士及军假吏，令还复民伍。'"[2]这些措施实际上废除了地方各郡的地方兵，只剩下了由中央直接掌握的军队。但这样做造成各地方缺少军队的守卫，如远方遇动乱，"中央军"鞭长莫及的窘境。为了保证各地方的安定，东汉朝廷采取了重要的补救措施，就是设置屯驻营兵。

东汉初年就已经开始设置营兵，营兵分为内郡的营兵和边郡的营兵。内郡营兵首先设置的是黎阳营，《续汉书》卷一一四《百官志一》刘昭注引应劭《汉官》："世祖以幽、并州兵骑定天下，故于黎阳立营，以谒者监之，兵骑千人，复除甚重。"[3]后又设置了虎牙营、雍营。《后汉书》卷五《孝安帝纪》："（永初四年二月）乙丑，初置长安、雍二营都尉官。"[4]李贤注《后汉书》引《汉官仪》曰："京兆虎牙、扶风都尉以凉州近羌，数犯三辅，将兵卫护园陵。扶风都尉居雍县，故俗人称雍

[1]　《后汉书》卷一《光武帝纪》，第51页。

[2]　《后汉书》卷一《光武帝纪》，第51页。

[3]　（西晋）司马彪撰，刘昭注补：《续汉书》志第二十四《百官志一》，第3559页。

[4]　《后汉书》卷五《孝安帝纪》，第215页。

营焉。"[1]长安营，因为京兆虎牙都尉所统，故又称虎牙营，雍营则因驻防雍县而得名。这三个营是比较重要的三处营兵。

内郡的其他地方也有营兵，《后汉书》卷二十二《景丹传》："（光武）帝以其旧将，欲令强起领郡事，乃夜召入，谓曰：'贼迫近京师，但得将军威重，卧以镇之足矣。'丹不敢辞，乃力疾拜命，将营到郡，十余日薨。"[2]李贤注："《续汉书》曰'将营兵西到弘农也。'"[3]景丹所率的营兵到弘农郡负责防卫，这些营兵当是来自内郡。

边郡的营兵则有为对付匈奴设置的度辽将军统率的度辽营兵，为对付乌桓与羌人设置的护乌桓校尉和护羌校尉，他们所统军队也称为营兵。

此外还有敦煌营兵："旧敦煌郡有营兵三百人，今宜复之，复置护西域副校尉，居于敦煌，如永元故事……于是从（班）勇议，复敦煌郡营兵三百人，置西域副校尉居敦煌。"[4]渔阳营兵："（建光元年）甲子，初置渔阳营兵。"据李贤注引伏侯《古今注》曰："置营兵千人也。"[5]扶黎营兵："元初二年秋，辽东鲜卑围无虑县，州郡合兵固保清野，鲜卑无所得。复攻扶黎营，杀长吏。"李贤注："扶黎，县，属辽东属国。"[6]

营兵（营军）是一种常备军，从七部营军、四部斯儿和五部飞军所承担的任务和驻扎的地方分析，他们都属于营兵。

这里顺便谈一谈汉代军队的"屯"。李零提出，《百官志》与《通典》和简文"唯一不同的只是曲的下一级叫屯"，认为"但屯可能是官或卒的异称或某种特殊编制，二者并没有矛盾"[7]。但根据四川昭觉县四开好谷出土的东汉献帝初平二年（191年）残碑碑文中有"百人以为常屯"的内容，屯可能才是汉代军队的常设单位[8]。

三、三支军队的任务和性质

三支军队的功能有所不同。七部营军和四部斯儿驻扎在越巂郡的郡治邛都县，目的是"卫夷徼"。诸葛亮南征后将南中地区划分成七个郡，其中越巂郡有十多个县，

[1]　《后汉书》卷一《光武帝纪》，第51页。

[2]　《后汉书》卷二十二《朱景王杜马刘傅坚马列传》，第773页。

[3]　《后汉书》卷二十二《朱景王杜马刘傅坚马列传》，第774页。

[4]　《后汉书》卷四十七《班超列传附班勇传》，第1587—1589页。

[5]　《后汉书》卷五《孝安帝纪》，第234页。

[6]　《后汉书》卷九十《乌桓鲜卑列传》，第2986、2987页。

[7]　李零：《青海大通县上孙家寨汉简性质小议》，《考古》1983年第6期。

[8]　凉山彝族自治州博物馆、昭觉县文物管理所：《四川凉山州昭觉县好谷乡发现的东汉石表》，《四川文物》2007年第5期。

大体上位于今川西南的凉山彝族自治州和滇北与滇西北部分地区，是非常宜于农耕的地区，物产也很丰富，史载越嶲郡的邛都南山出铜[1]，台登出铁、漆[2]，会无出铜、铁、青碧和号称"天马子"的良马[3]，定筰出盐、铁、漆、筰马[4]，是蜀汉政权重要战略资源的来源地之一。

兼之越嶲郡位于成都通往南中的交通要道上，是控制南中地区的桥头堡，战略位置十分重要。为控制越嶲郡，蜀汉政权煞费苦心，组建了两支总人数达4400人的土著民族军队，专门驻守越嶲郡。因为越嶲郡境内的民族众多，蜀汉越嶲太守"（张）嶷迁后，（夷人）复颇奸宄，虽有四部斯儿及七营军，不足固守，乃置赤甲、北军二牙门及斯儿督军中坚，卫夷徼"[5]。其时，负责越嶲郡的防卫力量由七部营军、四部斯儿、赤甲军和北军四支部队组成，七部营军和四部斯儿是驻防的营军。

五部飞军则被调到蜀地，离开了原聚居地。街亭之战后，由当时的讨寇将军王平统领，"（王）平……加拜参军，统五部兼当营事，进位讨寇将军"[6]。五部飞军成为一支"野战部队"，随时应付战争的需要。

因此，从这三支军队所担任的任务来看，他们都属于"营兵"，即常备军，但所承担的任务有所区别。

四、三支少数民族军队在蜀汉军队中的作用

参考上文李零所列之表，汉代军队的一部有400人，如是，则七部营军有2800人，四部斯儿有1600人，五部飞军有2000人，这三支军队的规模都不算大，他们在蜀汉频繁的军事活动中能起多大的作用呢？我们来了解一下蜀汉政权军队的数量和每次用兵（特别是后期用兵）的规模，就能对这三支军队在蜀汉军队中的作用有一个基本的评估。

魏、蜀、吴三国中蜀国的军队最少，《三国志》卷三十三《蜀书·后主传》引王隐《蜀记》曰：刘禅降魏时，蜀汉只有"带甲将士十万二千"[7]。这是蜀汉末军队的总数。

因为建立七部营军、四部斯儿和五部飞军都是蜀汉后期的事，以下仅就 《三国

---

[1]　（晋）常璩撰，任乃强校注：《华阳国志校补图注》，第209页。

[2]　（晋）常璩撰，任乃强校注：《华阳国志校补图注》，第209页。

[3]　（晋）常璩撰，任乃强校注：《华阳国志校补图注》，第210页。

[4]　（晋）常璩撰，任乃强校注：《华阳国志校补图注》，第210页。

[5]　（晋）常璩撰，刘琳校注：《华阳国志校注》，第309页。

[6]　《三国志》卷四十三《蜀书·王平传》，第1050页。

[7]　《三国志》卷三十三《蜀书·后主传》，第670页。

志·蜀书》中对蜀汉后期用兵的规模做一陈述。

（延熙）七年春，魏大将军曹爽率步骑十余万向汉川……时汉中守兵不
满三万，诸将大惊[1]。

（延熙）十六年春，（费）祎卒。夏，（姜）维率数万人出石营，经董
亭，围南安……二十年，魏征东大将军诸葛诞反于淮南……（姜）维欲乘虚
向秦川，复率数万人出骆谷，径至沈岭[2]。

（姜）维自以练西方风俗，兼负其才武……每欲兴军大举，费祎常裁制
不从，于其兵不过万人[3]。

丞相诸葛亮连年出军，调发诸郡，多不相救，（吕）义募取兵五千人诣
亮[4]。

建兴六年，属参军马谡先锋……谡舍水上山……大败于街亭……唯
（王）平所领千人，鸣鼓自持，魏将张郃疑其伏兵，不往偪也[5]。

还有几次大的战争，蜀汉动员的军队数量文献没有记载，学者们根据蜀汉的人口
数量、经济力量、军力对比等方面综合研究及推测：刘备夺汉中之战、关羽"水淹七
军"之战、蜀吴彝陵之战、诸葛亮的北伐动员的兵员多在10万左右。著名的诸葛亮南
征，罗开玉认为南征三路大军的总兵员在3万—4万，但因三路分兵，诸葛亮亲自率领
的西路军是主力，兵员总数估计在2万以上；中路李恢军总数在5000—10000；东路马
忠军总数在8000—12000（不包括数量基本与之等同的后勤人员）[6]。

综上文献记载及学者研究，蜀汉大的军事活动动员的兵员也就在10万上下，中等
的活动动员的兵员一般在万余人左右，小型的活动动员的兵员仅有数千人。如此军队
规模，2800人的七部营军、1600人的四部斯儿、2000人的五部飞军是能够发挥一定作
用的。

五、三支军队组建的时间和军事长官

从上引"张嶷迁后"文可知，任越巂郡太守15年的张嶷在任时七部营军和四部斯

[1] 《三国志》卷四十三《蜀书·王平传》，第1050页。
[2] 《三国志》卷四十四《蜀书·姜维传》，第1064、1065页。
[3] 《三国志》卷四十四《蜀书·姜维传》，第1064页。
[4] 《三国志》卷三十九《蜀书·吕义传》，第988页。
[5] 《三国志》卷四十三《蜀书·王平传》，第1049、1050页。
[6] 罗开玉：《三国南中与诸葛亮》，成都：四川科学技术出版社，2014年，第248—272页。

儿已经建立，当时张嶷是地方最高行政长官。张嶷于延熙三年（240年）任越嶲郡太守，当了15年，当在延熙十七年（254年）离任。东汉时的营兵是由地方军事长官——都尉统领的，蜀汉的郡都置有都尉，如犍为置属国都尉，牂牁置五部都尉[1]。汉代封泥有"越嶲都尉章"[2]，估计当时与犍为、牂牁两郡政治形势、民族格局相近的越嶲郡也设有都尉，若如此，则统领七部营军和四部斯儿的军事长官应该是越嶲都尉。

五部飞军则组建于南征之后，统领这支部队的是王平，"（王）平……加拜参军，统五部兼当营事，进位讨寇将军"[3]。

六、营兵与郡兵

谈到营兵，有必要谈谈三国军队中另一种被称为郡兵的兵种。

郡兵与营兵不同之处为，郡兵都是在遇到战争情况时临时征发的，在战时征发上来，战争结束后便被遣散回家种田了。

建武六年（30年）光武帝下诏："今国有众军，并多精勇，宜且罢轻车、骑士、材官、楼船士及军假吏，令还复民伍。"[4]

由此诏令可知，当时国家为了减轻小农的负担，裁撤了地方的郡兵。后来，为了军事行动的需要和维持地方的统治秩序，东汉朝廷又改变了东汉初年的做法，可以征发各地方的郡兵。

《后汉书》卷四十七《梁慬传》："（永初）三年冬，南单于与乌桓大人俱反。以大司农何熙行车骑将军事，中郎将庞雄为副，将羽林五校营士，及发缘边十郡兵二万余人。"[5]又《后汉书》卷六《顺帝纪》："（阳嘉四年）冬十月，乌桓寇云中。十一月，围度辽将军耿晔于兰池，发诸郡兵救之，乌桓退走。"[6]

西南诸郡也有郡兵，如光武帝"建武十八年，夷渠帅栋蚕与姑复、楪榆、梇栋、连然、滇池、建伶昆明诸种反叛，杀长吏。益州太守繁胜与战而败，退保朱提。十九年，遣武威将军刘尚等发广汉、犍为、蜀郡人及朱提夷，合万三千人击之"[7]。

章帝"建初元年，哀牢王类牢与守令忿争，遂杀守令而反叛，攻嶲唐城。太守王寻奔叶榆。哀牢三千余人攻博南，燔烧民舍。肃宗募发越嶲、益州、永昌夷汉九千人

---

［1］　（清）钱仪吉：《三国会要》卷二十五《职官四》，上海：上海古籍出版社，1991年，第539页。

［2］　陈介祺、吴式芬辑：《封泥考略》，北京：中国书店出版社，1990年，第315页。

［3］　《三国志》卷四十三《蜀书·王平传》，第1050页。

［4］　《后汉书》卷五《光武帝纪》，第51页。

［5］　《后汉书》卷四十七《梁慬传》，第1592页。

［6］　《后汉书》卷六《顺帝纪》，第265页。

［7］　《后汉书》卷八十六《南蛮西南夷列传》，第2846页。

讨之"[1]。这些临时募发的军队也是郡兵。

三国时魏、蜀、吴依然保持了郡兵。

蜀有郡兵。"（建安）二十三年，盗贼马秦、高胜等起事于郪……时先主在汉中，（李）严不更发兵，但率将郡士五千人讨之。"[2]文中的郡士应该就是郡兵。

吴有郡兵。"乃以（黄）盖领（武陵）太守，时郡兵才五百人。"[3]

魏有郡兵。"（吕）虔领泰山太守……太祖（曹操）使督青州诸郡兵以讨东莱群贼李条等，有功。"[4]

但是郡兵属于临时征发的兵种，士兵多是农人，平时缺少军事训练，战斗力低下，且一般战事完毕后便被遣散回家，所以驻扎地方、保护地方安全一般不用郡兵。

七、蜀汉政权组建三支少数民族军队的双重目的

蜀汉政权不将邛人、叟人和青羌征调为临时兵种——郡兵，却将其组建成常备兵——营兵，应该有其考虑。

其一，邛、叟、青羌都是武勇善战的民族，由他们组成的军队战斗力很强，能适应战争的需要。

其二，邛、叟、青羌都是南中的大族，将其精壮抽调为兵，既削弱了他们潜在的反抗力量，又增强了蜀汉军队的实力，对于蜀汉政权来说，是两利之举。

七部营军和四部斯儿被留驻在原聚居地，蜀汉政权应该做了如是考虑。因为邛与叟是当时越嶲郡境内最大的两支少数民族，邛人除了主要分布在安宁河谷这片越嶲郡的中心区域外，还拥有较大数量的人口。关于邛人的人口，文献没有记载，但我们可以参考同为西南夷大族且互为邻居的滇做些分析。

关于滇的人口，文献有记载："滇王者，其众数万人。"[5]滇与邛在许多方面有相似之处。

第一，滇人分布区与邛都夷分布区的自然条件都较好。滇地"郡土平敞，有原田……盐池田渔之饶"[6]，邛地"其土地平原，有稻田"[7]。滇有滇王，滇王曾受西汉王朝封为"滇王"，邛有"邛谷王"，邛谷王也曾得到东汉王朝承认，能被汉王

[1]　《后汉书》卷八十六《南蛮西南夷列传》，第2851页。

[2]　《三国志》卷四十《蜀书·李严传》，第998、999页。

[3]　《三国志》卷五十五《吴书·黄盖传》，第1285页。

[4]　《三国志》卷十八《魏书·吕虔传》，第540、541页。

[5]　《汉书》卷九十五《西南夷两粤朝鲜传》，北京：中华书局，1962年，第3842页。

[6]　（晋）常璩撰，刘琳校注：《华阳国志校注》，第394页。

[7]　《后汉书》卷八十六《南蛮西南夷列传》，第2852页。

朝封为王，估计两者的势力相近。

第二，滇人与邛人都是稻作农耕民族，滇人能生产大量的青铜器，邛人能建造巨大的大石墓，虽然制造的对象不同，但在拥有较强的经济力量并能组织大量的人力这点上却是相似的。

第三，滇的分布区以滇池为中心，这是学术界一致的看法。但有一个问题需要提出来予以讨论，即滇国的疆域与受滇文化影响的区域是两回事。有的学者将滇的疆域划得太大，认为东至陆良、泸西一线，西至安宁、易门一带，北到昭通、会泽之地，南达元江、新平、个旧之境，南北长四五百千米，东西宽约两百余千米，整个面积达9万—10万平方千米，在这个被认定得太大的区域中，滇"其众数万"是不符合逻辑的。即使按滇有众10万计算，每平方千米也只有一人，这与以滇池地区为中心的滇文化中心区大量密集分布的滇墓是不相吻合的。蒋志龙认为："滇国的中心分布区当在今晋宁县的晋城、呈贡和江川坝子的星云湖畔的龙街，因为滇国时期的大墓均集中在上述几个地点。"[1]云南的地理构造形成了许多大大小小的坝子，其中的昆明坝子（又称滇池坝子）是滇文化的分布中心区，属于昆明坝子的晋城、呈贡都是滇墓的集中分布区。据童绍玉、陈永森《云南坝子研究》[2]一书测量的数据，昆明坝子的面积为1071平方千米，除去滇池水域的300平方千米，坝子的陆地面积在700平方千米多一点，与安宁河谷的面积基本相等。综合分析两者的相似之处，滇人和邛人的人口也应该大致相近，文献记载滇"其众数万"，安宁河谷当时的邛人人口可能也有"数万"之多。

叟人的人口情况没有线索，但仅从叟人在越巂郡境内的分布情况可知其人口不会在少数。

将邛、叟中的丁壮组成军队，有利于蜀汉政权与这两大民族关系的和谐，从"虽有四部斯儿及七营军，不足固守，乃置赤甲、北军二牙门及斯儿督军中坚，卫夷徼"[3]的记载来看，邛人和叟人组成的军队是起到了蜀汉政权要求他们"卫夷徼"的作用的。从张嶷任越巂太守到蜀汉灭亡，越巂郡的形势基本上是安稳的，文献中有"诸种……多渐降服""诸种皆安""牦牛由是辄不为患""邦域安穆"等记载[4]。这种安稳局面，蜀汉政权与邛人、叟人建立的良好关系应该起了作用。

被迁徙到蜀地的青羌万余家应该有不少人口。汉代少数民族一个家庭的人数一般在10人左右，如"（东汉光武帝）建武二十七年，（哀牢王）贤栗等遂率种人户

［1］ 蒋志龙：《滇国探秘——石寨山文化的新发现》，昆明：云南教育出版社，2002年，第357页。

［2］ 童绍玉、陈永森：《云南坝子研究》，昆明：云南大学出版社，2007年。

［3］ （晋）常璩撰，刘琳校注：《华阳国志校注》，第309页。

［4］ 《三国志》卷四十三《蜀书·张嶷传》，第1052—1054页。

二千七百七十，口万七千六百五十九，诣越嶲太守郑鸿降，求内属"[1]。平均每户人口多于6人。"（东汉明帝）永平十二年，哀牢王柳貌遣子率种人内属……户五万一千八百九十，口五十五万三千七百一十一。"[2]平均每户人口多于10人，如取中间数，哀牢夷每户约有8人。青羌与哀牢同为西南少数民族，其家庭人口应该相近，如此，万余家青羌应该有8万人左右，除了抽调了2000人组成五部飞军外，其余的被安排到蜀地成为从事生产的劳动力。这些青羌离开了比距成都的越嶲郡更远的南中，南中潜在的反抗因素也就大大地降低了，这也是蜀汉政权稳定南中的措施之一。

The Seven-Part Ying Army, Four-Part Si'er Army, and the Five-Part Flying Army

Liu Hong

(Liangshan Prefecture Museum)

Abstract: Seven-Part Ying Army, Four-Part Si'er Army, and the Five-Part Flying Army are the names of the military units formed by the Shu-Han Period. The Ying Army gained its name from a weapon type at the time. The Seven-Part Ying Army was a strong group of 2,800 Qiong people. The Four-Part Si'er Army was made up of 1,600 Sou people; the Five-Part Flying Army was a strong group consisting of 2,000 young Qiang people, and all three groups were part of the standing army of Shu-Han.

Keywords: Shu-Han, Seven-Part Ying Army, Four-Part Si'er Army, Five-Part Flying Army, Development of Army Structures

（责任编辑：董华锋）

---

[1] 《后汉书》卷八十六《南蛮西南夷列传》，第2848、2849页。

[2] 《后汉书》卷八十六《南蛮西南夷列传》，第2849页。

川南唐宋摩崖造像选址的景观考古研究

凤　飞*

摘要： 四川南部的佛道摩崖造像是反映唐宋时期本地区宗教活动的重要遗存。相关遗址由于保存状况不佳、地点分散偏远且缺乏历史文献及碑文题刻记载，不适宜采用一般的石窟研究方法进行讨论。本文尝试结合地理空间、考古学及艺术史等学科的方法，对川南地区唐宋摩崖造像遗迹进行分析，厘清有关遗址在唐宋世俗和宗教社会中所扮演的角色。本文重点对摩崖造像在景观环境中的位置进行讨论，分析遗址的显著性、视野范围和复杂度，并结合石龛分类研究对摩崖造像的社会角色和作用进行探讨。

关键词： 摩崖造像　景观考古　视野范围　复杂性　题材类型

一、导　　言

通常而言，选址是营造工程初期至关重要的一步，摩崖造像的开凿也不例外。不过，摩崖造像的选址与一般的房屋选址并不相同，其开凿位置一经选定通常无法改变，同时，工程改变着岩石、植被等自然景观。因此，开凿龛像本身就是一个破坏性的过程。在摩崖上开凿窟龛的工匠及施主也了解这一点，故谨慎选择每个位置。被施主或工匠选中的崖面类型可能属于巨石或洞穴，位置可能在山顶或山谷。虽然客观上受到岩体表面的质量和形状的限制，但是社会的、宗教的或政治的原因才是选址时考虑的主要因素。

虽然摩崖造像的选址和建造过程不见于文献记载，但其最初的建造线索通常就保留在遗址本身之中。问题在于，我们对遗址的理解存在缺环，遗址保存的信息也并不完整——没有一个遗址能以其原始使用的状态被完整地保存下来，如风化作用导致岩石表面塌陷，炎热潮湿加剧了浮雕的剥落。摩崖造像周边的自然和人文景观也并非一成不变，如地面高度随时间推移或上升或下沉，堤坝等水利设施的兴建改变了当地的水文条件。人口状况变化也带来巨大的影响，如定居点数量随着地区的繁荣和衰落而

---

*　作者：〔英〕凤飞（Francesca Monteith），北京，北京大学考古与文博学院（fcmonteith@pku.edu.cn）。

变化，农业生产活动在丘陵修造梯田，在河谷种植水稻，森林被改造成农田后只需几十年又可恢复。上述种种过程都可能影响我们对某遗址景观的理解。

　　虽然没有任何一处完整的遗址可供研究，但是通过分析和比较一系列的遗址，各类遗址所共同呈现的模式是可以被认知的。这些模式提供的"视觉式语法"（图像在空间中的意涵）线索可用于讨论遗址的选址、复杂程度及内部石龛形的设计等问题。

二、地 理 环 境

　　本文涉及四川南部的50个遗址，共1137个龛（图一）。最大的遗址含113个龛，最小的三个遗址只存1个龛。最小的龛为8厘米×28厘米，最大的荣县大佛为14.3米×38.6米。

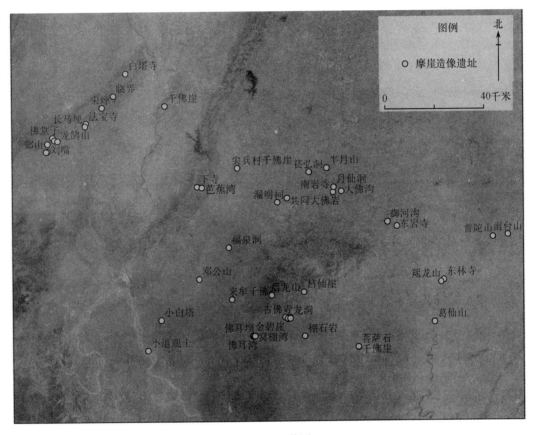

图一　调查范围

　　四川盆地南部这一区域包括眉山、内江、乐山（北部）和自贡，其内有丘陵、平原及起伏相交的三条山脉。三条山脉中一处是荣县以北长山镇的三角地带，东西长74、南北宽23千米。还有两处长条形地带，呈东北—西南走向穿过平原，其中一处只有约10千米宽。西面的（属邛崃山脉东延余脉）高差近800米，东面的（属龙泉山脉）

仅有520米（龙泉山脉平均海拔高于四川平原100米）。这个地区的主要河流是岷江，在乐山和大渡河交汇，在富顺和长江交汇。主要的岩石类型为红砂岩和石灰岩，其间穿插分布着厚重的红黏土。

低矮山坡的植被类型是小树林，而低地多种植农作物，主要为稻米和大豆。较高山坡上的主要作物为果树，以橙树和花椒树等为主，部分地区遍植桉树。诸多迹象表明，山区的大部分是近30年才开始种植作物，故大体可以假定这些地区在历史上未必是种植区。此方面的具体信息有待专家进一步考证。在荒地或是短暂废弃的区域，茂盛的荆棘形成了密不透风的植被。

然而根据文献记载，四川地区在唐代的人口压力很高，使得几乎所有的天然林地都被砍伐，以作为建材和木柴使用，甚至到了必须种植生长迅速的桤木以供柴薪的程度[1]。这一情况非常重要，因为它对景观中的遗址显著性和到访的便利性有着重大影响。

历史上，四川南部的交通以河运为主。当地的河流不论大小都被利用了起来，交通工具有帆船、驳船、小舢板，几乎所有河道都能够通航[2]。尽管水运比陆运更快捷、有效，但也存在风险。这种危险可以从最近彭山北部岷江下游的考古发掘中窥见——港口下游的河床中出土了数以千计的汉至清的金属制品。乐山大佛的建造也许最能说明问题，因为乐山大佛就是为了镇住岷江和大渡河交汇处的急流而修建的[3]。在这个位置以如此大的规模建造佛像，足以证明长江货运对当地经济的重要性。

三、景观考古方法在摩崖造像研究中的应用

诸多有关川南摩崖造像的研究往往过于关注遗迹和遗物本身，很少考虑遗址与周围环境的交互关系。景观考古学的分析基础是人类的活动空间，这个空间远远大于一个考古遗址本身的范围[4]。这种视角使得学者可以从宏观上观察遗址的位置与环境。景观考古的范围既包括遗址的地形条件和地理位置，又包括其所在地区的"人文地理"（human geography）信息，如政治、宗教与社会结构内的单位。上述因素都属于一个遗址的景观环境。

在景观考古的研究中，理解一个遗址与其景观环境关系的关键在于"空间"（space）和"地点"（place）的概念。

［1］ 林鸿荣：《四川古代森林的变迁》，《农业考古》1985年第1期。

［2］ 白寿彝：《白寿彝文集·朱熹撰述丛考、中国交通史》，开封：河南大学出版社，2008年，第276页。

［3］ （明）严衍撰：《资治通鉴补》卷二百九十四，北京：中华书局，2013年，第18册，第8151页。

［4］ Timothy Ingold, Temporality of the landscape, *World Archaeology*, Vol. 25: 2 (1993), pp. 152-174.

　　"空间"是一个物理概念，它要通过人类的关注和社会实践活动而被赋予意义，从而转化为"地点"这个社会文化概念，而景观研究正是对这种转化方式和转化过程的研究[1]。景观环境有其自然形态，但也可能被人类活动更改过。人类在"空间"内修建"地点"。地点是人们根据自身要求修建的[2]，每个地点在当地政治、宗教与社会结构之中有其特定的功能。通过研究遗址，考古学家能够观察到过去人类活动遗留下的部分证据，但是古代人的社会活动并不局限于墓葬或寺庙内。要了解古代人的生活，需考虑古人的居住地点及海陆交通状况等。

　　没有一个地点是孤立修建的，研究一个地点需要考虑其与人的日常起居、工作、信仰生活的关系。在政治、宗教与社会结构内，地点也有其层次结构。同时，需要考虑地点在不同时代的利用方式。此外，地点的使用时间也许远远超过人的寿命，甚至可达几百年。一个地点往往被多个时代使用，其功能也可能发生改变。每一个时代的政治、宗教与社会结构各不相同，因此，不同年代的人文景观环境也有所不同。

　　综合前述诸多研究可知，作为人类活动发生地点的景观不是空白的画布，它对在其中发生的人类互动起着塑造作用，如同人类塑造景观一样。人类活动的地点是具有如此特点的"景观"，但是具体而言，要真正了解一处遗址的功能，需要从地点和空间两个角度入手。

　　景观考古学要求研究者在宏观的环境中考虑一个遗址的作用。正如一般考古发掘必须翔实记录遗存的文物信息，景观考古研究要求记录和分析遗址的物理环境。学术界至今尚未将摩崖造像的物理位置视作重要信息。本文研究需要逐个考察相关遗址，以获取其物理位置、遗址结构和遗址内的空间信息。

　　选址问题涉及两种角度：其一是外部视角，需要考虑其在较广阔的地理单元中处于什么情况及其周边环境对选址的可能影响；其二是内部视角，需要考察造像所在岩石表面的物理性状，以及近处未雕凿造像的岩石表面的物理性状，以辨明具备哪些特质可能成为选址。

　　选址分析基于以下三类材料。

　　（1）实地考察记录。要了解选址于某处景观中某地的原因，最直接的方法是实地考察。此法虽然消耗大量时间，但是便于观察景观类型、地貌、植被类型和周邻地区的岩石类型。

　　（2）卫星照片。此法能使研究者更清晰地了解景观地貌，但是这种前所未有的"上帝视角"（God's eye view）有时会过分夸大某些地理特点。

　　[1]　张海：《景观考古学——理论、方法与实践》，《南方文物》2010年第4期。

　　[2]　Bruce Trigger, *A History of Archaeological Thought*, Cambridge: Cambridge University Press, 1996, p. 473; Kent V. Flannery, *The Early Mesoamerican Village*, New York: Academic Press, 1976, pp. 75-80.

（3）数字高程模型（digital elevation model, DEM）卫星数据。这种模型类似地图包含的地形信息可用地理信息系统（geograpic information system, GIS）软件进行区域空间分析。

基于这三类材料，本文将分类归纳每个遗址本身的形式及其在大景观中的位置。具体评估内容除了遗址的自然环境特征之外，还有显著性和视野范围。

摩崖造像是自然景观与人文景观的统一体。自然景观由山脉、谷地、河流、森林等构成，并在人类活动的干预下发生剧烈变化。正如前文所述，早在唐代，森林减少便成为重要的环境问题；为了在水库蓄水，溪流和河水被定期拦截；人类活动的强度在近代到达峰值，当地为了修建高速公路甚至将某些山丘夷为平地。人文景观由多维的关系网构成，如同在地表交织成的一幅多彩地毯[1]。这些网络存在于多维语境之下，如本土的、宗教的、国家的等。人文景观也关系到宗教的、政治的、商贸的不同人类活动。最后要考虑的是居民的社会角色，如僧侣对人文景观的影响与士兵、工匠、农民或商人对人文景观的影响不同，社会角色的区别影响人们对周围景观的感知方式。

本文将景观考古方法应用于摩崖造像研究，首先需对遗址的显著性和视野范围进行分析。

（一）"显著性" 和 "视野范围"

"显著性"（visibility）是指一个地点在景观中可被观测到的程度。一般而言，开凿在山谷中较小岩体上的石龛的显著性不及高悬于山崖上的石龛突出。在某些情况下，石龛被开凿在显著性较差的位置，如崖壁凹侧、天然洞穴或狭窄的沟渠中，显然，修建者不希望这些石龛能轻易被人从遗址外部看到。

然而，一个地点的显著性不仅仅取决于地形地貌条件，雕刻的尺寸也是重要因素之一。高达76米的佛像无疑比仅50厘米高的石龛突出，无论其雕刻位置在何处。然而，如果同样是5米高的大佛，雕刻于400米宽的山谷并有可通航的河流从前经过的，要比雕刻于40米宽的峡谷中的更加突出，因为前者可被观测到的面积百倍于后者。

遗址的显著性可以划分为三个等级[2]，①隐匿式：100米以外不可见（显著性=1）。②明显式：500米以外不可见（显著性=2）。③突出式：500米以外可见（显著性=3）。

---

[1] Michael Aston, *Interpreting the Landscape: Landscape Archaeology and Local History*, London and New York: Routledge, 1985, p. 11.

[2] Francesca Monteith, Towards a Landscape Archaeology of Buddhist Cave-Temples in China, *Antiquity*, Vol. 91, (2017), issue 359, October 2017, e8.

一个遗址的视野范围（viewshed）指遗址本身的视域大小，包括从石龛所在位置开始可见的全部地理范围。遗址的视野范围也可以划分为三个等级，①狭窄：可见的地平线特别近，不超过100米（视野范围=1）。②普通：可见的地平线比较近，不超过500米（视野范围=2）。③广阔：可见500米以外的地平线（视野范围=3）。

一个遗址的视野范围与显著性不一定相匹配。视域较广的遗址可以是隐匿式的（如仁寿大林山和牛角寨），但是视域较窄的遗址不可能是突出式的。

（二）复杂度与题材

就摩崖造像的景观特征而言，遗址的复杂程度和用于开凿石刻的岩石类型同样重要。虽然有少量石龛是成组开凿的，但显而易见的是，多数石龛是未经规划修建的。调查发现，川南地区的部分遗址点内只有一座或者一组石龛。这种欠发达的状态，究竟意味着该遗址经营不利，还是说明了遗址的私有性质？或者，这是否为唐末当地居民为求功德额外开凿的小龛？值得注意的是，当地的晚期遗址包含的石龛数量普遍较少。

在本文研究中，界定遗址复杂程度的主要依据是单处遗址包含石龛的数量，同时考虑被开凿的岩体面积、单个或多个石龛的雕刻组合及打破关系、石龛分布的密集程度、附龛特点等。总体而言，复杂度可被分为三个等级，①简单：石龛数量较少，组合简单，分布疏松（复杂度=1）。②中等：石龛数量较多，组合较简单，分布较密集（复杂度=2）。③复杂：石龛满布，组合复杂，分布密集（复杂度=3）。

复杂度是衡量遗址内部构造的一个重要指标，另一个重要指标是石龛雕刻的题材。本文分析的50处遗址包含143种不同的题材。最常见的四种包括单尊立像，140龛；双尊立像，88龛；单尊坐像，81龛；一佛二菩萨组合，59龛。总体而言，题材简单的石龛数量较多。较复杂的题材主要包括经变，24龛；千手观音，23龛；千佛，16龛。本文根据石龛内主要雕刻的样式，将石龛的题材类型划分为11种：立像、单尊坐像、坐像及胁侍像、倚坐像及胁侍像、半跏像、多佛（包括千佛、五十三佛、五百罗汉等）[1]、千手观音、经变、其他、无人像的（塔、题记等）和不详的（包括空龛、风化严重的与未完成的）。

（三）类型

本文依据显著性、视野范围、复杂性和石龛类型对此地区的50处遗址的样本进行评估，并以上述题材类别对遗址进行分类。必须承认，笔者采用的标准不足以完全揭

---

[1] 这一类别主要强调群像，另有十六佛、三十六佛等例。此外，由于调查样本中只存在一处确定的五百罗汉石刻，且其使用的技法同于千佛，故将其纳入"千佛"类型之中。

示分类规律，然而即使存在局限性，出于类型分析的需要，目前的分类工作是必要的。本文也尽可能参考了GIS和数字高程模型卫星测绘所得数据，以使这一评估尽可能准确。

为了说明上述标准如何应用于遗址的分析之中，下文对4处遗址的景观状况进行介绍，包括眉山仁寿县芭蕉湾、仁寿尖兵村，内江资中御河沟（又名西岩寺），以及自贡荣县大佛寺。这4个代表性地点展示了遗址类型的多样性，既有简单式也有复杂式，既有隐匿式也有突出式。

1. 眉山仁寿：芭蕉湾

题材：五十三佛。

显著性＝1，视野范围＝2，复杂度＝1。

仁寿县芭蕉湾位于仁寿县城南11.4千米，龙泉山脉东部（图二）。海拔570米，比仁寿县平均海拔高100米以上。摩崖造像开凿于一处小型磐石斜面上方，石龛一座，题材为五十三佛。该龛于岩石表面并不突出。

这一磐石所在位置为山脚开阔地，中间有一道下陷的沟缝。磐石位于沟缝一侧，这意味着它可能位于从山脚通往山顶的入口处，此处在古代很可能有横穿风景区的小径。裂缝的底部或许曾有一条河流，但是当地的鱼类养殖和水稻种植产业使得卫星图像难以追踪古河道痕迹。

2. 眉山仁寿：尖兵村

题材：一坐（2处）、一坐二半坐、一坐六立、三立、二立、倚坐二坐六立、多佛（2处）、经变。

显著性＝2，视野范围＝2，复杂度＝2。

位于仁寿县城东南7.5千米，龙泉山东10千米处（图三）。共10座石龛，雕刻在露头类岩石表面。

这一地区地形起伏较小，交通比较便利，遗址北面建筑的地基可能修建于古代，距离遗址70米的一条小路或许也为古代遗存。地形为宽阔平坦的山谷，周围是岩石丘陵。地面在过去1000年间的上升程度不明。此遗址西北560米处有一座现代化水库。原有沟谷变成了稻田，使得早期河道网络变得难以追踪。

遗址开凿在一处向北的岩石峭壁上。遗址前方山谷底部为稻田，但有一个10米高的土丘。此山谷目前竹林茂密，严重限制了这一遗址的景观和视野范围。如果没有竹林，那么此遗址将有一个最大距离为380米的可视区域，但鉴于这些石龛的大小，从100米之外已无法看清龛像内容，可视性较差，但人可以走近看。除了第1龛在崖面较

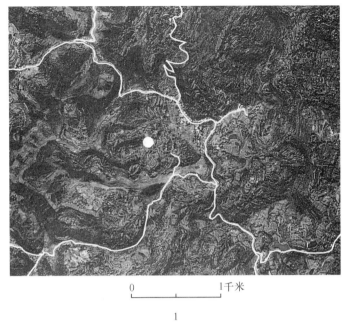

0   1千米

1

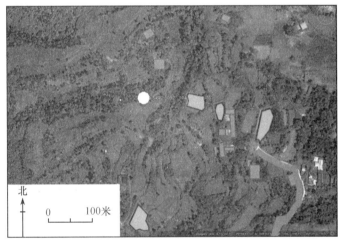

北

0   100米

2

3

图二　芭蕉湾摩崖造像

1.宏观地图　2.近宏观　3.摩崖造像位置

0   50米

图三　尖兵村摩崖造像中观图（白线表示崖面位置）

低处，其余壁龛多距离地表1.5米以上。整个遗址分布在三个岩石面上。A组位于遗址最右侧，占据一块岩石面，几乎被掩埋。其右7米为B组和C组所在岩石，岩石高出地面2米以上，C组位于B组的拐角处。D组为第三块崖面，与B组方向相同。

3. 内江资中：御河沟

题材：一立（14处）、二立（10处）、三立（3处）、四立（5处）、四立六小坐、五立、六立、九立（2处）、十立、十一立、十七立、一立六坐。半坐。一坐（11处）。一坐群：一坐二立（15处）、一坐六立（2处）、一坐四立（2处）、一坐十二立。倚坐群：一倚坐一半坐、一倚坐一坐、一半一倚坐、一坐一倚坐一半、一坐二倚坐（5处）、倚坐（5处）、二倚坐（3处）、二倚坐二立、三倚坐。其他：二坐（3处）、三坐、十坐二立、三坐一倚坐、三坐二立。多佛：二十二坐。千手观音（2处）。塔（2处）。不详（9处）。

显著性=1，视野范围=1，复杂度=3。

御河沟，又名西岩寺，位于资中县城以东2千米的一个细长的山谷中。最宽处长350、宽60米（图四）。距入口200米处有一个较浅的弯道，两侧的悬崖不超过15米。这个遗址总共有104个龛，分布在山谷中5个不同的位置。

A组位于河沟内150米处，面向河沟，包括4个龛。A组与B组相距50米。B组设置在低顶宽口自然窟的右手壁上，包含42个龛。C组位于山口，距悬崖边缘15米，雕凿有一尊大佛。D组位于C组朝悬崖方向的20米开外，包含12个龛。E组位于B组的对面，相距58米，共包含52个龛。

1

2

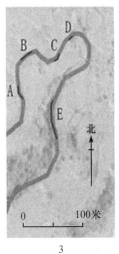

3

4

图四　御河沟摩崖造像

1. D区　2. A区　3. 遗址位置图　4. E区

因其处于一个相对狭窄的山谷中，其最初的设计目的是使之隐匿在景观中。在山谷中看不见摩崖造像，航行于河上也见之不得。当前的地面高于古代，洞窟内的石龛不仅被半掩埋，且从洞外完全看不见。然而，如果地面水平面比目前低2米，就能够显著改变此地点内B组石龛的可视度。同样情况下，其他各组龛像的可视度也将低于当前情况，因为龛像的位置明显高于观看者的头部。

此峡谷的河水较浅，虽然环境清幽，远离人烟，但由于山谷高度有限，并不会造成气势磅礴的压迫感，使人产生被困之感。谷地宽阔平坦，具有营建多座寺庙建筑的空间。目前尚不清楚当地的地层情况，有待未来测量工作的继续探讨。

4. 自贡荣县：大佛寺

题材：罗汉、倚坐、千佛、经变、题记、不详。

显著性= 3，视野范围= 3，复杂度=2。

此遗址坐落在古城东南500米处的一座大山的北面，摩崖造像的主体为一尊大佛（图五）。目前尚无研究能够准确判断这尊大佛的年代，相关遗址的分析研究也颇为复杂。这座中国第二大佛并没有留下有助于判断营建年代的资料。最早题记为宋隆兴元年（1163年），最早的文献记载见于乾隆朝的地方志之中，被认为完成于唐代。而民国文献则认为其雕刻年代在1174年以前的宋代[1]。

目前并不清楚的是这一大佛可否从肩部观看。从遗存迹象来看，龙洞遗址有一条通往大佛寺的大佛肩部的道路[2]。

除大佛外，还有一座千佛龛和一座佛经雕刻，镶嵌在一个相对较深的位置。另外还有一座明朝的小龛，内有一尊坐像及两胁侍。清代壁龛呈长列排布，内有罗汉图像。

四、分　　析

下面分析川南地区50处遗址所在位置（视野范围和显著性）与结构（复杂性与龛类型），以理解各遗址的"视觉语法"。

---

[1]　周科华、陈刚编：《四川散见唐宋佛道龛窟内容总录：自贡卷》，北京：文物出版社，2017年，第6页。

[2]　Monteith and Harris, Big Buddhas, Pilgrims and Pagodas: The Social Geography of Buddhist Sites in Rongxian, Southern Sichuan, 待刊。

图五 荣县大佛宏观图

（一）遗址位置

本文将各遗址的视野范围和显著性分为三种程度，整理于表一[1]。

表一所呈现的是遗址的视野范围和显著性之差异的9种组合方式。然而，突出（显著性=3）且狭窄（视野范围=1）的这一组合方式不见于任何一处遗址，所以理论上成立的这一组合方并不真实存在，故而只有8组。

表一用不同颜色标示了各遗址位置所属行政区域。遗址位置所属之行政区域在这8个群组之间呈相对均匀分布的状态。该分布规律表明，摩崖造像的位置类型不因地理区域所在而异。

---

[1] 数据采集情况参见附表。

表一　遗址的视野范围与显著性分布

视野范围	市	显著性		
		隐匿式（1）	明显式（2）	突出式（3）
狭窄（1）	乐山	福泉洞		
	内江	东岩寺、御河沟	大佛沟	
	眉山	临界、共同大佛岩、宋坪、长马埂	千佛崖	
	自贡	龙洞		
普通（2）	乐山	小白塔	小道观士、邓公山	
	内江	南岩寺、苌弘洞	东林寺	
	眉山	下寺、岔河千佛、芭蕉湾	六丈院、尖兵村、法宝寺、漏明祠、白塔寺、穿洞子、郑山、龙鹄山	
	自贡	棚石岩	佛耳坝、佛耳湾、千佛崖、后龙山、来牟千佛、窝棚湾、菩萨石	吕仙崖、武官大佛
广阔（3）	乐山			
	内江	雨台山、普陀山、月仙洞、葛仙山	火神庙、翔龙山	
	眉山	倪家湾	佛堂子、刘嘴	
	自贡		金碧崖	二佛寺、大佛寺
	资阳			半月山

1. 视野范围狭窄

在这50处遗址中，有10处具有狭窄（视野范围=1）的视野范围。其中8处可归为隐匿式（显著性=1），4处位于封闭的河沟之中，3处在可通行的峡谷中，1处在一个天然洞窟之内。

位于封闭河沟的3处中，有龙洞、共同大佛岩与东岩寺，此3处皆位于马蹄形山崖中，崖面高逾40米。1处相似的遗址见于御河沟，位于较为狭长而封闭的河沟崖面，崖面不高于15米。上述4处遗址内均有大型天然洞窟与天然泉，其河沟内空间之大甚至可容纳一组寺院类建筑。长马埂、宋坪与临界位于狭窄峡谷内，但崖面高度不同。福泉洞的洞窟位于地形低矮处。

有2处遗址的视野范围狭窄（视野范围=1），却有着较为明显的位置（显著性=2）。千佛崖的龛像被开凿于高度适宜观看的崖面上，由崖脚所在地面可窥见的范围更广。同样的情况也见于大佛沟。

2. 视野范围普通

视野范围普通（视野范围=2）的遗址有27处。其中18处明显式（显著性=2）也为中等程度，并且都位于相对宽阔的山谷。由于位处斜坡自上由下三分之二处，以上遗址中有7处为隐匿式（显著性=1）。因此即使这些遗址上的龛数较大，它们在景观中也是不可见的。

突出式（显著性＝3）的遗址有2处。吕仙崖摩崖造像雕刻的位置较为突出，其所在巨石位处高于地面20多米的悬崖边上。此龛像虽然不大，但是因其位于巨石上方4米，增加了其显著性。武官大佛是位于山脉窄脊末端的单尊大佛。

3. 视野范围广阔

此类13处遗址具有较广阔的视野范围（视野范围=3）。其中3处遗址内雕有8—36米高的大佛，显著性尤其高（显著性=3）。

有3处遗址具有特大视野范围（视野范围=3），但在整个景观中并不显眼（显著性=2），这是凿刻的位置处于山顶的缘故。景观中没有4米以上的大龛，使得这些遗址结构看起来不够鲜明。

4. 分析

从数据看来，在视野范围与显著性存在巨大差异的情况下，较多遗址处于视野范围较大之处，即便此地显著性较低。这种关联性说明了含蓄及美观乃是摩崖造像选址的首要要求。

遗址的视野范围和显著性特点是由其所处位置决定的。以遗址及其环境的可视度和造访的便利性为基础，考虑人在这些遗址中的活动方式，可以将遗址分为四种类型。

一般而言，石龛往往开凿于紧邻交通路线之地。基于前述的选址规律可以断言，即使是沿交通路线凿建的遗址，其具体位置亦存在四种类型：隐匿式、交通便利式、观测式、显著式（表二）。上述各类型的特征如下。

表二　地点的显著度和视野范围分类

视野范围 ＼ 显著度	1	2	3
1	这些摩崖石刻隐没于景观之中。这种位置类型的遗址，此前可能便已存在泛神信仰的活动	形迹虽然隐晦，但有特点显示，设计时带有令其在整个景观中较为可见的意图	
2	这些摩崖石刻被设置在更为开放的空间，但是其中的雕刻成品太小，或被配置于景观中看不到的位置	这些摩崖石刻一般位于山谷的一侧。雕刻成品体量宏伟，又或被特意安置于景观中可见的位置	位于宽敞的空间，在整体景观中相当突出、醒目

续表

视野范围 ＼ 显著度	1	2	3
3	这些遗址具有辽阔的视野范围，但其中的雕刻成品太小，或位于整个地形景观中不可见的位置	这类遗址具有辽阔的视野范围。雕刻成品体量宏伟，又或被特意安置于景观中可见的位置	这些遗址支配着它们所在的景观。不可能不注意到它们的存在

注：　█ 隐匿式　　█ 交通便利式　　█ 观测式　　█ 显著式

（1）隐匿式的遗址，应是基于使用者的隐修需要开凿的，其证据是遗址中没有可通向此处地面的人工通道。这表明来到此地的人士往往有其特别的动机。此外，如果某人此前不知道这一地点，或仅仅是偶然路经此处，其后也不曾论及此地，这些遗址将不免湮没于历史长河。此类遗址以御河沟为例。

（2）交通便利式的遗址，指那些位于可能存在交通路线的位置上，视野范围或显著度却不高的遗址。这意味着相关遗址主要为路经此道的行者提供精神庇佑。

（3）观测式的遗址，所在位置显著性较低，可视性各异。这些摩崖造像选址的首要考量往往不在于能被看见，而是为了保护其所俯瞰的景观。

（4）显著式的遗址，在整体景观中特别容易被看见，其开凿目的显然是吸引观瞻。

分析这些遗址所在地的性质类别有助于我们理解使用者开龛选址的各种考量和目的。换言之，摩崖造像非独为某一群体所用，且各自的功能因其所在地点的不同有所区别。这类石刻在交通便利或交通困难之地作为信徒供养的一种方式，可追溯到佛教对外扩展的最早时期。然而，摩崖造像较少被文献记载下来的某些用途相当值得关注。若这些观测式的遗址乃是为了保护其所俯视之地而设，那么其是否也可能蕴含着作为某种政治或宗教上的保护工具的意味？

或许，在隐匿的地点开凿摩崖造像是为了创造僧道安静清修的空间。撇开凿击悬崖的嘈杂声很难让人安心的事实，也可以认为这些地方之所以被选中是因为其在被用作佛道教地点之前，在本地信仰的万物有灵论传统中已具备重要性。至于在巨石上开龛的情况，既可能源于施主为家庭增加功德而赞助，又有可能是为了改变该龛所在地区的风水。

上述说明摩崖造像遗址位置的变化是显而易见的，而且它们的重要性也一样明显。目前尚不清楚推动这些摩崖造像工程进行的具体理由。

（二）遗址结构

以下对样本中每个遗址的复杂度依三分制进行评价，如附表所示。还记录了每个遗址中不同龛类型的发现数量。表三显示了所有遗址的龛像类型（横向）和复杂度（纵向）之间的关系。

表三　题材类型的数量与遗址复杂度关系表

复杂度		题材类型											
		立像	单尊座佛	坐像及胁侍像	半跏像	倚坐像及胁侍像	多佛	千手观音	经变	其他	无人像的	不详	总计
简单（1）	龛数	6	1	7		5	2			1		9	31
	相关遗址数	4	1	6		4	2			1		3	21
中等（2）	龛数	77	20	32	6	16	22	7	6	31	44	65	326
	相关遗址数	16	13	14	2	9	12	6	5	9	13	16	115
复杂（3）	龛数	226	54	185	11	61	27	16	18	80	23	75	776
	相关遗址数	18	16	18	7	14	12	9	6	17	11	17	139
总计	龛数	309	75	224	17	82	51	23	24	112	67	149	1100
	相关遗址数	38	30	38	9	27	26	15	11	27	24	36	276

注：横向表头为龛的类型，下方表格为相应的遗址数量

遗址的复杂度是与遗址内所包含的龛的数量相关的。理论上，每个遗址所包含龛的类型中种类简单的最少，种类越复杂的数量越多，而实际情况恰好符合这一逻辑。以立像龛的发现情况为例，复杂度"简单"的遗址平均各有1.5个立像，"中等"的遗址平均各有4.8个立像，"复杂"的遗址平均各有12.5个立像。在倚坐像、单一坐像与多尊坐像龛的案例中可以看到类似的情况。然而这种规律并不适用于所有类型，尤其值得注意的是多佛龛的情况。"简单"类遗址平均每处遗址各有1个多佛龛，"中等"类平均有1.8个多佛龛，"复杂"类平均有2.25个。

1. 简单

样本中有10处复杂度为简单性（复杂度=1）的遗址，其中3处开凿有高度在3米以上的大型龛。半月山与武官大佛是单独的倚坐大佛。东岩寺除了一个大型龛外只有众多立像围绕一尊坐像类型的龛。有2处遗址内只含一个单独的多佛龛，棚石岩凿有一佛二比丘四菩萨组合，以及一处多尊坐佛龛。其他5处遗址的题材均为一坐佛与立像群。

没有一处简单型遗址使用了经变或千手观音题材。

2. 中等

复杂度为中等的遗址（复杂度=2）有20处。较为常见的题材有千手观音、多佛与经变，其中2处含千手观音、多佛与经变龛，3处含多佛与千手观音龛，2处含多佛与经变龛，1处含千手观音与经变龛，6处只含多佛龛。没有单独以千手观音或经变为主题者。另有5处遗址不见这三类题材。复杂度为中等的大型龛只有荣县大佛寺一例。

3. 复杂

20处遗址的复杂度为复杂（复杂度 = 3）。其中6处含高度在5米以上的大型龛。这之中有4处的题材为倚坐像及胁侍像，即东林寺、二佛寺、六丈院和宋坪。不过，翔龙山及东林寺还雕凿有大型的千手观音，二佛寺有大型天王像。

千手观音、多佛与经变题材的流行情况如下：4处复杂遗址同时含有千手观音、多佛和经变龛，4处含多佛与千手观音龛，1处含千手观音与经变龛，5处只含此三类中的多佛龛，1处只含千手观音龛，1处只含经变龛。

4. 分析

上述材料表明，千手观音和经变题材在不同复杂度的遗址中的使用存在显著的差异性，而其他题材类型几乎没有明显的变化。这或许是因为这两种题材的内容相对复杂，雕刻规模较大，技术性要求较高。而其余一佛二菩萨、菩萨立像乃至多佛都由尊像及台座组成，没有额外元素，雕刻比较简单，相对容易复制。而多佛尽管看起来比较复杂，本质上却以重复为主，相比经变或千手观音而言，后二者显然要求更高的雕刻技术及更多的形式变化。

简单遗址中经变和千手观音缺失现象的原因可能为以下三条之一。

（1）这些龛吸引了其他供养人在附近雕刻他们自己的壁龛。

（2）这些龛只在已经开发的崖壁上雕刻。

（3）这些龛的选址年代早于那些在主要岩石雕刻阶段末尾开始雕刻的龛。

上述假设都会影响对开龛顺序及遗址年代的判断。部分遗址尚存题记，如丹棱刘嘴的2处纪年题记。第一处题记位于37号龛，处于34号龛与45号龛之间，开凿于元和十三年（818年）。第二处位于52号龛旁的53号龛，开凿于长庆年间（821—824年）。开凿于郑山40号龛同一岩石南侧的48号龛有天宝十三年（754年）题记[1]。以上铭文

---

[1]　罗翠恂、庚地：《四川西部中晚唐千手观音造像研究——以夹江千佛岩084号龛为例》，《四川文物》2015年第1期。

的日期仅与所在龛相关，而一处遗址的修建和改造过程更为复杂，或许经过几代人，具体情况有待进一步研究。

（三）遗址结构与位置的关系

遗址的明显程度和复杂度之间似乎存在相关性。

10处复杂度简单的遗址中有6处隐匿式、1处明显式和3处突出式。

20处复杂度中等的遗址中有10处隐匿式、9处明显式和1处突出式。

20处复杂度复杂的遗址中有4处隐匿式、14处明显式和2处突出式。

从这组资料看来，20处复杂遗址中有14处位于明显式位置，表明了"交通便利"位置类型的"繁荣"程度。设置于突出性位置的遗址似乎比设置于隐匿式位置的更少呈现出重复雕龛和侵入供养人像与题记特征。这表明较早期的遗址多处于隐匿式位置，而突出式位置龛像开凿时间较晚。

显然，当供养人希望在既存摩崖造像上增加一个龛时，通常更倾向于隐匿式的位置，而非一个突出的大佛（如荣县大佛寺、资阳半月山等）旁。

五、结　语

本文旨在勾勒出几个川南佛道摩崖造像选址研究中的代表性问题以供讨论，强调如何结合传统的研究方法与景观考古学，并用于认识唐代供养人与这些宗教遗址之间的互动过程。

通过对这些遗址的分析，可观察出以下初步的模式。

首先，本文展示了相关遗址选址的差异性。学术界通常认为，佛教遗址往往设于交通路线上，而本文发现，川南摩崖造像遗址中远离交通路线者虽少，但其所反映的宗教活动与社会风俗或许有更大的研究价值。而且，信徒若非事先得知此类摩崖造像的位置，造访当地也实属不易。调查样本显示，虽然存在令摩崖造像突出于视野之中的设计偏好，但此类遗址并非全是出于令其可见于景观之中的目的开凿的。

其次，以修龛次数和崖面上龛像的密集度或崖面的占用情况为基础，本文将遗址分成了三个层次的复杂度，并给出了其定义，分析了三种复杂度的摩崖造像遗址中龛的类型差别。此分析重点关注多佛、千手观音与经变三类题材的龛。研究发现，千手观音与经变两类龛不见于简单式遗址，换言之，简单式遗址仅可见此三类之中的多佛龛。而在不同复杂度的遗址，特别是中等复杂度与复杂遗址之间，可见的题材类型及各类题材的搭配组合其实也无多少差别。其差别具体在于这些不同类型龛的不同组合中，多佛龛的数量往往远高于千手观音与经变龛。

最后，本文以遗址位置与遗址结构所提供的信息为基础得出了以上结论，所揭示的规律是遗址的复杂度与其显著性之间存在对应关系，即显著性高的遗址中，没有一个复杂程度高的。显著性高的遗址中有巨大龛面者，在主龛面的周围鲜有其他龛面。这意味着那些处于突出式位置的宗教艺术工程反映佛教本身在社会中所起的角色，且具有相当鲜明的政治意味，同时反映了多数的供养人在明显式或隐匿式的位置修龛的偏好。而这些遗址中还存在早期泛灵信仰的证据，有待未来研究。

本文作为讨论的平台，仅仅是该论题研究的初步阶段，意在展示研究方法的实用性。以上三个结论不过是更大拼图中的一小部分。摩崖造像所在位置的下一步研究，需要在探究环绕遗址的水文特点，理解土壤位移范围，以及景观形式等方面进行更多工作。至于遗址结构、不同类型龛之间的关系，以及各龛被委托开凿的相关过程，也都有待更多的调查来探究。

Analysing Rock Carvings of Tang and Song Dynasties in Southern Sichuan Using Landscape Archaeology

Francesca Monteith

(School of Archaeology and Museology, Peking University)

Abstract: The religious rock carvings of Southern Sichuan potentially provide a key insight into Buddhist practice at a local level in the Tang and Song Dynasties. The lack of historical documentation for these sites and the relative lack of inscriptions, their poor state of preservation, and the extent to which they are dispersed and hidden throughout the landscape. This paper shows how geospatial and archaeological methods can be used alongside art historical methods to allow us to interpret these sites containing less well preserved statues and include them in understanding the variety of roles these sites played in both the lay and religious communities of the time. This paper focuses on the location of religious rock carvings within the physical landscape. This paper shows preliminary results which demonstrate the importance of visibility, viewshed and complexity in conjunction with the niche subjects found within a site in understanding the site function.

Keywords: Religious Rock Carvings, Landscape Archaeology, Viewshed, Visibility, Complexity

（责任编辑：李帅）

附表　遗址的位置、结构、等级及题材类型表

复杂度	视野范围	显著度	市	县	遗址名称	立像	单尊坐佛	坐像及胁侍像	半跏像	倚坐像及胁侍像	多佛	千手观音	经变	其他	无人像的	不详	总计
简单（1）	狭窄（1）	隐匿式（1）	内江	资中	东岩寺	1	1	1		1							4
			眉山	东坡区	长马埂						1						1
	普通（2）	隐匿式（1）	内江	资中	苌弘洞	1		1								5	7
			眉山	仁寿	芭蕉湾						1						1
			自贡	荣县	棚石岩			1							1	2	4
		明显式（2）	眉山	丹棱	穿洞子			1							1	2	4
		突出式（3）	自贡	荣县	武官大佛					1							1
					吕仙崖	2		1		1							4
	广阔（3）	隐匿式（1）	眉山	丹棱	倪家湾	2		2									4
		突出式（3）	资阳	雁江区	半月山					2							2
中等（2）	狭窄（1）	隐匿式（1）	乐山	井研	福泉洞	1	3	4	5	1		1		2		2	19
			眉山	东坡区	临界	9		2			2				1	1	15
				仁寿	共同大佛岩	9	1	5		3				3		1	22
			自贡	荣县	龙洞	8	1			4		1	2	7	7	23	53
		明显式（2）	内江	资中	大佛沟			1								1	2
	普通（2）	隐匿式（1）	乐山	五通桥	小白塔						1				6		7
			内江	资中	南岩寺	13	2	3			1	2	1	3		5	30
		明显式（2）	眉山	仁寿	尖兵村	2	2			1	2		1				10
					漏明祠	4	1	3		2	4				1	3	18
				彭山	白塔寺	2					2	1				7	13
			自贡	贡井	千佛崖	3	1	5						1	2	4	16
				荣县	佛耳湾	1	1				2					1	6
					后龙山										5	2	7
					来牟千佛	2				1	1				3	1	8

复杂度	视野范围	显著度	市	县	遗址名称	题材类型											
						立像	单尊坐佛	坐像及胁侍像	半跏像	倚坐像及胁侍像	多佛	千手观音	经变	其他	无人像的	不详	总计
中等（2）	普通（2）	明显式（2）	自贡	荣县	窝棚湾										1	7	8
	广阔（3）	隐匿式（1）	内江	东兴区	雨台山	1	1	2			2			7	5	1	19
			内江	东兴区	普陀山	3	3	1		2	2		1	3	3		20
			内江	资中	月仙洞	10	2							4			16
			自贡	大安	葛仙山	2	1	1	1	1				1	4	6	20
		突出式（3）	自贡	荣县	大佛寺	7	1	1		1	1			1	4	1	17
复杂（3）	狭窄（1）	隐匿式（1）	内江	资中	御河沟	42	11	24	1	14	1	2		6	2	9	112
			眉山	东坡区	宋坪		1		1	1	3	1				4	11
		明显式（2）	眉山	彭山	千佛崖	4	2	8			1			2	1	4	22
	普通（2）	隐匿式（1）	眉山	仁寿	岔河千佛	4		1		1	2						8
			眉山	仁寿	下寺	7	1	3						5		1	17
		明显式（2）	乐山	五通桥	小道观士	3		2			1			1	1	7	15
			乐山	井研	邓公山	4	1				2			1		5	13
			内江	市区	东林寺	16	8	4	2	1	3	2		6		4	46
			眉山	东坡区	法宝寺	3	2	9			1	3	1	4		1	24
			眉山	丹棱	六丈院	20	5	28	2	4	7	1		13	2	12	94
			眉山	丹棱	龙鹄山	22		26		1				4	2	3	58
			眉山	丹棱	郑山	26	1	15	1	7		1	2	5	3	3	65
			自贡	贡井	菩萨石	10	2	4		1				5			22
			自贡	荣县	佛耳坝	20	2	10						6		7	45
	广阔（3）	明显式（2）	内江	市区	翔龙山	15	7	7	3	16		1	2	5	2	1	59
			内江	资中	火神庙	2	2	4							1	2	11
			眉山	丹棱	佛堂子	3	3	12		2				2		2	24
			眉山	丹棱	刘嘴	20	4	25		4	4	4	1	3		5	70
			自贡	荣县	金碧崖		3	2		3				9	8	7	33
		突出式（3）	自贡	荣县	二佛寺	5	1	1		4	1	1	3	4	5	5	30

石刻所见宋代四川移民

——以重庆涪陵白鹤梁题刻为中心

孙　华*

提要：重庆涪陵白鹤梁上保留的历代题刻以两宋题刻数量最多，占全部题刻数的三分之二。其中南宋题刻又是北宋的两倍半，南宋题刻又以南宋初期高宗时的最为集中，占南宋题刻数的一半以上。这种题刻时代数量分布的不均衡性，不是白鹤梁题刻独有的现象，川江水路上的重庆云阳龙脊石、川陕蜀道要冲上的陕西汉中石门题刻，也都以南宋题刻为主。这一石刻现象反映的是两宋之际，宋朝中原地区的居民因金人南下大量移居四川的历史现象，这种现象与这些石刻地点在清代题刻数量大增现象的历史背景有相似之处。

关键词：宋代题刻　白鹤梁题刻　龙脊石题刻　石门题刻　宋代移民

中国有悠久的书写历史和史学传统，摩崖立碑以铭功记事，自周秦至现代源源不绝，留下了不可胜计的石刻文献，是研究中国历代社会历史和文化的重要史料。不过，在传统的石刻著录和研究中，还存在着这样一些不足：一是关注元代以前石刻文献的著录，明清以来的碑刻通常忽略不录；二是重视对单体石刻文献的考释，对石刻群体的整体研究明显不足；三是热衷对名家撰文书刻的赏析，而对普通人物的碑刻不够注意。事实上，时代较晚的基层人士的碑刻尽管只反映了当时底层社会的一个局部，但这些数量众多的普通人物的题刻在一定时间、一定空间集聚起来，可以反映一些较为重要的历史事件和较为广阔的社会背景。

重庆涪陵白鹤梁题刻是少有的兼具历史价值、艺术价值、科学价值和情感价值的重要文物古迹，因而被列入了全国重点文物保护单位和中国世界文化遗产预备名单。在白鹤梁题刻的价值体系中，人们一般都强调，白鹤梁题刻是人类创造精神的体现，是一种技术和传统的见证，是科学和艺术兼具的水文遗产，历史价值中更偏向强调其长江上游水文史（尤其是枯水水位记录史）的价值，对白鹤梁题刻的社会历史价值的认定也偏向于地方史和民俗文化价值方面。实际上，就如同白鹤梁题刻的水文史价值体现在对于8—19世纪长江上游、长江流域乃至于北半球的古水文、古航运、古气候、

---

　*　作者：孙华，北京，北京大学中国考古学研究中心（2628425584@qq.com）。

古环境的变迁研究方面一样，白鹤梁题刻的历史价值还体现在它是川渝地区和中国古代史中若干重大历史事件及其影响的实物例证。白鹤梁题刻的时代、数量分布不均匀的现象就从一个方面反映了一些重要的社会历史事实。

一、白鹤梁题刻宋刻独多的现象

白鹤梁题刻位于重庆涪陵区城北的长江中，距乌江与长江交汇处约1000米。这里的长江中有一道从长江南岸伸入长江的天然石梁。石梁长约1600米，从西向东与江岸大致平行地向下游延伸。石梁的南侧是断裂崩塌形成的陡坎，北侧则是比较坚硬的砂岩斜坡状石面，石面斜向伸入江心，历代题刻就位于石梁中段的石面上。

根据历年的调查和研究可知，至迟在唐代广德二年（764年），白鹤梁上已经刻有石鱼水标，唐代晚期在石鱼水标附近开始刻有题记和题诗，并且大顺元年（890年）还在当时水位处刻有"秤斗"。这些唐代题刻现在几乎无存，只有尚可辨识的水标石鱼一尾和"石鱼"两个隶书大字，应该属于唐代题刻的残迹。

北宋时期，涪陵城外大江中石梁上有石鱼，石鱼露出即为丰收年份征兆一事已被当地地方官上报至中央政府，在北宋官方编制的全国政区地理的书中，已经记录下当时治所在涪陵的黔南地方官给朝廷的这份上书的大致内容[1]。这时刻有石鱼和古人题刻的这道江心石梁已经成为涪陵的名胜，当时全国的地理书籍记载涪陵（当时称涪州）景物或风俗时往往会提到这道石梁。随着石鱼逐渐引起人们注意，在石梁上观看和记录石鱼露出水面境况的人也越来越多，大量记录石鱼与水位关系的题刻以及相关诗文被镌刻在石梁上，其中有许多文豪和名人的作品。属于这一时期的题刻多达99则，其中北宋28则，南宋70则，难以判断究竟是北宋还是南宋的宋刻1则。宋代（960—1279年）无疑是白鹤梁题刻发展的高峰时期。

元灭南宋以后，经历了宋蒙（元）战争的涪陵经济和文化都比先前萧条许多，虽然包括蒙古人在内的元朝地方官员仍然沿袭了登涪陵江心石梁观看石鱼、记录水位和镌刻题记的习惯，但元代题刻数量很少，只有5则。其中两则为《安固题记》《张八歹木鱼记》，从名字及内容来看就是涪陵当地任职的蒙古人所写；另有一则所刻文字为八思巴文（蒙古新字），题刻作者不可考，其作者也有为蒙古人的可能。

---

[1] （宋）乐史撰：《太平寰宇记》卷一百二十记江南西道黔州风俗（北京：中华书局，2007年，第5册，第2395页）："开宝四年，黔南上言：'江心有石鱼见，上有古记，云：广德元年二月，大江水退，石鱼见。部民相传丰稔之兆。'"按：五代时期，割据四川的后蜀政权"移黔南就涪州为行府，以道路僻远就便近也。皇朝因之不改。至太平兴国三年，因延火烧爇公署，五年却归黔州置理所。"〔（宋）乐史撰：《太平寰宇记》卷一百二十，第2394页〕开宝四年时，黔南治所在涪州即今涪陵，当时上报的石鱼出水之事发生在涪州而非黔州。后来因黔南治所回归黔州，故该书将此事误系之于黔州了。

明代的涪陵仍然没有恢复宋代的旧观，来涪陵西门梁上看石鱼出水现象和留下题刻的人并不很多，留下的题刻也只有18则。不过，涪陵石鱼及古今题刻已经相当有名，不仅当地官吏文人和平民百姓冬春之际会登临石梁观看石鱼是否露出，就连过往官员、客商、船工等也常常会在这个时节把船停靠在石梁旁，下船登梁探访和题名留念。明人"商徒舟子邀观古，骚客身游写赋传"（18号《晏瑛诗》），以及"行商往来停舟舣，节使周回驻马镌"（84号《戴良军题诗》）的诗句，就反映了这种现象。白鹤梁上有明代题刻18则，比较均衡地分布在从明初的洪武年间到明末的崇祯年间。这个现象说明，明代涪陵人延续了先前传统，持续在石鱼出水的年月登上石梁观看石鱼并留题，但本地或寓居涪陵的文人数量已经少于宋代，因而在这里留题的数量也比宋代少了许多。

清代涪陵城边江心的这道石梁已被冠以了"白鹤"之名，被称为"白鹤脊"或"白鹤梁"[1]，"涪州八景"中的三景都与这道石梁有相关[2]。明末清初，四川人口因战乱锐减，白鹤梁上缺少明天启七年（1627年）至清康熙十一年（1672年）的题刻，就反映了这一时期该地的社会历史背景。清政府实施"湖广填四川"的移民政策后，包括涪陵在内的人口迅速增加，前来白鹤梁观看并留题的人们也逐渐增加，白鹤梁上年代明确的清代题刻有23则，尽管其数量仍不及宋代，却比元、明两代有所增加。

近现代以来，人们继续在白鹤梁上镌刻题刻。中华人民共和国成立后，出于保护与研究的考虑，在石梁上题刻的现象才逐渐停止，但人们在枯水季节观石鱼和题刻的现象仍然存在。直到三峡水利枢纽工程建成蓄水，白鹤梁题刻位于水库的水位线以下，白鹤梁上相沿千百年的枯水期观石鱼出水的岁时民俗才最终消失。

从唐代至清代，白鹤梁上历代题刻年代分布状况如表一所示。

表一　涪陵白鹤梁题刻年代分布统计（民国以前）

序号	编号	题刻名称	年代		备注
一、唐——1则					
1	53·1	唐石鱼文字	唐广德二年	764年	
二、宋——99则（北宋28则、南宋70则、两宋1则）					
2	61	黔南诸官题名	前蜀天复三年至北宋天平兴国三年	903—978年	
3	48+62	谢昌瑜等状申事记	北宋开宝四年	971年	
4	117	朱昂诗及序	北宋端拱元年	988年	

[1]　前者见白鹤梁154号《张师范刻石鱼诗并序》"北崖水落时，中有白鹤脊"；后者如白鹤梁57号《孙海题刻》的"白鹤梁"三字。

[2]　这三景的名称是"石鱼出水""鉴湖渔笛""白鹤时鸣"。

续表

序号	编号	题刻名称	年代		备注
5	46	刘忠顺等唱和诗	北宋皇祐元年	1049年	
6	44	武陶等题名	北宋嘉祐二年	1057年	
7	102	刘仲立等题记	北宋嘉祐二年	1057年	
8	59	都儒主簿题名	北宋嘉祐八年前	1063年前	
9	72·1	冯玠等题记	北宋治平三年	1066年	
10	123	徐庄等题记	北宋熙宁元年	1068年	
11	55	韩震等题记	北宋熙宁七年	1074年	
12	125	黄觉等题记	北宋熙宁七年	1074年	
13	87	熙宁七年水位题刻	北宋熙宁七年	1074年	
14	55-1	佚名乾道丁亥题刻	北宋熙宁七年	1074年	
15	118	郑頵题记	北宋元丰八年	1085年	
16	46-2	游以忠题名	北宋元祐元年	1086年	
17	47	吴缜题记	北宋元祐元年	1086年	
18	127	杨嘉言题记	北宋元祐六年	1091年	
19	75	姚珏等题名	北宋元祐八年	1093年	
20	64	伪黄庭坚题记	北宋元符三年后	1100年后	
21	11	杨元永等题记	北宋崇宁元年	1102年	
22	16	太守杨公留题记	北宋崇宁元年	1102年	
23	103	朱仲隐题记	北宋崇宁元年	1102年	
24	76	庞恭孙等题记	北宋大观二年	1108年	
25	38	王蕃诗并序	北宋政和二年	1112年	
26	119	蒲蒙亨等题记	北宋政和二年	1112年	
27	21	蒲蒙亨等再题	北宋政和二年	1112年	
28	8	吴革题记	北宋宣和四年	1122年	
29	63	毋丘兼孺等题名	北宋宣和七年	1125年	
30	23	陈似题记	南宋建炎三年	1129年	
31	30	文悦等题记	南宋建炎三年	1129年	
32	72·2	史时杰等题记	南宋建炎三年	1129年	
33	106	赵子遹等题记	南宋绍兴二年	1132年	
34	31	李宜仲题名	南宋绍兴二年	1132年	
35	56	何梦与题记	南宋绍兴二年	1132年	
36	69	蔡悼题记	南宋绍兴二年	1132年	
37	94	种慎思题记	南宋绍兴二年	1132年	
38	43·2	张宗宪等题名	南宋绍兴二年	1133年	
39	131	贾公哲等题名	南宋绍兴二年	1133年	
40	105	蔡兴宗等题记	南宋绍兴五年	1135年	

序号	编号	题刻名称	年代		备注
41	101	宋艾等题记	南宋绍兴六年	1136年	
42	12	贾思诚等再题	南宋绍兴七年	1138年	
43	91	贾思诚等题记	南宋绍兴七年	1138年	
44	51	李义题记	南宋绍兴八年	1138年	
45	108	邦人题记	南宋绍兴九年	1139年	
46	14	周诩等题名	南宋绍兴十年	1140年	
47	28	张仲通等初题	南宋绍兴十年	1140年	
48	33	张仲通等再题	南宋绍兴九年	1140年	
49	32	晁公武题记	南宋绍兴十年	1140年	
50	54	张彦中等题记	南宋绍兴十年	1140年	
51	126	潘居实等题记	南宋绍兴十年	1140年	
52	138	张宗忞等题名	南宋绍兴十年	1140年	
53	新166	孙仁宅题记	南宋绍兴十年	1140年	
54	15	赵时傃题记	南宋绍兴十二年	1142年	
55	77-1	李景孚题记	南宋绍兴十三年	1143年	
56	77-2	冉彬题记	南宋绍兴十四年	1144年	
57	37	张珆等题记	南宋绍兴十四年	1144年	
58	128	杜肇等题记	南宋绍兴十四年	1144年	
59	20	杨谔等题记	南宋绍兴十五年	1145年	
60	新167	晁公遡题记	南宋绍兴十五年	1145年	
61	50	邓子华等题记	南宋绍兴十八年	1148年	
62	67	何宪等倡和诗并序	南宋绍兴十八年	1148年	
63	109	杜与可题记	南宋绍兴十八年	1148年	
64	36	张缙初题	南宋绍兴二十五年	1155年	
65	68	张缙再记	南宋绍兴二十五年	1155年	
66	66	张缙三题	南宋绍兴二十五年	1155年	
67	96	盛芹等题名	南宋绍兴二十六年	1156年	
68	10	黄仲武等题记	南宋绍兴二十七年	1157年	
69	34	张松兑等题记	南宋绍兴二十六年	1157年	
70	51	绍兴水位题刻	南宋绍兴年间	1131—1162年	
——建炎、绍兴间共42则					
71	27	徐朝卿题记	南宋乾道三年	1167年	
72	58	王桂老题记	南宋乾道三年	1167年	
73	40	王浩题记	南宋乾道三年	1167年	
74	121	向之问题记	南宋乾道三年	1167年	
75	122	贾振文等题名	南宋乾道三年	1167年	

续表

序号	编号	题刻名称	年代		备注
76	56-1	乾道三年题刻	南宋乾道三年	1167年	
77	新168	王浩等再题	南宋乾道三年	1167年	
78	52	卢棠题记	南宋乾道七年	1171年	
79	39	向仲卿题记	南宋淳熙五年	1178年	
80	17	冯和叔等题记	南宋淳熙五年	1178年	
81	22	李可久题记	南宋淳熙五年	1178年	
82	79	朱永裔题记	南宋淳熙六年	1179年	
83	1	夏敏等题记	南宋淳熙十一年	1184年	
84	70	徐嘉言题记	南宋庆元四年	1198年	
85	130	贾涣题记	南宋开禧四年	1208年	
86	129	禄几复等题记	南宋嘉定元年	1208年	
87	65	曹士中题名	南宋嘉定十三年	1220年	
88	78	李瑀初题	南宋宝庆二年	1226年	
89	82	李瑀再题	南宋宝庆二年	1226年	瑞鳞古迹题刻应属此则
90	85	宝庆丙戌水位题刻	南宋宝庆二年	1226年	
91	9	谢兴甫题记	南宋绍定三年	1230年	
92	2	王从等题记	南宋绍定年间	1228—1233年	
93	71	张霁等题记	南宋淳祐三年	1244年	
94	49	王季和题记	南宋淳祐四年	1245年	
95	135	邓刚等题记	南宋淳祐八年	1248年	
96	92	赵汝廪题诗	南宋淳祐十年	1250年	
97	25	刘叔子诗并序	南宋宝祐二年	1255年	
98	13	塞材望诗并序	南宋宝祐三年	1255年	
99	90	何震午等题记	南宋宝祐六年	1258年	
100	48	宣德郎守监残刻	宋		

三、元——5则

101	116	安固题记	元至大四年	1312年	
102	85	王正题记	元天历三年	1330年	
103	附169	滦阳某等题刻三则	元天历三年	1330年	
104	7	张八歹题记	元至顺癸酉年	1333年	
105	24	元人蒙古新字题词	元	1277—1351年	

四、明——18则

106	120	刘冲霄诗并序	明洪武十七年	1384年	
107	115	梦游石鱼铭	明洪武二十一年	1388年	

续表

序号	编号	题刻名称	年代		备注
108	88	雷穀题记	明永乐三年	1405年	
109	18、19	晏瑛诗并序	明天顺三年	1459年	
110	84	戴良军题诗	明天顺三年	1459年	
111	98	张本仁等抄石鱼文字记	明成化七年	1471年	
112	5	李宽题记	明正德元年	1506年	
113	4	张楫题诗	明正德五年	1510年	
114	74	黄寿石鱼记	明正德五年	1510年	
115	26	张某和黄侯诗	明正德五年	1510年	
116	99	联句和黄寿诗	明正德五年	1510年	
117	112	张拱诗	明正德五年？	1510年？	
118	133	江应晓诗	明万历十七年	1589年	
119	134	金国祥诗	明万历十七年	1589年	
120	136、137	罗奎诗并序	明万历十七年	1589年	
121	113	七叟胜游题记	明天启七年	1627年	
122	113-1	百岁翁题名	明天启七年	1627年	
123	142-1	秦司正题名	明崇祯十三年	1640年	

五、清——25则

序号	编号	题刻名称	年代		备注
124	124	王士禛石鱼诗	清康熙十一年	1672年	
125	6	萧星拱题记	清康熙二十三年	1684年	
126	100	张天如镌双鱼记	清康熙二十三年	1684年	
127	3	高应乾题诗	清康熙二十四年	1685年	
128	53·2	萧星拱重镌双鱼记	清康熙二十四年	1685年	
129	81	徐上昇等题诗	清康熙三十四年	1695年	
130	104	马琦等联名诗	清康熙三十四年	1695年	
131	132	董维祺题记	清康熙四十五年	1706年	
132	107	罗克昌诗	清乾隆十六年	1751年	
133	114	上元题石鱼诗	清乾隆四十年	1775年	
134	83	陈鹏骧等题记	清嘉庆元年	1796年	
135	154	张师范刻石鱼诗并序	清嘉庆十八年	1813年	
136	145.146	张师范浮雕巨鱼及题诗	清嘉庆二十年	1815年	
137	45	姚觐元题记	清光绪元年	1875年	
138	144	许丽生送子观音图题	清光绪二年	1876年	
139	57	孙海题刻	清光绪七年	1881年	
140	95	谢彬题字	清光绪七年	1881年	
141	148	濮文升题记	清光绪七年	1881年	

序号	编号	题刻名称	年代		备注
142	150	孙海白鹤梁铭	清光绪七年	1881年	
143	151	娄棨题记	清光绪七年	1881年	
144	163	蒋蘅题记	清光绪七年	1881年	
145	164	蒋蘅等再题	清光绪七年	1881年	
146	165	匿名者题诗	清光绪七年？	1881年？	
147	156	范锡朋观石鱼记	清宣统元年	1909年	
148	104	联名诗	清		

从上述白鹤梁上各时期题刻的状况可以知道，在除去民国以后的题刻和年代不明确的题刻后，白鹤梁自唐至清代的题刻共计148则。其中唐代仅1则（石鱼及题字）、宋代99则、元代5则、明代18则、清代25则。我们知道，古代的题刻经过历年江水的冲击、水中泥沙的磨损、水上漂浮物（包括船舶）的碰撞、江上和岸上人为的影响，早期题刻有相当数量已经被损坏。记载中的唐广德、太和、大顺年间的题刻到宋代以后已经不见就反映了这个现象。然而，在现存的白鹤梁题刻中，年代早的宋代题刻却数量最多，占唐至清题刻全部题刻的一多半，也就是68%。白鹤梁题刻从唐广德二年至清末（1910年），其间年代跨度达到1146年，两宋的年代跨度只有319年，只占白鹤梁题刻全部年代跨度的28%，宋代题刻却占了题刻的一多半，个中缘由值得注意。

如果我们将目光集中在宋代石刻，我们还会发现，南宋题刻的数量大大超过了北宋题刻。北宋共167年，南宋共152年，二者年代跨度相差不多，北宋还比南宋多15年；而在白鹤梁99则宋代题刻中，北宋题刻仅有28则，南宋题刻多达70则（另有属于宋刻但无确凿证据归属北、南宋的1则），南宋题刻是北宋题刻的2.5倍。值得注意的是，在白鹤梁南宋的题刻中，南宋初期高宗时的题刻又最为集中，从建炎三年（1129年）至绍兴二十七年（1157年）不到30年的时间里，题刻数量达到了41则，占白鹤梁南宋题刻的59%。在南宋不足五分之一的时段内，题刻数量却占了一半以上。由此可见，白鹤梁宋代题刻南宋题刻多，南宋题刻中南宋初期题刻多。南宋初期题刻异常集中的现象肯定有其背后的原因，需要进行探讨。

二、宋刻多是川渝石刻的普遍现象

白鹤梁题刻以宋代数量最多，元明题刻数量较少，清代题刻数量又逐渐增多，这不是涪陵白鹤梁的独特现象。在长江上游川江地段的枯水题刻中，川渝地区其他类型的古代题刻宋代题刻比例都很高。我们这里只以川江河段枯水题刻和川陕蜀道的石门石刻来说明这个问题[1]。

（一）川江河段的枯水题刻

川江河段是古代四川与中心地区联系的主要通道。根据已经掌握的资料，川江河段的枯水题刻全部集中在重庆市境内的江津至奉节的长江河段，从上游至下游依次是江津区莲花石、江北区耗儿石、渝中区灵石、巴南区迎春石、涪陵区白鹤梁、丰都县龙床石、云阳县龙脊石、奉节县小滟滪堆枯水石刻，共有8处。除奉节县小滟滪堆古水文碑是镶嵌石碑外，其余都是摩崖石刻[2]。在这些川江枯水题刻中，江津区莲花石有宋乾道年间至民国二十六年（1937年）的题刻38则，其中以清代题刻居多[3]。江北区耗儿石上只有五代后蜀明德三年（936年）和南宋绍兴十五年（1145年）的题刻各1则[4]。据文献记载，渝中区灵石题刻有东汉初至清乾隆十九年（1754年）的15则以上，汉、晋、唐、宋、明、清六代题刻均有，以唐刻最多，宋人尚可见东晋义熙三年（407年）至唐景福年间的题刻[5]，清人只能看见宋、明题刻各1则，现在就连清人所见的题刻也全部无存了[6]。巴南迎春石题刻，据不完全统计，有宋、明、清题刻10多则。丰都县龙床石题刻有宋、元、明、清题刻72则，其中最早为南宋绍兴年间题刻[7]。云阳县龙脊石是云阳老县城南长江中靠近南岸的一条长长的石梁，冬春季水位低下时就会露出水面，宋代以来，游人在龙脊石上镌刻题刻，现存宋、元、明、清时期题刻共170则，其题刻数量仅次于涪陵白鹤梁题刻。

在川江河段上述枯水题刻中，有的题刻已经毁坏无存，如渝中区灵石；有的题刻数量太少，不能说明时代分布上的问题，如江北区耗儿石、巴南迎春石；有的题刻已

---

[1] 川江河段的洪水石刻也很多，这类洪水题刻都是特大洪水暴发时，当地人们所做的水位标识，不一定反映人口数量，尤其是文人数量等信息，这里只讨论枯水题刻。

[2] 长江流域规划办公室、重庆市博物馆历史枯水调查组：《长江上游宜渝段历史枯水调查（水文考古专题之一）》，《文物》1974年第8期；王晓辉：《川江七大枯水题刻及其特点》，《边疆经济与文化》2014年第2期。

[3] 张涌：《江津莲花石和圣泉寺的传奇秘密》，《重庆与世界》2012年第9期。

[4] 胡昌健：《重庆江北耗儿石后蜀明德三年题刻》，胡昌健：《恭州集》，重庆：重庆出版社，2008年，第306—309页。

[5] （宋）陈思贤：《宝刻丛编》卷十九，北京：中华书局排印十万卷楼丛书本，1985年，第5册，第458、459页。书中记录的晋唐灵石题刻有：晋安帝义熙三年《义熙灵石社日记》；唐垂拱三年《渝州游仙观杜法师功德碑》，玄宗天宝十五年《张萱灵石碑》，肃宗乾元三年《王昇灵石碑》，代宗广德二年《郭英干灵石碑》、大历四年《杨冕灵石颂》、大历十年《李全灵石碑》，德宗建中四年《任超灵石碑》，文宗大和七年《贺若公灵石碑》，武宗会昌四年《陈君从灵石碑》，昭宗大顺元年《牟崇厚灵石铭》，昭宗景福元年《张武题记》、《牟知猷灵石诗》）。

[6] 胡昌健：《"灵石"文字尚存否》，胡昌健：《恭州集》，第380—382页。

[7] 李盛林：《长江上游水下题刻——龙床石》，《四川文物》1986年第3期。

刊布的信息太简略，无法把握题刻的时代分布信息，如江津区莲花石、丰都县龙床石。在已知的川江枯水题刻中，只有云阳县龙脊石题刻与涪陵白鹤梁题刻一样，刊布材料写明了题刻的时代和数量，可以与白鹤梁题刻进行对比。

龙脊石题刻在云阳老县城的长江中，是长江南岸飞凤山山嘴向北伸入长江后形成的一道长长的石梁，又名"龙潜石""龙脊滩""鳌脊滩"。石梁夏秋丰水季节潜伏水中，冬春枯水季节露出水面。由于石梁地处云阳县城与飞凤山之间，两岸的城郭楼台和庙宇古迹形成对景，是古人旧历正月初七乘船出游的理想停靠场所。全家人日游江登石梁，兴致自然很高，吟诗抒情，长啸高歌，用携带的鸡蛋进行占卜，并在石梁上刻下自己的游记和题记，就成为一种时尚。自从宋代一些文人在龙脊石上留下诗词题记以后，后来的墨客雅士、官吏商旅也慕名前往，形成龙脊石题刻分布的现状。据20世纪50年代重庆市博物馆调查统计，龙脊石露出水面的题刻共175幅。"1981年鸡伐子滩滑坡以后，江水受阻，居于上游的龙脊石一带水位更高，每年露出水面的范围更小。1987年，云阳县文物普查时曾多次前往龙脊石勘察，以露出水面的石梁丈量，东西共长346米，南北宽8～16米，总共录得各代题刻143幅。其中宋元祐三年（1088年）至靖康元年（1126年）8幅，南宋建炎二年（1128年）至宝祐三年（1255年）43幅，元代1幅，明洪武十八年（1385年）至崇祯十四年（1641年）43幅，清康熙十一年（1672年）至宣统元年（1909年）17幅，年代不详者31幅，根据这31幅题刻的内容和题刻人的姓名考证，这些题刻年代的下限也不得晚于1909年。"[1]龙脊石题刻与白鹤梁题刻的时代数量分布比较如表二。

表二　白鹤梁题刻与龙脊石题刻时代数量比较

地点		唐	宋	元	明	清	民国	现代	不明	合计
白鹤梁	数量/则	1	99	5	18	25	13	3	19	183
	占比/%	0.5	54	3	9.8	13.7	7	2	10	100
龙脊石	数量/则		51	1	43	17			31	143
	占比/%		36	1	30	12			22	100

龙脊石与白鹤梁题刻比较，二者都是宋刻居多，元刻最少，所不同的是明、清题刻的比例，龙脊石是明刻多于清刻，白鹤梁却是清刻多于明刻（龙脊石那些年代不明的题刻也都属清代，如果加上这些题刻，清刻数量应该与明刻相差不多）。在1972—1973年的长江流域渝宜段的枯水水文调查中，当时记录龙脊石上、中、下三段题刻"共计有170余段"。"其中高程在平均枯水年水位以下的可用题记68段，也以宋代最

［1］　彭献翔：《龙脊石题刻》，《四川文物》1991年第3期。

多。即宋代30段，元代1段，明代24段，清代13段。"[1]宋代题刻占年代明确题刻总数的44%，占题刻总数的36%。在2000年前后的三峡文物保护抢救工程中，大概由于那两年水位偏高，龙脊石的留取资料工作好像不够全面。当时记录的龙脊石题刻数量总共只有77则，几乎只有原先记录的龙脊石题刻总数的一半。在这77则题刻中，宋代题刻有21则，占年代明确题刻总数（58则）的36%。两个龙脊石题刻的时代分布统计表明，龙脊石的宋代题刻占年代明确的古代题刻总数的40%左右，其比例尽管不如白鹤梁的54%，也还是比较高的。

就目前所掌握的资料来看，龙脊石题刻的资料记录工作还存在着许多缺失。早年的记录相对简单，记录者的注意力集中在低高程的枯水题刻，对全部题刻的情况缺乏记录和报道；最后在三峡水库蓄水要淹没龙脊石前夕，留取石刻资料又遇到高水位的问题，大量分布在较低位置的早期题刻都未能记录。如果仅以最后的三峡文物抢救保护工程的龙脊石留取资料为依据，我们有可能会归纳出龙脊石与白鹤梁宋代题刻年代分布的两个不同的特点：一是北宋题刻数量很少，在2000年统计的21则宋代题刻中，北宋题刻仅有1则，其余均为南宋题刻；二是南宋题刻的年代分布比较均衡，没有见到白鹤梁那种南宋初期题刻分布特别集中的现象。不过，这个判断可能并不十分准确。龙脊石题刻的分布具有早期多在较低处的特点，其原因正如1972年记录龙脊石题刻的龚廷万所说："古人题刻，为了保存较久，难遭破坏，尽量向低处镌刻。"[2]需要使用龙脊石较低的题刻密集处的题刻时代分布数据来校正我们根据龙脊石较高处题刻所得到的时代分布比例。

龙脊石较低处的题刻，1972年的历史枯水调查统计数据尽管没有列举题刻名称，但列举了68则题刻的编号、年号、年代等信息，据此可以知道这些题刻的年代分布状况。在龙脊石低处这68则时代明确的题刻中，有北宋4则、南宋26则、元代1则、明代24则、清代13则，其中南宋题刻中建炎、绍兴年间的题刻共8则[3]。北宋总年数167年，南宋总年数152年，明代总年数有277年，清代也有268年，南宋时期龙脊石的题刻比年数相当的北宋多了5倍。即便考虑到北宋年代较早，题刻随着岁月的流逝可能有些会损失，但从南宋题刻多于年代更晚的明、清两代的题刻来看，南宋题刻数量比北宋有较大的增长，这是毋庸置疑的。龙脊石的南宋题刻实际上也多于明、清两代的

---

[1]　长江流域规划办公室、重庆市博物馆历史枯水调查组：《长江上游宜渝段历史枯水调查（水文考古专题之一）》，《文物》1974年第8期。

[2]　长办、重博枯水调查组：《宜渝段枯水调查报告（复写本）》，1972年，第54页。

[3]　根据长办、重博枯水调查组：《宜渝段枯水调查报告》（重庆市博物馆龚廷万先生提供），南宋建炎、绍兴年间题刻共7则，其中"绍兴壬子正月念四日"的《杨尧举题记》，根据2000年《龙脊石留取资料》所记，"绍兴"为"绍熙"之误；另据龙脊石旧拓，可知绍兴年间还有绍兴八年的《宋涣初题》和绍兴九年的《宋涣再题》，龙脊石的南宋初期高宗时期的题刻数量至少有8则。

题刻，从明、清两朝都比南宋多百余年而三个时代的题刻总数却相差不多（龙脊石清代题刻较少，但年代不明的题刻主要是清代题刻，二者相加，清代题刻的数量也不会少）的情况看，如果将这三个朝代的题刻分摊到年，南宋题刻肯定也多于明清题刻。

在龙脊石的南宋题刻中，高宗建炎、绍兴时期的题刻只占四分之一。宋高宗在位共36年，占整个南宋年数152年的24%，即近四分之一，与高宗朝题刻数与南宋总题刻数的比例相同。这与白鹤梁南宋题刻以高宗时期最为集中有所不同。在龙脊石南宋初期的8则题刻中，《冯当可题记》《毋丘知县刻诗记》《宋涣初题》《宋涣再题》《军使安公传题记》中的人物，都是云阳当地官吏及其从属；《周明叔等题记》的文字已经表明，题记中的人名都是当地"郡人"；只有《卢能父等题记》和《王宁祖题记》，其中的人物有的可能是流寓云阳的中原人士[1]。宋代夔州路所属的峡江地区，万州一带最为僻陋，宋谚有"益、梓、利、夔，最下恭、涪，忠、万尤卑"的说法[2]，龙脊石所在的云安与万州相邻，自然也很卑下，南宋初通过峡江路避难入蜀的中原人可能只是路过而非定居。龙脊石只在冬春枯水时才露出水面，路过而非居住在这里的人们，通常不会在正月初七人日登上龙脊石参与岁时节庆，这可能是龙脊石南宋初年题刻数量并不很多的原因之一。

（二）川陕蜀道石门题刻

蜀道是连接古代中国关中腹地与西南区域中心的国家官道，因其穿越了秦岭和巴山山地而素有艰险难行之名。蜀道自战国时期开辟，至民国年间废弃，经历了战国至唐代的建设和完善，宋元明清时期的简化和优化，最终在蜀道的北四道和南三道中固化成了连云栈接金牛道的基本路线，也就是西安—宝鸡—凤州—褒城/略阳—广元—剑阁/阆中—广汉—成都的古代官道主干[3]。在蜀道沿线的悬崖峭壁上，有许多地段都有相对集中的摩崖石刻分布，除了与佛教摩崖造像共存的题刻（如四川广元利州区的千佛崖、观音寺）外，在一些蜀道的险要路段也留下了许多往来过客和当地官吏文人的摩崖题刻。

---

[1] 《卢能父等题记》为："箕颖卢能父，豹林种民望，弟志远以绍兴癸丑二月朔来游。"《王宁祖题记》为："颍昌朱醇父、成都赵图南、京兆种允济、汉初安志行、洛阳陈居中、镇洮王希鲁以绍兴己巳人日同游。汴阳王宁祖书。"箕颖是远古徐由隐居之处，地处今山东鄄城；豹林是北宋种放隐居之处，地处今陕西西安终南山子午谷附近的山谷。这两个地名都是以古隐士所居的地名来表示籍贯，推测这是这两位流寓之人对自己栖身于偏僻的川江小邑的一种委婉托词。颍昌府治长社（今河南许昌），京兆府即古长安（今陕西西安），汉初县为涪州属县（今四川武胜县境），洛阳为河南府治所（今河南洛阳），镇洮军即熙州（今甘肃临洮）；除了两人外，其余三人都为中原人士。

[2] （宋）陆游：《吴船录》，顾宏文、李文整理标校：《宋代日记丛编》，上海：上海书店出版社，2013年，第3册，第857页。按陆游所记蜀谚，或标点断句为"益、梓、利，夔最下；恭、涪、忠，万尤卑"，"益、梓、利、夔最下，恭、涪、忠、万尤卑"。皆不妥。

[3] 李之勤、阎守诚、胡戟：《蜀道话古》，西安：西北大学出版社，1986年，第23—92页。

在蜀道的摩崖题刻中，最为人们称道的就是陕西汉中北面褒谷谷口的石门石刻。石门石刻有狭广二意：狭义的石门石刻是指东汉开凿的隧道"小石门"内外崖壁的题记，如清人王森文《石门碑醳》收录的石刻[1]；广义的石门石刻是石门及其南北褒谷古道沿线的摩崖碑记，如今人郭荣章《石门石刻大全》所收录的石刻[2]。本文所说的石门石刻以狭义的石门石刻为主体，但考虑到石门隧道内外壁面空间有限，后来经过石门的往来过客或专程到石门游览的地方人士，还在石门南北不远处的古道两侧的崖壁或石块上留下他们的题刻，将这些距离石门隧道不足千米的题刻与石门隧道的题刻放在一起统计，可以增大题刻的数量基数，提高题刻时代分布统计的代表性。故本文统计的石门石刻包括了以古石门隧道区为中心的石门附近褒水沿线区、玉盆区、山河庙及河东店区、鸡头关及连城山区、天心桥区，但不包括距离石门较远的唐褒城驿及汉中城区、观音碥万年桥区、马道驿区，更不包括偏离连云栈的属于"秦汉褒斜道"的褒谷上游区[3]。

根据郭荣章的调查和统计，石门石刻共有177则，除去不在石门范围的唐褒城驿及汉中城3则、观音碥及万年桥7则、马道驿4则、褒谷中上游5则、新石门大桥5则以及地点不明的3则，共27则，还有汉至民国的题刻150则。在这150则题刻中，有汉唐13则、两宋48则、明清48则、民国8则、年代不明的33则。从石门石刻的时代分布看，两宋和明清石刻的数量最多，都是48则，各占年代明确石刻数的41%。不过，需要考虑的是，两宋年数共319年，明清年数共543年，明清年数多于两宋224年，但题刻数量却与两宋相同，两宋题刻的年均数量实际上应该比明清更多。

在石门的48则两宋石刻中，北宋石刻仅有7则，其余均为南宋石刻，南宋石刻占宋代石刻总数85%。而在41则南宋石刻中，高宗建炎、绍兴年数共36年，石刻却仅有3则；孝宗和光宗的隆兴、乾道、淳熙、绍熙年数共32年，石刻有12则；宁宗的庆元、嘉泰、开禧、嘉定年数不过30年，其石刻数量却最多，达21则；理宗宝庆、绍定、端平、嘉熙、淳祐、宝祐、开庆、景定八个年号共40年，却只有宝庆、绍定年间的5则石刻，数量很少。石门石刻至南宋理宗初期为止（共5则），这很好理解，因为宋理宗绍定四年（1231年），蒙古以借道灭金为名侵入南宋境内，汉水南北已经成为宋蒙战

[1]　（清）王森文编著：《石门碑醳》，别下斋蒋氏刊，清道光二十七年刊本。

[2]　郭荣章编著：《石门石刻大全》，西安：三秦出版社，2001年。

[3]　秦汉褒斜道是指古人利用秦岭山脉南北坡大致相对的褒水和斜水河谷开辟的国家官道。该道在川陕北路的4条古道中，处在连接陕西汉中与西安直线的位置上，路途比较短但不是太好走，故南北朝至唐之间，开凿凤县至武仙关的横道将褒斜道南段与陈仓道（故道）北段连接起来。这条汉中至宝鸡的道路路程远近适中，道路相对好走，沿途城邑较密，安全也相对有保障，唐宋以来成为川陕北路的主要通道，先是冒名"褒斜道"甚至"斜谷道"，元代以后被称之为"连云栈"，为了便于区分，学术界将这条新道称之为"唐宋褒斜道"，而将原先经由褒谷和斜谷的褒斜道称之为"秦汉褒斜道"。

争的前线；四年后的端平三年（1236年），蒙古又攻占了凤州和兴元府（今陕西汉中市），宋军在阳平关全军覆没，蒙军乘胜南下，连破包括成都在内的四川54州，包括石门所在区域的宋代四川大部分地区已经空荒[1]。当地的居民已经大多死于战火或逃往他方，又没有文人墨客行走在连云栈道上，自然也就不会再有题刻和碑记留在石门一带。这里需要讨论的是，石门一带为何很少南宋初期也就是建炎、绍兴年间石刻的问题。

石门的3则南宋初期石刻，是建炎三年的《李彦粹等题名》、绍兴五年至九年的《山河庙吴玠诗碑》[2]、绍兴十四年的《杨公射虎图记》。在这3则石刻中，只有年代最早的《李彦粹等题名》似乎是文士游石门所题，《山河庙吴玠诗碑》和《杨公射虎图记》都是当时在秦岭巴山之间抵御金兵入侵的宋军将领的题刻。石门仅有的3则南宋早期石刻，多数为武人而非文士所刻，说明包括石门在内的连云栈一带及汉中盆地当时处在军事冲突的环境中。根据《宋史·吴玠传》，"建炎二年春，金人渡河，出大庆关，略秦雍，谋趋泾原"，秦岭山地处在了宋金战争的最前沿；建炎"三年冬，剧贼史斌寇汉中，不克"，但对汉中地区造成了相当程度的破坏；绍兴元年，因前一年南宋恢复关中的军事行动失利，金军乘胜侵入秦陇山地，与"积粟缮兵，列栅为死守计"的吴玠部宋军在连云栈北端的和尚原激战；绍兴二年，金军声东击西，主力改从汉中以南的安康盆地而上，"三年正月，取金州。二月，长驱趋洋汉"，夺取了南宋抗金的中心城邑汉中，只是在吴玠、刘子羽等部宋军死守要地的激战中，金军丧失了进攻能力，最后沿着连云栈退回关中；绍兴"四年二月，敌复大入，攻仙人关"[3]，未果，其后宋金双方战线才在秦陇地区稳定下来。建炎三年的《李彦粹等题名》，发生在金兵进入陕西关中地区的次年，这时的汉中地区还没有进入战争状态，题名的6人中，籍贯为开封的2人，定武（定武军，今河北定县）、秦亭（秦州古名，今甘肃天水东）、冯诩（今陕西西安）、洛阳的各1人，这些中原和关中的人士可能正是逃避金人南下，辗转从蜀道进入南宋四川的。由于绍兴元年之后的数年间，汉中地区已经成为宋金激烈争夺的战场，不少当地平民也会穿越巴山逃入四川盆地避难，留

---

[1] 陈世松、匡裕彻、朱清泽等：《宋元战争史》，成都：四川社会科学院出版社，1988年，第69页。

[2] 《山河庙吴玠诗碑》已轶，其诗为："早起登车日未曛，荛烟萋草北山村。木工已就山河堰，粮道要供诸葛屯。太白峰头通一水，武休关外忆中原。宝鸡消息天知否？去岁创残未殄痕。"诗碑未记题诗年代，罗秀书认为"此诗刻相传宋南渡和尚原战后吴涪王感作"，其说不确。宋金和尚原之战发生在绍兴元年（1131年），其后连续四年，汉中地区都处在宋金战争的状态。直到绍兴四年（1134年）金人最后一次攻仙人关失利以后，汉中地区才进入相对安宁的阶段。《山河庙吴玠诗碑》系吴玠修山河堰后的题诗，《宋史·吴玠传》："玠与敌对垒且十年，常苦远馈劳民，屡汰冗员，节浮费，益治屯田，岁收至十万斛。又调戍兵，命梁、洋守将治褒城废堰，民知灌溉可恃，愿归业者数万家。"尽管也没有记吴玠治褒城山河堰的具体时间，但吴玠诗有"去岁创残未殄痕"的句子，应在宋金战后的次年，最早不过绍兴五年（1135年）。

[3] 以上均引自《宋史》卷三六六，上海：上海古籍出版社影印武英殿本，1986年，第1288页。

居汉中本地的人士也没有闲情逸致在石门吟诗题字，南宋初期石门题刻数量少也在情理中。这种状况直到南宋抗金战线稳定在秦陇山地以后，才逐渐有所改变。

川江道上的龙脊石题刻和古蜀道上的石门石刻，通过历代题刻的统计数据，也都可以得到南宋题刻数量最多的结论，这与白鹤梁题刻南宋尤多的现象相吻合。川渝题刻南宋最多，应该是一个普遍现象。

三、川渝题刻南宋独多的原因

前面对白鹤梁题刻、龙脊石题刻和石门题刻的时代分布数量进行了统计，尽管只有三个地点，却是川江和蜀道古代题刻最为集中的三个地点，可以基本反映历史时期出入四川盆地的水陆和陆路人们留题的情况。从这三个地点题刻的时代分布状况来看，宋代题刻，尤其是南宋题刻，无疑数量最多，并且川江水路的白鹤梁题刻还有南宋早期最为集中的现象。这个原因不可能是南宋长江枯水频繁，石鱼出水的频率大大超过其他时期，前来白鹤梁观看石鱼出水并留下题刻的人士比其他时期多，而应当另有其他的原因。白鹤梁及川渝题刻时代多为南宋，并且有的地方宋刻还以南宋初期数量最多，造成这种现象的原因，笔者以为主要有以下几个。

其一，四川没有像中原地区那样，遭受唐代中晚期和五代时期的多次社会动荡，政治相对安定，经济保持着持续稳定的发展。安史之乱、方镇割据、黄巢起义等战乱，使中原不少名门望族、著名僧道、诗人文豪、画塑高手避乱四川，从而使得晚唐五代四川的文化和艺术异常繁荣，文学、艺术、宗教都得到了极大的发展，成为全国重要的经济文化区域。入宋以后，四川继续保持着经济和文化的优势地位，但随着中原战乱平息，中心京城向心力的吸引，晚唐五代寓居四川的中原人士有相当数量回到中原，四川经济文化的发展在北宋前期一度出现相对缓慢的状况。在宋代的四川，重庆以下的长江河段是四川众水所归，是与川陕蜀道陆路并重的川湖峡江水路所经，尤其当宋王朝京城从汴梁（今河南开封）南迁至临安（今浙江杭州）后，往来于四川内外的达官贵人、商贩旅客、文人士子等需要更多地依靠川江水路，散布在川江河段沿岸夔州府路重要水陆节点的一些城邑，自然也成为人来人往的水路码头。白鹤梁题刻所在的宋代涪州涪陵县还是从云贵高原发源的乌江汇入长江处，乌江是川江南岸的最大支流，被该江沿岸州县和土官所辖的人们多经由涪陵前往四川的首府和全国的首都，他们在这里留下观看石鱼出水景象的记录，也在情理之中。在乌江流域尚未充分开发的时候，乌江流域诸州县被许多人视为蛮荒之地，成为流放贬官的区域[1]，不少

---

[1]　例如，宋代著名学者黄庭坚就在白鹤梁上留下了《涪翁题名》（64号），当然对此题名的真伪，学术界有不同的认识。

官吏都不愿意前往赴任，有的官员甚至以种种借口留驻涪陵处理公务[1]。白鹤梁题刻中的《黔南谢昌瑜等申状事记》（61、62号）就是黔州黔南郡（今四川彭水）官员们还在涪州涪陵县城内的官署办公时镌刻在白鹤梁上的。

其二，两宋之际，由于宋军援太原失利，再加之随后北宋京城开封被金兵攻陷，江淮以北受金兵和溃军杀掠，民众大批南逃和西逃。由于当时关中地区已经地处宋金对峙的前线，河南和河北逃亡宋人进入四川的最主要道路不是通过川陕蜀道，而是通过长江川湖水道。最典型的一个例子是白鹤梁题刻中晁公武兄弟及其外家涪州知州孙仁宅的题记，这一个家族绍兴年间在涪陵白鹤梁上留下名字的家族成员就有晁氏兄弟（晁公武、晁公遡、晁公荣、晁公退、晁公适、晁子负），晁氏兄弟的外家高邦仪、高宁祖、孙仁宅、孙允寿，以及晁家的外甥王掀等[2]。这样一个大家族聚集在并非他们老家的涪陵，其原因就是金人南下，汴京陷落，世居汴梁且"宗族百余人"的晁氏兄弟与汴梁及中原许多宋朝臣民一样开始向南逃难，投靠在南方安定地区做官或安家的亲朋好友。晁公遡《嵩山集》有多篇文章记录其经历："某家大梁，垂百年不迁。丙午岁，始去其里中。"[3]"生十年而北敌发难，先君惟国之忧，不忍舍而去，留佐东道，师败于宁陵。某不能从死，独与兄弟扶携而东。方乱，市无车驷可假，而奔就有焉。贫不能得，茕然其幼也。会天雨雪，足涂潦不能胜，数步一仆。罢，拽不能起，相持而恸，更掖之而进。……时又四方所征兵集梁下者皆散归，剽道上，于是危得脱渡淮，盖滨九死幸存。"[4]"予既孤，年益壮，家益穷空，视当时先君之友犹半在，然颇珥笔持囊侍禁中，甚宠，不复记忆往事，以一字慰问其孤者。……去之东游吴楚，彷徨不知所税驾，始逞蜀道。"[5]当时类似晁公武兄弟这样的中原地区文人不在少数，他们为了逃避战乱，离乡背井，逃向南宋控制的区域，其中相当一部分人逃

---

[1]　（宋）乐史撰：《太平寰宇记》卷一百二十《江南西道·黔州》（第2395页）："天复三年之后，伪蜀割据，移黔南就涪州为行府，以道路僻远就便近也。皇朝因之不改。至太平兴国三年因延火烧爇公署，五年却归黔州置理所。"

[2]　白鹤梁《晁公武题记》（32号）："晁公武邀外兄高邦仪、外弟孙允寿、弟公荣、公退、公适、侄子负、表侄高宁祖、甥王掀全观石鱼。绍兴庚申正月二十日。"《孙仁宅题记》（新166号）："涪陵江心石上，昔人刻鱼四尾，旁有唐识云：'水涸至其下，岁则大稔。'隐见不常，盖有官此至终更而不得睹者。绍兴庚申首春乙未，忽报其出，闻之欣然，庶几有年矣。邀倅林琪来观，从游者八人：张仲通、高邦仪、晁公武、姚邦孚、仁宅之子允寿、公武之弟公退、公适、邦仪之子宁祖。郡守孙仁宅题。"

[3]　（宋）晁公遡：《嵩山集》卷四十八《梁山县令题名记》，上海：上海古籍出版社影印《文渊阁四库全书》，2003年，第1139册，第274页。

[4]　（宋）晁公遡：《嵩山集》卷四十七《送子嘉兄赴达州司户序》，第1139册，第265页。

[5]　（宋）晁公遡：《嵩山集》卷四十七《送王子载序》，第1139册，第263页。关于晁公遡生平，有曾庄枣、胡昌健等多位先生进行过研究。参看曾庄枣：《"客游三十年，不出夔与巴"——晁公溯及其嵩山集》，《天府新论》1989年第6期；胡昌健：《晁公武、晁公遡在巴蜀行年事略》，胡昌健：《恭州集》，第66—78页。

到当时被认为比较贫困的四川夔州路等川江沿线投亲靠友，以谋生计，有的只暂时安身于川峡地区，如程颐弟子尹焞原籍洛阳，金人围洛，全家只有他只身逃脱，绍兴四年时曾入川居于涪陵两年；有的却世代定居于川峡一带，如宋元明时期的合州豪族董氏，就是南宋初从河南洛阳迁来合川的移民，他们在南宋晚期已经繁衍发展成为当地的豪族[1]。川江沿线的多处石刻集中地点的石刻年代分布都可以说明这个问题。

其三，南宋晚期，宋朝君臣再次出现重大的战略误判，与新崛起的蒙古联合灭金。绍定四年（1231年），蒙古以借道灭金为名从大散关侵入南宋境内，连克三关五州，其中一支蒙军顺嘉陵江长驱而下，深入四川腹地果州（今四川南充市），秦巴山地防御体系几近崩溃。四年后的端平三年（1236年），蒙古分兵两路南下攻宋，阔端率领蒙古西路军南入大散关，在阳平关歼灭了宋军主力，四川门户洞开。蒙古军乘势攻入成都并屠城，并连破四川54州，四川四路"独夔州一路及泸州、果州、合州仅存"[2]，四川的社会经济遭到极大破坏。端平之祸以后，蒙古军占据了利州府路的主要城市，成都府路和潼川府路已极其残破，四川的首府及其周围城市的居民全都在成都首次失陷后被蒙军屠杀殆尽，其他川西城市也悉遭荼毒。原先富饶的成都平原已经是白骨蔽野、不见炊烟的一片荒原，即便未被蒙古军队破坏的夔州路沿江州县，在宋蒙（元）之间长达四十多年的拉锯战中，长江沿线的不少城邑也多次易手，人民流失大半。《咸淳遗事》卷下记朱禩孙答宋度宗问四川境况说：南宋四川"六十余州，今止有二十余州；所谓二十余州者，又皆荒残。或一州而仅存一县，或一县而存一乡"[3]。白鹤梁题刻在端平三年以后数量减少，在蒙古大汗蒙哥率蒙军主力入侵四川的宝祐六年（1258年）后就完全消失，就说明了这个问题。涪州属于宋末四川首府重庆的东部屏障，控扼乌江长江水陆通道要冲，是宋蒙双方都要争夺的战略要地。1240年宋蒙战争前期，蒙军塔海部在长途奔袭夔州和施州后，就是从涪州的浮桥北撤班师；1258—1259年，蒙古大汗蒙哥率主力入蜀时，四川蒙军统帅纽璘就曾率军袭扰重庆以东川江和乌江沿线，并在涪州西侧搭建浮桥栏江并联营数十里，以阻挡长江中游的宋军西援四川；1275—1276年，元军汪得臣部分兵攻涪州，南宋涪州守将阳立投

---

[1]　董氏到了南宋末期在合州地方已经有相当的号召力，曾经召集忠义3000余人，协助宋军防守合州钓鱼城。据《岁寒亭集》载："董氏世仕汉，洛阳令宣之后。高宗南渡后，徙居合之思归沱。理宗时，有讳评事者登淳祐七年进士，历任太常卿致政。适以元兵侵扰疆土，评事属其子志庚、孙仲贤曰：'吾受国恩甚厚，汝辈皆禄赐养成，今值多难，立功报主，又何伺焉！'志庚父子纠集义勇三千余人，以为合守王公坚向导。蒙哥驻兵钓鱼山，数月不克。坚征入朝，以张公珏代之。志庚父子蚁舟于江心为水城，元兵竟不克，引去。……"（万历《重庆府志》卷七十五舒表《重修岁寒亭碑记》，上海图书馆编：《上海图书馆藏稀见方志丛刊》，国家图书馆出版社，2014年，第212册，第499—504页）。

[2]　（元）佚名：《宋季三朝政要》卷一《理宗》，上海：商务印书馆，1939年，第13页。

[3]　无名氏：《咸淳遗事》卷下，上海：上海古籍出版社影印《文渊阁四库全书》，2003年，第45页。

降，随后宋军张万部又夺回涪州，直到重庆陷落的次年，元军才最终攻占涪州[1]。涪州在这长期的拉锯战中人口锐减，经济和文化都一蹶不振，元明时期虽经长期恢复，却始终没能达到宋代的经济文化水平。由于来白鹤梁和龙脊石上观看石鱼出水、凭吊古迹或从事岁时民俗活动的文人墨客少了许多，留在这些地点的元代题刻数量也较少，正是这段历史背景的反映。

其四，白鹤梁上的清代题刻比元明两代有所增加，但数量也只有25则，远比宋代要少。按理说清代在大规模移民四川后，尤其是清雍正时期推行"摊丁入亩"以后，四川的人口数量大增，白鹤梁上的清代题刻也应该数量最多才是，但为何白鹤梁上的清代题刻却并不太多呢？这样的情况也见于云阳龙脊石上，龙脊石的清代题刻不仅少于宋代，甚至还少于明代，即便是将那些多属于清代的年代不明题刻归入清刻，清刻的数量比例在龙脊石上也不突出。关于涪陵及其相关的川江沿线清代石刻数量还不及宋代的问题，应该与当时这些地区的历史背景有着密切的关系。清初四川尽管有了一定数量的移民，但人口总数仍然不多。白鹤梁上清代最早一则题刻是清康熙十一年典试四川的山东人王士祯，从他以后10余年白鹤梁上都再无题刻。说明在王士祯登白鹤梁前后，涪陵州县仍然是地旷人稀，本地读书人的群体还没形成，故无人登白鹤梁留题。而在清嘉庆二十年（1815年）至光绪元年（1875年）60多年间，白鹤梁上居然未见一则题刻，从涪陵地方志可知，从嘉庆初年后到同治初年，先后有多起外地白莲教众入境、本地邪教教众起事、太平军分支袭扰乃至石达开军围城等战事，涪陵"百里为墟"[2]，自然没人有闲情逸致登白鹤梁观石鱼并题诗刻字。白鹤梁题刻中清代题刻数量不及宋代的情况，也正是宋代涪陵一带社会较清代更加安定，且宋代定居或暂住在涪陵的知识分子群体大于清代的反映。

---

[1]　陈世松、匡裕彻、朱清泽等：《宋元战争史》，第63—77页。

[2]　（清）贺守典、熊鸿谟纂：《涪乘启新》卷一，马继刚主编：《四川大学图书馆藏珍稀四川地方志丛刊》（二），成都：巴蜀书社，2009年，第408页；王鉴清、施纪云纂：《民国涪陵县续修涪州志》第二十五卷杂编二《兵燹》，民国十七年（1928年）铅印本，第5—11页；四川省涪陵市志编委会：《涪陵市志》，成都：四川人民出版社，1995年，第5、1100—1103页。

Immigration into Sichuan during the Song Dynasty as Reflected in Stone Carvings： Research on the Fuling Baiheliang Stone Carvings, Chongqing

Sun Hua

(Chinese Archaeological Research Center, Peking University)

Abstract: Among the stone carvings at Fuling Baiheliang in Chongqing, Song Dynasty carvings are the most numerous, accounting for two-thirds of all recorded carvings. Among them, those dating to the Southern Song Dynasty are more than twice as numerous as those in the Northern Song Dynasty. The majority – i.e., more than half – of the Southern Song carvings date to the Gaozong period of the early Southern Song. The imbalance in the quantity of carvings by period is not unique to Baiheliang. The Chongqing Yunyang Longji carvings along the Chuan River and the Shaanxi Hanzhong Shimen carvings on the road between Sichuan and Shaanxi carvings also mostly date to the Southern Song. This unevenness in the number of stone carvings reflects the historical phenomenon of the southward movement of the inhabitants of the Central Plains to Sichuan during the Song Dynasty. A similar phenomenon both historically and in the number of stone carvings can be observed for the Qing Dynasty.

Keywords: Song Stone Carvings, Baiheliang Carvings, Longji Carvings, Shimen Carvings, Song Dynasty Migration

（责任编辑：李帅）

泸县宋代装饰石室墓研究

——以石刻图像为中心

罗二虎*

摘要：本文以石刻图像为中心，对四川泸县宋代装饰石室墓进行初步研究。研究除了涉及墓葬的布局、结构与类型之外，还重点讨论了泸县宋代装饰石室墓内石刻图像的内容分类、各类石刻图像在墓内的组合与布局、石刻图像的艺术表现、石刻图像的制作者、石刻图像内容体现的信仰与审美差异，以及墓葬体现的性别差异等。

关键词：泸县　宋代　装饰石室墓　石刻图像

四川盆地以及黔北地区这一区域在两宋时期，尤其是南宋时期装饰石室墓十分流行。据不完全统计，两宋时期在这一区域现已发现清理的石室墓在200座以上。这些石室墓虽然大小规模不一，但绝大部分墓内都雕刻有图像或仿木结构建筑装饰等，具有很高的艺术价值和历史文化价值，也是研究这一区域乃至中国两宋时期社会与历史的珍贵实物资料。

在这一区域内，从宜宾至重庆主城区这一段的长江沿岸地区，是两宋石室墓分布最为密集的区域之一。近年来，仅在长江北岸的泸县境内发现的石室墓就数以百计。2002年，四川省文物考古研究所、成都市文物考古研究所、泸州市博物馆和泸县文物管理所等单位对其中的6座石室墓进行了发掘清理，同时还征集了154幅图像石刻，并于2004年出版了《泸县宋墓》[1]一书，使我们能够对泸县境内的宋代石室墓有比较深入的了解。

本文即以公布刊布的此批资料为基础，以石刻图像为中心对泸县宋代装饰石室墓进行初步研究。

───────────

* 作者：罗二虎，成都，四川大学历史文化学院考古学系（luoerhu9339@163.com）。

[1] 四川省文物考古研究所、成都市文物考古研究所、泸州市博物馆、泸县文物管理所：《泸县宋墓》，北京：文物出版社，2004年。

一、相关研究回顾

四川盆地以及黔北地区宋代装饰石室墓的考古工作开展得很早，早在20世纪30年代就有报道[1]。20世纪40年代，中国营造学社对四川宜宾周围的南宋装饰石室墓进行了发掘测绘[2]。20世纪50年代以后，随着中国考古事业的迅猛发展，在这一区域内陆续发现了大量宋代石室墓，其中重要者有贵州遵义杨粲墓[3]、广元杜光世夫妇合葬券顶墓[4]、四川彭山虞公著夫妇合葬墓[5]、华蓥安丙家族墓[6]、重庆井口宋墓[7]等。

在此一区域装饰石室墓发现之初，相关研究即已开始。1944年，王世襄在《四川南溪李庄宋墓》一文中介绍四川南溪县李庄发现的宋代装饰石室墓的同时，也论及"启门图"石刻图像的题材内容、装饰载体、流行时段等[8]。20世纪50年代以来，随着这一区域石室墓新材料的不断发现，相关研究逐渐增多，研究涉及的范围越来越广，大体可分为以下诸方面。

（一）区域宋墓研究

1. 综合性研究

20世纪80年代，徐苹芳对全国宋代墓葬进行了分区研究，并对各区域宋墓的特点进行了概括性论述。他将四川（包括重庆）和贵州北部划为同一区域，并对这一区域的石室墓装饰特点进行了简单归纳总结[9]。

其后也有部分综合性研究或著作涉及宋代墓葬的分区[10]。

吴敬对两宋时期南方墓葬进行了全面研究，认为根据墓葬的区域性特征可以分为

　［1］　余逊、容媛：《四川南溪发现宋梁古冢》，《燕京学报》第9期，1931年。

　［2］　王世襄：《四川南溪李庄宋墓》，《中国营造学社汇刊》第7卷第1期，1944年；莫宗江：《宜宾旧州坝白塔宋墓》，《中国营造学社汇刊》第7卷第1期，1944年；刘致平：《乾道辛卯墓》，《中国营造学社汇刊》第8卷第2期，1945年。

　［3］　《遵义杨粲墓发掘报告》编写组：《〈遵义杨粲墓发掘报告〉摘要》，贵州省博物馆考古研究所编：《贵州田野考古四十年》，贵阳：贵州民族出版社，1993年，第356页。

　［4］　四川省博物馆、广元县文管所：《四川广元石刻宋墓清理简报》，《文物》1982年第6期。

　［5］　四川省文物管理委员会、彭山县文化馆：《南宋虞公著夫妇合葬墓》，《考古学报》1985年第3期。

　［6］　华蓥市文物管理所、广安市文物管理所、四川省文物考古研究院：《华蓥安丙墓》，北京：文物出版社，2008年。

　［7］　重庆市博物馆历史组：《重庆井口宋墓清理简报》，《文物》1961年第11期。

　［8］　王世襄：《四川南溪李庄宋墓》，《中国营造学社汇刊》第7卷第1期，1944年。

　［9］　徐苹芳：《宋代墓葬和窖藏的发掘》，中国社会科学院考古研究所：《新中国的考古发现和研究》，北京：文物出版社，1984年，第597页。

　［10］　秦大树：《宋元明考古》，北京：文物出版社，2004年。

长江上游、长江中下游和闽赣三大区，这种区域性特征的形成主要是基于自然地理、社会经济、区域交流和宗教势力等作用[1]。

此外，有不少学者根据现在的行政区划划分，对本行政区内的宋代墓葬进行了研究。

1959年，王家祐对当时四川地区已发现数量不多的宋代墓葬的形制结构、建筑特点、石刻图像题材与所在位置、随葬品等进行了简单的分析概括[2]。

1979年起，文物编辑委员会相继编辑出版了《文物考古工作三十年（1949—1979）》[3]、《文物考古工作十年（1979—1989）》[4]、《新中国考古五十年》（1999年）[5]、《中国考古60年（1949—2009）》[6]，有各省研究者分别对本地区不同阶段的文物工作和考古发现进行一些简单的总结性认识，其中都有川、渝、黔三地宋代墓葬的概述。

1995年，陈云洪从墓葬形制、分期分区、墓葬特征等方面对四川地区宋墓进行了研究[7]。1999年，陈云洪根据新出土材料在前文基础上进一步完善了墓葬分类，将石室墓分为双室券顶墓、单室券顶墓、双室平顶墓、单室平顶墓、藻井顶双室墓、藻井顶单室墓六型，并根据墓葬形制特征和随葬品发展演变将四川地区宋墓分为两期：第一期为北宋英宗治平年间至南宋孝宗淳熙年间；第二期为南宋孝宗淳熙年间至南宋末年，但该文中没有涉及石刻图像的研究[8]。2011年，陈云洪再次对四川地区宋墓进行分期研究，根据墓葬形制、随葬品变化，再结合钱币、买地券、墓志铭等纪年文字材料将四川宋墓分为四期：第一期为北宋早期；第二期为北宋中期；第三期为北宋晚期；第四期为南宋时期，可分两段，前段为南宋早期，后段为南宋中晚期[9]。

2008年，周必素对黔北地区宋代石室墓进行了综合研究，内容涉及墓葬建筑用材、形制结构、规模、石刻图像、葬具、随葬品、墓葬年代、墓葬分布规律等方面，并与周边地区同时期墓葬进行了横向比对[10]。

2010年，胡松鹤对四川地区宋代的装饰石室墓、砖室墓和崖墓的类型、等级、分

[1] 吴敬：《南方地区宋代墓葬研究》，北京：社会科学文献出版社，2015年。

[2] 王家祐：《四川宋墓扎记》，《考古》1959年第8期。

[3] 文物编辑委员会编：《文物考古工作三十年（1949—1979）》，北京：文物出版社，1979年。

[4] 文物编辑委员会编：《文物考古工作十年（1979—1989）》，北京：文物出版社，1991年。

[5] 文物出版社编：《新中国考古五十年》，北京：文物出版社，1999年。

[6] 国家文物局编：《中国考古60年（1949—2009）》，北京：文物出版社，2009年。

[7] 陈云洪：《四川宋墓初探》，《成都文物》1995年第4期。

[8] 陈云洪：《试论四川宋墓》，《四川文物》1999年第3期。

[9] 陈云洪：《四川地区宋代墓葬研究》，四川大学博物馆、四川大学考古学系、成都文物考古研究所编：《南方民族考古》（第七辑），北京：科学出版社，2011年。

[10] 周必素：《贵州遵义的宋代石室墓》，《江汉考古》2008年第4期。

期、分区、墓内装饰空间、装饰题材和区域间比较等进行了讨论[1]。

2014年，杨菊对川渝地区长江沿岸地区至黔北地区的宋元明时期的石室墓类型、分期、分区等进行了全面梳理，初步建构起川渝黔地区石室墓的考古学时空框架[2]。

2016年，黄文姣对四川、重庆和贵州北部的装饰石室墓进行了综合研究，内容涉及墓葬类型、分期、分区、墓葬形制与石刻图像的关系、墓内图像的空间关系、墓葬等级、雕刻工艺与工匠制度、丧葬习俗等[3]。

2. 专题研究

1999年，张合荣对黔北装饰石室墓中存在的道教因素，从不同方面和角度进行了讨论[4]。

2013年，龚扬民、白彬提出贵州遵义南宋杨粲墓中的墓主像遗存与道教相关，应是早期天师道解注代人方术与秦汉以来流行的建生墓习俗相结合的产物[5]。

（二）泸县装饰石室墓研究

《泸县宋墓》一书出版后，引起学术界和社会各界广泛关注，有关研究很多，但主要集中在图像内容、墓内装饰和造型艺术等方面。

1. 图像内容

2005年，王家祐认为泸县宋代石室墓中的朱雀图像在造型方面与大鹏金翅鸟有渊源，是佛教典故普及的典范，或与中亚火鸟太阳崇拜或火舟有关[6]。

2008年，邹西丹对泸县宋墓石刻图像中武士图像进行分类，并对其雕刻技法、艺术风格、渊源、文化特色等进行讨论[7]。

2013年，苏欣、刘振宇对泸县宋墓出土的"玄武"石刻图像（标本2001SQM1∶13）重新考证，将其定名为"龟游莲叶"石刻，认为其有延年益寿、得道成仙的寓意，并对"男侍执椅"石刻图像中椅子的作用及必要性进行了考证[8]。

2013年，谢莹莹对泸县宋代装饰石室墓中的四神图像及其表现特点等进行了

［1］　胡松鹤：《四川地区宋代墓葬装饰研究》，四川大学硕士学位论文，2010年。

［2］　杨菊：《川东南渝西黔北宋元明石室墓研究》，四川大学硕士学位论文，2014年。

［3］　黄文姣：《西南地区宋代画像石室墓的初步研究》，四川大学硕士学位论文，2016年。

［4］　张合荣：《略论黔北宋墓的道教雕刻》，《贵州民族研究》1999年第1期。

［5］　龚扬民、白彬：《贵州遵义南宋杨粲墓道教因素试析》，《四川文物》2013年第4期。

［6］　王家祐：《泸县宋墓"朱雀"初释》，《四川文物》2005年第2期。

［7］　邹西丹：《泸州宋代武士石刻》，《四川文物》2008年第2期。

［8］　苏欣、刘振宇：《泸县宋墓石刻小议》，《四川文物》2013年第8期。

论述[1]。

2. 造型艺术

多从艺术审美角度进行分析，少数为综合性[2]，更多是专题性讨论，涉及线条艺术表现、艺术的意境、艺术形式、艺术造型、雕刻背景留白的审美内涵等方面。

2007年，李雅梅从造型方式与视觉表现手法两方面对川南泸县南宋墓葬石刻"椅子"造型进行分析，用艺术的眼光来看待这些石刻，认为石刻艺术家在南宋就懂得用二维平面塑造立体视觉效果[3]。其后李雅梅对南宋时期川南泸县墓葬花鸟兽石刻及其象征意义进行了阐释[4]。

朱晓丽[5]、屈婷[6]、冯东东[7]、孙垂利[8]、谢玉莹[9]等亦先后对泸县宋墓石刻进行过探讨。

3. 其他研究

2014年，刘复生对泸县这一区域内的宋墓墓主的来源进行了分析[10]。

2010年，龙红、王玲娟对南宋时期川南墓葬石刻所表现出来的文化价值做了专题讨论，认为其充分显示出"两宋"尤其是南宋时代的民俗信仰与宗教传统发展状态，可称之为宋代社会发展的一部内容丰富、情节鲜活的"百科全书"[11]。

综上所述，可知前人对宋代墓葬的分区研究和对这一区域内宋代墓葬的考古学研究做了大量工作，为本研究奠定了较为坚实的基础。但是，这些研究都是对一个较大的区域空间内的宏观研究，而缺乏针对某一较小区域内宋代装饰石室墓的深入研究。

---

［1］　谢莹莹：《南宋川南墓葬中的四神图像研究》，重庆大学硕士学位论文，2013年。

［2］　张春新：《南宋川南墓葬石刻艺术》，重庆：重庆大学出版社，2011年；肖卫东：《泸县宋代墓葬石刻艺术》，成都：四川民族出版社，2016年。

［3］　李雅梅：《川南泸县南宋墓葬石刻"椅子"造型》，《西南大学学报》（社会科学版）2007年第5期。

［4］　李雅梅等：《浅谈南宋时期川南泸县墓葬花鸟兽石刻》，《西南大学学报》（社会哲学版）2008年第3期；李雅梅等：《川南泸县南宋墓葬鸟兽石刻的象征意义》，《文艺研究》2009年第1期。

［5］　朱晓丽等：《泸县宋墓武士石刻的意境美》，《文艺研究》2009年第8期；朱晓丽、张春新：《川南泸县宋墓石刻图像的"框形结构"》，《西南大学学报》（社会科学版）2010年第1期；朱晓丽、张春新：《泸县宋墓石刻武士像背景"留白"的审美内涵分析》，《重庆大学学报》（社会科学版）2010年第3期。

［6］　屈婷等：《泸县南宋墓葬石刻"勾栏"造型的形式美》，《艺术教育》2013年第6期。

［7］　冯东东：《四川南部南宋墓葬二度空间的石刻造型艺术研究》，重庆大学硕士学位论文，2009年。

［8］　孙垂利：《南宋时期泸州墓葬植物花卉石刻造型研究》，《兰台世界》2015年第6期。

［9］　谢玉莹：《泸县宋墓石刻线条之艺术美》，《艺术品鉴》2015年第2期。

［10］　刘复生：《"泸县宋墓"墓主寻踪——从晋到宋：川南社会与民族关系的变化》，《四川大学学报》（哲学社会科学版）2014年第6期。

［11］　龙红、王玲娟：《论南宋时期川南墓葬石刻艺术的历史文化价值》，《中国文化研究》2010年第1期。

《泸县宋墓》出版后，虽有大量围绕这一报告发表的资料进行讨论、研究，但主要集中在艺术形式方面，缺乏考古学的专门研究。因此，本文主要是对泸县地区的宋代装饰石室墓进行考古学研究。

二、墓葬的布局、结构与类型

虽经考古发掘的装饰石室墓仅有6座，但从报告中透露的有关信息可以得知至少有8座同类墓葬的分布情况[1]。这8座装饰石室墓都是两墓并列的合葬墓，可以分为同坟异圹（青龙镇M1-3、喻寺镇M1）和同坟同圹（奇峰镇M1、M2）两类。墓圹都是竖穴，从地面垂直向下挖掘至岩层内，再在基岩上用石材砌筑墓室。这样就可使墓葬的地基十分坚固。由于其竖穴墓圹都较浅，因此墓室都仅是部分位于地下，部分在地面以上，然后再累土为坟丘将其覆盖。墓地的大小规模不详，但有的一墓地内的墓葬数量在6座以上[2]。

这些墓葬都由墓道、墓门、甬道、墓室等构成。在墓道的底部开有排水沟，在墓门外两侧有用石材砌的"八"字墙。墓门普遍宽大是这批墓的一个显著特点，如最大的喻寺镇一号墓的墓门高达2.52、宽1.76米，而最小的奇峰镇一号墓的墓门高度有1.78、宽1.29米。门楣为一块大型的整石，长度多在2米以上，高度一般也在1米以上，最矮的也有0.8米左右，上部呈半圆形或"凸"字形。墓门并没有门扇等装置，而是直接在墓门外用宽于墓门的大型条石层层垒砌封门。墓门内侧即为甬道，其高度和宽度都与墓门相同，长度在0.48—0.53米。

墓葬间的规模虽有一定差异，但总体上讲规模都不大，属于中小型墓。例如，规模较大的青龙镇一号墓属于中型墓，整个墓室内长3.56、宽1.74、最高3.51米。再如，规模较小的奇峰镇二号墓属于小型墓，整个墓室内长2.92、宽1.25、最高2.58米。

《泸县宋墓》的编撰者认为这6座墓都是单室墓[3]。笔者认为，这6座墓根据墓室平面和空间（尤其是墓顶结构）的分割情况，可分为双室墓和单室墓两种类型。

双室墓：有5座，均为前后双室墓。根据前室顶部结构的差异还可分为藻井人字坡顶和盝顶两种。其墓葬平面布局的主要特点是前室面积很大，几近方形，空间也高，占据了墓内的大部分空间，而后室面积小，空间也相对较矮。现以青龙镇一号墓为例，这是一座藻井人字坡顶的墓，墓室如果除去甬道的长度，其前后室的长度为3.17

[1]　还可知青龙镇四号墓、喻寺镇二号墓的分布信息。参见《泸县宋墓》，第38、53页。

[2]　四川省文物考古研究所、成都市文物考古研究所、泸州市博物馆、泸县文物管理所：《泸县宋墓》，第53页。

[3]　四川省文物考古研究所、成都市文物考古研究所、泸州市博物馆、泸县文物管理所：《泸县宋墓》，第5页。

米，其中前室长2.66、后室仅长0.51米，后室的长度不到前室长度的五分之一。前室四隅都有宽大的壁柱，将前室的空间范围清晰地界定出来。与此相应，顶部也由一个独立而完整的三层方形藻井叠涩而成，其上的顶盖为两面坡屋脊，最高处达3.51米。这种宽大而高敞的前室，应该是象征着地面宅院建筑的厅堂。后室空间狭小，对应的顶部为三角形的半藻井，也明显低于前室的顶部，最高仅为2.42米，应该是象征着卧室（图一）。

单室墓：仅奇峰镇二号墓1座。如果除去甬道的长度，其墓室部分约长2.45米，相对应的也只有一个顶部，为盝顶形，最高2.58米（图二）。

这6座墓内的附属设施都有棺台和壁龛，此外一座墓还有腰坑。

棺台：都较大而低矮，占据了整个墓室地面的绝大部分空间，有部分棺台在前部还雕刻有两个力士托台。例如，青龙镇一号墓的棺台从前室一直延伸到后室，虽然双墓室全长3.56、宽1.74米，棺台却长达3.13、宽1.28、高0.25米，明显低于壁基。

壁龛：6座墓都有后壁壁龛，其中5座还设置有两侧壁龛。例如，在此前的许多考古简报或报告也都将这类称为壁龛。实际上这些被称为壁龛的地方严格地说都不能认定为壁龛，而只是一种象征性的门道。

腰坑：仅见于奇峰镇一号墓。位于棺台前部的石板下，长0.81、宽0.56、深0.27米。坑内无任何遗物。

三、石刻图像内容分类

这6座墓葬出土有图像的石刻85件，另外在县内征集的墓葬图像石刻154件，共计239件。以图像的画面为基本单位，根据其题材内容大体可分为武士、四神、门、门与人物、交椅（与侍仆人物）、帷幔与侍仆人物、单独仆吏人物、乐舞表演人物、故事性人物、飞天、力士、凤鸟、狮、花卉植物、日月、卷云纹等类。

应该指出，这只是大致的分类，实际上有的一件石刻图像上有两个或两个以上的不同物像，或者有的是包含有不同类别的题材内容。

1. 武士

共42件。站立于卷云或平台上，还有个别站立于狮背上。《泸县宋墓》根据头帽和性别将其分为三型。本文沿用这一分法，并将其中35件分为三型。

A型　29件。男性，头戴兜鍪或冠，身披甲胄，手持兵器。笔者根据手持兵器种类的差异还可分为三亚型。

Aa型　18件。持剑。有杵剑、举剑、斜握剑等。还有个别的同时提着小鬼。如青龙镇一号墓右侧武士（图三，1）。

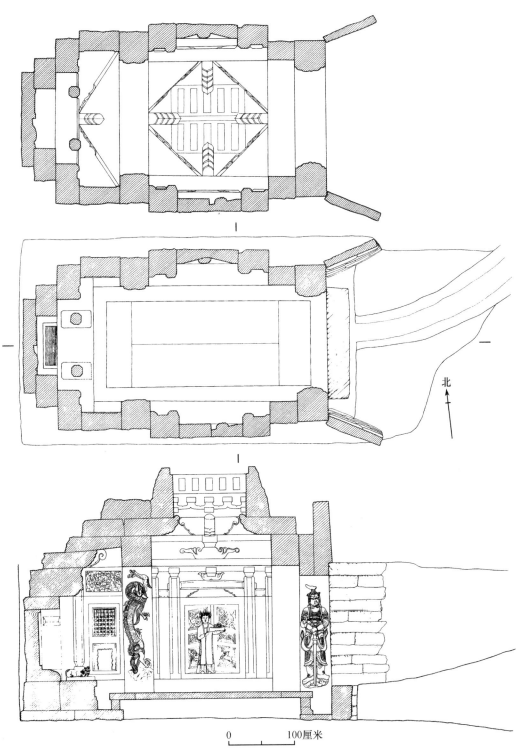

图一 青龙镇M1平面、仰视、剖视图

（根据《泸县宋墓》图二、图三、图四加工合成）

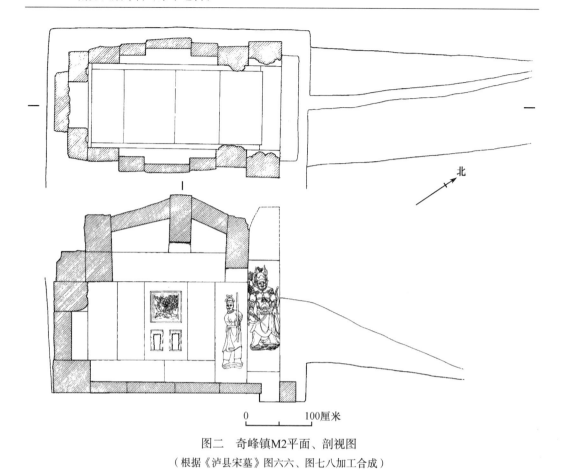

图二　奇峰镇M2平面、剖视图

（根据《泸县宋墓》图六六、图七八加工合成）

　　Ab型　8件。持斧。有举斧和垂握两种姿势。如奇峰镇一号墓右侧武士（图三，2）。

　　Ac型　3件。持弓箭。还有个别的同时提着小鬼。如青龙镇三号墓左侧武士（图三，3）。

　　B型　2件。男性，头戴交脚幞头，身着铠甲，穿罩袍服，手持骨朵。如牛滩镇滩上村二号墓标本NTTM2：2（图三，4）。

　　C型　4件。女性。头戴兜鍪，身着铠甲，手持兵器。如牛滩镇滩上村三号墓标本NTTM3：1（图三，5）。

2. 四神

　　共46件。即青龙、白虎、朱雀、玄武。除去其中有3件四神以暗喻的方式表现之外，还有43件。

　　（1）青龙

　　19件。其中15件根据青龙与其他物象的组合可分四型。

图三 武士图像

1. Aa型（青龙镇M1右侧） 2. Ab型（奇峰镇M1右侧） 3. Ac型（青龙镇M3左侧）

4. B型（滩上村NTTM2:2） 5. C型（滩上村NTTM3:1）

（根据《泸县宋墓》图一五、图七四、图四二、图一〇六、图一〇七修改合成）

A型　7件。单龙脚踏云纹，头向火焰宝珠，或爪握宝珠。如牛滩镇滩上村二号墓标本NTTM2：9，就是头向火焰宝珠（图四，2）。

B型　5件。单龙头向火焰宝珠，或爪握宝珠。如青龙镇二号墓出土青龙石刻，青龙头向火焰宝珠（图四，3）。

C型　2件。单龙奔腾。如青龙镇一号墓出土石刻（图四，4）。

D型　1件。双龙与火焰宝珠。见石桥镇新屋嘴村一号墓标本SQM1：5（图四，1）。

（2）白虎

16件。其中12件根据与其他物象的组合可分四型。

A型　2件。白虎脚踏云纹，头向火焰宝珠。如喻寺镇一号墓出土白虎石刻（图五，1）。

B型　3件。白虎脚踏云纹，头向花卉。如青龙镇一号墓出土白虎石刻（图五，4）。

C型　5件。白虎脚踏云纹。如牛滩镇滩上村四号墓标本NTTM4：6（图五，2）。

D型　2件。白虎奔腾。如青龙镇二号墓出土白虎石刻（图五，3）。

（3）朱雀

4件。根据与其他物象的组合可分二型。

A型　3件。朱雀脚踏云纹。如牛滩镇滩上村二号墓标本NTTM2：11（图六，2）。

B型　1件。朱雀脚下无云纹。如石桥镇新屋嘴村二号墓标本SQM2：24（图六，1）。

（4）玄武

4件。其中3件有线图的都是玄武站立在云纹之上。如牛滩镇滩上村二号墓标本NTTM2：12（图六，3）。

3. 门

单纯的门共30件。另外还有15件是门与人物一起出现的图像（见后"门与人物"）。根据门的数量多少可分为双扇门和单扇门。双扇门都是双门紧闭，有的门还刻有门轴，门上方有横楣石，两侧有门柱。应该指出，单扇门在墓内都是成双地出现，其所在位置不但是对称的，与门上雕刻的内容也有联系。

这些门无论是双扇还是单扇，绝大部分的门上都有雕刻装饰，内容十分丰富。根据图像内容和组合差异可分为六型。

A型　2件。上部格眼内为仙境人物故事类，下部障水板内则为由禽兽植物花卉构成的胜景。可确定的有牛滩镇滩上村二号墓标本NTTM2：6（图七，1）、标本

1

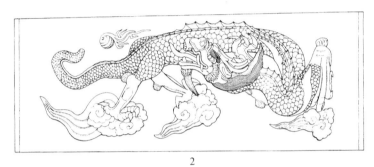

2

3

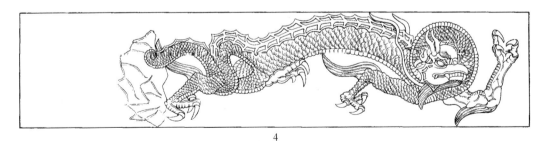

4

图四 青龙图像

1.D型（新屋嘴村SQM1：5） 2.A型（滩上村NTTM2：9） 3.B型（青龙镇M2左侧）

4.C型（青龙镇M1左侧）

（根据《泸县宋墓》图一一一、图一一八、图三一、图一七修改合成）

1

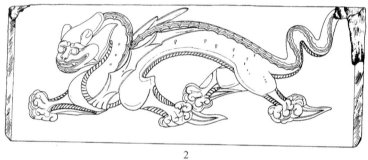

2

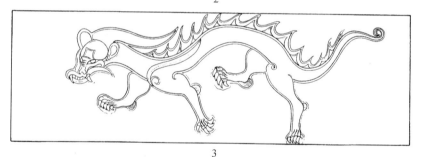

3

4

图五　白虎图像

1. A型（喻寺镇M1右侧）　2. C型（滩上村NTTM4∶6）　3. D型（青龙镇M2右侧）

4. B型（青龙镇M1右侧）

（根据《泸县宋墓》图六三、图一二三、图三二、图一八修改合成）

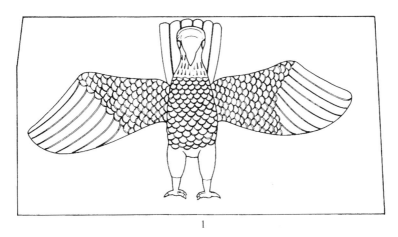

1

2

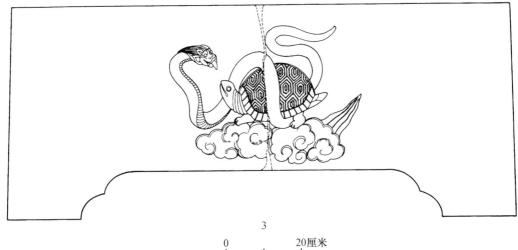

3

0 ——————— 20厘米

图六　朱雀、玄武图像

1. B型朱雀（新屋嘴村SQM2∶24）　2. A型朱雀（滩上村NTTM2∶11）　3. 玄武（滩上村NTTM2∶12）

（根据《泸县宋墓》图一三五、图一三一、图一三六修改合成）

1—3、5. 0   20厘米   4. 0   10厘米

图七　门图像

1、2.A型（滩上村NTTM2：6、滩上村NTTM2：5）　3.C型（龙兴村FJLM2：3）

4.D型（青龙镇M1后壁门）　5.B型（针织厂FJZM1：2）

（根据《泸县宋墓》图一七五、图一七六、图一八三、图一一、图一八六修改合成）

NTTM2：5（图七，2）。

　　B型　15件。上部为折枝花卉，下部为瑞兽或由禽兽植物花卉构成的胜景。如牛滩镇滩上村一号墓标本NTTM1：4，上部格眼内为折枝芙蓉，中部腰华板内无图案，

下部障水板内为瑞鹿（图八，1）。又如福集镇针织厂一号墓标本FJZM1∶2，这是带门轴的双扇门，装饰有上下四格，其左扇门的格眼内为折枝荷莲，腰华板内为单枝莲花，其下的格眼内为单狮戏球，最下的两个障水板内均为翼鹿衔瑞草（图七，5）。

C型　2件。上下均为瑞兽，仅中部腰华板内为连枝植物花卉。如福集镇龙兴村二号墓标本FJLM2∶3，上部格眼内为双凤，中部腰华板内为卷草纹，下部障水板内为翼鹿衔瑞草（图七，3）。

D型　1件。上下均为花卉图案。如青龙镇一号墓后壁门，上部格眼内为折枝菊花，下部障水板内为变形花卉图案（图七，4）。

E型　5件。上部为花卉，下部为几何类图案。如奇峰镇二号墓左壁单扇门的上部格眼内为折枝牡丹，下部障水板内为壶门图案（图八，2）。

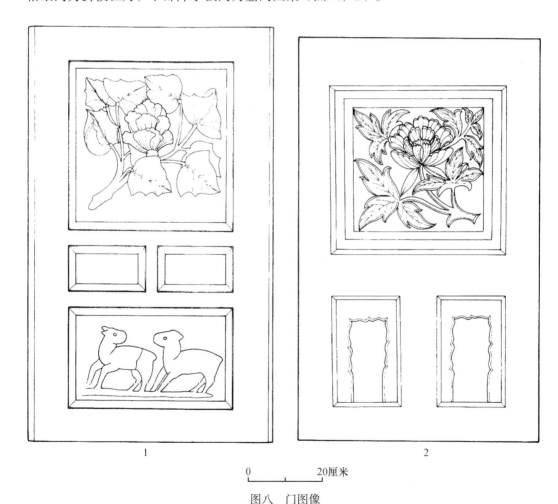

0　　　　20厘米

图八　门图像

1.B型（滩上村NTTM1∶4）　2.E型（奇峰镇M2左侧单扇门）

（根据《泸县宋墓》图一七八、图八〇修改合成）

F型　5件。上下主体都为几何类图案装饰，有的仅中部腰华板为植物纹。如青龙镇二号墓前室右侧壁双扇门（图九）。

此外，有的门上无图案，如奇峰镇一号墓。

0 ————— 20厘米

图九　F型门图像（青龙镇M2前室右侧壁双扇门）

（根据《泸县宋墓》图二五修改）

4. 门与人物

共15件。这类图像最基本的构成元素是门和一站立人物。根据门扇的数量、开闭情况可分四型。

A型　10件。双扇门一扇半开，一扇关闭。根据人物动态差异可分二亚型。

Aa型　3件。半开门与探身人物图。如青龙镇三号墓后壁龛石刻（图一〇，1）。

Ab型　7件。半开门与持物人物图。如青龙镇一号墓后壁龛石刻（图一〇，2）。

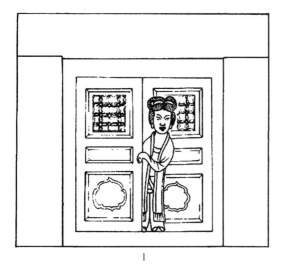

图一〇　门与人物图像

1. Aa型（青龙镇M3后壁龛石刻）　2. Ab型（青龙镇M1后壁龛石刻）

（根据《泸县宋墓》图三七、图一一修改合成）

B型　1件。双扇门均为半开，有一手持托盘的站立人物。如青龙镇一号墓左侧壁龛石刻（图一一，1）。

C型　1件。双扇门均为关闭，有一持物站立人物。如福集镇针织厂一号墓标本FJZM1：9（图一一，2）。

D型　3件。单扇门与持物站立人物。如福集镇龙兴村一号墓标本FJLM1：2（图一一，3）。

5. 交椅

共9件。这类图像的最基本元素是交椅。此外，有的图像中还有屏风、站立人物、放满食物的桌子等。根据交椅与其他物象的组合可分为二型。

A型　8件。交椅人物图。根据有无食品桌可分二亚型。

Aa型　6件。交椅屏风侍仆人物图。人物身份为侍仆，一人或两人站立在交椅旁。如奇峰镇二号墓后壁龛石刻中即为一女性（图一二，3），又如牛滩镇滩上村二号墓标本NTTM2：8即为俩男性分别捧承放官帽的盘和持瓶（图一二，2）。

Ab型　2件。交椅餐桌人物图。人物身份为侍仆，一人持物站立在交椅或桌旁。如石桥镇新屋嘴村二号墓出土标本SQM2：18（图一二，1）。

1

2

3

0 _____ 20厘米

图一一　门与人物图像

1.B型（青龙镇M1左侧壁龛石刻）　2.C型（针织厂FJZM1：9）　3.D型（龙兴村FJLM1：2）

（根据《泸县宋墓》图九、图一六五、图一五六修改合成）

　　B型　1件。交椅屏风图。如奇峰镇一号墓后壁龛石刻（图一二，4）。

3

2

4

0　　　　　20厘米

图一二　交椅

1. Ab型（新屋嘴村SQM2：18）　　2、3. Aa型（滩上村NTTM2：8、奇峰镇M2后壁龛石刻）

4. B型（奇峰镇M1后壁龛石刻）

（根据《泸县宋墓》图一五三、图一六三、图八二、图七二修改合成）

6. 帷幔与侍仆人物

　　共2件。这类图像的特点是一女性侍仆类人物双手捧物站立于一小凳（小方台）上，背后为一面帷幔。如福集镇针织厂二号墓标本FJZM2：9（图一三）。

0　　　　　　　　　20厘米

图一三　帷幔与侍仆人物图像（针织厂FJZM2：9）

（根据《泸县宋墓》图一六一修改）

7. 单独仆吏人物

共6件。这类图像的基本特点是单独的人物，手中持物。根据人物身份差异可分二型。

A型　4件。侍仆人物。有男女人物。如奇峰镇一号墓出土石刻，左侧壁的女性人物双手捧盒，右侧壁的女性人物双手捧梳妆架，两人都脚踏卷云（图一四，1、2）。这型图像实际上应该是将门与侍仆人物类图像中的门和侍仆人物分开来表现的。

B型　2件。侍吏人物。均为男性。如奇峰镇二号墓出土侍吏人物石刻，左侧壁的持棍（图一四，3），右侧壁的双手持笏板（图一四，4）。

8. 乐舞表演人物

共12件。根据内容差异可分为三型。

A型　6件。舞蹈戏曲表演人物。根据表演形式的差异还可分为二亚型。

Aa型　5件。舞蹈人物。均为采莲舞。有的画面为一组人物，仅见于石桥镇新屋嘴村二号墓标本SQM2：4的下部图像，有六名女性，或肩扛或双手持带杆莲花（图

图一四　单独仆吏人物图像

1、2.A型（奇峰镇M1左侧、奇峰镇M1右侧）　3、4.B型（奇峰镇M2左侧、奇峰镇M2右侧）

（根据《泸县宋墓》图七五、图七六、图八五、图八六修改合成）

一五，1）。其他均为单人的采莲人物，站在很大的荷叶上，手持莲花荷叶道具，如石桥镇新屋嘴村二号墓标本SQM1：4（图一五，2）。

0　　　20厘米

图一五　乐舞表演人物Aa型图像
1. 新屋嘴村SQM2：4　2. 新屋嘴村SQM1：4
（根据《泸县宋墓》图一四八、图一四七修改合成）

Ab型　1件。戏剧人物。仅见于石桥镇新屋嘴村一号墓标本SQM1：22，为一男一女两人物在勾栏舞台表演的情景（图一六，1）。这应该是一种早期的戏剧形式，但表演的具体内容不详。

B型　4件。器乐演奏人物。根据人物造型差异与是否手持物品，还可分为二亚型。

Ba型　2件。器乐演奏。乐器种类有打击、拍击、吹奏等不同乐器。有的是二乐伎一组出现在一个画面，如石桥镇新屋嘴村一号墓标本SQM1：15，一人持拍板、一人吹横笛（图一七，1）。

Bb型　2件。乐官。可能为乐舞伎人的领班。如石桥镇新屋嘴村二号墓标本SQM2：7（图一七，2）。

C型　2件。器乐伴奏舞蹈人物。如石桥镇新屋嘴村一号墓标本SQM1：24，图像表现的是完整的勾栏乐舞场面，内有六人，中间的二人对舞，两侧的四人用乐器伴奏（图一六，2）。

9. 故事性人物

仅1件。为石桥镇新屋嘴村一号墓标本SQM1：6，表现的是山峦之中一人物持扇骑

1

2

0　　　　　20厘米

图一六　乐舞表演人物图像

1. Ab型（新屋嘴村SQM1：22）　2. C型（新屋嘴村SQM1：24）

（根据《泸县宋墓》图一四九、图一四二修改合成）

虎，对面山上有三虎正下山，另有一人在山峦背后眺望（图一八）。这应是一种具有情节的故事，但具体表现内容和历史背景不详。

10.飞天

共8件。根据飞天人物的数量多少可分为二型。

A型　6件。单人飞天。根据飞天人物有无与其他图案组合可分为二亚型。

图一七　乐舞表演人物图像

1. Ba型（新屋嘴村SQM1∶15）　　2. Bb型（新屋嘴村SQM2∶7）

（根据《泸县宋墓》图一四一、图一五〇修改合成）

图一八　故事性人物图像（新屋嘴村SQM1∶6）

（根据《泸县宋墓》图一七四修改）

　　Aa型　4件。单纯的飞天。如牛滩镇玉峰村施大坡一号墓标本NTYM1：6，一飞天手持莲花，裙下还有少量飘逸的忍冬类植物（图一九，2）。

　　Ab型　2件。飞天与花卉、禽兽等。如石桥镇新屋嘴村一号墓标本SQM1：12，飞天位于画面中间，右手托一匹大荷叶，荷叶上站立一展翅欲飞的大雁。飞天的左右两侧分别是牡丹和水仙花卉（图一九，3）。又如同墓标本SQM1：13，也是飞天位于画面中间，双手托一匹大荷叶，荷叶上有一只乌龟。飞天的左右两侧分别是芙蓉之类的花卉簇拥（图一九，4）。

　　B型　2件。双人飞天。如石桥镇新屋嘴村一号墓标本SQM1：26，两飞天一正一反位于画面两侧，共持一璧形圆盘，盘内满刻有卷云纹，其间还有一只飞翔的金乌和一只奔跑的玉兔（图一九，1）。

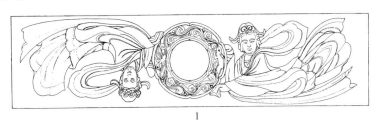

1

2

3

4

0　　　　20厘米

图一九　飞天图像

1. B型（新屋嘴村SQM1：26）　2. Aa型（玉峰村NTYM1：6）　3、4. Ab型（新屋嘴村SQM1：12、
新屋嘴村SQM1：13）

（根据《泸县宋墓》图一七三、图一六九、图一三三、图一三八修改合成）

11. 力士

共2件。都是托顶棺台的武士形象力士，位于棺台前端。有全身的，如青龙镇一号墓棺台（图二〇）。也有半身的，如喻寺镇一号墓棺台。

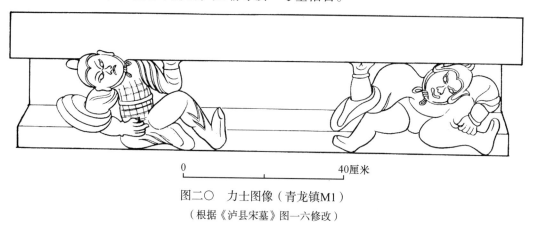

图二〇　力士图像（青龙镇M1）

（根据《泸县宋墓》图一六修改）

12. 凤鸟

共2件。石桥镇新屋嘴村二号墓标本SQM2：24，该石材正面为朱雀，底面为双凤鸟一正一反环绕一绣球（图二一）。

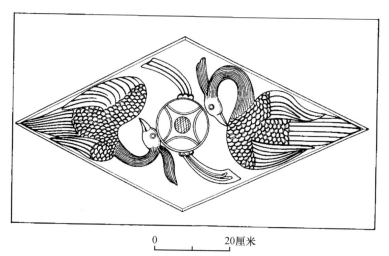

图二一　凤鸟图像（新屋嘴村SQM2：24）

（根据《泸县宋墓》图一三五修改）

13. 狮子

共2件。见于青龙镇一号墓后室的一对柱础（图二二）。

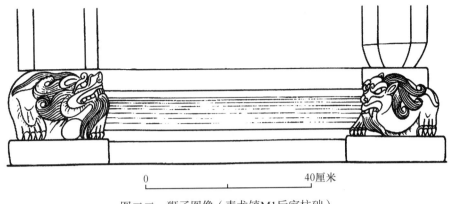

0　　　　　　　　40厘米

图二二　狮子图像（青龙镇M1后室柱础）

（根据《泸县宋墓》图七修改）

14. 花卉植物

共12件。另有2件在花卉的中间还有飞天（见前"飞天"）。主要位于门上方的横梁、过梁、门额等位置，个别的位于后龛的下檐。这些花卉植物应该都是作为建筑上的装饰。花卉的种类有荷莲、折枝牡丹、缠枝牡丹、菊花、芙蓉、卷草纹，以及不能确定种类的花卉。如青龙镇二号墓左侧壁龛上方门额的缠枝牡丹图像（图二三），以及喻寺镇一号墓横梁上的折枝牡丹和卷草纹图像（图二四）。

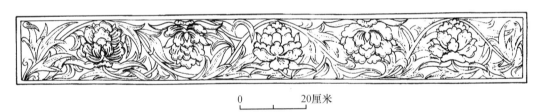

0　　　20厘米

图二三　花卉植物图像（青龙镇M2左侧壁龛上方门额石刻）

（根据《泸县宋墓》图二四修改）

15. 日、月

单纯的日图像　1件。见于青龙镇三号墓前室藻井顶端，还有芒纹（图二五）。

日月合体图像　1件。石桥镇新屋嘴村一号墓标本SQM1：26，两飞天共持一璧形圆盘，盘内满刻有卷云纹，其间还有一只飞翔的金乌和一只奔跑的玉兔（图一九，1）。这是日月合体的象征性图案。

16. 卷云纹

共3件。均见于奇峰镇一号墓前室顶部。在盝顶两对称斜坡石内面各刻有一个菱形框，框内有卷云纹。在盝顶的封顶石板内面也有卷云纹（图二六）。

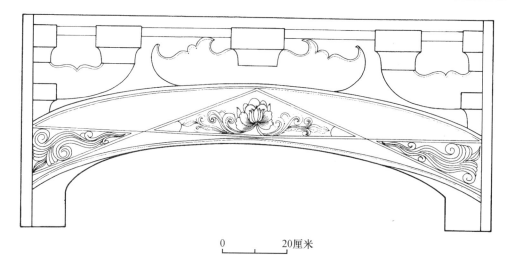

0 ⎯⎯⎯⎯ 20厘米

图二四　花卉植物图像（喻寺镇M1横梁石刻）

（根据《泸县宋墓》图五四修改）

图二五　日图像（青龙镇M3前室藻井顶端石刻）

（采自《泸县宋墓》，彩版一二，1）

图二六　卷云纹图像（奇峰镇M1前室顶部）

（采自《泸县宋墓》，彩版二一，2）

四、石刻图像基本组合与布局

（一）发掘墓葬的石刻图像组合与布局

在《泸县宋墓》中有6座墓是经考古发掘的，墓内的石刻图像保存完好，既可了解其组合情况，又可了解其布局情况，这是赖以分析的基本资料。这6座墓都有一个共同特点，即墓葬结构大体是模仿地面木结构建筑的形式，因此在墓内壁面有各种木结构建筑装饰。其石刻图像也是在这种背景下展开的。

该6座墓的石刻图像组合是：

青龙镇一号墓内的石刻图像有两武士、青龙、白虎、两Ab型半开门与持物女侍、B型双半开门与持物女侍、两单扇门、两狮形柱础、折枝菊花、折枝莲花、卷草纹、两抬棺床力士等，共15幅石刻图像，位于13块刻石上。另外，还有2件狮形柱础，基本属于立雕的建筑构件。

青龙镇二号墓内的石刻图像有两武士、青龙、白虎、两缠枝牡丹、两双扇门、折枝荷莲、折枝花卉、两单扇门、半开双扇门与捧印男侍等，共13幅石刻图像，位于13块刻石上。

青龙镇三号墓内的石刻图像有两武士、青龙、白虎、四单扇门、捧盒女侍、持扇女侍、半开门与探身女性、菱形框内牡丹、太阳等，共13幅，位于13块刻石上。

喻寺镇一号墓（南宋中期，1176年）内的石刻图像有两武士、青龙、白虎、五菱形框内折枝牡丹卷草纹、半开双扇门与持物男侍、半开双扇门与交手男侍、半开双扇门与捧印男侍、双菱形纹等，共13幅，位于13块刻石上。

奇峰镇一号墓内的石刻图像有两武士、两双扇门、持物女侍、持梳妆架女侍、交椅与屏风、两菱形框卷云纹、卷云纹等，共10幅，位于10块刻石上。

奇峰镇二号墓（南宋中期，1186年）内的石刻图像有两武士、持棍男吏、持笏板男吏、两单扇门、交椅屏风女侍等，共7幅，位于7块刻石上。

可以看出这6座墓的石刻图像组合存在较多的相似性，如都有两武士，都有双扇门或单扇门，都有侍仆或侍吏人物等。但是，也存在着一定的差异，大体可分为两组。

第一组为青龙镇一、二、三号墓和喻寺镇一号墓。这4座墓的规模相对较大，属于中型墓，石刻图像的题材和数量相对较多。其图像中都有两武士、青龙、白虎；都有双扇或单扇的门；在双扇门前大多有一持物侍仆或一探身女性，形成固定组合；都有花卉植物图案。

第二组为奇峰镇一、二号墓。这两座墓的规模较小，属于小型墓，石刻图像的题材和数量相对较少。但是都有两武士；都有双扇门或单扇门，都有持物女侍仆或持物男侍吏，但是这些侍人并未与门出现在同一图像内；都有交椅屏风。

这6座墓的石刻图像布局有较强的规律性和共性。武士都是两人分别位于墓门内的甬道两侧壁。青龙、白虎也是两图相对，或位于前室两壁柱之间的壁龛上方或下方，或位于壁柱上，其中青龙位于左侧壁，白虎位于右侧壁。双扇门与人物组合图像或者是两图相对位于前室两侧的壁龛内，或者是位于后室内壁的壁龛内，不过后室内壁的双扇门都有一扇半开的，探身人物也都出现在内壁。无人物出现的双扇门都是两图相对位于前室侧壁的中部，而无人物出现的单扇门则是两图相对位于后室或前室的侧壁。单独的侍仆人物也是两人相对出现在后室两侧壁上或出现在单室墓的墓室两侧前壁柱上。交椅类图像都出现在内壁。绘画性的花卉图像基本都是两图相对位于前室两侧壁石刻门上方的建筑门额上，或者位于后室两侧壁石刻门上方的建筑过梁上。图案性的植物花卉纹样主要出现在后龛下的台阶正面，或者位于前室顶部的横梁和过梁上。狮形柱础位于后室后龛前的立雕石柱下方。力士位于棺床前端。

（二）征集石刻图像的组合与布局

除了上述考古发掘出土的石刻图像之外，在泸州市还有大量征集来的石刻图像。这些石刻图像的墓葬单位是清楚的，因此也可大体了解或部分了解这些墓葬石刻图像的组合关系。此外，参照上述考古出土的6座墓内石刻图像布局，也根据这些刻石自身的形状和建筑装饰特点，还可对这些征集的石刻图像在墓内的布局情况尝试着进行复原。

1. 石桥镇新屋嘴村一号墓

出自该墓的石刻图像组合有两A型武士、双龙戏珠（青龙）、骑虎人物故事图（持扇骑虎人物与三虎下山和远眺人物）、四单人采莲舞女伎、两二人奏乐（分别为用齐鼓和扁鼓、拍板和横笛演奏）、六人器乐（齐鼓、扁鼓、拍板、横笛）演奏与舞蹈表演、二人勾栏乐舞表演、水仙牡丹簇拥手持荷叶大雁（朱雀？）的飞天、牡丹簇拥手持荷叶乌龟（玄武？）的飞天、手托圆轮（内周饰卷云、一飞鸟和一玉兔相对，应象征日月）的两飞天、正面为菱形框内两凤鸟图像和底面缠枝菊花图像、交椅餐桌与持长柄扇女侍等，共18幅图像，位于17块刻石上。另外该墓还有7件刻石，未见到具体的图像。下面是对已确知的该墓石刻图像的布局推测复原。

甬道（门柱内侧）两侧壁：两武士。

墓室两侧壁：二人用齐鼓、扁鼓演奏与二人用拍板、横笛演奏等两图相对；四块单人采莲舞女伎图像两两相对；带翼二龙戏珠图与骑虎人物故事图相对（两石均长0.92、高0.44米）。该墓可能为前后双室墓，而这8块石刻图像可能分别分布于前、后室内的两侧壁上。

后壁：交椅餐桌（放满食品）与一持长柄扇女侍图应位于壁龛内。

墓室顶部：有6幅。①水仙牡丹簇拥一手持荷叶中有大雁（朱雀？）的飞天图与牡丹簇拥双手持荷叶中有乌龟（玄武？）的飞天图（两石均宽2.03、高0.78米）等两图相对应，都应该位于墓室两侧的过梁上。勾栏（桥上）六人器乐演奏和二人舞蹈图与勾栏（桥上）一男一女表演图（均宽1.63、高0.78米）等两图相对，都应该位于墓室的横梁上。这4件石刻可能构成前室顶部最下层过梁和横梁的四方。②两飞天共托一圆轮图位于横梁弧形底面，这可能是后室内壁的横梁。③该石有两幅画面，正面为双线菱形框内两凤鸟和底面为缠枝菊花，也应为墓室顶部梁的构件。

在未见到图像的7件刻石中，有牡丹、芙蓉等2件花卉石刻图像原是位于墓室侧壁的[1]，其他5件无法归入该墓的布局中进行复原。

---

[1] 这一信息是承蒙这批石刻的征集者泸县文物管理所前所长卢大贵先生告知的。

2. 石桥镇新屋嘴村二号墓

出自该墓的石刻图像组合有两A型武士（站立狮子背上，一双手杵剑、一单手握剑）、青龙、白虎、展翅朱雀图、玄武图（无图）、菱形框内双凤戏球图、荷莲、花卉、六人采莲舞图、两花卉大雁图、六人器乐演奏图、两单人乐官（领舞人）、两女侍图（无图）、两单扇门（一扇无图）、相对两飞天（一飞天双手合十、一飞天双手展开）、交椅餐桌与女侍图（桌上放满食品，女侍手持注子）等，共21幅图像，位于16块刻石上。另外还有2件近立雕的狮形柱础（无图）。下面是对该墓石刻图像的布局推测复原。

甬道（门柱内侧）两侧壁：两武士。

墓室两侧壁：带翼青龙和火焰宝珠与无翼白虎等两图相对；上为花卉大雁图与下为六人器乐演奏图，上为一束荷莲一断折枝花卉与下为六人采莲舞图等两刻石上的六福图相对；两块单人乐官（领舞人）图相对；两女侍图相对；两单扇门相对。从这么多幅石刻图像的情况分析，该墓至少是前后双室墓，并有可能还是前中后三室墓。

后室：二狮形柱础应该是位于后室的壁龛前，为近立雕的立柱柱础。

后壁：交椅餐桌与持莲花注子女侍图应位于壁龛内。

墓室顶部：正面为展翅朱雀图，底部为菱形框内双凤戏球图（为一块刻石上两幅图，两端均已残），可能应位于前室横梁上，在另一相对的前室另一横梁上可能原应有玄武图。两飞天相对图根据石桥镇新嘴屋村一号墓的飞天图所在位置判断，推测该石刻图像也有可能位于墓壁一侧的过梁上，在另一侧相对位置原应该还有一幅类似的石刻图像。但是也不排除飞天图位于墓室侧壁的可能性。

另还有6件刻石，其中有双狮、狮座、花卉等石刻图像等，由于无图而无法归入该墓的布局中进行复原。

3. 福集镇针织厂一号墓

出自该墓的石刻图像组合有5件A型武士（均站立于卷云上，两人双手杵斧、一人单手下握斧，另有2件无图）、青龙（带翼龙与火焰宝珠）、白虎（带翼虎与火焰宝珠）、紧闭双扇门与肩扛交椅男侍、双扇门与侍仆（无图）、2件带轴单门、交椅屏风男侍图（一男侍站立交椅旁）等，共12幅图像，分布在12块刻石上。下面是对该墓石刻图像的布局推测复原。

甬道（门柱内侧）两侧壁：两A型武士。

墓室两侧壁：青龙、白虎两图相对位于两侧壁。双扇门与肩扛交椅男侍图以及双扇门与侍仆图应相对位于墓壁两侧。

前后室之间：该墓还有一对上下带轴单扇门，高达2.26米，因此排除是该墓前门的可能性。由于在经考古发掘的墓葬中未发现有这种带轴的门，其所在位置难以确定，但推测这种门有可能位于前后室之间，可以开闭。

后壁：交椅屏风男侍图应位于后壁龛内。

该墓有5件武士，大小规格基本相同，除了前述墓门甬道侧壁的两武士之外，另还有三武士，较为特殊。推测其中两武士可能原位于前后室之间的门附近，另一武士的位置无法推测，但也不排除是将其他墓的武士像错放入该墓的可能。

4. 福集镇针织厂二号墓

出自该墓的石刻图像组合有4件A型武士（均站立卷云上，双手握斧，另有2件无图）、带翼青龙、白虎、带轴双扇门、两帷幔女侍图（画框内满饰半开帷帐前站立一女侍）等，共10幅图像，分布在10块刻石上。推测该墓可能尚缺1幅后壁的石刻图像。下面是对该墓石刻图像的布局推测复原。

甬道（门柱内侧）两侧壁：两武士。

墓室两侧壁：青龙、白虎两图相对位于两侧壁。两块同类帷幔侍女图应相对位于两侧壁。

前后室之间：该墓也有一对上下带轴单扇门，高达2.26米，关于它们的所处位置，应都与福集镇针织厂一号墓的情况相同。

后壁：推测后壁的壁龛内原应该有一幅图像。

该墓有4件武士，大小、规格基本相近。关于它们的所处位置，应都与福集镇针织厂一号墓的情况相同。

5. 福集镇龙兴村一号墓

出自该墓的石刻图像组合有两单扇门、单扇门与双手持带柄方镜女侍、单扇门与女侍（无图）、半开门与门内探身女侍（双扇门一扇半开）等，共5幅图像，分布在5块刻石上。下面是对该墓石刻图像的布局推测复原。

甬道（门柱内侧）两侧壁：可能原应有两武士。

墓室两侧壁：单扇门前持镜女侍图与单扇门前女侍图相对；两个同类单扇门相对。

后壁：半开门与探身女侍图应位于壁龛内。

6. 福集镇龙兴村二号墓

出自该墓的石刻图像组合有两单扇门、单扇门前单手持《礼记全》站立男侍、单扇门与双手交握站立男侍、半开门与门内探身女侍（双扇门一扇半开）等，共5幅图像，分布在5块刻石上。下面是对该墓石刻图像的布局推测复原。

甬道（门柱内侧）两侧壁：可能原应有两武士。

墓室侧壁：单扇门前持书站立男侍图与单扇门前交手站立男侍图相对；两个同类单扇门相对。

后壁：半开门与探身女侍图应位于壁龛内。

7. 牛滩镇滩上村一号墓

出自该墓的石刻图像组合有两C型女武士（均站立云纹台上，持骨朵、持竹节鞭）、青龙（踏云）、白虎（带翼踏云）、朱雀、玄武、两单扇门、交椅屏风两女侍（交椅两侧各站一捧物女侍）等，共9幅图像，分布在9块刻石上。另有基本为立雕的狮形柱础2件。下面是对该墓石刻图像的布局推测复原。

甬道（门柱内侧）两侧壁：两女武士。

墓室侧壁：青龙图与白虎图相对应，青龙图在左侧壁，白虎图在右侧壁。两单扇门分别位于两侧壁并相对应。

后室：狮形柱础位于后壁龛的前面。

后壁：交椅屏风两女侍图位于壁龛内。

墓室顶部：朱雀图和玄武图相对位于两横梁上。

8. 牛滩镇滩上村二号墓

出自该墓的石刻图像组合有两B型武士（戴交脚幞头，均站立于卷云或两卷云台上，双手合持骨朵）、青龙（踏云与火焰宝珠）、白虎（踏云与火焰宝珠）、朱雀（展翅踏云）、玄武（踏云）、屏风交椅两男侍（一人持瓶、一人捧放官帽托盘）。另有两扇单门，其中一扇的格眼内图像为天上云间一男吏遇仙女和蟾蜍，障水板内图像为林间两小鸟、两小鹿；另一扇的格眼内图像为天上云间四男童与桂树和玉兔捣药，障水板内图像为牡丹和平台上两小鹿吃草。共9幅图像，分布在9块刻石上。下面是对该墓石刻图像的布局推测复原。

甬道（门柱内侧）两侧壁：两武士。

墓室侧壁：青龙图与白虎图相对应，青龙图在左侧壁，白虎图在右侧壁。两单扇门分别位于两侧壁并相对应。

墓室顶部：朱雀图和玄武图相对位于两横梁上。

后壁：屏风交椅两男侍图应位于壁龛内。

9. 牛滩镇滩上村三号墓

出自该墓的石刻图像组合有两C型女武士（头戴兜鍪，均站立于云纹台上，一手下握剑）、青龙（踏云与火焰宝珠）、白虎（无图）、朱雀、玄武、单扇门、交椅屏风两女侍等，共8幅图像，分布在8块刻石上。另有基本为立雕的狮形柱础2件。该墓至少还缺1件单扇门。下面是对该墓石刻图像的布局推测复原。

甬道（门柱内侧）两侧壁：两女武士。

墓室侧壁：青龙图与白虎图相对应，青龙图在左侧壁，白虎图在右侧壁。两单扇门分别位于两侧壁并相对应。

后室：狮形柱础位于后壁龛的前面。

墓室顶部：朱雀图和玄武图相对位于两横梁上。

后壁：屏风交椅两女侍图应位于壁龛内。

10. 牛滩镇滩上村四号墓

出自该墓的石刻图像组合有两武士（站立台上双手杵剑，一件无图）、青龙（踏云与火焰宝珠）、白虎（踏云）、两单扇门（无图）等，共6幅图像，分布在6块刻石上。该墓至少还缺1件后壁的石刻图像。下面是对该墓石刻图像的布局推测复原。

甬道（门柱内侧）两侧壁：两武士。

墓室侧壁：青龙图与白虎图相对应，青龙图在左侧壁，白虎图在右侧壁。两单扇门分别位于两侧壁并相对应。

后壁：可能原壁龛内应有图像。

11. 牛滩镇滩上村五号墓

出自该墓的石刻图像组合有两武士（踏云双手握剑，一件无图）、青龙（带翼踏云与火焰宝珠）、白虎（带翼踏云）、两单扇门（无图）、交椅屏风女侍（交椅两侧各站一女侍）等，共7幅图像，分布在7块刻石上。下面是对该墓石刻图像的布局推测复原。

甬道（门柱内侧）两侧壁：两武士。

墓室侧壁：青龙图与白虎图相对应，青龙图在左侧壁，白虎图在右侧壁。两单扇门分别位于两侧壁并相对应。

后壁：屏风交椅两女侍图应位于壁龛内。

12. 牛滩镇玉峰村施大坡一号墓

出自该墓的石刻图像组合有两A型武士（一站立台上手扶箭杆，一件无图）、青龙、白虎（带翼踏云）、两带轴门（无图）、两单人飞天等，共8幅图像，分布在8块刻石上。另外有3件刻石内容不详。下面是对该墓石刻图像的布局推测复原。

甬道（门柱内侧）两侧壁：两武士。

墓室侧壁：青龙图与白虎图相对应，青龙图应在左侧壁，白虎图在右侧壁。两门分别位于两侧壁并相对应。

　　墓室侧壁或顶部梁上：一飞天手持瑞草与卷草图。一飞天手持莲花与卷草图。

　　后壁龛：不知原后壁是否有图像。

　　另有3件石刻图像无法推测其位置。

13. 牛滩镇玉峰村施大坡二号墓（南宋晚期）

　　出自该墓的石刻图像组合有两A型武士（踏云双手杵剑）、青龙（无图）、白虎（无图）、带轴门（无图）、两单人飞天（装饰缠枝卷草）等，共7幅图像，分布在7块刻石上。该墓的石刻图像至少还应缺1块，也可能缺2块。下面是对该墓石刻图像的布局推测复原。

　　甬道（门柱内侧）两侧壁：两武士。

　　墓室侧壁：青龙图与白虎图相对应，青龙图应在左侧壁，白虎图在右侧壁。应为两带轴门分别位于相对应的两侧壁，现缺一门。

　　墓室侧壁或顶部梁上：两块同类飞天图相对应。

　　后壁龛：不知原后壁是否有图像。

　　上述13座墓，虽然有者明显可看出可能缺少了某些石刻图像，但仍可看出其内容组合方面仍存在一些相似性，同时也与经考古发掘6座墓出土的石刻图像组合存在着相似性。例如，这13座墓也基本都有两武士图像，都有单扇门或双扇门，基本都有侍仆人物等。此外，出现青龙白虎图像的比例明显高于考古发掘的6座墓。但是，这13座墓的组合也存在着一定的差异，大体可分为六组。

　　第一组为石桥镇一、二号墓，图像数量特多，现存有21—25幅。石刻图像组合有常见的两武士、四神（青龙、白虎、朱雀、玄武）、单独女侍、单扇门、交椅餐桌与女侍图，还有较为特殊的各种器乐演奏与舞蹈表演人物、骑虎人物图、飞天、花卉植物、双凤戏球、飞禽动物、狮形柱础等。

　　第二组为福集镇针织厂一、二号墓，图像数量较多，现存有10—12幅。石刻图像组合有两武士、青龙白虎、门前侍仆图或帷幔女侍图、两带轴双扇门、交椅屏风侍仆图等。

　　第三组牛滩镇滩上村一、二、三号墓，石刻图像数量较多，现存有9幅。石刻图像组合有两男武士或女武士、青龙、白虎、朱雀、玄武、两单扇门、交椅屏风两女侍或男侍等，有的墓还有近立雕狮形柱础。

　　第四组有牛滩镇玉峰村施大坡一、二号墓，石刻图像数量较多，现存有8—11幅。石刻图像组合有两武士、青龙白虎、两带轴门、两单人飞天等，一号墓还有3件内容不详。

第五组有牛滩镇滩上村四、五号墓，石刻图像数量较少，现存有7幅。石刻图像组合有两武士、青龙白虎（踏云）、两单扇门、交椅屏风二女侍等。

第六组为福集镇龙兴村一、二号墓，图像数量少，现存有5幅，石刻图像组合有两单扇门、门前侍仆、半开门与探身女侍等。

五、石刻图像的艺术表现与制作者

（一）艺术表现

1. 雕刻技法

建筑装饰：以剔地平面浅浮雕、高浮雕为主，局部半立雕。

石刻图像：主要为高浮雕、减地浅浮雕、隐地平面浅浮雕、阴线刻，有的局部有半立雕或透雕。狮形柱础则以近立雕的形式表现。

武士、侍仆、侍吏、力士：都是以高浮雕为主，而武士穿着的甲胄服饰表面则以浅浮雕为主（图二七）。

青龙、白虎：表现技法多样，多为弧面浮雕的形式，但有隐地弧面浅浮雕（青龙镇一号墓），以及隐地平面浅浮雕加局部阴线刻（青龙镇二号墓、三号墓），有的火焰宝珠为阴线刻表现（青龙镇二号墓的青龙）（图二八）。新屋嘴村一号墓青龙为艺术精品，其为两条龙，一条为主体，用弧面高浮雕结合弧面浅浮雕来表现，另一条龙则是基本均以平面浅浮雕来表现，表现力十分丰富。滩上村二号墓的青龙多为高浮雕，局部透雕（图二九）。

飞天：表现技法多样，有高浮雕（石桥镇新屋嘴村一、二号墓）、有减地浅浮雕（石桥镇新屋嘴村一号墓），还有隐地平面浅浮雕（牛滩镇玉峰施大坡一、二号墓）。

门：其门上的图像主要为隐地浅浮雕来表现。

花卉植物：隐地弧面浅浮雕和隐地平面浅浮雕结合（青龙镇一号墓、喻寺镇一号墓）。

卷云纹：阴线刻（奇峰镇一号墓、喻寺镇一号墓顶部）。

2. 艺术形式

这些石刻图像的艺术形式主要以单体的雕刻为主，如武士、青龙、白虎、朱雀、玄武，以及单独的侍者、侍吏、乐舞人物等都属于这种形式。

其次还有一种是半绘画、半雕刻的艺术形式，其画面的构图明显带有绘画的意蕴，但表现仍是采用的雕刻手法，属于这类的图像有故事性骑虎人物图、多人的乐舞人物图、半开门与人物图、交椅屏风人物图、飞天、门上的画面式装饰等。

0　　　　20厘米

图二七　滩上村二号墓武士平、剖面图（滩上村M2：2）

（采自《泸县宋墓》，图一〇六）

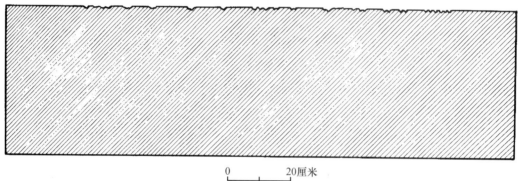

0   20厘米

图二八　青龙镇二号墓青龙平、剖面图
（采自《泸县宋墓》，图三一）

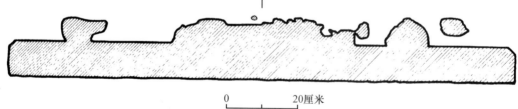

0   20厘米

图二九　滩上村二号墓青龙平、剖面图（滩上村M2∶9）
（采自《泸县宋墓》，图一一八）

此外，还有少量的基本属于图案装饰，如在门楣上和梁上的各种花卉植物纹样，并多放在菱形、三角形和方形框内。

3. 表现多层含义

这些石刻图像从形象上看都具有确定性，但是有的图像从含义上看具有多重性或者不确定性。例如，在石桥镇新屋嘴村一号墓内没有发现明确的四神图像，但是在墓内的横梁上有两幅飞天图，每幅图中各有一飞天，其手上均托有一张较大的荷叶，一幅的荷叶上有一只展翅欲飞的鸟，另一幅的荷叶上有一只爬行的龟。《泸州宋墓》的编写者将这只鸟直接称为"朱雀"[1]，而这只龟虽未直接称为"玄武"，但却将该图放在"玄武"类中加以叙述[2]。该墓内还有一幅身体相互缠绕的双龙图像。这幅双龙图与其他泸县宋墓中出现的青龙图差别很大，而且这种形象也不符合汉代以来作为方位神的青龙形象，不过《泸县宋墓》编写者仍将这幅图像放在"青龙"类中加以叙述[3]。笔者认为，将这三幅图中出现的动物视为四神中的朱雀、玄武和青龙是很有道理的，不过该墓中尚缺少白虎的形象。通过仔细地甄别该墓中出土的其他石刻图像，可以发现一幅与虎有关的图像，即骑虎人物图。画面右边占据很大位置的是一人骑一虎，背景山峦重叠，在左边有三虎下山，在左上角还有一人在山石背后眺望。从画面内容看去可能表现的是历史人物或典故，但具体内容不详。这一石刻图像的石料规格为宽0.98、高0.44、厚0.11米，画面宽0.92、高0.44米。双龙石刻图像的石料宽0.96、高0.44、厚0.11米，画面宽0.92、高0.44米。从这两幅图的石料和画面的规格基本一致的情况观察，应该是对称的位于墓室两侧壁。根据泸县宋墓内容相同、相近的图像呈对称分布的特点，推测这两图的内容在当时也被视为具有相关性。这四幅图像中的龙、虎图像位于墓室两侧壁，而鸟、龟图像位于墓室顶部的两横梁，正好位于墓室四方，也与新屋嘴村二号墓，滩上村一、二、三号墓中四神的布局位置相同。因此，可以认为新屋嘴村一号墓内的这四幅图像也是隐喻四神。

（二）制作者

这些石刻艺术的制作者应该都是专业的石刻工匠。他们的活动方式应该是由数名工匠组成一个团队，这些团体的构成可能主要是师傅带徒弟的形式。通过仔细地观察

---

[1]　四川省文物考古研究所、成都市文物考古研究所、泸州市博物馆、泸县文物管理所：《泸县宋墓》，第130页。

[2]　四川省文物考古研究所、成都市文物考古研究所、泸州市博物馆、泸县文物管理所：《泸县宋墓》，第133页。

[3]　四川省文物考古研究所、成都市文物考古研究所、泸州市博物馆、泸县文物管理所：《泸县宋墓》，第116页。

辨认，可以发现在泸州市发现的这20多座墓葬的石刻图像中，表现形式和艺术风格等方面存在着一定的差别。例如，在《泸县宋墓》有图版的17座墓的32件武士图像中，根据表现形式和艺术风格的差异大体可以分为青龙镇组、奇峰镇一号墓组、奇峰镇二号墓组、石桥镇新屋嘴村一号墓组、石桥镇新屋嘴村二号墓组、牛滩镇滩上村组、牛滩镇玉峰施大坡组、福集镇针织厂组、喻寺镇南坳村组9组。又如，在有图版的10座墓的11件青龙图像中，青龙镇组、石桥镇新屋嘴村一号墓组、石桥镇新屋嘴村二号墓组、牛滩镇滩上村组、福集镇针织厂组、潮河镇组6组。这些应该是出自不同的工匠团队之手。因此，可以断定在当时的泸县范围内存在着不同的工匠团队从事石室墓的建造和石刻艺术的创作。一般而言，同一墓地内不同墓葬的石刻图像表现形式和艺术风格都比较统一，应该是出自同一工匠团队的制作。但是也有例外，如石桥镇新屋嘴村一、二号墓的武士、龙等图像，奇峰镇一、二号墓的武士图像，其表现形式和艺术风格都存在明显差异，这应该是出自不同工匠团队的制作。

从这些石刻艺术的形式、内容方面可以看出，他们从事的艺术创作活动具有开放性，因此在泸县境内出现的宋代石刻艺术，无论是内容还是形式风格方面，相互之间都存在着较为密切的交流。

六、石刻图像内容反映的信仰与审美风尚

（一）体现"谓死如生"观念

汉代以来，中国古代的墓葬营建总的趋势是模仿生人的地面建筑，即对待死者的态度如同其生前。在宋代的墓葬中，石室墓的营建更是精心仿制地面宅院建筑的基本形式。考古发掘的这6座泸县宋代装饰石室墓，都是模仿的地面木结构建筑，在墓室的两侧壁雕刻出装饰性的木结构建筑立柱、门楣、门扇，在墓室顶部还有木结构建筑的过梁、横梁、斗栱、藻井等。部分墓的墓室两侧壁的门为双扇或单扇，更是象征宅院幽深，房屋相连。营建为一种与墓主生前身份相匹配的死后生活居住场所。有的墓内的这种门前扇或附近的壁面，还雕刻有站立的男、女侍仆，他们手上拿着生活用具或者是印信等物品，都是为了在另一个世界中侍奉墓主的。

（二）中国传统信仰与道教信仰

驱鬼信仰：驱鬼镇墓，保护墓主不受魑魅魍魉的侵扰，这是一种十分古老的信仰，但历代的墓葬具体表现不同。唐代以来，人们常在墓葬内放置武士俑等用以镇墓。而在这批墓葬内，在墓壁上基本都雕刻有武士，其站立门内两侧，形象高大，都是身穿甲胄戎装，手持兵器，有个别的武士手上还提着小鬼，驱鬼镇墓的意味十分明显。

　　四神中的青龙白虎图像也是这批墓葬中十分常见的石刻内容，有的墓葬（如滩上村一、二、三号墓）中更是青龙、白虎、朱雀、玄武四种图像齐备地出现在墓葬内。四神是中国古代人们认为的方位神，主要象征东、西、南、北四方。此外，它们还可以象征武力、猛勇，如《礼记·曲礼上》卷三孔颖达疏曰："如鸟之翔，如蛇之毒，龙腾虎奋，无能敌此四物。"[1]因此，四神在墓中的出现，也应该主要是起镇墓作用，即镇守四方，驱邪除鬼，保卫墓主和他的灵魂。但是在四神之中，它们各自的作用还有所不同，青龙、白虎似乎更偏重武力、勇猛，从而辟邪，而朱雀、玄武则更偏重于顺阴阳以辟不祥。东汉王充在《论衡·解除篇》中曰："宅中主神有十二焉，青龙白虎，列十二位；龙虎猛神，天之正鬼也。飞尸流凶，不敢妄集；犹主人猛勇，奸客不敢窥也。"[2]在汉镜上也可见到"左龙右虎辟不祥，朱鸟玄武顺阴阳"[3]，或"左龙右虎掌四方，朱雀玄武顺阴阳"[4]的铭文。汉代以来，四神的形象就常出现在墓葬内，同样也是常以简略的形式出现，即仅有青龙、白虎。这批墓葬中四神的出现应该也是这种传统观念与信仰的延续，其作用仍是镇墓驱鬼。

　　升仙：在泸县宋墓中，"门与人物图"的数量较多，有15件，而且这些画面构成呈多样化，可分为四型。除了Aa型图像之外，其他的各型这种图像中的人物都手持各种不同的物品，其双扇门或一扇关闭一扇半开，或两扇半开，或两扇都关闭。从人物的装束看其身份应是侍仆之类，所持物品也基本都是家内生活用品或印信等，他们出现在墓内都应是侍奉墓主的。而Aa型图像的画面为双扇门，其中一扇紧闭一扇半开，一女性站在半开的门内向外探身。有这种图像的墓葬有青龙镇三号墓，福集镇龙兴村一、二号墓，其中根据青龙镇三号墓的出土情况可知这种图像应该是位于墓室内壁中央，居于醒目位置。这种图像与其他"门与人物图"最大的差异是图中的人物手上不持任何物品，站在半开门内向外探身；其次是双扇门有一扇关闭一扇半开。从其装束观察，这位女性人物与其他女性侍仆穿着的世俗服装并没有太大差异，但是为什么要半掩半开门，站在门内探身向外，似乎随时准备收身关上门，其含义令人费解。这种图像在宋代墓葬中常见，宿白将其称为"妇人启门"图，但是并未就图像的含义进行具体讨论。笔者认为，这种图像的构成与东汉时期的"仙人半开门"图中最简单的一种构成是相同的，两者的含义也应是相同的。笔者曾撰文对这种"仙人半开门"图像进行讨论，指出这种图像反映了东汉时期人们想象中的一种新的升仙方式[5]。当然，

　　[1]　（清）阮元校刻：《十三经注疏》，北京：中华书局，1980年，第1250页。

　　[2]　《诸子集成》，北京：中华书局，1954年，第7册，第245页。

　　[3]　湖南省博物馆编：《湖南出土铜镜图录》，北京：文物出版社，1960年，图60。

　　[4]　洛阳博物馆：《洛阳出土铜镜》，北京：文物出版社，1988年，图29，图版说明第5页。

　　[5]　罗二虎：《东汉墓"仙人半开门"图像解析》，《考古》2014年第9期。

两者也存在某些差异，这主要体现在汉代的启门人多为仙人的装束穿着，而泸县宋墓的启门人则为世俗人物的装束穿着。

仙境图：在泸县宋墓中，除了半开门与探身人物图之外，没有直接表现仙境和墓主升仙的独立画面，但是在墓壁上雕刻的仿木结构门上的装饰图像中，表现的是仙境或与仙境相关的内容。例如，本文根据门上的装饰图像内容和组合差异大致可分为六型，其中有三型都有仙境或相关内容。

A型有2件，出土于牛滩镇滩上村二号墓。其中一件为标本NTTM2∶6（见图七，1），上部格眼内的图中有一男一女在游云之上，中间还有一蟾蜍，似乎与月宫有关，其具体内容虽不详，但应是表现天上仙境，下部障水板内表现的是仙禽翼兽和植物构成的仙境，与上图呼应。另一件为标本NTTM2∶5（见图七，2），上部格眼内为四童男站在云层之上摘取桂树上的桂花，旁边还有玉兔捣药，似乎也与月宫有关。下部障水板内表现的也是由翼兽、奔兔和花卉构成的仙境，与上图呼应。

B型有15件。其上部格眼内为各种折枝花卉图，下部障水板内为翼兽衔瑞草，可能象征仙境内的景象。如牛滩镇滩上村一号墓标本NTTM1∶4（见图八，1）、福集镇针织厂一号墓标本FJZM1∶2（见图七，5）。

C型有2件。其上下均为瑞禽翼兽，仅中部腰华板内为连枝植物花卉。如福集镇龙兴村二号墓标本FJLM2∶3（见图七，3）。

当然，这些门上的图像有可能就是宋代现实生活中地面宅院建筑内门的真实写照，但是选择这些内容的图像放置在墓内，本身可能就隐含着祈望墓主死后进入仙境的愿望。

暗喻仙境的图像：有两类，一类是在墓门附近的武士图像中，有许多武士的脚下都是踏云。在许多四神图中，青龙、白虎、朱雀、玄武也都是位于卷云之上。这些都应该是十分隐晦地暗喻这些物象应是在天上仙境之中。另一类是位于墓顶不同部位的日、月、云等图像，如青龙镇三号墓前室藻井顶端的太阳（见图二五），石桥镇新屋嘴村一号墓标本SQM1∶26的日月合体图像（见图一九，1），奇峰镇一号墓前室顶部的卷云纹图像等，这些图像可能都隐喻墓室即位于天上仙境，或者表达了墓主人祈求进入仙境的愿望。

（三）佛教信仰

在泸县宋墓内表现与佛教信仰相关，或者说与佛教艺术相关的图像内容不多，主要仅见于新屋嘴村一、二号墓，玉峰村施大坡一、二号墓这4座墓内，都是与飞天有关的图像。佛教艺术中的飞天表现的是佛教中天国净土世界的天人，因此通过这些图像可以推测墓主可能信仰佛教。在施大坡一、二号墓内都各有两块对称的飞天，其中一号墓的还一手持瑞草。新屋嘴村二号墓内有一块飞天图像，内有两飞天，其中一飞天双手合十。新屋嘴村一号墓内有三块飞天图像，其中有两块为对称的，都是一飞天居中，两侧花卉簇拥，飞天手持一大荷叶，荷叶上分别为一鸟和一龟，如前所述这可能是暗喻四神中的朱雀、玄武。该墓内的另一块飞天图内为两飞天共托一璧形圆轮，轮内有金乌、玉兔和卷云纹，这圆轮应该表现的是中国传统信仰中的日月神。新屋嘴村一号墓的这三幅飞天图像表达的内容都应该是佛教信仰和传统信仰结合的产物。因此，对于墓主信仰佛教的程度也不可做过高的估计。

（四）审美风尚

泸州宋代石室墓内的装饰题材可以笼统地归为两大类：一类为宅院建筑与家居生活用品；一类为人物神灵。前者中无论是斗栱梁柱，还是建筑装饰，或是门屏桌椅、镜盘瓶钵等，无一不是力图模仿再现宋代现实生活的真实。后者中的人物大体可分侍仆侍吏、伎乐人物、武士、仙境人物、飞天五类，其装束服饰也都是再现宋代现实生活中人们的装束服饰，即使是飞天这种佛教天国净土中的天人，除了很长的飘带曼舞之外，也都基本是人间装束。因此可以认为这些石刻图像制作者主要是基于对现实生活的观察来创作的。

从人物造型特征观察，无论是男性还是女性，其脸部都比较圆润、丰满，这也许可以反映出当时人们的审美取向。

这些石刻图像主要体现的审美风尚和氛围是一种家庭式的温馨、恬静，是一种世俗性的风貌。

七、墓葬体现的性别差异

泸县宋墓基本都是两墓合葬，共用一个封土堆，因此一般认为这是一种夫妻合葬墓，夫妻各葬一墓内。但是由于这批墓葬都已被盗，墓葬内既没有墓主的遗骨，也基本没有随葬品出土，除了个别的墓根据出土墓志可以判断墓主性别之外，绝大部分墓葬的墓主性别不详。

因此，根据现有的材料，要判定这些墓葬的墓主性别可能主要还是要通过石刻图像的内容。笔者在石刻图像内容中寻找能够判定性别的有以下四项标准。

侍仆的性别：如果墓内侍仆图像中出现男性侍仆，那么基本可以判定墓主应为男性。但是出现的都是女性侍仆，则不能完全判定其墓主性别，还要根据其他图像的内容来判定。

侍仆手上所持之物：如果侍仆手上捧的是印信或注子等，那么可以肯定该墓墓主为男性。如果侍仆手持镜、梳妆架或持扇之类，其墓主很可能是女性。

侍吏：有侍吏出现的墓葬，其墓主应该是男性。

武士的性别：如果墓内武士的形象为女性，那么该墓的墓主应该能肯定是女性，但如果武士的形象为男性，那么不能以此来判断墓主的性别，还是要根据其他图像内容来判断。

根据这些标准，我们通过图像内容大体可以判明墓主性别的依次有以下14座墓葬：青龙镇一号墓为女性、二号墓为男性，喻寺镇一号墓为男性，奇峰镇一号墓为女性、二号墓为男性，石桥镇新屋嘴村一号墓为女性、二号墓为男性，福集镇针织厂一号墓为男性、二号墓为女性，福集镇龙兴村一号墓为女性、二号墓为男性，牛滩镇滩上村一号墓为女性、二号墓为男性、三号墓为女性。

在以上墓葬中，喻寺镇一号墓和奇峰镇二号墓出土有墓志，由此也可以确定墓主为男性，与我们根据图像内容做出的判断相符。在这14座墓葬中，凡是两墓合葬的，如青龙镇一、二号墓，以及奇峰镇一、二号墓等都是合葬同一封土堆内，因此这种一男一女两墓合葬的应该都是夫妻合葬。

下面我们来看看这种夫妻合葬墓反映出的相关信息。

首先，在泸县地区的宋代装饰石室墓中普遍流行夫妻合葬，但这种合葬是异穴同圹同坟。从墓葬的大小规模、形制结构方面观察，男性墓与女性墓之间基本上没有差异。其次，在墓内石刻图像的数量和布局方面，男性墓与女性墓之间也基本相同，没有体现出差异。在墓葬的营造方面能体现出性别差异的主要还是在人物图像的表现方面，而这种差别无论是武士的性别、侍仆的性别和所持之物，还是侍吏的出现与否，实际上都反映出宋代社会对于男女性生前社会角色的一种认同，也反映出人们认为这种生前的性别社会角色差异将在另一个世界中延续下去。

也有学者从不同的角度对四川地区宋代墓葬中反映的夫妻合葬习俗和女性地位问题进行过研究，如朱章义在《四川宋代合葬墓的两个问题》一文中，根据合葬墓的结构和随葬品来考证两宋时期妇女的地位，提出合葬流行的原因，主要是因为宋代妇女在南宋理宗之前地位较高，其次是与当时婚姻观念中注重表现夫妻恩爱密切相关，再则是封建迷信思想，盼望在阴间或来世过美好生活[1]。朱文的结论与笔者的分析结果是吻合的。

[1] 朱章义：《四川宋代合葬墓的两个问题》，《成都文物》1992年第3期。

八、结　语

本文以石刻图像为中心，主要根据《泸县宋墓》的材料对四川泸县宋代装饰石室墓进行初步研究。研究除了涉及墓葬的布局、结构与类型之外，还重点讨论了泸县宋代装饰石室墓内石刻图像的内容分类、各类石刻图像在墓内的组合与布局、石刻图像的艺术表现、石刻图像的制作者、石刻图像内容体现的信仰与审美差异，以及主要根据墓葬内的石刻图像体现出的性别差异来判断墓主性别等。应该指出，这是首次对南方地区某一小区域的宋代装饰石室墓进行深入的综合研究，研究涉及的内容更多是属于对这些墓葬材料的基础性研究，而与中原北方等其他地区宋代装饰墓，或是四川盆地与黔北地区内的其他小区域宋代装饰石室墓的横向比较研究并没有展开，因此这是需要在今后进一步加强的。

Song Dynasty Stone-Chamber Tombs with Carvings in Luxian County: Focusing on the Carvings

Luo Erhu

(Department of Archaeology, Sichuan University)

Abstract: This paper focuses on stone carving images and conducts a preliminary study of the Song Dynasty stone-chamber tombs in Luxian, Sichuan Province. In addition to the layout, structure, and type of tombs, the study also proposes a new classification of the motives of stone carvings in the Song Dynasty stone-chamber tombs in Luxian, discussing the composition and layout of various types of stone images in the tombs, their artistic expression, as well as the beliefs and differences in aesthetics between the different image makers, but also gender differences reflected in the tombs.

Keywords: Luxian, Song Dynasty, Engraved Stone-Chamber Tomb, Stone Carvings

（责任编辑：黎海超）

重庆市江津区文物管理所藏宋代石刻初步研究

张廷良　邵星积　朱雪莲*

摘要： 重庆市江津区文物管理所藏的36件宋代石刻，可分为武士、动植物、神兽、侍仆四类，题材以世俗生活为主，立意巧妙、雕刻技法高超，具有较高的艺术和学术价值，是四川盆地南宋石室墓石刻之精品。

关键词： 江津　宋代　石刻

重庆市江津区文物管理所藏有36件宋墓石刻构件，类型多样、雕刻细腻，具有鲜明的时代特征和较高的艺术价值。因该批石刻长久以来堆放于库房一角，未予以登记入藏，加之管理人员及经办人员多次更迭，无任何来源信息的相关资料留存。现据单位已退休职工回忆，仅可得知该批石刻部分来自20世纪90年代初由公安机关在江津截获盗墓运输车辆后扣押移交，部分于20世纪90年代出自原江津县沙埂乡（现属江津区李市镇沙埂社区）。因其未经科学考古发掘，相关移交及出土资料缺失，故该批石刻哪些是由公安机关截获移交、是否于江津本地出土，哪些是出自原江津县沙埂乡，已无从稽考。

虽然该批石刻来源信息较为模糊，但其所用石材均为川东地区常见的青灰色细砂岩，雕刻工艺多为剔地浮雕和减地平钑两种手法，雕刻内容主要为武士、动植物、神兽和侍仆四类，所见植物有菊花、莲花、牡丹、芙蓉等，动物有鹿、狮、龟、鹤等。其形制、工艺、题材与邻近江津地域的重庆渝西地区（璧山、永川、荣昌、大足等）和四川泸州地区（合江、泸县等）所土宋代墓葬石刻接近[1]，因而该批石刻乃四川盆地宋代石室墓的石刻精品。

惜其长久尘封于库房一角，借第一次全国可移动文物普查工作之机，笔者将这批石刻加以整理刊布，以供参考。

---

* 作者：张廷良，重庆市江津区文物管理所（646784283@qq.com）；邵星积、朱雪莲，重庆市文化遗产研究院。

[1]　四川省文物考古研究所、成都市文物考古研究所、泸州市博物馆、泸县文物管理所：《泸县宋墓》，北京：文物出版社，2004年，第181—197页。

一、武士类石刻

共计14件，均为高浮雕，雕刻于长方形条石之上，部分武士石刻背后凿有浅龛。其中12件为男性武士形象，2件为女性武士形象。

标本1：编号JK057，宽0.55、高1.08米，武士像连底座通高0.94米。武士正面站立，头戴兜鍪，鍪顶啜一束缨饰，两侧凤翅形护耳张开，鍪下沿有绦带系于颏下，系结后从两侧护耳向上飘起。双目睁开，嘴唇紧闭，神态安详。身着铠甲，内衬战袍，双肩有兽面披膊，小臂着臂韝，腰缚袍肚和兽面笏头带，甲裙长及膝下，周身裹有绦带。左手握弓，右手捏箭，身前斜挂箭囊，背负长剑。足着靴，双腿张开，呈外"八"字站立于基座之上（图一；图版一五，1）。

标本2：编号JK062，宽0.55、高1.12米，武士像连底座通高0.97米。武士正面站立，头部略向右下方斜视[1]，头戴兜鍪，鍪顶啜一束缨饰，右侧凤翅形护耳张开，左侧披肩，颏下系有绦带，系结后从两侧护耳向上飘起。双目圆睁，神情肃穆。身着铠甲，内衬战袍，双肩有兽面披膊，小臂着臂韝，腰缚袍肚和兽面笏头带，甲裙长及膝下。左手半握右袖袍，右手持剑，剑尖向下，身前斜挂箭囊，背斜挎弓和剑鞘。足着靴，双腿张开，呈外"八"字站立于基座之上（图二；图版一五，2）。

标本3：编号JK061，宽0.55、高1.13米，武士像连底座通高0.98米。武士正面站立，头戴兜鍪，鍪顶啜一束缨饰，兜鍪两侧各有一凤翅形护耳，颏下系有绦带，系结后向后飘起。双目圆睁，呈怒视状。身着铠甲，内衬战袍，双肩有兽面披膊，小臂着臂韝，腰缚袍肚和兽面笏头带，甲裙长及膝下。双手持斧柄，斧头朝上立于身体左侧，左肩负弓囊，弓插于后背弓囊内，囊和箭均斜挂于腰后。足着靴，双腿张开，呈外"八"字站立于基座之上（图三；图版一五，3）。

标本4：编号JK018，宽0.51、高1.15米，武士像连底座通高0.97米。武士正面站立，头戴兜鍪，鍪顶啜一束缨饰，兜鍪两侧各有一凤翅形护耳，颏下系有绦带，系结后向后飘起。双目圆睁，呈怒视状，神态威严。身着铠甲，内衬战袍，双肩有兽面披膊，小臂着臂韝，腰缚袍肚和兽面笏头带，甲裙长及膝下，边缘有锯齿状装饰。右手持斧柄，斧头朝上立于身体右侧，左手拇指、中指相捻，横于胸前。背斜挎弓，箭囊斜挂于身前，腰后斜挎宝剑。足着靴，双腿张开，呈外"八"字站立于基座之上（图四；图版一五，4）。

标本5：编号JK060，宽0.58、高1.13米，武士像连底座通高1.08米。武士正面站立，面微向左上昂，头戴兜鍪，鍪顶啜一束缨饰，兜鍪右侧有一凤翅形护耳，颏下系

---

[1]　本文所述石刻图像的方向均以观察者背对石刻为基准。

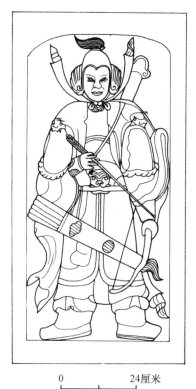

0　　　　　24厘米

图一　男性武士像（JK057）

0　　　　　24厘米

图二　男性武士像（JK062）

0　　　　　24厘米

图三　男性武士像（JK061）

0　　　　　24厘米

图四　男性武士像（JK018）

有绦带，系结后向后飘起。双目圆睁，呈怒视状，口部微张，露出上齿，神态威严。身着敞领长袍，结带于胸前，披宽袖披风，系结下垂，小臂着臂韝，腰束笏头带。双手斜持斧柄。足着靴，双腿张开，略呈外"八"字站立于基座之上（图五；图版一六，1）。

标本6：编号JK032，宽0.56、高1.28米，武士像连底座通高1.15米。武士正面站立，面微向右上昂，头戴兜鍪，鍪顶啜一束缨饰，兜鍪两侧各有一凤翅形护耳，颏下系有绦带，系结后向后飘起。双目圆睁，口部大张，露出上齿，呈呵斥状，神态威严。身着敞领长袍，披宽袖披风，系结下垂，小臂着臂韝，腰部缠绕巾带。右手持剑，左手握住剑刃。足着靴，双腿张开，略呈外"八"字站立于基座之上（图六；图版一六，2）。

图五　男性武士像（JK060）　　　　　图六　男性武士像（JK032）

标本7：编号JK038，宽0.49、高1.4米，武士像连底座通高1.24米。武士正面站立，面微向左上昂，头戴兜鍪，兜鍪两侧护耳上翻，颏下系有绦带，系结后向后飘起。双目圆睁，嘴唇微闭，呈怒视状，神态威严。身着敞领长袍，颈系披巾，披宽袖披风，系结下垂，小臂着臂韝，腰缚蝴蝶形袍肚，束笏头带。左手心向外持斧柄，斧头朝上，右手半握于胸前。足着靴，双腿张开，略呈外"八"字站立于基座之上（图七；图版一六，3）。

标本8：编号JK037，宽0.55、高1.37米，武士像连底座通高1.18米。武士正面站立，上半身向左微倾，面向右上昂，头戴兜鍪，有凤翅护耳。身着敞领长袍，内衬"山"字甲，胸甲与背甲由两条革带相连，披宽袖披风，系结下垂。双手抱握斧柄，斧头朝上立于右侧。背负长剑，仅露剑柄。足着靴，双腿张开，略呈外"八"字站立于基座之上（图八；图版一六，4）。

图七　男性武士像（JK038）　　　　　图八　男性武士像（JK037）

标本9：编号JK030，宽0.52、高1.36米，武士像连底座通高1.23米。武士正面站立，头向左偏，头戴交角幞头。胸部着圆领甲，身穿短袖短摆战袍，腰缚半圆形袍肚，系长带，小臂着臂鞲，双手斜持呈花瓣状的"蒺藜"骨朵。足蹬及踝短靴，站立于基座之上（图九；图版一七，1）。

标本10：编号JK014，宽0.49、高1.32米，武士像连底座通高1.16米。武士正面站立，头向右偏，嘴唇微张，神态威严，头戴交角幞头。身披绶带，胸部着圆领甲，身穿短袖战袍，腰系长带，小臂着臂鞲。右手按斧头立于身前，左手横于胸前，拇指翘立，食指伸直，指向右侧，手心微握。足蹬及踝短靴，略呈外"八"字站立于基座之上（图一〇；图版一七，2）。

标本11：编号JK016，宽0.5、高1.3米，武士像连底座通高1.14米。武士微向左侧立，面向左平视。头戴无凤翅无顿项兜鍪，颏下系有绶带，系结后向后飘起。身穿短

图九　男性武士像（JK030）　　　　　　图一〇　男性武士像（JK014）

袖战袍，披宽袖披风，系结下垂，胸部着圆领甲，腰缚半圆形袍肚，系笭头带，小臂着臂鞲。右手握剑柄，左手捏住剑刃，小指上翘。足蹬及踝短靴，侧立于基座之上（图一一；图版一七，3）。

标本12：编号JK013，宽0.54、高1.12米，武士像连底座通高0.99米。武士正面站立，头向右偏，微仰视，头戴无凤翅无顿项兜鍪。体型较矮，身穿短袖战袍，腰系长带。双手握斧柄，斜横于胸前。足着靴，双腿张开，略呈外"八"字站立于基座之上（图一二；图版一七，4）。

标本13：编号JK059，宽0.56、高1.12米，武士像连底座通高1.09米。为女性武士像，正面站立，身体微向左侧。头挽发髻，着束发冠，冠前有花叶纹装饰。双目圆睁，两腮微鼓，神情威严。身着过膝襦裙，短上衣，交领右衽，宽袖，袖口系结，呈花形下垂，肩披帛垂至脚下，裙子肥大，内衬束脚长裤，腰间束带并下垂。右手挺剑而立，左手扶于右手腕之上。脚蹬云头靴，立于基座之上（图一三；图版一八，1）。

标本14：编号JK058，宽0.56、高1.12米，武士像连底座通高1.09米。为女性武士像，正面站立，身体偏向右侧，服饰装扮与右手挺剑女性武士像（JK059）一致。双手握持斧柄，斧头朝上，斧面饰鸟兽纹饰。该斧刃部简化，体型较小且饰纹样，从外形上看更适于女性使用（图一四；图版一八，2）。

0   24厘米

图一一　男性武士像（JK016）

0   24厘米

图一二　男性武士像（JK013）

0   24厘米

图一三　女性武士像（JK059）

0   24厘米

图一四　女性武士像（JK058）

二、动植物类石刻

共计17件，均使用减地平钑技法雕刻。所刻画的植物花卉主要有菊花、莲花、牡丹、芙蓉等，动物有鹿、狮、龟、鹤等，雕刻精细，生动活泼。

标本1：编号JK003：A，宽0.45、高0.87米。两面均有雕刻，此面雕刻的是双扇门造型，门饰分三格：左右格眼内均雕刻四叶草叶图案；左右腰华板雕刻菊花纹饰；右侧障水板雕刻瑞草图案，左侧障水板雕刻一只口含瑞草呈蹲坐状的鹿（图一五；图版一八，3）。

标本2：编号JK042，宽0.43、高0.86米。整幅石刻是双扇门造型，图案内容与标本一（JK003：A）近似。左右格眼内均雕刻四叶草叶图案；左右腰华板雕刻菊花纹饰；右侧障水板雕刻一只口含瑞草呈蹲坐状的鹿，左侧障水板雕刻瑞草图案（图一六；图版一八，4）。

0　　　　　24厘米

图一五　动物花卉石刻（JK003：A）

0　　　　　24厘米

图一六　动物花卉石刻（JK042）

标本3：编号JK026，宽0.48、高1.12米。整幅石刻是单扇门造型，门饰分三格：格眼内雕刻莲花；腰华板分左右二格，内刻如意图案；障水板呈正方形，雕刻狮子戏球图，狮子颇具动感，头朝向石刻右侧（图一七；图版一九，1）。

标本4：编号JK023，宽0.51、高1.14米。整幅石刻是单扇门造型，门饰分三格：格眼近正方形，内雕刻带锯齿状叶子的花卉图案；腰华板分左右两个长方形框，框内各雕一菱形装饰；障水板呈正方形，内刻狮子戏球图案，头朝向石刻左侧，狮子形态与标本3（JK026）相似（图一八；图版一九，2）。

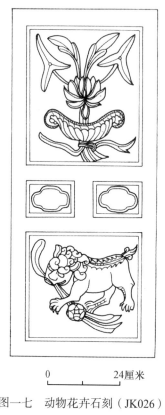

图一七　动物花卉石刻（JK026）　　　　图一八　动物花卉石刻（JK023）

标本5：编号JK017，宽0.56、高1.02米。整幅石刻是单扇门造型，门饰分三格：格眼方形框内雕菊花纹饰；腰华板长方形框内套菱形，菱形内雕花卉纹饰；障水板长方形框内雕狮子戏球图案，狮子左前足抓球，呈扑咬状（图一九；图版一九，3）。

标本6：编号JK006，宽0.53、高0.99米。整幅石刻是单扇门造型，图案造型与标本5（JK017）相似，门饰分三格：格眼方形框内雕菊花纹饰；腰华板长方形框内套菱形，菱形内雕卷草纹；障水板长方形框内雕狮子戏球图案（图二〇；图版一九，4）。

标本7：编号JK020，宽0.64、高0.85米。整幅石刻是双扇门造型，门饰分三格：右扇门格眼内雕荷叶莲蓬图，腰华板长方形框内无装饰，障水板方形框内套刻如意图案，内刻瑞草纹；左扇门格眼内刻植物花卉图案，腰华板长方形框内无装饰，障水板方形框内均套刻如意图案，内刻瑞草纹（图二一；图版二〇，1）。

标本8：编号JK009，宽0.65、高0.87米。整幅石刻是双扇门造型，门饰分三格：右扇门格眼长方形框内雕月季花，腰华板长方形框内无装饰，障水板方形框内雕一只

图一九　动物花卉石刻（JK017）　　　　图二〇　动物花卉石刻（JK006）

大羊食草、一只小羊在大羊乳下昂首哺乳；左扇门格眼长方形框内雕芙蓉花，腰华板长方形框内无装饰，障水板方形框内套刻如意图案，内刻瑞草纹（图二二；图版二〇，2）。

　　标本9：编号JK022，宽0.52、高0.89米。整幅石刻是单扇门造型，门饰分三格：格眼长方形框内雕绽放的莲花；腰华板分左右两个长方形框，框内套如意形状；障水板长方形框内雕右龟左鹤图案，乌龟探头向鹤，鹤则呈金鸡独立状，昂首单脚站立，另一只脚则抓向龟首，似呈戏要状（图二三；图版二〇，3）。

　　标本10：编号JK019，宽0.52、高0.88米。整幅石刻是单扇门造型。门饰分三格：格眼长方形框内雕牡丹花；腰华板分左右两个长方形框，框内以如意图案为装饰；障水板长方形框内雕拱背昂首的鹿，口衔瑞草（图二四；图版二〇，4）。

　　标本11：编号JK031，宽0.54、高0.86米。整幅石刻是单扇门造型，门饰分三格：格眼长方形框内雕菊花；腰华板分左右两个长方形框，框内套刻如意图案；障水板长方形框内刻大小两只鹿，小鹿紧随大鹿身后，大鹿向左回首注视小鹿（图二五；图版二一，1）。

　　标本12：编号JK024，宽0.52、高1.14米。整幅石刻是单扇门造型，门饰分三格：格眼正方形框内雕牡丹花图案；腰华板分左右两个长方形框，框内以如意草叶纹为

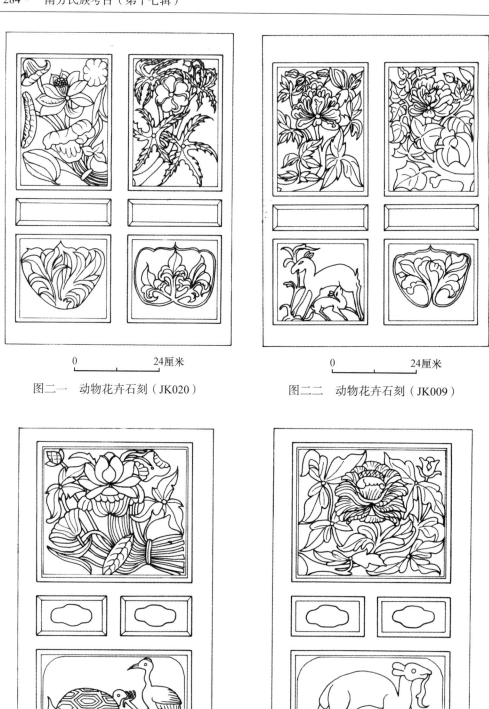

0　　　　　　　24厘米

图二一　动物花卉石刻（JK020）

0　　　　　　　24厘米

图二二　动物花卉石刻（JK009）

0　　　　　　　24厘米

图二三　动物花卉石刻（JK022）

0　　　　　　　24厘米

图二四　动物花卉石刻（JK019）

装饰；障水板长方形框内雕一只呈奔跑状的鹿，足踩祥云，口衔瑞草（图二六；图版二一，2）。

标本13：编号JK008，宽0.51、高1.14米。整幅石刻是单扇门造型，门饰分三格：格眼正方形框内雕菊花图案；腰华板分左右两个正方形框，框内以如意草叶图案为装饰；障水板长方形框内雕一只鹿，足踩祥云，口衔瑞草（图二七；图版二一，3）。

标本14：编号JK010，宽0.53、高1.08米。整幅石刻是单扇门造型，门饰分三格：格眼正方形框内雕菊花图案；腰华板长方形框内以卷草纹图案装饰；障水板长方形框内以卷草纹为装饰（图二八；图版二二，1）。

0　　　　24厘米

图二五　动物花卉石刻（JK031）

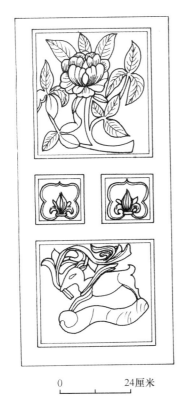

0　　　　24厘米

图二六　动物花卉石刻（JK024）

0　　　　24厘米

图二七　动物花卉石刻（JK008）

标本15：编号JK034，宽0.56、高1.1米。整幅石刻是单扇门造型，门饰分三格：格眼长方形框内雕大树，树上站立一只小鸟，口啄果实；腰华板长方形框内为卷草图案；障水板长方形框内雕一只鹿，两前腿扑在一丛竹干之上，口食竹叶（图二九；图版二二，2）。

图二八　动物花卉石刻（JK010）　　　　图二九　动物花卉石刻（JK034）

标本16：编号JK007，宽0.48、高0.87米，其中图案部分高度为0.61米，上半部分留白无雕刻。整幅石刻是屏风造型，上侧左右两边分别雕菊花和牡丹纹饰；下侧长方形框内雕狮子戏球图，狮头朝向右上昂起；图案下方有四足支架形状（图三〇；图版二二，3）。

标本17：编号JK003：B，此为标本1（JK003：A）的另外一面，宽0.45、高0.87米，其中图案部分高度为0.61米，上半部分留白无雕刻。整幅石刻是屏风造型，上侧左右两边分别雕菊花和莲花纹饰；下侧长方形框内雕鹿，鹿首面向正前方；图案下方有四足支架形状（图三一；图版二二，4）。

图三〇　动物花卉石刻（JK007）

图三一　动物花卉石刻（JK003：B）

三、神兽类石刻

共计3件，其中1件为青龙，2件为白虎，采用剔地浮雕的手法，造型生动，尤其是白虎石刻，构图简洁，雕刻流畅，具有很强的表现力。

标本1：编号JK004，宽1、高0.32米。在右侧约四分之一处断裂为两段。浮雕单龙戏珠图案，画面主题龙纹呈奔走回首状，足四爪，龙头在左侧，龙嘴微张，牙齿尖利，回首朝向石刻中部包裹着火焰纹的宝珠，龙身可见处刻满鳞甲，龙尾向右上翘。龙身之上环绕着凹点状的图案，表现出龙在云中穿梭的意境（图三二；图版二三，1）。

标本2：编号JK025，宽1、高0.32米。在右侧约五分之一处断裂为两段。浮雕白虎形象，虎首额头处的“王”字依稀可见。虎双目专注瞪视前方，呈行进状，步幅较小，四足踩踏于祥云纹之上。虎身上刻有斑纹，虎尾后拖，尾尖处卷曲（图三三；图版二三，2）。

标本3：编号JK029，宽1.37、高0.37米。浅浮雕，虎眼圆睁，嘴微张，双耳上翘，头颈弯曲，长鬣向后飘。虎两足蹬地，两足上扬，腰身弓起，呈奔跑状。虎身斑纹刻画简单，虎背脊有鳍状刻划，虎尾向后微微上扬（图三四；图版二三，3）。

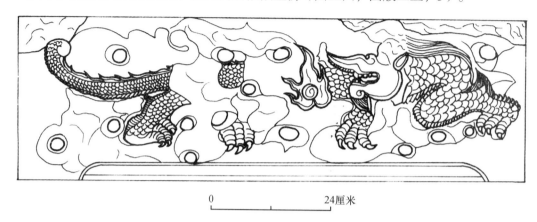

图三二　神兽石刻（JK004）

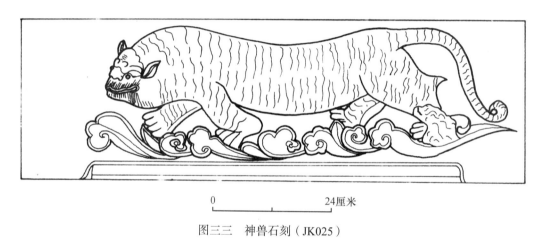

图三三　神兽石刻（JK025）

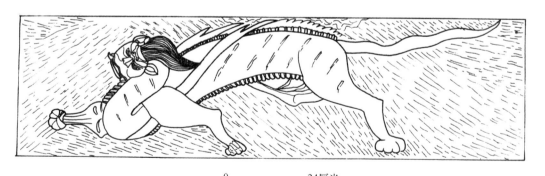

图三四　神兽石刻（JK029）

四、侍仆类石刻

共2件，其中男侍仆石刻1件，女侍仆石刻1件，均采用剔地浮雕的手法，雕刻细致，模拟生活场景，真实自然。

标本1：编号JK011，宽0.62、高0.6米。该石刻以房屋建筑梁架结构为背景，浮雕两名侍仆像，右侧侍仆头绾发髻，着帽，叉手站立，身着圆领长襦，束腰系带，长襦下衬双腿宽裤；左侧侍仆服饰装扮与右侧一致，弯腰搬放交椅，目视画面前方。交椅位于构图正中，为圆搭脑型竖向靠背式交椅，椅面可见菱形交错纹饰，或为藤条、竹篾等材料编制而成（图三五；图版二四，1）。

标本2：编号JK005，宽0.65、高0.59米。该石刻以垂帐为主要背景，垂帐下站立两个女侍，右侧女侍绾双髻，柳眉杏眼，身姿婀娜，穿长袖对襟袄及长裙，内穿抹胸，双手捧奁盒；左侧侍女亦绾双髻，穿长袖对襟袄及长裙，左手抚垂帐，右手持铜镜，镜面向内（图三六；图版二四，2）。

0 ├─────────────────┤ 24厘米

图三五　男侍仆石刻（JK011）

0   24厘米

图三六　女侍仆石刻（JK005）

五、类型及组合推测

1. 武士类石刻

一般雕刻于墓室门柱两侧，对面站立，守护墓主人。文中所述的14件武士形象石刻，按照雕刻技法、形象特征、服饰等方面的相似程度，可大致分为四种类型；根据武士站立所面方向，可推测其所处左侧或右侧墓室门柱的位置；又按宋墓武士左右对立并面向墓门的基本特征，可进而对其组合关系加以推测（表一）。

如表一所示，武士类石刻可分为四型。

A型　4件，分属两座单室墓或者一座双室墓。均将石面四周留出部分宽度剔刻成龛状，浮雕男性武士形态于龛内。武士面容平和沉稳，儒雅自重；所着甲胄的形制较为完整，戴凤翅兜鍪，着兽面披膊，腰束袍肚和兽面笏头带，甲裙长及膝下，但绦带飘扬较夸张。就现有材料来看，此类将武士形象浮雕于龛内的技法较为少见。

B型　4件，分属两座单室墓。均剔地高浮雕，层次明显，凸出部分远较其他三型高，立体感很强。男性武士形象面容均较狰狞，怒气勃发；所着服饰更近于写实，皆

表一　武士类石刻类型及组合

序号	类型	编号	尺寸/米	雕刻技法	形象特征	服饰特征	所处位置推测	组合关系推测
1	A型	JK057	宽0.55 高1.08	剔地成龛，即将石面四周留出部分宽度剔刻成龛状，龛内浮雕	男性，面容平和沉稳，儒雅自重	甲胄形制完整，戴凤翅兜鍪，着兽面披膊，腰束袍肚和兽面笏头带，甲裙长及膝下，绦带飘扬	右侧门柱	同一墓室
2		JK062	宽0.55 高1.12				左侧门柱	
3		JK061	宽0.55 高1.13				右侧门柱	同一墓室
4		JK018	宽0.51 高1.15				左侧门柱	
5	B型	JK060	宽0.58 高1.13	剔地高浮雕，层次明显，立体感强	男性，面容均较狰狞，怒气勃发	防护服饰较为完备，身着长袍，披宽袖披风，系结下垂；小臂着护臂，腰束笏头带，大多仅携一种兵器	右侧门柱	同一墓室
6		JK032	宽0.56 高1.28				左侧门柱	
7		JK038	宽0.49 高1.4				右侧门柱	同一墓室
8		JK037	宽0.55 高1.37				左侧门柱	
9	C型	JK030	宽0.52 高1.36	剔地浅浮雕，立体感较弱	男性，形象朴实，不似A、B两型威武	服饰简单轻便，头戴交角幞头，或戴无凤翅无顿项的兜鍪，身着短袍，下摆仅及膝盖，仅携带一种兵器	右侧门柱	同一墓室
10		JK014	宽0.49 高1.32				左侧门柱	
11		JK016	宽0.5 高1.3				右侧门柱	同一墓室
12		JK013	宽0.54 高1.12				左侧门柱	
13	D型	JK059	宽0.56 高1.12	剔地浅浮雕，立体感较弱	女性，体型健硕，身形圆润	身着常服，袖口和裤脚束起	右侧门柱	同一墓室
14		JK058	宽0.56 高1.12				左侧门柱	

注：本表所谓的左、右，均以观察者背对墓室为基准，下同

身着长袍，披宽袖披风，系结下垂；小臂着护臂，腰束笏头带。

C型　4件，分属两座单室墓。均剔地浅浮雕，立体感较弱。男性武士服饰简单轻便，或头戴交角幞头，或戴无凤翅无顿项的兜鍪，身着短袍，下摆仅及膝盖；形象朴实，不如A、B两型威武。

D型　2件，属一座墓葬。为剔地浅浮雕，立体感较弱，雕刻线条流畅。女性武士体型健硕，身形丰满圆润，身着常服，神态祥和。

值得注意的是，除D型2件为女性武士形象外，其余三型男性武士形象之间所着服

饰与所携兵器有较大的差异。A型武士有着完整精致的甲胄、兜鍪等防护装具，并且携带两种以上的兵器；B型武士所着甲胄、兜鍪等防护装具虽较为完备，但大多仅携带了一种兵器；C型武士的防护装具则极为简单轻便，且仅携带了一种兵器。这与宋代的兵制建制不无关系，宋代有贵为天子之卫兵的禁军，有隶属州府镇守地方的厢军，也有由州县招募土民而训练的乡兵，各类兵士之间的武器装备、防护装具必然有较大差别；又由于墓主社会地位、职务等级的不同，因而产生了宋墓武士形象石刻各型之间的差别。

而D型2件女性武士像体型壮硕，均着宽袍长裙，袖口和裤脚束起，便于行动。JK059女武士手持长剑，剑首雕刻细腻，尾部加长带结装饰，吞口也有细微装饰；JK058女武士所持战斧斧头较小，斧面也雕刻装饰纹样。这两件武器均因使用者为女性而有所改动，与泸县宋墓石刻男性武士所持长剑战斧粗犷简约的特点略有不同，与女性武士像形体匀称、身着铠甲、武器无装饰也有所不同，显示出更多非职业士兵的特征，充满生活化气息。泸县宋墓女性武士石刻极有可能出自一夫二妻三室合葬墓[1]，江津区文物管理所藏的这2件女性武士石刻也应位于为某女性墓主人墓门两侧。女性武士的出现是当时四川地区位于宋元战争前线，局势不稳，为抵御侵略、守护家园，人皆尚武的真实写照。豪门富户让健硕女侍持武器、着铠甲来护卫内眷，在当时应属寻常，女主人生前受其服侍保护，修建墓室时将其形象雕刻于墓门，让她们在另一个世界中继续护卫也就理所当然。

值得注意的是，川渝地区出土的宋代武士类石刻中，武士所携带的武器多以剑、斧主。本文所述14件武士像所携武器共21件，分别为弓、箭4件，宝剑8件，长柄斧8件，骨朵1件。其中弓、箭仅出现于A型武士像。弓弩是宋代军队中广泛使用的武器。宋人认为弓弩为利器，是对抗骑兵最有效的武器。"唐诸兵家，皆谓弩不利于短兵……近世不然，最为利器。……若勇骑来突，驻足山立，不动于阵前，丛射之中，则无不毙踣。骑虽劲，不能骋，是以戎人畏之。"[2]A型武士像持弓、箭，而非弩，其形象更接近宋代弓手。弓手指的是跟在弩手后面向敌人发射弓箭的军人[3]。在宋代，弓手为追捕盗贼、维护基层治安的重要武装警备力量[4]，属差役的一种，战争时也可作为后备军事力量。

不过，位于四川盆地边缘的泸州重庆地区是典型的山地丘陵带，大规模骑兵在险峻山地不易施展，优势顿减。因此弓箭在泸渝山地丘陵地区的作用略低于平原地区，

［1］ 霍巍：《四川泸县宋墓研究两题》，《江汉考古》2014年第5期。

［2］ （宋）曾公亮等：《武经总要》前集卷二，《景印文渊阁四库全书》，台北：台湾商务印书馆，1986年，第726册，第265、266页。

［3］ 蒋钦：《宋代弓手探析》，河南大学硕士学位论文，2008年，第6页。

［4］ 黄宽重：《唐宋基层武力与基层社会的转变——以弓手为中心的观察》，《历史研究》2004年第1期。

故而反映在川渝地区宋代石刻题材中的数量也并不多见。

剑在川渝石室墓武士形象石刻中出现次数最多。作为秦汉时期普遍使用的一种冷兵器，剑因制作工艺复杂且易折断，宋代时逐渐被刀所取代[1]，与战马、铠甲、金带等贵重赏赐物品一样，剑也从战争实用兵器变为一种具有象征意义的物品，如宋太宗时"彰德节度使李汉琼以镇州兵马钤辖见于行在，陈计策，颇合上意，即日命为沧州都部署，赐战马、金带、宝剑、戎具以宠之"[2]；又如宋神宗命郭逵为主帅出征安南之后，"赐中军旗物、剑甲以宠之"[3]。因此，宋墓石刻中出现的剑在很大程度上并不是战争装备兵器的真实写照，而是用其凸显武士的荣耀和威仪，彰显墓主人身份。

斧也是川渝石室墓武士形象石刻中常见的武器。宋代长柄战斧主要有蛾眉镶、凰头斧和剉子斧，功能略有不同。"蛾眉镶，长九寸、刃阔五寸、柄长三尺；凰头斧，头长八寸、柄长二尺五寸，并地道内撅土用之。"[4]武士石刻所持长柄斧形状接近蛾眉镶或凰头斧。斧背是倒钩的鸟喙形状，除可近战杀伤敌人以外，还可以"并地道内撅土用之"，是一种用于城池攻防的实战兵器，在军中用途很广，是一种实用性很强的兵器。

骨朵有"蒺藜"和"蒜头"两种，蒜头骨朵在泸县牛滩镇滩上村二号墓出土的武士石刻中有刻画[5]，而江津区文物管理所藏武士类石刻标本9（JK030）所表现的蒺藜骨朵，与泸县牛滩镇滩上村一号墓出土的女性武士石刻所持花朵形骨朵较为相似[6]。骨朵是宋代仪仗中常见的武器，宋画及宋辽墓室壁画种常见持骨朵的仪卫[7]，在川渝石室墓石刻武士中出现次数较少。

2. 动植物类石刻

一般雕于在墓室两侧壁龛，做装饰之用，一定程度上反映了当时人们普遍的审美情趣，也寄托着吉祥观念和趋利避害的情感需求[8]。对于文中所述17件动植物类石刻[9]，先按照图案造型及所处壁龛位置进行分类，然后推测其组合关系（表二）。

---

［1］ 周荣：《北宋冷兵器述论》，西北大学硕士学位论文，2006年，第33页。

［2］ （宋）李焘：《续资治通鉴长编》卷二十二，北京：中华书局，2004年，第1册，第494页。

［3］ （宋）李焘：《续资治通鉴长编》卷二百七十三，第11册，第6690页。

［4］ （宋）曾公亮等：《武经总要》前集卷一〇，《景印文渊阁四库全书》，第726册，第374页。

［5］ 四川省文物考古研究所、成都市文物考古研究所、泸州市博物馆、泸县文物管理所：《泸县宋墓》，第111页。

［6］ 四川省文物考古研究所、成都市文物考古研究所、泸州市博物馆、泸县文物管理所：《泸县宋墓》，第114、115页。

［7］ 杨琮、林玉芯：《闽赣宋墓壁画比较研究》，《南方文物》1993年第4期。

［8］ 李雅梅、张春新：《川南泸县南宋墓葬鸟兽石刻的象征意义》，《文艺研究》2009年第1期。

［9］ 实为16件，标本1（JK003：A）与标本17（JK003：B）为同一石刻之正、反两面。为便于分类说明，将其计算为2件标本。

表二　动植物类石刻类型及组合

序号	编号	尺寸（米）	造型	格眼	腰华板	障水板	所处位置推测	组合关系推测
1	JK003：A	宽0.45 高0.87	双扇门	四叶草	菊花	鹿、瑞草	右侧壁龛	同一墓室，又与序号16、17属同一双室墓葬
2	JK042	宽0.43 高0.86	双扇门	四叶草	菊花	鹿、瑞草	左侧壁龛	
3	JK026	宽0.48 高1.12	单扇门	莲花	如意草	狮子戏球	右侧壁龛	同一墓室
4	JK023	宽0.51 高1.14	单扇门	花卉	菱形图	狮子戏球	左侧壁龛	
5	JK017	宽0.56 高1.02	单扇门	菊花	长方形套菱形，内雕花卉	狮子戏球	右侧壁龛	同一墓室
6	JK006	宽0.53 高0.99	单扇门	菊花	长方形套菱形，内雕卷草	狮子戏球	左侧壁龛	
7	JK020	宽0.64 高0.85	双扇门	荷叶、莲花	无纹饰	如意、瑞草	右侧壁龛	同一墓室
8	JK009	宽0.65 高0.87	双扇门	月季、芙蓉	无纹饰	羊、瑞草	左侧壁龛	
9	JK022	宽0.52 高0.89	单扇门	莲花	如意形	鹤、龟	左侧壁龛	无配对组合石刻
10	JK019	宽0.52 高0.88	单扇门	牡丹	如意形	鹿	右侧壁龛	同一墓室
11	JK031	宽0.54 高0.86	单扇门	菊花	如意形	鹿	左侧壁龛	
12	JK024	宽0.52 高1.14	单扇门	牡丹	如意草	鹿	右侧壁龛	同一墓室
13	JK008	宽0.51 高1.14	单扇门	菊花	如意草	鹿	左侧壁龛	
14	JK010	宽0.53 高1.08	单扇门	菊花	卷草	卷草	右侧壁龛	同一墓室
15	JK034	宽0.56 高1.1	单扇门	大树、树上有鸟啄果实	卷草	鹿衔竹	左侧壁龛	
16	JK007	宽0.48 高0.87	屏风有支架	牡丹、菊花	无	狮子戏球	右侧壁龛	同一墓室，又与序号1、2属同一双室墓葬
17	JK003：B	宽0.45 高0.87	屏风有支架	莲花、菊花	无	鹿	左侧壁龛	

由于动植物类石刻标本1（JK003：A）与标本17（JK003：B）为同一石刻的正反

两面，故该石刻属于双室墓葬中间的壁龛隔断，又与其正反两面图案造型相类似的标本2（JK042）和标本16（JK007）相组合，因此这几件石刻属于一座双室墓葬的壁龛构件。其中，标本1（JK003：A）、标本2（JK042）又与重庆沙坪坝区井口宋墓2号墓后壁龛隔扇[1]极为相似。另外，标本16（JK007）、标本17（JK003：B）表现的是带有四足支架的屏风造型，在川渝地区宋代石室墓雕刻中较为少见。

从石刻题材内容看，花卉类的菊花、莲花、牡丹、芙蓉，动物类的鹿、狮子等都是川渝地区宋墓石刻中的常见题材，各有不同内涵寓意，也寄托和包含着多样的情感需求。

从石刻艺术风格看，刻风工整细腻，技法娴熟，其中花卉类石刻雕刻繁复细密、工整精致，构图呈现出略微倾斜的艺术表现形式，空间布局巧妙；动物类石刻则造型生动灵巧、妙趣横生，与宋代院体画派强调写生、提倡写实的艺术风格相符。

3. 神兽类石刻

兼具辟邪和庇佑死者灵魂之意，一般都为长条形，雕于墓室壁基或门额之上，是川渝地区宋代石室墓中十分流行的装饰图案。就神兽的动作造型而言，江津区文物管理所藏的青龙石刻标本1（JK004）与泸县石桥镇新屋嘴村一号墓出土二龙戏珠石刻、泸县牛滩镇滩上村三号墓出土青龙石刻[2]较为相似，均为回首戏珠的造型，宝珠亦由火焰纹饰包裹；白虎石刻标本2（JK025）则与泸县牛滩镇玉峰村施大坡一号墓[3]出土白虎石刻造型相似，但不同之处在于该白虎虎身之上刻有斑纹；白虎石刻标本3（JK029）的造型和背脊的鳍状刻画亦与泸县牛滩镇滩上村出土白虎石刻相类似。不过从雕刻技法上来看，江津区文物管理所藏的青龙石刻标本（JK004）在雕刻时并未将底部打磨平整，而是在凹凸不平的底面上凿刻点状图案，用以表现云雾缭绕之情境，生动地表现出龙在云雾中穿梭的意境，是将绘画手法运用到石刻艺术的典型代表，殊为难得；而白虎石刻标本3（JK029）也有异曲同工之妙，异于常见的剔地浮雕技法，剔地部分并未打磨平整，而是以不平整底面为背景，与浮雕的打磨平整光滑的虎身部分相映衬，更凸显出白虎的灵性生动，手法简练明快，区别于其他同类石刻。

4. 侍仆类石刻

多雕在墓室两侧壁龛或后龛，是墓主人生前生活场景的再现，呈现出浓郁的生活

［1］　重庆市博物馆历史组：《重庆井口宋墓清理简报》，《文物》1961年第11期。

［2］　四川省文物考古研究所、成都市文物考古研究所、泸州市博物馆、泸县文物管理所：《泸县宋墓》，第117—123页。

［3］　四川省文物考古研究所、成都市文物考古研究所、泸州市博物馆、泸县文物管理所：《泸县宋墓》，第124—128页。

气息。从内容、造型及尺寸大小看，江津区文物管理所藏的2件侍仆类石刻位于墓室的后龛位置，所表现的生活场景和造型器具在川渝地区出土宋代石刻中都较为普遍。例如，男侍仆石刻（JK011），其墓主应当是地位较为尊崇的男性，当中右侧侍仆所行"叉手之礼"的造型与泸县福集镇针织厂一号墓和龙兴村二号墓[1]出土的侍仆类石刻造型一致，中间放置的靠背式交椅也与泸县福集镇针织厂一号墓出土的男侍肩扛交椅极为相似。而女侍仆石刻（JK005）的墓主当为女性，从手持铜镜、手捧奁盒来看，表现的是一种迎接墓主梳洗装扮的生活场景。

六、出土地点、年代及价值

川渝地区石室墓的分布，大致在川东、川东南及渝西地区，范围较广，向南可延伸至贵州北部地区。上述36件石刻均出自川渝地区宋代石室墓，其中武士、神兽两类石刻，无论是风格、技法还是服饰、持物、姿态等，皆与泸州宋墓石刻都极为相似，重庆渝西地区则基本不见此类石刻，推测这两类石刻出土地点均位于泸州地区。

动植物类石刻，均位于墓室左右壁龛假门之上，作为门饰的一部分。而川北、黔北地区宋墓石刻中，花卉、动物图案大多为相对独立单幅图案[2]，较少作为门饰的一部分共同出现。渝西地区如荣昌沙坝子宋墓[3]、大足龙水镇宋墓[4]、沙坪坝井口宋墓[5]石刻中均出现了此类构图方式，但同扇假门中花卉动物共同出现情况较少。相比之下，泸县宋墓石刻中此一情况出现较多[6]。据此推测，此类石刻大部分应出自泸州地区，不排除少部分出自渝西地区的可能性。

侍仆类石刻中，标本1（JK011）为两男侍仆中间有一交椅，类似的题材在泸州宋墓石刻中出现较多，交椅旁侍立两男仆或两女仆[7]，大足龙水镇宋墓M1后龛[8]、安

[1] 四川省文物考古研究所、成都市文物考古研究所、泸州市博物馆、泸县文物管理所：《泸县宋墓》，第155—157页。

[2] 四川省博物馆、广元县文管所：《四川广元石刻宋墓清理简报》，《文物》1982年第6期；盛伟：《四川广元宋墓石刻》，《文物》1986年第12期；周必素：《贵州遵义的宋代石室墓》，《江汉考古》2008年第4期。

[3] 四川省博物馆、广元县文管所：《四川荣昌县沙坝子宋墓》，《文物》1984年第4期。

[4] 重庆大足石刻艺术博物馆：《重庆大足龙水镇明光村磨儿坡宋墓清理简报》，《四川文物》2002年第5期。

[5] 重庆市博物馆历史组：《重庆井口宋墓清理简报》，《文物》1961年第11期。

[6] 四川省文物考古研究所、成都市文物考古研究所、泸州市博物馆、泸县文物管理所：《泸县宋墓》，第164—171页。

[7] 四川省文物考古研究所、成都市文物考古研究所、泸州市博物馆、泸县文物管理所：《泸县宋墓》，第148、150、151、155页。

[8] 重庆大足石刻艺术博物馆：《重庆大足龙水镇明光村磨儿坡宋墓清理简报》，《四川文物》2002年第5期。

岳老鸹山M1后龛[1]也有两侍仆中间有一靠椅之石刻，从标本1（JK011）图像雕刻特征看，其生动传神，与泸州地区宋墓石刻较为相似，与大足龙水镇宋墓与安岳老鸹山宋墓中侍仆交椅图雕刻较为简陋呆板差别明显；标本2（JK005）侍女图案中两侍女面容尤其是双眼的雕刻特征与标本13（JK059）石刻中女武士形象极为相似。故这两件石刻出自泸州的可能性较大。

根据陈云洪对四川地区宋代石室墓的研究，北宋治平年间至南宋淳熙年间石室墓较少，且构造简单，少见雕刻，南宋淳熙年间以后，石室墓逐渐增多，多带有精致的人物故事浮雕石刻[2]。据此推测，这批石刻所属墓葬年代大致为南宋淳熙年间至南宋末年。

这批石刻主题鲜明、雕刻精美、类型多样，具有较高的艺术价值和文物价值，是不可多得的艺术珍品。尤其是2件女性武士石刻，不仅着常服，其手持武器也因使用者为女性，或变得小巧，或增加些许装饰物[3]，拓展了女武士石刻题材样式，展示了护卫墓主人的武士更为生活化的一面，具有重要的史料价值。

川渝地区石室墓石刻技艺精湛，题材丰富，是当时世俗生活、民众信仰的缩影，地方特色浓厚，与当时四川盆地经济文化的发达、盆地周边丘陵多山多石的地理条件密切相关。雕刻题材和形制深受两宋之交因战争而南迁的北方移民的影响[4]，是在当时特殊历史背景下，北方文化与四川本地因素相结合而产生的具有典型地方特色的墓葬文化。

[1]　王玉：《四川安岳老鸹山南宋墓清理简报》，《考古与文物》2009年第1期。

[2]　陈云洪：《试论四川宋墓》，成都文物考古研究所：《成都考古研究》（一），北京：科学出版社，2009，第576页。

[3]　此前所发现的女性武士石刻均着铠甲或软甲，所持武器与男性武士并无明显不同。参见四川省文物考古研究所、成都市文物考古研究所、泸州市博物馆、泸县文物管理所：《泸县宋墓》，第111—115页；四川省文物管理委员会、彭山县文化馆：《南宋虞公著夫妇合葬墓》，《考古学报》1985年第3期；四川省博物馆、广元县文管所：《四川广元石刻宋墓清理简报》，《文物》1982年第6期。

[4]　吴敬：《宋代川陕四路墓葬特征的区域性研究》，《考古与文物》2011年第3期。

A Brief Account of the Stone Carvings of the Song Dynasty in Jiangjin, Chongqing

Zhang Tingliang[1]   Shao Xingji[2]   Zhu Xuelian[2]

(1. Cultural Relics Management Office of Jiangjin District, Chongqing   2. Chongqing Municipal Cultural Heritage Research Institute)

Abstract: The 36 stone carvings of Song Dynasty recorded by the Jiangjin District Cultural Relics Management Office of Chongqing belong to the stone chamber tomb carving of the Southern Song Dynasty in the Sichuan Basin. There are four types of carvings: warrior images, plants and animals, wild animals, and attendants, the subject matter mainly being secular life, all extremely well executed. The carving technique speaks of high-level craftsmanship and great artistic achievement, and these finds have a high value for research.

Keywords: Jiangjin, Song Dynasty, Stone Carvings

（责任编辑：白彬）

斯里兰卡古代自然风冶铁*

Gillian Juleff 著**

李玉牛 译

摘要： 本文以斯里兰卡撒马纳拉瓦瓦（Samanalawewa）冶铁遗址为例，通过实验考古的方法复原了斯里兰卡古代的自然风冶铁技术。研究表明，该冶铁技术与缅甸、日本等地关联密切，而与印度冶炼体系并无联系。对炉渣的金相分析表明，该遗址在7—11世纪已能大规模生产块炼铁及少量的高碳钢。为古代斯里兰卡在南亚以及非洲东海岸地区的海上贸易与高碳钢流通提供了最早的田野证据。

关键词： 斯里兰卡 季风 冶铁 实验考古

一、引 言

在高炉技术发展成熟以前，铁的冶炼是通过降低熔点的方法直接将矿石还原为金属来实现的。这种方式可以得到含碳量极低的"块炼铁"与炉渣。考古研究表明，这种早期冶炼技术大约在使用外力鼓风式（鼓风器）竖炉的时期达到顶峰[1]。自然鼓风炉的例子也有发现，在竖炉达到一定高度时，其内部的气体浮力可为冶炼过程提供充足的气流[2]，但这种炼炉通常被认为效率太低[3]。本文所要介绍的是在斯里兰卡撒马纳拉瓦瓦冶铁遗址发现并发掘的一种新的炼炉类型。这种炼炉全部处于山体与山脊的西侧，暴露在当地强烈的季风中。根据现场复原实验结果，可以确定这种炼炉所使

---

* 译者注：按《自然》杂志引文规范，英文原文省略引文篇名，特此说明。

** 作者：Gillian Juleff（季诺），英国，埃克塞特大学考古系；李玉牛，成都，四川大学历史文化学院（xiang0723@hotmail.com）。

[1] R. F. Tylecote, *A History of Metallurgy*, 2nd ed, London: The Institute of Materials, 1992; W. Rostoker, B. Bronson, *Pre-industrial Iron*, Philadelphia: Archematerials Monogr, 1990; M. Bamberger, in P. T. Craddock, M. J. Hughes, eds., *Furnaces and Smelting Technology in Antiquitiy*, London: British Museum, 1985, pp.151-158.

[2] J. E. Rehder, *Archeomaterials* 2, 1987, pp.47-58.

[3] D. Killick, in P. Glumac, ed., *Recent Trends in Archaeometallurgical Research, Science and Archaeology*, Vol. 8, Univ. Pennsylvania, Philadelphia, 1991, pp.47-54.

用的鼓风和气流供给原理不同于外力鼓风与一般自然鼓风的炼炉，同时也证明了通过这种炼炉可以产出高碳钢。这种技术支撑起了公元第一千纪当地的主要工业，并且可能对南亚地区早期杰出的钢铁生产有相当的贡献。

二、历史背景

印度半岛及斯里兰卡以其丰富的冶铁考古材料而闻名。传统文献与伊斯兰文献中所记载的印度出产高质量钢的信息尤为引人注意[1]。由于块炼铁冶炼法的局限性，这种钢大都被认为是经过二次精炼加工后的产物。在南亚地区，高碳坩埚钢从11世纪起便有了明确的记载，用于制作著名的"大马士革刀"原料的乌兹钢便是其中一种[2]。而对撒马纳拉瓦瓦冶炼工艺的调查表明，当地采用了一种通过风压驱动、"前部"冶炼的炼炉，可直接大量生产品质相当的钢材。

三、地理环境与项目背景

撒马纳拉瓦瓦，斯里兰卡语意为蝴蝶湖，遗址位于斯里兰卡低平原区与中央高地间的丘陵地带。遗址地区内的岩系主要为花岗岩与片麻岩。图一所示为遗址所在的斯里兰卡南部主要的气候分区以及附近三个气象站所提供的七月的数据，包括风向（每小格表示10%）、平均风速（千米/小时）与等压线（大于1000毫巴）等[3]。根据四组（1990—1992与1994年）在该地区季风期所采集的数据显示，这里的单向平均风速可达31.5千米/小时，主风向为西北风与西风。气候在6—9月受西南季风影响以干风为主，在潮湿区形成大量降雨，而在中间地带及干燥区形成强烈的焚风[4]。区域内有大量斯里兰卡南部常见的次生铁氢氧化物，为冶炼提供了充足的矿石支持[5]。

为配合修建水电站项目，自1988年开始，考古队在当地进行了考古调查，在60平

[1]　R. Hadfield, *J. Iron Steel Inst.* 85, 1912, pp.134-186; W. H. Schoff, *J. Am. Oriental Soc.* 35, 1915, pp.224-239; B. Bronson, *Archeometerials* 1, 1986, pp.13-51; D. K. Chakrabarti, *The Early Use of Iron in India*, Delhi: Oxford Univ. Press, 1992; P. T. Craddock, *Early Metal Mining and Production*, Edinburgh: Edinburgh Univ. Press, 1995.

[2]　B. Bronson, *Archeometerials* 1, 1986, pp.13-51; M. Q Faraday, *J. Sci. Lit. Arts* 7, 1819, pp.319-330; B. Zschokke, *Rev. Métall.* 21, 1924, pp.635-669; H. Maryon, *Stud. Conserv.* 5, 1960, pp.25-37, 52-59; J. W. Allan, *Persian Metal Technology 700-1300 AD*, London: Ithaca, 1979; J. Wadsworth, O. D. Sherby, *Prog. Mater. Sci.* 25, 1980, pp.35-68.

[3]　T. Somasekaram, ed., *National Atlas for Sri Lanka*, Colombo: Survey Dept, 1988.

[4]　M. Domrös, *The Agroclimate of Ceylon*, Wiesbaden: Franz Steiner, 1974.

[5]　P. G Cooray, *An Introduction to the Geology of Sri Lanka*, Colombo: National Museums of Sri Lanka, 1984; J. W. Herath, *Mineral Resources of Sri Lanka*, Colombo: Geological Survey Dept, 1980.

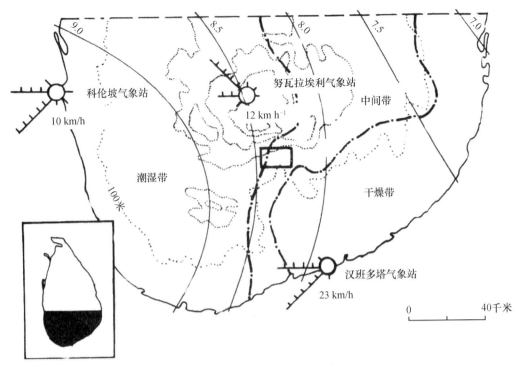

图一　斯里兰卡南部地理环境及气候示意图

方千米的范围内共发现139处年代跨度约2000年的冶铁遗址[1]。其中77处"西向"冶炼遗址为自然风冶炼技术提供了有力的证明。最初的线索体现在遗址附近炉渣的集中分布以及这些全部处于山体与山脊西侧的炼炉，它们在季风季节恰好能获得最强的自然风力支持。

四、炼炉与炉渣

在绝大多数冶金考古研究中，由于在冶炼遗址极少能够发现被遗弃的金属制品，炉渣便成了确定炼炉类型与冶炼工艺的主要指标。撒马纳拉瓦瓦遗址最为常见的炉渣是一种十分大的、近似矩形的炉渣。这种炉渣是倚着炼炉前壁底部，由重复使用的鼓风管套接而成的部分所形成的（图二）。

为弄清形成这种炉渣的炼炉的结构，考古队在一处较大的西向冶炼遗址进行了发掘。遗址位于一南北向山脊处，曾专门进行间歇性的冶炼活动，整体清理面积约3000平方米。该遗址所采集的8个[14]C数据显示[2]，遗址使用年代在7—11世纪早期。发掘区

［1］　G. Juleff, *Ancient Ceylon* 9, 1990, pp.75-107.

［2］　T. J. P. Malim, G. Juleff, A. Shotliff, in Allchin, F. R. & B. eds, *South Asian Archaeology*, New Delhi: Oxford & IBH, 1995.

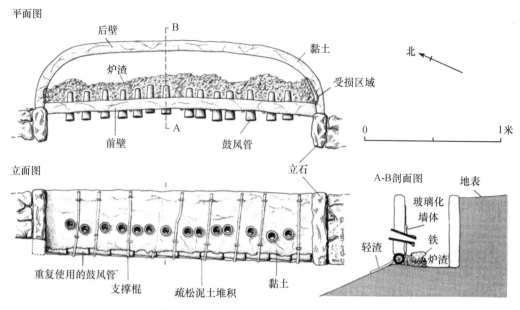

平面图
后壁
炉渣
黏土
受损区域
北
前壁
鼓风管
立石
0   1米

立面图
玻璃化
墙体
地表
A-B剖面图
铁
重复使用的鼓风管
轻渣
炉渣
支撑棍
疏松泥土堆积
黏土

图二　实验中所使用炼炉的平、剖面图

域近600平方米，发现炼炉41座，均位于山脊西侧面向季风方向。

根据考古发现的实际数据，考古队对炼炉进行了复原。炼炉由两部分构成，半永久式的后壁与一次性使用的前壁。这些炼炉的后壁大多在遗址中被完好地保存了下来，而散落的炉渣与炉壁碎块表明炼炉前壁是经过反复重建的。前壁两边各竖立一个大石块，在石块之间建立墙体，冶炼后人为推倒，下次冶炼前重建。后壁几乎均呈南北向修建，两端位置呈弧形与前壁两侧竖立的石块相连。从考古材料来看，炼炉长度为1.2—2.3米，前后宽度平均在0.4米，高度不超过0.5米。唯一缺少实物证据的部分是前壁外侧作为支撑结构的木棍。前壁的设计使其在冶炼中须经受住玻璃化的侵蚀与炉渣的形成，在冶炼结束时再以外力破坏以便取出冶炼物。多鼓风管结构通常意味着该炼炉为无鼓风器炼炉，空气可通过这些耐火性非常高的鼓风管进入炉中。炼炉前壁的底部利用了前次冶炼中作为鼓风使用的鼓风管建成，大量炉渣汇集于此，其中一部分经过这些使用过的鼓风管排出炉外。实验中出于稳定性的考虑，我们将前壁的修建位置后移，与后壁和两侧立石同时相接。而考古材料显示，炼炉前壁仅建于两侧立石之间而不与后壁相接，立石作为连接前后壁的缓冲，在冶炼结束后破坏前壁时可保证后壁不受损坏。从玻璃化程度与清理炉渣时对后壁造成的损坏情况来看，炉内温度最高的区域应是靠近前壁的位置以及炼炉的两个角上。

就炼炉本身而言，区别于一般轴对称的竖炉或高炉，炼炉的"前部"既指炼炉的前壁，也指熔炼发生的区域。其结构为炼炉提供了最大的熔炼空间与可变性，即当找到最合适的纵向比例（宽度）后，便可通过加长炼炉长度以扩大炼炉规模。从撒马纳拉瓦瓦遗址公元前3世纪炼炉与赛捷里亚（Sigiriya）遗址公元前1世纪炼炉两种斯里兰卡古代炉型中可以发现这一演变过程[1]。这两种炼炉都随时间的推移而被加长，从0.5米到0.95米，而其宽度基本没有变化，都保持在0.5米。类似结构在一些非自然风冶炼的炼炉中也有发现，如缅甸的一种冶铁炉[2]与日本的塔塔拉（Tatara）冶铁炉[3]。后者是极少数可利用非现代冶炼技术而获得大量高碳钢的技术之一。这些亚洲的冶炼技术之间在历史上是否有所关联，是值得深究的。根据所掌握情况来看，这些西向炼炉的发展体系自成一脉，与印度所知技术体系没有关联，是斯里兰卡文明史上的光辉一页。

从调查数据以及定量样本分析的结果推断，保守估计该遗址的产出大约为3500吨。这说明撒马纳拉瓦瓦遗址及其周边一些地区的冶炼活动显然是非常成功并具有良好组织的，而且很可能是由中央集中控制的。其中一处遗址所发现的证据显示，该地的冶炼技术至少可以追溯到公元前3世纪[4]。冶炼活动在9世纪时达到顶峰，之后或因南印度的入侵所带来的政治与人口上的剧变导致斯里兰卡干燥区文明的逐渐消亡，于11世纪时最终消失[5]。

五、复原实验

在此之前，世界各地均未发现自然风冶铁的确切证据，该技术的可行性也曾受到广泛地质疑。在使用鼓风器通过鼓风管直接向炉内鼓风时，每次鼓动鼓风器，无论其间隔如何短，都会形成一个"低温点"，而主要的反对意见正是基于自然风冶炼中该情况是一完全不可控因素的假定[6]。此外，很难想象在如此的"开放式"结构中，要保持炉内的还原气氛有多么困难。为解决这些问题，考古队于1994年7月设置进行了三次完整的冶炼实验（实验三至实验五）。实验按照图二的炼炉结构，在一处西向遗址内建造了两座新的炼炉，方向与该遗址所发现的炉基方向完全吻合。矿石为在当地采集的含铁79%—87%的氧化铁矿石。木炭全部采用一种匙叶蒲桃属（*Syzygium spathulatum*，公元前3世纪以前就用作烧制木炭的三种蒲桃木之一）木材烧制而成。实验中对风速进行了完整的记录，并在实验五中利用光学温度计对炉内各部温度进行了

[1]　S. Forenius, R. Solangarachchi, in S. Bandaranayake, M. Mogren, eds., *Further Studies in the Settlement Archaeology of the Sigiriya-Dambulla Region*, Colombo: Postgraduate Inst. Archaeology, 1995, pp.135-144.

[2]　J. Percy, *Metallurgy*, Vol. 2, London: Murray, 1864, pp.271-273.

[3]　W. Rostoker, B. Bronson , J. R. Dvorak, *Archeomaterials* 3, 1989, pp.11-25.

[4]　G. Juleff, *Early Iron and Steel in Sri Lanka*, Mainz am Rhein: von Zabern, 1998.

[5]　K. M. De Silva, *A History of Sri Lanka*, California: Hurst, 1981.

[6]　P. T. Craddock, *Early Metal Mining and Production*, Edinburgh: Edinburgh Univ. Press, 1995.

测量（图三）。矿石与燃料比在各实验中从1：1.5到1.5：1略有调整。实验四与实验五中，在添加矿石前使用木炭对矿石进行了30分钟的焙烧。实验五中，矿石大小被控制在约3厘米见方。

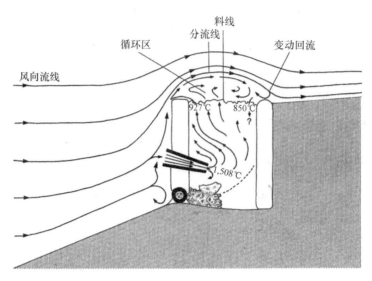

图三　实验五中炼炉相关空气流动、燃烧最强烈区域、炉顶部温度等剖面示意图

　　每次冶炼都遵循同样的步骤：首先，仅向炉内添加木炭进行2.5小时的预热；其次，逐步向炉内分层添加矿石与木炭（三次实验的矿石总重量分别为81、95与126千克），持续约3.5小时；第一次出渣大约是在首次添加矿石后的1小时以内，经由前壁底部套接的鼓风管间流出，冶炼越成功出渣时间越短；在接下来的约1.5小时内，仅继续添加木炭，停止添加矿石，待料线燃烧至炉高一半的位置；最后，将炼炉前壁向内推倒，将炉内包括木炭、炉渣、金属以及前壁碎块等物向西清理出来，冶炼结束。增加矿石与燃料比、焙烧矿石以及减少矿石大小对冶炼的成功进行都具有正面效果。实验五的结果最为成功，尽管实验中平均风速仅为22千米/小时，但最终共获得17千克金属。实验四的平均风速最高，达44千米/小时，但其燃料消耗也是最大的，平均每个鼓风管约2.2千克/小时。通过此次实验，清楚地了解了包括炉渣特征、炉壁玻璃化情况以及冶炼后碎片分布情况等在内的多方面信息。

　　实验结果显示，炉内的最高温度以及冶炼反应都集中在前壁附近位置（图三）。冶炼时，自然风的角度随地面坡度略微向上，当遇到炉体时加速度达到顶峰，风被迫翻越炉体前壁，在炼炉顶部产生分界形成一个穹顶状循环区。该区域内的低气压会将分界流线向下拉低直到接近炼炉后壁的位置，使得鼓风管外口与炼炉顶部的气压梯度差异巨大，进而使空气通过鼓风管被"吸入"炉内。在循环区内持续产生的低气压、高温以及还原气氛会迫使燃烧气体（夜间可以清晰地看到）竖向流动，与进入炉内的风向垂直。气压最低点位于炼炉前壁外沿，炼炉内的气流都朝着这一点流动，自炉体约三分之一高处起向上形成一类似窗帘状的区域。其形状在冶炼进行中十分稳定，风速的增加虽会增强区域内的炽热程度，但并不会使该区域穿透木炭层。这一观测结果证明直接进入炼炉内的风对该区域的影响较小，只是为其提供一定程度的稳定性。实验五中有1.5小时风速低于15千米/小时，而燃烧带内的平均温度仅从1454℃（实验四，平均风速44千米/小时）逐渐下降至1336℃。前壁区域的燃烧情况高于后壁，料线因此形成一定倾斜角度，使木炭与矿石朝前壁方向下落，而非在未发生反应的情况下直接垂直落到炼炉后部。因此，为了形成特定的气流与气压体系，过去的炼炉前壁尤其是前壁外沿可能会建造得更加细致与精确。据实验四中风速测量记录的流体力学数据计算，保守估计气压下降幅度约为50牛/平方米。相比之下，无风时炼炉中的气体浮力的影响小至可以忽略，从鼓风口到炉顶的0.35米间大约只有不到3牛/平方米[1]。与使用鼓风器间歇性鼓风的系统相比，撒马纳拉瓦瓦的自然风可以不间断地鼓风，从而获得为促进渗碳反应所需的高温。

六、结　论

实验所得的金属主要有两种，逐层分布于炉内：上层为基本分离开来的海绵铁；下层为附着于炉渣上固化的金属。在考古发现的炉渣中未发现金属残留，而实验中产生的炉渣在金属与杂质的分离上并不彻底。上层所得海绵铁的金相组织结构如图四所示，是低碳铁在块炼铁冶炼不同阶段中的典型形态[2]。相较之下，令人意外的是附着于炉渣上的金属（大约为所得金属总量的50%）几乎不含杂质，且明显含碳量较高，可归于高碳钢范畴。为追求更好的产品，渗碳的方式虽多种多样，但必是有意为之而非偶然发生。这里的发现为9世纪的一则伊斯兰文献提供了有力的实证[3]，文献记载了Sarandibi（斯里兰卡）钢被用于刀剑的生产。在此之前，这则记载中所指的钢被认为是坩埚钢，而现在看来很可能是这种直接由炉内冶炼产出的钢。从已知斯里兰卡在印度洋上的贸易线路来看，撒马纳拉瓦瓦遗址产品的运输与传播是完全不成问题的。根据在斯里兰卡及非洲东海岸所发现的年代明确的遗物来看[4]，高碳钢在当时已

---

[1]　该计算结果是与D. J. Wilson私下讨论所得。

[2]　D. H. Avery, N. J. van der Merwe, S. Saitowitz, in R. Maddin, ed., *The beginnings of the Use of Metals and Alloys*, Cambridge MA: MIT Press, 1988, pp.261-282.

[3]　B. Bronson, *Archeometerials* 1, 1986, pp.13-51; J. W. Allan, *Persian Metal Technology 700-1300 AD*; J. von Hammer Purgstall, *J. Asiatique* 5, 1854, pp.66-80.

[4]　C. M. Kusimba, D. Killick, R. G. Cresswell, in S. T. Childs, ed., *Society, Culture and Technology in Africa* (*Science and Archaeology* Vol. 11), Philadelphia: Univ. Pennsylvania, 1994.

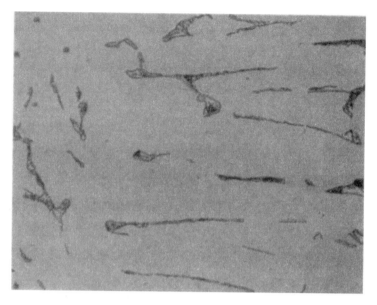

1

2

图四　冶炼所得低碳铁与附着于炉渣上过共析钢的显微结构

1. 含碳量约0.1%，由铁素体基体与少量珠光体组成（样本以硝酸酒精浸蚀，放大率×710）。实验四中所得一块270克类似材料被交予当地铁匠进行锻打，所得铁条重125克，由此可见，坯料中的夹渣约占一半　2. 附着于炉渣上的过共析钢的光学显微照片（样本以硝酸酒精浸蚀，放大率×710），珠光体基体，晶界上可见先共析渗碳体（Fe_3C）。除最左侧珠光体呈片状，其余略有球化趋势。样本含碳量约为0.6%至>1%，照片所示部位含碳量约>0.8%[1]。这种附着于炉渣上的高碳钢位于炼炉最底部，在炉内的时间也最长，其大量吸附碳的原理还有待考证，不过应与日本塔塔拉工艺的原理相似[2]。总之，实验可算成功，但效果并未达到最佳，进行更多实验应能使所还原的铁更好地固化、渗碳更加均匀、金属与炉渣的分离也能更加彻底

---

［1］　与M. L. Wayman私下交流所得。

［2］　W. Rostoker, B. Bronson, J. R. Dvorak, *Archeomaterials* 3, 1989, pp.11-25.

在两地间流通。本文为南亚地区高碳钢的工业化生产提供了最早的有年代数据的田野证据。

致谢：D. J. Wilson进行了气压计算，M. L. Wayman在金相分析中的协作，T. Perry 在冶炼实验中的帮助，S. Davison与N. Seeley对原稿提出宝贵意见，C. Gait-Utime绘制了炼炉示意图。此外，特别感谢S. U. Deraniyagala, P. B. Karunaratne, T. Malim与A. Shotliff对项目所做的贡献。撒马纳拉瓦瓦项目是与斯里兰卡考古部门的合作项目，经费由British funding agencies撒马纳拉瓦瓦水电站项目提供。

原文An ancient wind-powered iron smelting technology in Sri Lanka载于*Nature*, Vol. 379, No. 6560, 1996，翻译经作者本人授权。经作者本人同意，文章结构在翻译中略有改动。

An Ancient Wind-powered Iron Smelting Technology in Sri Lanka

Gillian Juleff

(University of Exeter)

Abstract: This paper restores the ancient wind-powered iron smelting technology in Sri Lanka by experimental archaeology, using the iron smelting site discovered at Samanalawewa of Sri Lanka as an example. The results indicate that its iron smelting technology is not related to the Indian system, but similar to those at Burma and Japan. By analyzing the slags from the site, it shows that this site was capable to produce large amount of low-carbon iron and small amount of high-carbon steels as late as the 7th to the 11th century AD. The data presented here provide the earliest dated field evidence from South Asia for the industrialized production of high-carbon steel.

Keywords: Sri Lanka, Monsoon, Iron Smelting, Experimental Archaeology

（责任编辑：黎海超）

"我非我食"：人骨稳定同位素分析的新认识

尹　粟　胡耀武[*]

摘要：稳定同位素（C、N）分析，是目前国内外生物考古界揭示古代（现代）人群食物结构的主流研究方法之一。该方法的原理为"我即我食"，即人体组织的稳定同位素比值与其消化吸收转化而来的食物组分存在着一一对应关系。然而，当人体代谢发生异常，组织的稳定同位素比值与食物来源间的对应关系就被打破，产生"我非我食"现象。目前，探究"我非我食"与古代（现代）人体的健康（尤其是代谢异常）之联系，已成为当前国际生物医学和生物考古界的新研究热点。尽管我国稳定同位素分析的研究工作已开展了30多年，然而在此研究领域尚无任何学者对此引起足够的关注和重视。为此，本文首先回顾了"我非我食"的研究简史和现状，而后介绍了其主要分析原理以及稳定同位素的响应机制，最后对如何在我国开展此方面研究进行了展望。

关键词：稳定同位素分析　古代（现代）人体健康

20世纪70年代末，学者首次发现，通过分析人体硬组织（骨）的稳定同位素比值，即可重建先民的食物结构[1]。自此之后，稳定同位素分析的研究方法，尤其是C、N稳定同位素，不断得以成熟和拓展，被广泛应用于探索古代（现代）人群的食物结构、迁徙活动、生活方式和社会等级差异、动物的饲养与驯化方式策略、古环境的重建等重要考古学问题[2]，成为当前国际生物考古界研究的热点与前沿，是现代考古学研究中不可或缺的组成部分。

稳定同位素分析所基于的原理，为"我即我食"（"you are what you eat"），即人

---

* 作者：尹粟，北京，中国科学院古脊椎动物与古人类研究所、中国科学院脊椎动物演化与人类起源重点实验室、中国科学院大学考古与人类学系（yinsu0163@163.com）；胡耀武，北京，中国科学院古脊椎动物与古人类研究所、中国科学院脊椎动物演化与人类起源重点实验室、中国科学院大学考古与人类学系。

[1] Nikolaas J. van Der Merwe, J. C. Vogel, 13C Content of human collagen as a measure of prehistoric diet in woodland North America, *Nature*, Vol. 276: 5690 (1978), pp. 815, 816.

[2] H. P. Schwarcz, M. J. Schoeninger, Stable isotopes of carbon and nitrogen as tracers for Paleo-Diet reconstruction, in M. Baskaran, ed., *Handbook of Environmental Isotope Geochemistry*, Berlin, Heidelberg: Springer Berlin Heidelberg, 2012, pp. 725-742.

体组织的稳定同位素比值与其消化吸收转化而来的食物组分存在着一一对应关系[1]
（图一）。然而，需要指出的是，该原理蕴含了一个重要的假设与前提：生物个体对
食物的消化、吸收及向身体组织的转化须长期处于动态平衡状态。只有这样，个体组
织中的稳定同位素比值才能代表一段时间内其摄取食物的平均水平。

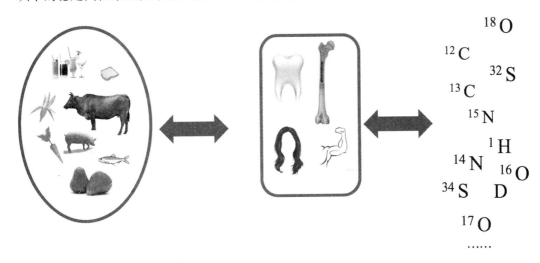

^{18}O

^{12}C　　　^{32}S

^{13}C

^{15}N

^{1}H

^{14}N　　^{16}O

^{34}S　　D

^{17}O

……

图一　"我即我食"原理示意图

　　然而，当人体代谢发生异常时，个体在消化吸收与代谢等环节将产生变化。因此
从食物至人体组织的稳定的代谢状态将被打破，造成组织稳定同位素比值的变化，其
示踪的不仅仅为个体的食物来源和摄入状况，还与其代谢异常所产生的各种生理病理
因素密切相关，产生"我非我食"（"you are not what you eat"）现象。

　　"我非我食"现象的提出和探讨，不仅对深入了解稳定同位素分馏机制和开展准
确的同位素数据诠释具有非常重大的理论和现实意义，尤为重要的是，它还可进一步
提取食物来源以外的生理、病理、健康等重要信息，成为国际生物考古界和生物医学
界探索现代（古代）人群的健康、营养及生理病理状况的研究热点和研究前沿。

　　本文拟在介绍"我非我食"的研究简史和国内外研究现状的基础上，阐述该原理
在古代（现代）人群健康的研究中的利用与理论的发展，并对如何在我国开展此方面
的研究进行了展望。

一、"我非我食"研究现状

　　早在1993年，Keith A. Hobson等就已发现：日本鹌鹑（*Coturnix japonica*）与罗斯

---

[1]　　Matthew J. Kohn, You are what you eat, *Science*, Vol. 283: 5400 (1999), pp. 335,336.

鹅（*Chen rossii*）因饥饿而遭受营养压力时，^{15}N在其身体组织中富集[1]。之后，更多的学者开始关注同位素值异常的现象。Till Eggers指出，生物组织的稳定同位素比值，不仅受其食物来源的影响，背后还隐藏了一系列更加复杂的信息[2]。Benjamin T. Fuller[3]对处于妊娠期女性的头发进行了序列稳定同位素分析，发现当女性处于特殊生理状态（妊娠期）时，其同位素比值与其食物来源并不显示为一一对应关系。由此，"我非我食"的概念得以首次提出。

　　除特殊生理状态外，人体的疾病也将导致个体的新陈代谢发生明显变化，出现"我非我食"现象。例如，通过对厌食症患者头发的序列采样并进行稳定同位素分析，发现患者病情加重或者减轻的时候，个体的δ^{13}C和δ^{15}N值均会产生相应变化[4]；死前出现营养不良症状的16名现代个体，其头发序列的δ^{15}N值呈现上升态势[5]。该趋势也发现于极端饥饿和营养不良条件下的人群中[6]；Lori D'Ortenzio等对比了因长期罹患癌症而死亡的个体与突然死亡的个体，发现二者δ^{15}N值的变化大相径庭，癌症患者在死前明显提升[7]。由此，A.-M Mekota等指出，头发序列的稳定同位素分析可望用

［1］　Keith A. Hobson, Ray T. Alisauskas, Robert G. Clark, Stable-nitrogen isotope enrichment in avian tissues due to fasting and nutritional stress: Implications for isotopic analyses of diet, *The Condor*, Vol. 95: 2(1993), pp. 388-394.

［2］　Till Eggers, T. Hefin Jones, You are what you eat… or are you?, *Trends in Ecology & Evolution*, Vol. 15: 7 (2000), pp. 265-266.

［3］　Benjamin T. Fuller, James L. Fuller, Nancy E. Sage, et al., Nitrogen balance and δ^{15}N: Why you're not what you eat during pregnancy, *Rapid Communications in Mass Spectrometry*, Vol. 18: 23(2004), pp. 2889-2896; Benjamin T. Fuller, James L. Fuller, Nancy E. Sage, et al., Nitrogen balance and δ^{15}N: Why you're not what you eat during nutritional stress, *Rapid Communications in Mass Spectrometry*, Vol. 19: 18(2005), pp. 2497-2506.

［4］　Anna-Maria Mekota, Gisela Grupe, Sandra Ufer, et al., Serial analysis of stable nitrogen and carbon isotopes in hair: Monitoring starvation and recovery phases of patients suffering from anorexia nervosa, *Rapid Communications in Mass Spectrometry*, Vol. 20: 10(2006), pp. 1604-1610; Kent A. Hatch, Morgan A. Crawford, Amanda W. Kunz, et al., An objective means of diagnosing anorexia nervosa and bulimia nervosa using ^{15}N/^{14}N and ^{13}C/^{12}C ratios in hair, *Rapid Communications in Mass Spectrometry*, Vol. 20: 22(2006), pp. 3367-3373.

［5］　Ferdinand M. Neuberger, Eilin Jopp, Matthias Graw, et al., Signs of malnutrition and starvation-Reconstruction of nutritional life histories by serial isotopic analyses of hair, *Forensic Science International*, Vol. 226: 1-3 (2013), pp. 22-32.

［6］　M. Baković, P. Vreča, D. Mayer, Case of fatal starvation: Can stable isotope analysis serve to support morphological diagnosis and approximate the length of starvation?, *Journal of Forensic Sciences*, Vol. 62: 1(2012), pp. 258-264; Moriaki Hayasaka, Osamu Kimura, Toshiro Kura, et al., Nutritional assessment using stable isotope ratios of nitrogen and carbon in scalp hair of patients who received enteral nutrients, *Iryo Yakugaku (Japanese Journal of Pharmaceutical Health Care and Sciences)*, Vol. 42: 3(2016), pp. 151-159.

［7］　Lori D'Ortenzio, Megan Brickley, Henry Schwarcz, et al., You are not what you eat during physiological stress: Isotopic evaluation of human hair, *American Journal of Physical Anthropology*, Vol. 157: 3(2015), pp. 374-388.

于追踪该个体的死因[1]。此外，在患有其他疾病（如肝硬化、糖尿病、个体代谢综合征症状等）的个体中也发现了其δ15N值存在明显的变化[2]。

除C、N同位素外，其他稳定同位素也被尝试用于了解稳定同位素的变化与疾病之间的关系。Shannon P. O'Grady等通过对链佐星诱导的糖尿病小鼠进行体液的δ2H、δ18O测试，发现当体内水代谢加快时，其同位素比值越来越接近饮用水[3]。这种现象也在灵长类动物的实验中得以发现[4]。

以上研究的对象，主要集中在代谢速率较快的软组织。那么，稳定同位素比值的变化，是否也会在代谢速率缓慢的硬组织上有所体现呢？M. Anne Katzenberg和Nancy C. Lovell以现代尸体的骨骼为研究对象（其中四个个体骨骼上呈现出病理现象，分别为骨折、骨膜炎、萎缩、骨髓炎），发现带有病理特征的骨骼与正常骨骼的稳定同位素比值确实存在一定差异。其中患有艾滋病并发骨髓炎的个体，其骨骼损伤部位和正常部位之间相比，有病理特征的骨骼δ15N值明显较高[5]。Karyn C. Olsen等也指出，个体若遭受了在骨骼上留下损伤的疾病，如骨膜炎、骨关节炎、创伤等，骨骼损伤部位与非损伤部位的稳定同位素值有所不同。并且，损伤部位的稳定同位素比值更能反映其疾病时期的健康状况[6]。

综上所述，可以看出，现代人群或动物多组织（血液、骨骼、毛发等）的稳定同位素分析显示，个体新陈代谢的改变将极大地影响了其个体组织中的稳定同位素比

［1］ A.-M. Mekota, G. Grupe, S. Ufer, et al., Identifying starvation episodes using stable isotopes in hair, *Rechtsmedizin*, Vol. 19: 6(2009), pp. 431-440.

［2］ Klaus J. Petzke, Thomas Feist, Wolfgang E. Fleig, et al., Nitrogen isotopic composition in hair protein is different in liver cirrhotic patients, *Rapid Communications in Mass Spectrometry*, Vol. 20: 19(2006), pp. 2973-2978; Pinal S. Patel, Andrew J. M. Cooper, Tamsin C. O'Connell, et al., Serum carbon and nitrogen stable isotopes as potential biomarkers of dietary intake and their relation with incident type 2 diabetes: The EPIC-Norfolk study, *The American Journal of Clinical Nutrition*, Vol. 100: 2(2014), pp. 708-718; Jong-Ku Park, Song Vogue Ahn, Mi Kyung Kim, et al., The association between carbon and nitrogen stable isotope ratios of human hair and metabolic syndrome, *Clinica Chimica Acta*, Vol. 450(2015), pp. 72-77.

［3］ Shannon P. O'Grady, Adam R. Wende, Christopher H. Remien, et al., Aberrant water homeostasis detected by stable isotope analysis, *PLoS ONE*, Vol. 5: 7(2010), pp. e11699.

［4］ Shannon P. O'Grady, Luciano O. Valenzuela, Christopher H. Remien, et al., Hydrogen and oxygen isotope ratios in body water and hair: Modeling isotope dynamics in nonhuman primates, *American Journal of Primatology*, Vol. 74: 7(2012), pp. 651-660.

［5］ M. Anne Katzenberg, Nancy C. Lovell, Stable isotope variation in pathological bone, *International Journal of Osteoarchaeology*, Vol. 9: 5(1999), pp. 316-324.

［6］ Karyn C. Olsen, Christine D. White, Fred J. Longstaffe, et al., Intraskeletal isotopic compositions (δ^{13}C, δ^{15}N) of bone collagen: Nonpathological and pathological variation, *American Journal of Physical Anthropology*, Vol. 153: 4 (2014), pp. 598-604.

值，造成"我非我食"。由此，"我非我食"现代案例的研究为其在考古学领域中的应用及探讨古代人群的健康和营养奠定了坚实的理论基础。

其实，Christine D. White和George J. Armelagos很早就发现努比亚干尸中（350—550年）部分女性个体的δ¹⁵N值偏高，推测与其骨质疏松的病理状态相关[1]。但直至近些年，通过对"我非我食"现象中稳定同位素比值异常的探讨，这一情况才真正引起学者们的重视。例如，Lori D'Ortenzio等对19世纪加拿大Ontario地区Belleville地点两例成年女性的头发进行了序列稳定同位素分析，发现了δ¹⁵N值具有明显降低的变化趋势，从而识别出两者的怀孕生产过程[2]；19世纪中叶，爱尔兰发生大面积饥荒，导致部分个体牙本质胶原蛋白的δ¹⁵N值增高，这并非因其食物中动物蛋白摄入的增加，而是缘于长期饥荒导致个体营养不良的病理状态[3]；旧金山地区出土了19世纪晚期幼儿古尸，对其头发进行序列取样并进行稳定同位素分析，观察到个体死前头发中δ¹⁵N和δ¹³C值发生的变化与其长期患有消耗性疾病相关[4]；1世纪晚期至2世纪早期的意大利Cosa遗址人骨的稳定同位素数据中，一例个体出现异常数据，结合DNA分析，推断这种现象当为其患有腹泻病所致[5]。

目前，"我非我食"原理的讨论及在现代（古代）人群中的应用研究正呈蓬勃开展之势，成为揭示现代（古代）人群健康、营养等问题的利器。最近，Laurie J. Reitsema、Emily Webb等和Diane M. O'Brien的综述文章，详细介绍了如何利用稳定同位素分析揭示食物结构之外的相关信息[6]。以上学者均强调，我们不仅应该注意到人体组织的稳定同位素比值所反映的食物结构，更应关注其所蕴含的个体生理、病理、

[1] Christine D. White, George J. Armelagos, Osteopenia and stable isotope ratios in bone collagen of Nubian female mummies, *American Journal of Physical Anthropology*, Vol. 103: 2(1997), pp. 185-199.

[2] Lori D'Ortenzio, Megan Brickley, Henry Schwarcz, et al., You are not what you eat during physiological stress: Isotopic evaluation of human hair, *American Journal of Physical Anthropology*, Vol. 157: 3(2015), pp. 374-388.

[3] Julia Beaumont, Janet Montgomery, The great Irish famine: Identifying starvation in the tissues of victims using stable isotope analysis of bone and incremental dentine collagen, *PLoS ONE*, Vol. 11: 8(2016), pp. e0160065.

[4] Jelmer W. Eerkens, Bryna Hull, Jena Goodman, et al., Stable C and N isotope analysis of hair suggest undernourishment as a factor in the death of a mummified girl from late 19th century San Francisco, CA, *PLoS ONE*, Vol. 12: 9(2017), p. e0184921.

[5] Gabriele Scorrano, Mauro Brilli, Cristina Martínez-Labarga, et al., Palaeodiet reconstruction in a woman with probable celiac disease: A stable isotope analysis of bone remains from the archaeological site of Cosa (Italy), *American Journal of Physical Anthropology*, Vol. 154: 3(2014), pp. 349-356.

[6] Laurie J. Reitsema, Beyond diet reconstruction: Stable isotope applications to human physiology, health, and nutrition, *American Journal of Human Biology*, Vol. 25: 4(2013), pp. 445, 456; Emily Webb, Christine White, Fred Longstaffe, Dietary shifting in the Nasca Region as inferred from the carbon- and nitrogen-isotope compositions of archaeological hair and bone, *Journal of Archaeological Science*, Vol. 40: 1(2013), pp. 129-139; Diane M. O'Brien, Stable isotope ratios as biomarkers of diet for health research, *Annual Review of Nutrition*, Vol. 35: 1(2015), pp. 565-594.

健康、营养等重要信息。

我国的稳定同位素分析肇始于20世纪80年代[1]。但直到90年代，稳定同位素分析的研究工作才真正得以进一步发展，并在21世纪初重新受到学者的关注和重视。2010年以降，我国的稳定同位素分析越来越呈现星火燎原之势，研究人员和单位急剧增加，对我国重要的考古学问题，如先民食物结构、生活方式变迁，动物驯化及饲养方式，我国农业的起源、发展与扩散，欧亚大陆粟黍与小麦的相互传播，游牧与农业人群的交流与融合，社会等级差异等方面均进行了较为深入的探讨，并取得了颇为丰硕的研究成果[2]。如今，我国在此领域的研究已成为国际生物考古界不可或缺的重要组成部分。

毋庸置疑，我国的稳定同位素分析业已取得了显著的成就。但迄今为止，除我们刚发表的一篇论文外[3]，尚无任何学者对"我非我食"的现象和机理有所关注和报道。显然，我国在此研究领域的探索仍然任重道远。

二、"我非我食"原理下人体组织稳定同位素比值的响应机制

目前，国际上开展"我非我食"研究所利用的稳定同位素，主要有C、N、H、O。其中，尤以C和N稳定同位素分析最为常用。在此，仅以这两种稳定同位素为例，介绍在"我非我食"原理下人体组织稳定同位素比值的响应机制。

当人体代谢发生异常时，在N稳定同位素上表现尤为明显。根据目前已有的研究，可将N稳定同位素的变化归结为两种模式，即N负平衡模式和正平衡模式。其中最为常见的就是N负平衡模式。当发生厌食症、极度饥饿及罹患重大疾病身体极度虚弱（如癌症末期恶病质）之时，由于此时食物的摄取已无法提供个体正常代谢所需的蛋白质，为满足人体的正常生理活动，机体就必须从其他途径来获取，即分解自身体内的蛋白质。由于^{14}N作为轻稳定同位素，更易于随人体代谢被排泄掉，相对而言，重稳定同位素^{15}N则在人身体里产生富集。故此，在人体的"内耗"状态下，加强了对机体所存储

---

[1]　蔡莲珍、仇士华：《碳十三测定和古代食谱研究》，《考古》1984年第10期。

[2]　Y. Hu, Thirty-four years of stable isotopic analyses of ancient skeletons in China: an overview, progress and prospects, *Archaeometry*, Vol. 60: 1(2018), pp. 144-156.

[3]　尹粟、李恩山、王婷婷等：《我即我食 vs.我非我食——稳定同位素示踪人体代谢异常初探》，《第四纪研究》2017年第6期。

的氨基酸的利用，人体的组织中的δ¹⁵N比值会呈现上升趋势[1]，其δ¹⁵N值约增加1‰。显然，若人体组织某段时间内δ¹⁵N值出现明显上升，可能与人体"内耗"相关。

第二种模式为N的正平衡模式。根据已有的研究，该模式可分为妊娠模式和肝病模式。当女性处于妊娠期，其身体组织中的稳定同位素比值较平常状态也会发生显著变化[2]。女性怀孕前期，该个体的N稳定同位素比值可表现为第一种模式，这是由于部分个体可能出现孕吐等不适状态，并伴随体重的下降，造成δ¹⁵N值的提升。可以认为，该阶段属于内耗模式。然而，该阶段结束后胎儿生长发育过程中，女性组织的δ¹⁵N值会出现明显降低的态势，即所谓的妊娠模式。这种模式，主要是胎儿在生长发育过程中不断向母体索取营养，加强了对母体N的利用。此外，人体肝脏出现问题也会表现出N的正平衡模式。研究表明，肝硬化个体头发中的δ¹⁵N值低于健康个体，可能是病人体内的氨基酸代谢出现了异常[3]。这种情形下，稳定同位素分馏的机理尚不清楚。

相对N主要来自蛋白质而言，C的来源明显多元化，可来自碳水化合物、脂肪、蛋白质。故此，在"我非我食"原理下，人体组织δ¹³C值变化的规律就不太明显。例如，在N负平衡模式下，人体组织δ¹⁵N值增加时，δ¹³C值却可呈现出上升、下降及稳定三种

---

[1]　Anna-Maria Mekota, Gisela Grupe, Sandra Ufer, et al., Serial analysis of stable nitrogen and carbon isotopes in hair: Monitoring starvation and recovery phases of patients suffering from anorexia nervosa, *Rapid Communications in Mass Spectrometry*, Vol. 20: 10(2006), pp. 1604-1610; M. Baković, P. Vreča, D. Mayer, Case of fatal starvation: Can stable isotope analysis serve to support morphological diagnosis and approximate the length of starvation?, *Journal of Forensic Sciences*, Vol. 62: 1(2012), pp. 258-264; Klaus J. Petzke, Benjamin T. Fuller, Stable isotope ratio analysis in human hair, in V. R. Preedy, ed., *Handbook of Hair in Health and Disease*, Wageningen: Wageningen Academic Publishers, 2012, pp. 332-351; Ferdinand M. Neuberger, Eilin Jopp, Matthias Graw, et al., Signs of malnutrition and starvation−Reconstruction of nutritional life histories by serial isotopic analyses of hair, *Forensic Science International*, Vol. 226: 1-3(2013), pp. 22-32; Nathalie Poupin, François Mariotti, Jean-François Huneau, et al., Natural isotopic signatures of variations in body nitrogen fluxes: A compartmental model analysis, *PLoS Computational Biology*, Vol. 10: 10(2014), p. e1003865; Moriaki Hayasaka, Osamu Kimura, Toshiro Kura, et al., Nutritional assessment using stable isotope ratios of nitrogen and carbon in scalp hair of patients who received enteral nutrients, *Iryo Yakugaku (Japanese Journal of Pharmaceutical Health Care and Sciences)*, Vol. 42: 3(2016), pp. 151-159.

[2]　Benjamin T. Fuller, James L. Fuller, Nancy E. Sage, et al., Nitrogen balance and δ¹⁵N: Why you're not what you eat during pregnancy, *Rapid Communications in Mass Spectrometry*, Vol. 18: 23(2004), pp. 2889-2896; Benjamin T. Fuller, James L. Fuller, Nancy E. Sage, et al., Nitrogen balance and δ¹⁵N: Why you're not what you eat during nutritional stress, *Rapid Communications in Mass Spectrometry*, Vol. 19: 18(2005), pp. 2497-2506.

[3]　Klaus J. Petzke, Thomas Feist, Wolfgang E. Fleig, et al., Nitrogen isotopic composition in hair protein is different in liver cirrhotic patients, *Rapid Communications in Mass Spectrometry*, Vol. 20: 19(2006), pp. 2973-2978.

态势[1]。其中，尤以δ13C值的下降最为常见。在人体"内耗"状态下，人体对脂肪组织的分解增加。一方面，由于脂肪组织中含有更多的12C，随着其分解的增加，循环再利用的12C被更多地用以合成自身蛋白质的碳骨架，造成人体组织δ13C值的变小[2]。另一方面，在N正平衡模式下，δ13C的变化也并不显著[3]。故此，由于C来源及去向的多样性，在讨论C稳定同位素比值变化时需进一步结合N稳定同位素，以便更好地揭示"我非我食"原理下人体稳定同位素变化的响应机制。

最后，需要指出的是，"我非我食"属于当前生物医学和生物考古研究领域的前沿课题。因人体代谢性异常所导致的人体组织稳定同位素比值的波动和变化，尚无法在同位素分馏机制上给出较为明确的解释。但可以预见，随着研究的不断深入和研究机理的不断发现，采用稳定同位素分析技术，示踪现代（古代）人群的健康、营养、生理、疾病等"潜信息"，讲述人群食物结构之外的故事，将不再是遥远的梦。

三、展　望

如果说，"我即我食"奠定了稳定同位素分析的基础，那么，"我非我食"则是稳定同位素分析研究方法的进一步延伸，将研究领域由重建食物结构拓展至人群生理

［1］　Benjamin T. Fuller, James L. Fuller, Nancy E. Sage, et al., Nitrogen balance and δ15N: Why you're not what you eat during nutritional stress, *Rapid Communications in Mass Spectrometry*, Vol. 19: 18(2005), pp. 2497-2506; Anna-Maria Mekota, Gisela Grupe, Sandra Ufer, et al., Serial analysis of stable nitrogen and carbon isotopes in hair: Monitoring starvation and recovery phases of patients suffering from anorexia nervosa, *Rapid Communications in Mass Spectrometry*, Vol. 20: 10(2006), pp. 1604-1610; M. Baković, P. Vreča, D. Mayer, Case of fatal starvation: can stable isotope analysis serve to support morphological diagnosis and approximate the length of starvation?, *Journal of Forensic Sciences*, Vol. 62: 1(2012), pp. 258-264; Klaus J. Petzke, Benjamin T. Fuller, Stable isotope ratio analysis in human hair, in V. R. Preedy, ed., *Handbook of Hair in Health and Disease*, Wageningen: Wageningen Academic Publishers, 2012, pp. 332-351; Ferdinand M. Neuberger, Eilin Jopp, Matthias Graw, et al., Signs of malnutrition and starvation–Reconstruction of nutritional life histories by serial isotopic analyses of hair, *Forensic science international*, Vol. 226: 1-3(2013), pp. 22-32; Nathalie Poupin, François Mariotti, Jean-François Huneau, et al., Natural isotopic signatures of variations in body nitrogen fluxes: A compartmental model analysis, *PLoS Computational Biology*, Vol. 10: 10(2014), pp. e1003865; Moriaki Hayasaka, Osamu Kimura, Toshiro Kura, et al., Nutritional assessment using stable isotope ratios of nitrogen and carbon in scalp hair of patients who received enteral nutrients, *Iryo Yakugaku (Japanese Journal of Pharmaceutical Health Care and Sciences)*, Vol. 42: 3(2016), pp. 151-159.

［2］　Ferdinand M. Neuberger, Eilin Jopp, Matthias Graw, et al., Signs of malnutrition and starvation–Reconstruction of nutritional life histories by serial isotopic analyses of hair, *Forensic science international*, Vol. 226: 1-3 (2013), pp. 22-32.

［3］　Benjamin T. Fuller, James L. Fuller, Nancy E. Sage, et al., Nitrogen balance and δ15N: Why you're not what you eat during nutritional stress, *Rapid Communications in Mass Spectrometry*, Vol. 19: 18(2005), pp. 2497-2506; Klaus J. Petzke, Thomas Feist, Wolfgang E. Fleig, et al., Nitrogen isotopic composition in hair protein is different in liver cirrhotic patients, *Rapid Communications in Mass Spectrometry*, Vol. 20: 19(2006), pp. 2973-2978.

病理状况的追踪，两者相辅相成，缺一不可。如前所述，尽管我国的稳定同位素分析已开展多年，但在探讨"我非我食"的原理和应用上却无人问津，这将严重阻碍对我国古食谱研究领域的深入探索。对此，笔者认为，在今后开展稳定同位素分析研究工作中，在以下几个方面须大力加强。

1）与体质人类学家的深度合作。"我非我食"原理表明，人体组织的稳定同位素比值与个体的健康状况密切相关。由此，在进行人骨稳定同位素分析研究中，加强与体质人类学家的协同合作，在了解个体的健康以及病理等体质特征基础上，尝试对稳定同位素数据做出较为合理的解释。

2）与现代生物医学的有机结合。如前所述，人体组织稳定同位素比值与健康之间的响应机制，总体而言，仍缺乏深入的研究。故此，通过与现代生物医学的有机结合，就可望在揭示人体代谢异常生理机制的基础上，更为清晰地了解人体稳定同位素比值的变化。尤为重要的是，在考古实践中通过人骨（牙）的稳定同位素分析，利用上述原理揭示出个体肉眼未见的疾病或代谢异常之重要"潜"信息。

3）先民的致死之谜。如文所述，人体正常死亡或因病而亡，其死前的稳定同位素数据呈现不同的变化趋势。故此，通过对人骨不同骨部位或牙本质的序列等进行稳定同位素分析，就可在较高的时间精度（半年或一年）上追踪其变化规律，对先民的致死之因做出较为准确的判断。

致谢：感谢国家自然科学基金项目（批准号：41773008）、国家重点基础研究发展规划项目（批准号：2015CB953803）的支持。

"You are not What You Eat": A New Understanding of Stable Isotope Analysis

Yin Su   Hu Yaowu

(Institute of Vertebrate Paleontology and Paleoanthropology, Chinese Academy of Sciences;

Key Laboratory of Vertebrate Evolution and Human Origin, Chinese Academy of Sciences;

Department of Archaeology and Anthropology, Chinese Academy of Sciences)

Abstract: Stable isotope (C, N) analysis is one of the main research methods for revealing the food structure of ancient and modern populations all around the world. The principle of this method is "You are what you eat", that is, the stable isotope ratio of human tissue is assumed to have a one-to-one correspondence with the food components transformed through digestion and absorption. However, when abnormal metabolism occurs in the human body, the correspondence between the stable isotope ratio of the tissue and the food source is broken, resulting in the phenomenon of "You are not what you eat". At present, exploring the connection between "You are not what you eat" and the health of ancient (modern) humans (especially metabolic anomalies) has become a new hot topic in the international biomedical and biological archaeology research community. Although research on stable isotope analysis in China has been carried out for more than 30 years now, these recent insights have not attracted much attention. To change this, this paper first reviews the brief history and current situation of "You are not what you eat"; then it introduces its main analytical principle and the response mechanism of stable isotopes and finally it proposes how to deal with the "You are your food" and the "You are not your food" issue in future research.

Keywords: Stable Isotope Analysis, Ancient (modern) Human Health

（责任编辑：吕红亮）

"透骨见人"：多维视角探寻多彩的古代人类生活

——"2017年中国考古学会人类骨骼考古专业委员会年会"纪要

曹豆豆　原海兵*

摘要： 2017年10月27—30日，由中国考古学会主办、四川大学历史文化学院承办的中国考古学会人类骨骼考古专业委员会年会在四川大学成功举办。年会以"透骨见人：多维视角探寻多彩的古代人类生活"为主题，围绕骨骼形态学、古人类学、古病理学、骨骼稳定同位素分析、古DNA、牙齿人类学及理论性思考七个主要议题展开了34个有针对性的学术讨论，尤其是拓展了人类骨骼考古研究相关理论与方法的学术探索，以及当代从事人类骨骼考古研究学者如何大力帮助抗战老兵回家、中国远征军军人遗骨收敛等公益活动以及骨骼稳定同位素分析应用于现代疾病判别分析等内容，不仅体现出很好的学术研究价值，同时具有很重要的现实指导意义。

关键词： 中国考古学会　人类骨骼考古　年会

人类骨骼考古（Human Osteoarchaeology）是指以人类的生物遗存（主要为骨骼和牙齿）为主要研究对象，采用各种技术、方法、手段来研究古代人类社会历史文化的一个考古学分支领域。中国考古学会人类骨骼考古专业委员会于2014年8月在吉林大学正式成立，其以整合我国人类骨骼考古各相关领域研究资源，协调各单位学术力量，加强学科交叉渗透，开展国内外学术交流，进一步提高我国人类骨骼考古研究水平，加强人类骨骼考古专业研究力量，促进我国人类骨骼考古研究事业全面、协调、可持续发展为目标。

2017年10月27—30日，由中国考古学会主办、四川大学历史文化学院承办的中国考古学会人类骨骼考古专业委员会年会在四川大学成功举办。会议主题为"透骨见人：多维视角探寻多彩的古代人类生活"。此次年会共有来自中国社会科学院考古研究所、中国科学院古脊椎动物与古人类研究所、云南省文物考古研究所等8家科研机构和北京大学、吉林大学、四川大学、西北大学、山东大学、南京大学、复旦大学、浙

---

* 作者：曹豆豆，成都，四川大学考古学实验教学中心（caodoudou@stu.scu.edu.cn）；原海兵，成都，四川大学考古学实验教学中心。

江大学、郑州大学、中国科学院大学、山西大学、中央民族大学、北京师范大学、江苏师范大学、内蒙古师范大学、美国耶鲁大学等16家国内外高校以及龙越基金相关负责人员共52位学者参加了会议。

10月28日上午，四川大学历史文化学院考古学系主任、国家级考古学实验教学示范中心常务副主任白彬教授主持了会议开幕式，霍巍、朱泓、吴小红分别致辞。与会学者围绕人体解剖学（尤其是骨骼）最新进展、中国古代人类起源、全新世以来各时期人群组成、古代人群DNA遗传结构、古代人群食谱构成、古代人群疾病与健康、古代人群与文化的互动关系等研究领域提交了40余篇论文。大会围绕骨骼形态学、古人类学、古病理学、骨骼稳定同位素分析、古代人群DNA、牙齿人类学及体现综合性、前瞻性的学科理论七个主要议题展开了34个有针对性的陈述与讨论。此外，还拓展了人类骨骼考古研究理论与方法的学术发展现状及未来走向的学术思考，当代从事人类骨骼考古相关研究者如何将专业知识服务于诸如帮助抗战老兵回家、中国远征军军人遗骸收敛等公益活动，骨骼稳定同位素分析研究方法应用于现代病理判别分析等研究内容，不仅体现出很好的学术研究价值，同时展现出重要的现实指导意义。

会议分别由江章华、吴小红、赵凌霞、张君、王明辉等几位专家主持和点评。最后，潘其风先生和王明辉副研究员对此次年会的特点进行了系统总结，并对中国人类骨骼考古的历史发展进行了简要回顾与未来展望。

一、与会专家致辞

四川大学历史文化学院院长霍巍教授、吉林大学边疆考古研究中心主任朱泓教授和北京大学考古文博学院副院长吴小红教授分别致辞。

霍巍教授首先肯定了自然科学技术和方法对考古学学科发展的重要作用，总结出当今考古学科教学科研工作队伍年轻化、国际化、综合高素质等特点，并扼要介绍了四川大学科技考古的发展现状及前景。最后，他代表四川大学历史文化学院考古学系全体师生感谢中国考古学会人类骨骼考古专业委员会的一贯支持，对与会的各位代表表示热烈欢迎。

朱泓教授首先讲述了自己从事体质人类学研究与四川大学（曾参加1983年川大举办的体质人类学培训班）结下的不解之缘。他向四川大学考古学科以及科技考古近年来的积极发展表示祝贺，还对中国人类骨骼考古建设、发展的历程进行了总结，展望了人类骨骼考古未来蓬勃的生命力。最后，他代表举办方感谢四川大学、成都文物考古研究院以及吴小红教授长期以来对中国人类骨骼考古学科发展的关注与支持。

吴小红教授首先表示个人乐于、兴于参加此次年会，并感谢主办方中国考古学会和承办方四川大学历史文化学院为会议筹办做出的一切努力。她在阐述了中国人类骨骼考古研究对象所处时空范围宽广、研究方法多样以及近年来研究队伍成长迅速等特点后，表达了对会议讨论内容、中国考古学会人类骨骼考古专业委员会和中国人类骨骼考古学科未来发展前景的期许。

二、人类骨骼考古研究成果汇报

1. 古人类学研究

古人类学研究一直受到国内外学术界的广泛关注。近年来，随着新考古材料的不断发现和研究手段的日益多样化，对中国境内人类起源、演化多样性的研究也取得了令人瞩目的成果。

云南省文物考古研究所吉学平介绍了云南昭通水塘坝地点发现的幼年古猿头骨化石。这一发现增强了学术界对东亚，尤其是中国中新世古猿多样性的认识，再次确认中国西南晚中新世古地理以及古生态环境复杂多样的区域特点可能是导致该地区灵长类多样性、复杂性的根本原因。

中国科学院古脊椎动物与古人类研究所赵凌霞通过对山西襄汾石沟及丁村遗址发现的古人类化石进行再次观察，结合化石出土层位及年代、伴生石器类型与古动物群化石，讨论了襄汾古人类的形态学特点、地域性特征及系统演化意义，为阐释中国古人类系统演化及现代人起源理论假说提供了新的资料。

复旦大学生命科学学院魏偏偏对北京周口店田园洞古人类股骨的形态与功能进行了全面分析。研究表明，田园洞人较高的活动频率与其山地生活环境密不可分，其股骨左右受力的不均应与偏侧受力的生活习惯有关。此外，她还将田园洞人股骨形态与尼安德特人和近现代人群进行对比，并通过高精度CT和X射线对田园洞人病理状况进行了初步观察与研究。

2. 骨骼形态学研究

近年来，随着新材料的不断发现和研究方法、手段的创新应用，传统骨骼形态学研究不断向前深入发展。

西北大学文化遗产学院赵东月对陕西旬邑枣林河滩遗址先周时期人群的颅骨进行了观察与测量。研究表明，枣林河滩先周人群的各项测量指数都表明他们与典型的古中原类型人群有较为接近的亲缘关系，差异在于相比其他古中原类型人群，枣林河滩人群颅略长、面部更高且扁平度较小。

复旦大学现代人类学教育部重点实验室孙畅通过将新疆察吾呼遗址三个考古学阶

段人群与同时期新疆及东西方古代人群颅骨的形态特征进行比较，阐释了多组样本间颅骨形态特征相似程度与样本出土地理空间距离具有较强对应关系，进而间接地呈现出各人群之间遗传关系的亲疏远近。

中央民族大学民族学与社会学学院陈锋介绍了国内外儿童体质生长发育研究中头面部形态的年龄变化，头面部生长发育模式的差异以及影响因素，并对儿童身高、体重及牙齿生长发育等多方面研究做了综合论述，对国内儿童体质形态的未来研究进行了展望。

3. 古病理学研究

古病理学是将现代病理学研究理论和方法应用于古代人类生物遗存，考察古人罹患疾病、创伤等原因，对骨骼异常形态进行病理学研究的领域，可为全面解读古代人群生活状态和复原古代社会提供重要线索。

南京博物院考古研究所朱晓汀通过对江苏蒋庄良渚文化墓地57例人骨龋齿、根尖脓肿、牙周病、牙齿磨耗、牙结石等的观察和分析，综合考察了蒋庄人群牙齿及口腔的健康状况，为牙齿人类学和古病理学研究提供了重要资料。

山东大学文化遗产研究院赵永生对商周时期人骨上存在的跪坐迹象进行了观察与分析，他指出跪距面在商代和西周早期的中原地区是普遍现象，与性别、社会等级无关，但年龄越大跪坐迹象越明显。很多个体右侧表现明显重于左侧，可能与个人习惯有关。

西北大学文化遗产学院陈靓对陕西兴平留位墓地出土的十六国时期人骨牙齿和关节疾病进行了考察。研究表明，留位人群龋齿发病率相较关中其他地区人群偏低，牙周病罹患率则较高，前后牙均有发病。人群中两例强直性脊柱炎患者可能存在较近的遗传学亲缘关系，正在通过古DNA尝试印证。

山东大学文化遗产研究院张晓雯介绍了颅骨内蛛网膜颗粒压迹的形成机理及辨识方法，并对其在山东地区古代人骨上的常见位置、出现率以及大小等情况进行了调查，为研究古代人类生物遗存提供了新视角。

4. 稳定同位素分析

稳定同位素分析研究主要是通过测定人或动物骨骼遗存中的稳定同位素比值来考察人或动物饮食组成及其他相关领域的方法。

北京大学考古文博学院吴小红首先回顾了稳定同位素分析方法在中国考古学中的发展历史，并通过对贾湖遗址和浙江田螺山遗址的案例研究，在肯定研究成果的同时指出该方法存在的局限，并针对稳定同位素分析方法如何有效阐释古代人群的食物构成提出了自己的认识。

中国科学院大学考古学与人类学系胡耀武介绍了稳定同位素分析原理及案例，并进一步阐述了该方法对现代临床直肠癌患者头发的稳定同位素的尝试性研究。这种对现代人群健康与稳定同位素之间关系的研究，对现代癌症等疾病的预防有重要借鉴意义。他在发言中还就该方法如何进一步在古今人群中的扩大应用进行了展望。

浙江大学人文学院郭怡通过对浙江太湖流域马家浜遗址人骨进行羟磷灰石稳定同位素食谱分析，对马家浜先民的生活方式进行了深入探讨。该研究为了解马家浜文化，甚至河姆渡文化以及后续的崧泽文化，理解区域内文化演进过程提供了新的线索。

江苏师范大学历史文化与旅游学院王宁通过对河南郑州商城（小双桥遗址）商代人和动物骨胶原进行稳定同位素分析，研究了该遗址先商、早商和晚商等各时期人以及伴生动物的食物结构和营养等级。结合人骨出土背景反映的人群身份、社会阶层讨论了郑州商城先民的生业类型和人群流动。

山东大学历史文化学院董豫通过对河南新郑西亚斯和畅馨园两处东周墓地人骨进行稳定同位素分析，发现两地女性肉类摄入明显低于男性，女性更多食用小麦和豆类等当时人们认为较为粗鄙的食物，而男性则摄入更多肉类和粟、黍等北方地区传统主食。结合东周时女性身高明显变矮，龋齿、眶上板筛孔样变和多孔性骨肥厚多发以及两墓地男女性棺椁规制、青铜与玉器等随葬品陪葬的性别差异，推测至迟到东周时期，中原地区女性社会地位已经明显不如男性。

西北大学文化遗产学院凌雪利用稳定同位素分析方法对陕西黄陵史家河战国墓地出土的部分人骨进行了分析。结果显示，该墓地人群均以C4类植物为主食，除却SJH7、SJH8两个体进食一定比例肉食外，其他个体仅辅以少量肉食。食物结构不存在性别差异，不同葬式人群饮食结构也一致。

中国科学技术大学科技考古实验室吴晓桐通过对云南宜良纱帽山墓地人类牙釉质的多种同位素分析，判定滇文化多层二次合葬墓中埋葬个体均为本地人群，而时代较早的汉式单人葬墓主为外来人口。研究结果显示，汉朝对云南滇人采取的怀柔以及汉移民政策对当地汉化、云南地区纳入统一多民族国家的过程起到了积极的推动作用。

中国科学院大学考古学与人类学系朱思媚对北京延庆西屯墓地人骨进行了稳定同位素和体质人类学的全面研究。结果表明，该墓地人群以摄入C4类植物为主，摄入肉食较少。而自汉至北朝，人群中δ^{15}N值相对提高，居民营养健康状况较好。同时，同位素比值随时代推延由分散逐步相对集中，显示出人群饮食结构有趋同趋势。结合文献记载可以看出，随着统治者汉化改革政策的推行，不仅促进了民族融合，而且加强了粟作农业的集约型发展。

5. 古DNA分析

　　DNA分子生物学分析方法充分利用考古出土人类生物遗骸进行微观层面的分析，为古人类学、考古学、体质人类学研究提供了新的研究方法和思路，有着不可预估的发展前景。

　　中国科学院古脊椎动物与古人类研究所付巧妹通过比较北京周口店田园洞人和世界范围古今人群基因组，确定田园洞人是现代亚洲人，但其后代没有延续至今。田园洞与全球范围内其他区域古人类进行对比，显示现代东亚人群早期具有更为复杂的遗传历史。

　　吉林大学生命科学学院崔银秋对吉林大安后套木嘎遗址石器至铁器时代人群进行了全基因组分析。研究表明，自中石器时代起，嫩江流域人群基因结构没有发生大的改变，表现出非常强的遗传连续性。

　　北京大学生命科学学院庞玉宏对河南邓州八里岗遗址仰韶文化中晚期古人群进行了DNA全基因组高通量测序分析，多数个体为男性的结果可能反映了中原地区新石器时代晚期后母系社会结构的可能性。

　　复旦大学现代人类学教育部重点实验室文少卿报道了两例甘肃北部马鬃山地区同古图遗址2300年前疑似与月氏人或者匈奴人有关的古人遗骸的Y染色体数据，通过对比分析，指出这两例男性可能与原匈奴人有关，排除了与月氏人有关的可能性。

6. 牙齿人类学研究

　　牙齿是人体组织中最坚固的部分，也是考古发现中古代人群遗骸最易于保存的一类样本，对牙齿的观察和研究能为探索人类起源、古代人群生活方式、饮食结构、食物制备方法、个体发育与健康、生存压力等信息提供重要线索。

　　吉林大学文学院杨诗雨代表张全超介绍了其研究团队对辽宁朝阳半拉山墓地红山晚期人群牙齿微磨耗研究的成果。结果显示，该人群食物构成荤素兼具，较为丰富，与该墓地出土人骨稳定同位素分析结果契合，并进一步推测半拉山地区红山文化时期农业发达，兼营采集渔猎。

　　中国科学院古脊椎动物与古人类研究所潘雷运用显微CT技术和三维虚拟建模技术研究了中更新世以来中国古人类上、下颌前臼齿的齿根数目与根管形态，并与东非能人、直立人和欧亚大陆其他地区古人类、各地现代人群进行比较分析。研究表明，中国中更新世以来古人类齿根和髓腔形态的演化方向是朝向进步的现代人模式。

7. 综合性研究

　　随着多学科方法不断渗透，进行人类骨骼考古研究时，结合传统骨骼形态学、古病理学以及古DNA分析、骨骼稳定同位素分析等多种技术、手段融合的综合性研究越来越受到研究者重视，这种系统的分析无疑会为全面解读古代人群与社会提供更为全息的面貌。

吉林大学边疆考古研究中心朱泓通过对新疆罗布泊小河墓地出土人类骨骼进行古人口学、古人种学、古病理学、牙齿人类学及分子考古学研究成果深度融合，更为全面地展示了东疆罗布泊地区目前最早人群的体质特征、人种学类型与构成、遗传学谱系、人口寿命、健康状况、人群来源、迁徙及与周边人群关系等多方面的信息，为进一步深入开展小河墓地考古学综合研究提供了充足的人类学证据。

中国社会科学院考古研究所张君扼要地介绍了对西藏阿里故如甲木和曲踏两处墓地人骨DNA分析、牙齿磨耗和牙病的相关研究，并结合动物遗存进行了骨骼稳定同位素分析。综合的研究结果为系统阐释该地人群的生物学基因来源、墓地性质、生业方式、人群饮食结构和健康状况提供了较为全面的信息。

北京大学考古文博学院何嘉宁通过对北京东胡林遗址出土人骨进行牙齿磨耗、古病理学、股骨形态学等特征进行研究，结合伴生遗迹、遗物综合分析，结果表明，东胡林人所处的早全新世时期是华北地区人类体质发生重大变化的时期，人类流动性下降，食物可能更为多样，仍面临较大生存压力。

山西大学历史文化学院侯亮亮通过对山西原平辛章遗址9例人骨进行体质人类学鉴定、稳定同位素分析（除人骨外，还有60例动物骨骼）、牙结石微体化石分析等，试图还原先民的体质状况、生业模式以及可能的社会分工，重建当时人群的饮食结构，揭示了山西北部区域旱作农业和畜牧业的发展程度。

8. 其他

此外，部分学者还就人类骨骼考古的历史发展、人骨年龄鉴定的"过渡期分析"方法、人骨颅像复原技术及应用、"负重以带承于额"现代人类行为调查等进行了汇报。

四川大学历史文化学院原海兵从中国人类骨骼考古学科发展历史的角度阐述了研究史当中存在的以骨骼解剖学研究成果为核心的医学倾向、以广义人类学研究内容为核心的倾向、以体质人类学（狭义人类学）研究为目标的倾向和以考古学研究目的为标准的四种学术研究导向。每一种研究倾向都在不同的历史发展阶段起到了不可替代的作用，这些研究倾向不仅与学者的观察视角不同有关，也与学者的教育背景、身处的学术环境、历史环境、当时的社会要求、学术发展背景密切相关。

耶鲁大学人类学系樊榕介绍了新近北美发展的"过渡期分析（transition analysis）"方法，主要用以解决成年人骨骼年龄鉴定问题，具有减少主观误差、提高鉴定精度等诸多优点。但该方法能否直接借鉴应用于东亚人群年龄鉴定尚待更多证据验证。

北京师范大学信息科学与技术学院税午阳介绍了计算机辅助颅骨面貌复原技术的发展历程，并结合应用实践分析和比较了基于面部软组织分布及基于统计学两种复原方法的优劣。最后以古人类头骨面貌复原为例，将最新发展的交互式计算机辅助颅骨面貌复原方法予以重点阐述。

四川大学历史文化学院王恬怡对云南剑川现代人群"负重以带承于额"行为进行了调查，并结合民族学成果与历史文献记载，指出该行为是一种人们对山地环境的适应性策略。这种负重方式使得负重者颈椎与腰椎患病概率高发。

最后，来自龙越基金会的余浩介绍了龙越基金会的性质、任务以及近年来从事的帮助抗战英烈回家等慈善项目。并就西北大学当前正在进行的协助中国远征军军人遗骨收敛、复旦大学对抗战军人遗骸进行DNA鉴定及寻亲等活动进行了重点介绍。他呼吁更多从事人类骨骼考古的专家学者和机构利用专业知识参与公益活动，以妥善安置抗战军人遗骸。

三、人类骨骼考古的回顾与展望

在参会代表发言、讨论结束后，潘其风先生做了总结发言。他首先回顾了体质人类学学科在中国的发展历程，带领听众回到令人心绪激荡的历史中，缅怀前辈学者在各时期克服困难不断求索的学科情怀，同时对一代代为中国人类骨骼考古做出贡献的前辈予以赞颂。随后，他就学科发展现状和未来工作提出三点建议：一是尽管科技手段日新月异，但不能忽视基本技能的培训与掌握，如性别、年龄鉴定等基本能力的掌握是从事这项工作的能力基础；二是要重视古代文献对当前研究的启示作用，尽量扩大阅读量，扩展知识面；三是在具体工作中尽量争取到田野现场进行人骨鉴定和样本采集。

最后，中国考古学会人类骨骼考古专业委员会副主任、中国社会科学院考古研究所科技考古中心副主任王明辉做了年会总结。首先，他感谢承办方四川大学历史文化学院对年会举办做出的努力。作为主办方代表，他希望各位参会学者对今后学科发展、人才培养、科学研究提出宝贵意见。同时，他对自2014年专业委员会成立以来，中国人类骨骼考古所取得的丰硕成果进行了系统梳理与总结，并结合本次年会表现出的四个特点（一是个案研究更加精细，宏观研究视野更广。无论是古人类化石，还是新石器时代以来的人骨材料；无论是形态学研究，还是骨化学或古DNA分析，都呈现出精细化发展的态势。二是理论、方法的多样性。学者们的研究全面开拓了研究视野，提升了理论与方法的研究水平。三是综合研究成为趋势，将人骨研究与文化和考古学研究相结合成为未来发展的方向。四是加强了理论和方法的反思，为全面提高人类骨骼考古的发展层次奠定了基础）对未来的学术研究进行了展望。

纵观中国人类骨骼考古的新近发展，成绩斐然。考古新发现、新材料层出不穷，出土标本整理标准化、规模化，研究系统化、多样化，自然科学方法多学科互动交叉渗透特点显著，理论方法思考逐步呈现，为中国人类骨骼考古的创新研究和深入发展奠定了良好基础。但目前依然存在许多问题和值得反思的地方，主要表现在：第一是传统骨骼形态学研究尚待补充，尤其是中国南方、西南边疆尚有大面积研究空白急需填补；第二是各分支研究领域发展不平衡，研究角度有待深入；第三是学科交叉渗透在人类骨骼考古研究各分支领域较为显著，但与考古学深度结合有待进一步加强。应加强多学科交叉、渗透、整合，既要做到学科内研究方法的整合，又要重视学科外部多学科综合研究的拓展，甚至与历史学、文献学、人类学、心理学、语言学等学科进一步紧密结合；第四是研究理论、方法尚处于探索阶段，没有形成行之有效、较为一致的认识，有待进一步的理论创新。

总体来说，中国人类骨骼考古已经成为中国考古学研究中不可或缺的组成部分，其发展前景不可限量。相信在各位专家学者共同的努力下，中国人类骨骼考古必将进一步发展壮大，在未来更大的舞台上绽放属于自己的光彩。

"Seeing Humans through Bones" : A Multi-Dimensional Perspective of Ancient Human Life: Minutes of the "Annual Meeting of the Osteoarchaeology Committee of the Chinese Archaeological Society"

Cao Doudou   Yuan Haibing

(Archaeological Experimental Teaching Center, Sichuan University)

Abstract: From October 27th to 30th, 2017, organized by the Chinese Archaeological Society and hosted by the School of History and Culture of Sichuan University, the Ostoearchaeology Committee of the Chinese Archaeological Society held a meeting on the theme of "Seeing Humans through Bones". The annual meeting of the committee was held at Sichuan University. The conference focused on seven major topics, including bone morphology, paleoanthropology, paleopathology, skeletal stable isotope analysis, ancient DNA, dental anthropology, and theory, with targeted discussions on 34 topics, among them the further development of theory and methods of osteoarchaeology, how contemporary osteoarchaeological research can help repatriate soldiers, and how present-day public welfare can benefit from research on pathologies and isotopes. It thus became clear that such research does not only have academic value but also helps solve pressing modern-day social needs.

Keywords: Chinese Society of Archaeology, Human Osteoarchaeology, Annual Conference

（责任编辑：赵德云）

《南方民族考古》投稿须知

1. 本刊为半年刊，主要刊载中国南方以及东南亚地区民族学、考古学、人类学的研究论文、田野报告、研究动态述评、新书评介、理论方法论之探索争鸣，以及与上述内容有关之重要译文。

2. 本刊实行匿名审稿制度，凡来稿将邀请两位学者匿名审查。本刊尊重作者行文，但有权做技术性处理，并会告知作者。

3. 本刊引文注释采用页下注（脚注）方式，以下格式请参照：

（1）专书

汪宁生：《古俗新研》，兰州：敦煌文艺出版社，2001年，第266—268页。

张泽珣：《北魏关中道教造像记研究》，香港中文大学博士学位论文，2003年。

Harold Bloom, *The Anxiety of Influence: A Theory of Poetry*, Oxford: Oxford University Press, 1973, p.18.

Kwang-chih Chang, *The Archaeology of Ancient China*, New Haven: Yale University Press, 1986, pp.19-28.

（2）析出文献

北京大学考古文博学院、成都文物考古研究所、重庆市文物局：《忠县哨棚嘴遗址2001年发掘报告》，重庆市文物局、重庆市移民局编：《重庆库区考古报告集》（2001卷），北京：科学出版社，2007年，第1530、1531页。

David Wilkinson, "Civilizations, cores, world economies, and oikumenes", in André Gunder Frank and Barry K. Gills, eds., *The World System: Five Hundred Years or Five Thousand*, London: Routledge, 1993, pp.221-246.

（3）期刊

苏秉琦、殷玮璋：《关于考古学文化的区系类型问题》，《文物》1981年第5期。

Rowan K. Flad, "Divination and Power: A multiregional view of the development of oracle bone divination in early China", *Current Anthropology*, Vol.49: 3 (2008), pp.403-437.

（4）古籍

《魏书》卷一百一十四，北京：中华书局，1974年，第8册，第3053页。

《旧唐书》卷九《玄宗纪下》，北京：中华书局，1975年，第1册，第233、234页。

许慎撰，段玉裁注：《说文解字注》，上海：上海古籍出版社点校本，1998年，第 582—585 页。

（5）其他

论文、考古简报（报告），若涉及帝王纪年，应标注出相应的公元纪年，如西汉宣帝五凤二年（前 56 年）、南宋高宗绍兴元年（1131 年）。

4. 来稿请附中英文篇名、中英文关键词及各五百字以内的中英文摘要；书评请加附该书作者及书名之英文译名。

5. 来稿凡包含图片者，请提供高质量的电子档案，并请注明来源，有关图表之版权，请作者先行取得版权持有者之同意。

6. 本刊刊出之论文稍后亦以电子文件形式在网络上发行（一般在出版三年后），若仅同意以纸本形式发表者，来稿时请特别注明。

7. 本刊刊出论文将支付作者稿酬，并送作者样刊两册及抽印本 15 份。

8. 凡向本刊投稿，自投寄之日起三个月未接获采用通知，可自行处理，来稿一律不退。

9. 来稿请同时寄纸本和电子文档，另纸附中文及英文真实姓名、中文及英文服务单位名称、职称、通信地址、电话、传真和 Email 等。

10. 来稿纸本请寄至：中国四川省成都市望江路 29 号四川大学考古学系《南方民族考古》编辑部（邮编 610064），电子文档请 Email 发送至本刊邮箱（nfmzkg@163.com），请勿一稿多投。

Manuscripts

Southern Ethnology and Archaeology

Since 1987 Southern Ethnology and Archaeology (*Nan Fang Min Zu Kao Gu*) has been published by Sichuan University under the direction of renowned archaeologist Prof. Tong Enzheng. From 1987 to 1993 the journal gained its reputation through the publication of five volumes containing a number of ground breaking works.

In recent years, with advances in Southern Chinese ethnological and archaeological research, academic institutions, and in response to the encouragement of many departments and professors, Sichuan University Museum, Dept. of Archaeology at SCU, and Chengdu Institute of Archaeology decided to jointly resume the publication of *Southern Ethnology and Archaeology (SEA)*. We hope to maintain our characteristic academic tradition while broadening the depth and further improving the quality of our journal, making *SEA* a platform for the exchange of information and the advancement of research in Asia. We cordially invite you to join us in making this rebirth of our publication a success by contributing to the journal.

SEA welcomes the submission of manuscripts dealing with archaeology, anthropology, and Ethnohistory. Manuscripts must not exceed 10,000 words (roughly 30 pages of typed text). Please specify the following on the manuscript: author's English and Chinese names, affiliated institution, position, mailing address, and Email. It is necessary to include a computer file with the first submission. The preferred editing program is a recent version of Word. In any case, please note the brand of software used and its version number. Please avoid fancy formatting of the text. To cite online materials, it is required to include the URL, the name of the database, and an access date. The author has sole responsibility for obtaining permission from publishers to use copyrighted materials, such as illustrations, charts, or lengthy quotations. Upon publication, authors will receive fifteen offprints of their articles, one copy of the entire issue concerned, free of charge. Rejected manuscripts are not be returned to the author.

Manuscripts should be addressed as follows:

Dept. of Archaeology, Sichuan University

No.29, Wangjiang Road, Chengdu, Sichuan, 610064

P. R. China.

Email: nfmzkg@163.com

Tel.86-28-85412567 Fax.86-28-85412567

1. 全景（西北—东南）

2. T18、T20北壁剖面（南—北）

重庆市云阳县丝栗包遗址全景、探方剖面图

图版二

1. F4全景（西南—东北）

2. M17内壁花纹砖墙

3. M17全景（西南—东北）

重庆市云阳县丝栗包遗址F4、M17

1. M19（东北—西南）

2. M20（西南—东北）

3. M20墓主股骨切断痕迹

重庆市云阳县丝栗包遗址M19、M20

图版四

1. M18（西北—东南）

2. W2（东北—西南）

3. W3（南—北）

重庆市云阳县丝栗包遗址M18、W2、W3

1.Bb型Ⅱ式碗（T18⑧：5）

2.Bb型Ⅰ式碗（M19：3）

3.Aa型Ⅱ式碗（M20：2）

4.Ab型Ⅰ式碗（M23：2）

5.Ca型Ⅱ式碗（T52⑥：1）

6.B型盂（M20：1）

重庆市云阳县丝栗包遗址出土瓷器

1.B型Ⅰ式瓷罐（H48：1）

2.B型Ⅱ式瓷罐（M19：1）

3.B型瓷坛（F1：13）

4.B型瓷盆（M15：1）

5.Ab型Ⅲ式陶浅腹盆（H27：24）

6.陶釜（H30：2）

重庆市云阳县丝栗包遗址出土器物

1. Ba型陶瓮（W2：1）

2. Bb型陶瓮（W3：1）

3. Bb型陶瓮（W4：1）

4. A型陶垫（T18⑨：16）

5. 银镯（M18：1）

6. 莲花纹陶瓦当（T20⑦：5）

重庆市云阳县丝栗包遗址出土器物

图版八

1. 遗址远景

2. 遗址俯拍照

重庆市江津区石佛寺遗址远景、俯拍照

1. 寺庙基址和石上建筑遗迹

2.1—4号石三维模型

重庆市江津区石佛寺遗址寺庙基址和石上建筑遗迹以及1—4号石三维模型

1. 封门未打开前

2. 封门打开后

重庆市江津区石佛寺遗址M4

1. 头部残件（采：45）

2. Bc型坐像（采：2）

3. Aa型坐像（采：6）

4. Ab型坐像（采：8）

重庆市江津区石佛寺遗址出土石佛教造像

1.C型佛教坐像（TG4②：2）

2.坐像（采：15）

3.立像（采：13）

4.立像（采：14）

重庆市江津区石佛寺遗址出土石造像

1. 石幢体残件（采：12）

2. 石墓碑构件（M4：7）

3. A型石基座残件（采：20）

4. 石兽（M4：6）

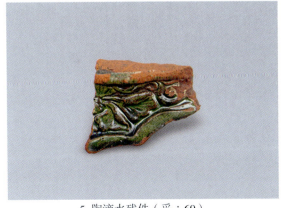

5. 陶滴水残件（采：69）

6. A型兽面纹陶瓦当（采：68）

重庆市江津区石佛寺遗址出土器物

图版一四

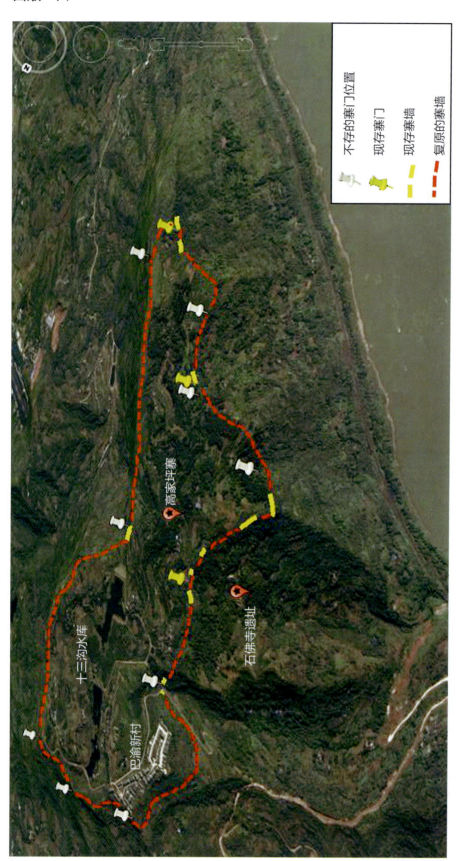

重庆市江津区石佛寺遗址及其周围文物分布情况示意图

1. JK057

2. JK062

3. JK061

4. JK018

重庆市江津区文物管理所藏男性武士石刻

1. JK060

2. JK032

3. JK038

4. JK037

重庆市江津区文物管理所藏男性武士石刻

1. JK030

2. JK014

3. JK016

4. JK013

重庆市江津区文物管理所藏男性武士石刻

1. 女性武士（JK059）

2. 女性武士（JK058）

3. 动物花卉（JK003：A）

4. 动物花卉（JK042）

重庆市江津区文物管理所藏女性武士、动物花卉石刻

1. JK026

2. JK023

3. JK017

4. JK006

重庆市江津区文物管理所藏动物花卉石刻

1. JK020

2. JK009

3. JK022

4. JK019

重庆市江津区文物管理所藏动物花卉石刻

1. JK031

2. JK024

3. JK008

重庆市江津区文物管理所藏动物花卉石刻

1. JK010

2. JK034

3. JK007

4. JK003∶B

重庆市江津区文物管理所藏动物花卉石刻

1. JK004

2. JK025

3. JK029

重庆市江津区文物管理所藏神兽石刻

1. JK011

2. JK005

重庆市江津区文物管理所藏侍仆石刻